UN CHEMIN DANS LE MONDE

DU MÊME AUTEUR

Aux Éditions Gallimard

Une maison pour Monsieur Biswas, 1964, (réédition « L'imaginaire », 1985).
Miguel Street, 1967.
Un drapeau sur l'île, 1971.

Aux Éditions Albin Michel

Guerilleros, 1981.
Crépuscule sur l'Islam : voyage au pays des croyants, 1981.
A la courbe du fleuve, 1982.
Dis-moi qui tuer, 1983 (réédition Point Seuil).
Sacrifices, 1984.
Mr. Stone, 1985 (réédition Point Seuil).

Chez Christian Bourgois Éditeur

Une virée dans le Sud, 1989.
L'Énigme de l'arrivée, 1991.
Les Hommes de paille, 1991.

Chez Plon

L'Inde. Un million de révoltes, 1992.
La Traversée du milieu, 1994.

Dans la collection 10/18

Le retour d'Eva Peron, n° 2005.
L'illusion des ténèbres, n° 2006.
L'Inde brisée, n° 2014.
L'Énigme de l'arrivée, n° 2282.
Une virée dans le Sud, n° 2301.
Le Masseur mystique, n° 2468.
L'Inde. Un million de révoltes, n° 2521.
Miguel Street, n° 2530.
Sacrifices, n° 2577.
A la courbe du fleuve, n° 2616.

V.S. NAIPAUL

UN CHEMIN DANS LE MONDE

Histoires

Traduit de l'anglais par Suzanne V. Mayoux

FEUX CROISÉS

PLON
76, rue Bonaparte
Paris

TITRE ORIGINAL

A Way in the World

Collection Feux Croisés
dirigée par Ivan Nabokov

ISBN édition originale : Alfred A. Knopf, Inc., New York : 0-394-56478-2
ISBN Plon : 2-259-02741-5

Et, au fil des ans, s'efface notre souvenir
De tout le cercle des collines.

Jusqu'à ce que, du jardin et de la nature,
Affluent de nouvelles associations
Et qu'à l'enfant de l'étranger, au fil des ans,
Le paysage devienne familier.

1

PRÉLUDE

UN HÉRITAGE

Je suis parti de chez nous voici plus de quarante ans. J'en avais dix-huit. Quand j'y suis retourné, six ans après — à petite vitesse, quinze jours de traversée à bord d'un paquebot — tout était étrange et familier : la tombée soudaine de la nuit, les feuilles énormes de certains arbres, les rues rétrécies, les toits de tôle ondulée. Si l'on parcourait une rue, on entendait les *jingles* des publicités américaines qui sortaient des postes de rediffusion dans chacune des petites maisons grandes ouvertes. Six ans plus tôt, je connaissais les *jingles* qui passaient à la radio ; mais tous ceux-ci étaient nouveaux à mon oreille, comme le chant traditionnel de quelqu'un d'autre.

Tous les gens que je croisais dehors me paraissaient d'une couleur plus marquée que dans mon souvenir : Africains, Indiens d'Asie, Blancs, Portugais, Chinois métissés. Chez eux, cependant, je ne leur trouvais pas le teint aussi sombre. Cela tenait, je suppose, au fait que dans la rue j'étais davantage un spectateur, à moitié touriste, tandis que si j'entrais dans une maison, c'était pour y retrouver des gens que je connaissais six ans auparavant. Je les voyais donc d'un œil plus familier.

Retourner chez nous, c'était jouer ainsi avec des impressions, comme j'avais joué avec ma première paire de lunettes, percevant du monde une image tantôt nette, petite et pas tout à fait réelle, tantôt d'une taille normale, réelle mais floue ; comme j'avais joué avec ma première paire de lunettes noires, passant de la lumière vive à l'ombre fraîche ; ou comme j'avais, lors de ce premier retour, renouant avec l'air conditionné, pris plaisir à passer du froid d'une pièce climatisée à la chaleur extérieure, puis l'inverse. Avec le temps, et la multiplication des retours, j'allais m'habituer à la nouveauté ; mais jamais ces glissements de la réalité ne cessèrent tout à fait. Je pouvais les ressusciter à mon gré. Voilà une vingtaine d'années, à chacune de mes visites, je pouvais encore me raconter de temps à autre que j'étais plongé dans un demi-rêve, un monde connu et inconnu. C'était une sensation plaisante ; un peu comme celles que j'éprouvais, dans mon enfance, quand, à la saison des pluies, j'étais pris de ma « fièvre ».

Ce fut en un tel moment, un moment de « fièvre », lors d'un retour, que j'entendis parler de Leonard Side, spécialiste en décors de gâteaux et arrangements floraux. Ce fut une enseignante qui me parla de lui.

L'école où elle exerçait était nouvelle, bâtie au-delà des faubourgs de la ville, dans un secteur où la campagne et les plantations avaient persisté jusqu'à la fin de la guerre. Les pourtours de l'école ressemblaient encore à une portion défrichée d'une plantation de cannes à sucre ou de cocotiers. Il n'y avait pas un seul arbre. Le bâtiment nu en béton de deux étages — toiture verte, murs crème — se dressait tout seul en terrain découvert, dans la lumière crue.

« Aux tout premiers temps, me raconta l'enseignante, notre tâche tenait un peu de l'œuvre sociale, auprès de petites filles issues de familles ouvrières. Certaines avaient des frères ou un père qui avaient fait de la prison ; elles en parlaient sans aucune gêne. Un jour, à l'occasion d'une réunion du personnel d'encadrement dans cette école torride noyée dans la lumière aveuglante, l'un des professeurs principaux, une Indienne de religion presbytérienne, suggéra que nous organisions une fête du 1er Mai, afin d'en enseigner le principe aux élèves. Tout le monde approuva cette idée, et l'on décida que le mieux serait de les inviter à réaliser des compositions ou des arrangements floraux, et de donner un prix à celle qui serait l'auteur de la composition la plus réussie.

« Si l'on décernait un prix, il fallait un arbitre. Si l'on n'avait pas un bon arbitre, ça ne marcherait pas. Qui serait cet arbitre ? Nos élèves avaient une mentalité très sceptique. Elles l'avaient héritée de leur famille. Certes, elles se montraient pleines de respect et ainsi de suite, mais elles croyaient à une malhonnêteté de tous et de tout, et dans le tréfonds de leur cœur elles méprisaient ceux qui les dominaient. Il n'était donc pas question de prendre pour arbitre un représentant du gouvernement ou de l'Éducation nationale, ni quelqu'un de trop connu. Ces considérations ne nous laissaient pas grand choix.

« Une maîtresse des petites classes, une fille très jeune, elle-même venue de la campagne et fraîche émoulue de l'école normale, prit alors la parole pour dire que Leonard Side ferait un arbitre parfait.

« Qui était Leonard Side ? lui demanda-t-on.

« La jeune fille marqua un temps de réflexion. "Il a toujours travaillé dans les fleurs", dit-elle enfin.

« Bon. Mais une autre personne se souvenait de ce nom. Elle intervint pour préciser que Leonard Side donnait de petits cours à l'Association féminine auxiliaire, où il était très apprécié. C'était là qu'on le trouverait.

« L'Association féminine auxiliaire avait été fondée pendant la guerre, sur le modèle de la WVS en Angleterre. Elle était installée dans un édifice de Parry's Corner, au cœur de la capitale. On trouvait tout à Parry's Corner, un garage d'autocars, un garage de taxis, une entreprise de pompes funèbres, deux cafés, un bazar et un certain nombre de petits bâtiments dont certains abritaient des bureaux et d'autres des logements ; et la célèbre famille Parry était propriétaire de l'ensemble.

« Il m'était facile de me rendre à Parry's Corner, je me proposai donc pour y aller et parler avec Leonard Side. L'AFA occupait un tout petit édifice datant de l'époque espagnole. La façade plate — un mur épais de blocaille, revêtue de plâtre et de peinture, avec des pierres taillées aux deux bouts — se dressait à même le trottoir étroit, de sorte qu'on pénétrait directement dans la première salle. La porte d'entrée s'ouvrait au beau milieu de la façade, avec une petite fenêtre à rideaux de chaque côté. Porte et fenêtres étaient équipées de jalousies marron-ocre, en lattes de bois qu'on pouvait soulever toutes ensemble et fermer à l'aide d'un goujon de fer.

« Une femme basanée était assise à un bureau, et les murs poussiéreux — la poussière s'accrochait aux aspérités du mur de blocaille plâtrée — s'ornaient d'affiches de l'Office du tourisme britannique. La Tour de Londres, la campagne anglaise.

« — On m'a assuré que je pourrais trouver ici M. Side, ai-je dit.

« — Là-bas, il est de l'autre côté de la rue, me répondit la dame.

« Je traversai la chaussée. Comme toujours à cette heure-là, l'asphalte était mou et noir, aussi noir que le sol cimenté, taché d'huile, du grand hangar d'un garage abritant les autocars Parry. Je pénétrai dans un bâtiment moderne, aux blocs de béton crépi de gris imitant la pierre taillée. C'était un endroit très propre et sobre, comme un cabinet médical.

« — M. Side ? demandai-je à la jeune fille assise derrière la table.

« — Allez-y, c'est la porte en face, me dit-elle.

« J'entrai dans la salle du fond, et j'en crus à peine mes yeux. Un Indien à la peau sombre manipulait à pleins doigts un cadavre étendu devant lui sur une table ou une dalle. Je me trouvais chez Parry, entreprise de pompes funèbres. C'était un établissement connu, qui diffusait sa publicité quotidienne à la radio, accompagnée de musique d'orgue. Je suppose que Leonard Side était en train de faire la toilette du corps. "La toilette"... Je ne connaissais que le terme, sans avoir aucune idée de ce qu'il signifiait. Ma frayeur et mon saisissement m'empêchèrent d'ouvrir la bouche. Je me sauvai précipitamment, retraversai la première salle et ressortis sur le trottoir. L'homme me courut après, en m'appelant d'une voix douce · "Mademoiselle, mademoiselle !"

« En fait, il était plutôt bel homme, malgré les doigts poilus que j'avais vus apprêter le cadavre sur la table. Il fut très content qu'on lui demandât d'arbitrer le concours floral. Il déclara même qu'il souhaitait faire don du premier prix. Il dit que si nous l'y autorisions, il confectionnerait spécialement un petit bouquet. Et c'est ce qu'il fit. Un petit bouquet de roses roses en boutons. Notre fête du 1er Mai fut une grande réussite.

« Une année passa. Le beau temps revint, et il me fallut retourner quérir Leonard Side. Cette fois, je n'avais pas oublié la leçon : je n'irais pas à l'entreprise de pompes funèbres. Je ne chercherais pas Leonard Side ailleurs qu'à l'Association féminine. Je m'y rendis tard dans l'après-midi, après les cours, vers cinq heures. La petite maison de style espagnol était pleine de femmes, et dans la pièce du fond Leonard Side manipulait de la pâte, il utilisait ses doigts poilus à pétrir. Il utilisait ses doigts à incorporer un peu plus de lait, puis un peu plus de beurre.

« Il apprenait aux femmes à faire du pain et des gâteaux. Après avoir fini de confectionner la pâte, il commença à leur enseigner la technique du glaçage, exprimant avec ses doigts poilus la préparation colorée contenue dans les cornets ou moules spéciaux dont il disposait. Il appuyait sur le cornet, puis dans le cornet, et il en sortait un bouton de rose rose ou vert ou une fleur, qu'il fixait alors sur le tendre habillage du gâteau du bout de ses doigts poilus enduits de miettes de glaçage. Les femmes poussaient des "Oh !" et des "Ah !" et lui, content de son public et de son travail, continuait d'œuvrer, ainsi qu'un magicien.

« Mais il ne me plaisait pas de voir ces doigts-là occupés à ce genre de travail, et cela me plut moins encore quand, pour finir, il tendit de ces mêmes doigts aux femmes qui l'entouraient de petits gâteaux qu'il avait glacés, à consommer sur place comme une gâterie. Il aimait à distribuer ces petites gâteries. Elles étaient offertes presque à la manière d'une hostie à l'église, et les femmes, toutes concentrées, les goûtaient et les absorbaient avec un respect similaire.

« Vint la troisième année. Cette fois-ci, je pensai que je n'irais pas chercher Leonard Side à Parry's Corner. J'irais plutôt chez lui. J'avais déniché son adresse. Il vivait à St James, tout près de là où j'habitais moi-même. C'était une surprise, qu'il se trouvât si près, menant cette vie-là, sans que je l'aie su.

« J'y allai en sortant de l'école. J'étais vêtue d'une jupe noire étroite avec un chemisier blanc, et je transportais une serviette pleine de livres scolaires. Je klaxonnai en m'arrêtant. Une femme apparut sur la galerie du devant, illuminée par la lumière de l'après-midi, et me dit : "Entrez vite". Comme ça, comme si elle me connaissait.

« Pendant que je grimpais les marches qui menaient à la galerie, elle reprit : "Entrez, docteur. Le pauvre Lenny ! Il est tellement malade, docteur" ·

« Docteur... C'était à cause de la voiture, du coup de klaxon, de ma serviette et de ma tenue. Je me suis dit que je m'expliquerais plus tard, et je l'ai suivie à travers cette vieille petite maison de bois, jusque dans la chambre du fond. J'y ai trouvé Leonard Side, tout tremblant et mal en point, mais vêtu en prévision de la visite du médecin. Il était couché dans un lit de cuivre étincelant à baldaquin fleuri, et portait un pyjama de soie verte. Ses petits doigts poilus reposaient sur le satin de la courtepointe. Il avait pris grand soin de la façon dont il se présentait, et le haut de la courtepointe était méticuleusement replié.

« Des fleurs en papier crépon étaient disposées dans un vase en cuivre, sur un guéridon aux pieds frêles, et il y avait des coussins et des nœuds de satin sur les deux humbles sièges cannés, en bois courbé. Je devinai tout de suite qu'une bonne partie de tout ce satin et cette soie provenait de l'entreprise de pompes funèbres, où ils étaient employés pour la garniture des cercueils et la présentation des corps.

« Il était musulman, on le savait. Mais il était si dévoué à son travail — la toilette de la dépouille des chrétiens, même si personne ne voyait les choses tout à fait ainsi — que dans sa propre chambre à coucher, il avait même accroché une image encadrée du Christ en majesté, irradiant la lumière et les ors, un doigt levé en un geste de bénédiction.

« L'image pieuse occupait une position centrale au-dessus de la porte, et penchait si fort en avant que la bénédiction semblait s'adresser à l'homme couché dans le lit. Je savais qu'elle n'était pas seulement là au nom de la religion, mais aussi pour la beauté, les couleurs, les ors, les longs cheveux ondulés du Christ. Et je crois que j'en fus encore plus choquée qu'en le voyant faire la toilette du cadavre et, plus tard, se servir des mêmes doigts pour pétrir la pâte puis pour presser hors du cornet les terribles petites mottes de glaçage.

« L'après-midi déclinait, il faisait encore chaud et par la fenêtre ouverte pénétrait l'odeur des fosses à purin de St James, les fosses à purin des cours en terre battue, entourées chacune de deux ou trois petites maisons de bois, avec les rigoles de déjections provenant des latrines, un ruissellement verdâtre et luisant qui s'asséchait peu à peu dans le sol ; avec les pierres décolorées où l'on mettait le linge à blanchir au soleil ; avec de petites portions irrégulières où l'on avait élevé des monticules de terre et de sable, et où poussaient des arbres fruitiers et des arbustes, qui ne faisaient pas l'effet de jardins mais de bouts de terrains vagues envahis par une végétation hasardeuse.

« En contemplant ces doigts poilus sur la courtepointe et en songeant à la maison et à la dame qui m'avait fait entrer — sa mère — je m'interrogeai au sujet de la vie qu'il menait, et je ressentis à son égard une bouffée de compassion et d'inquiétude. Il était malade, pour le moment ; il avait besoin d'être secouru. Je n'eus pas le cœur de lui parler de nos élèves et de la fête du 1er Mai, je sortis de chez lui et ne le revis jamais.

« C'était sa conception de la beauté qui me dérangeait, je suppose. Cette conception de la beauté l'avait amené à son emploi aux pompes funèbres, et à décorer sa chambre de cette manière extravagante. Cette conception de la beauté — qui mêlait les boutons de roses, les fleurs et les jolis gâteaux à l'idée d'embellir aussi l'aspect des cadavres — était opposée à ma propre conception. Le mélange me dérangeait. Pas lui. Une idée similaire m'avait effleurée la toute première fois que je l'avais vu, lorsqu'il avait abandonné le cadavre pour me courir après dans la rue en appelant : "Mademoiselle, mademoiselle !" comme s'il ne pouvait pas comprendre pourquoi je me sauvais.

« Il ressemblait à bon nombre des Indiens d'Asie qu'on croise dans les rues de St James, des garçons minces en pantalon serré à la taille et col de chemise ouvert. Ordinaires, quelle que soit leur prestance. Mais il avait sa conception à lui de la beauté.

« Cette conception, si surprenante fût-elle, n'avait rien de secret. Beaucoup de gens devaient la connaître, comme la jeune enseignante qui avait parlé de lui lors de notre réunion, puis n'avait pas su comment le décrire. Il était sans doute accoutumé à ce qu'on le traitât d'une manière particulière : les applaudissements des femmes qui assistaient à ses cours, les moqueries ou le dédain d'autres personnes, et les gens comme moi qui s'enfuyaient parce qu'il nous effrayait. Il m'effrayait parce que son sentiment de la beauté me faisait l'effet d'une maladie ; comme si la femme simple qu'était sa mère lui avait transmis un virus inconnu, déformant, qui demeurait à ce jour — il devait y avoir une bonne trentaine d'années — quelque chose de mystérieux qu'ils ne comprenaient ni l'un ni l'autre. »

Voici ce que le professeur me raconta, sans pouvoir me dire ce qu'il était advenu de Leonard Side ; elle n'avait jamais pensé à poser la question. Peut-être avait-il pris part à la grande migration vers l'Angleterre ou les États-Unis. Je me demandai si, en ce nouveau lieu de résidence, il avait atteint à la compréhension de sa propre nature, ou si la particularité qui avait effrayé le professeur l'avait effrayé lui-même, lorsque le moment de la révélation était arrivé.

Il savait qu'il était musulman, malgré l'image du Christ dans sa chambre à coucher. Mais il ne devait avoir aucune idée de son origine, ni de celle de ses ancêtres. Il n'avait pas dû deviner que son nom, « Side », pouvait être une version de « Sayed », et que son aïeul ou bisaïeul pouvait avoir appartenu à un groupe de musulmans chiites, en Inde. A Lucknow, peut-être ; il existait même à St James une « rue de Lucknow ». A son propre sujet et au sujet de ses ancêtres, Leonard Side ne devait pas en savoir plus long que ce sur quoi il avait ouvert les yeux dans la maison de sa mère, à St James. En quoi il ne différait pas de nous tous.

Grâce au savoir acquis, je peux maintenant vous dire plus ou moins comment nous sommes arrivés là où nous étions. Je peux vous dire que le nom amérindien de cette terre de St James aurait été Cumucurapo, que les premiers navigateurs venus d'Europe ont transformé en Conquerabo, ou Conquerabia. Si je regarde la végétation, je peux vous dire ce qui s'y trouvait déjà à l'époque où Colomb a débarqué, et ce qui fut importé par la suite. Je peux reconstituer les plantations qui occupèrent le secteur de St James. L'histoire connue de cet endroit est brève, trois siècles de dépeuplement suivis par deux siècles de colonisation et de repeuplement. En ce qui concerne le repeuplement, les documents sont disponibles dans la capitale, aux archives de l'état civil. Tant qu'ils subsistent, on peut retracer l'histoire de chaque parcelle de terre occupée.

Je peux vous transmettre cette vision historique à vol d'oiseau. Cependant, il n'est pas vraiment en mon pouvoir d'expliquer le mystère de l'héritage de Leonard Side. La plupart d'entre nous connaissent les parents ou les grands-parents dont ils sont issus. Mais nos origines sont plus lointaines, nous remontons à l'infini ; tous, nous remontons jusqu'au début de la race ; dans notre sang, nos os, notre cerveau, nous charrions la mémoire de milliers d'êtres. Je pourrais préciser qu'un ancêtre de Leonard Side appartenait aux groupes de danseurs de Lucknow, ces hommes obscènes qui se fardaient et prétendaient vivre comme des femmes. Mais ce ne serait qu'un fragment de son héritage, un fragment de la vérité. Il nous est impossible de comprendre tous les traits dont nous avons hérité. Parfois, nous pouvons être étrangers à nous-mêmes.

2

HISTORIQUE

UNE ODEUR DE COLLE DE POISSON

Pour mon dix-septième anniversaire, je devins commis suppléant aux écritures, au Service central d'archives de l'état civil. C'était un emploi bouche-trou, entre la fin de mes études secondaires et mon départ pour l'Angleterre, l'entrée à l'université ; et ce fut, dans ma vie, l'une des périodes les plus riches d'espoir. Le Service d'archives de l'état civil était à la Maison Rouge, dans la rue Saint-Vincent. C'était l'une des premières rues qui m'étaient devenues familières à Port of Spain.

J'étais un garçon de la campagne, et le suis encore tout au fond de moi. Seul un garçon de la campagne pouvait aimer la ville comme moi quand j'y allai. C'était en 1938 ou 1939. Tout ce qui dans la ville différait de la campagne me ravissait. J'aimais les rues pavées, bombées, et même le caniveau à ciel ouvert le long de la chaussée : chaque matin, après avoir balayé et ramassé les détritus, les employés municipaux ouvraient les vannes et laissaient ruisseler une eau fraîche et claire. J'aimais les trottoirs. De nombreuses maisons avaient une clôture décorative d'un style particulier, avec sur le côté une grande porte pour les voitures ou les charrettes, le plus souvent en tôle ondulée, et un petit portail élégant au milieu, qui menait à la porte d'entrée. Ces portails comportaient un grillage rigide serti dans un cadre tubulaire, surmonté d'une arabesque en fer forgé. Ils comportaient parfois une cloche. J'aimais le creusement du trottoir devant les grandes portes latérales, pour permettre aux charrettes ou aux automobiles d'entrer dans la cour, bien qu'il y eût peu d'automobiles. J'aimais les réverbères ; les places, avec leurs arbres, leurs allées pavées et leurs bancs ; la routine quotidienne de la ville, des balayeurs de l'aube au journal que le livreur jetait sur le perron, et à la carriole à glace tirée par un cheval, vers le milieu de la matinée. Port of Spain était en réalité une petite ville, moins de cent mille habitants. Mais à mes yeux c'était une grande cité, et il n'y manquait rien.

Au tout début, mon père y fut mon guide. Un dimanche après-midi, il m'emmena dans le centre et me promena au long des deux ou trois artères principales. Le dimanche était un jour si tranquille qu'on pouvait — pour le plaisir de faire quelque chose d'inhabituel — descendre du trottoir et marcher en plein milieu de la chaussée. Frederick Street était la rue des grands magasins. St Vincent Street m'intéressait davantage. Vers le bas, près du port, c'était la rue de la presse, le *Trinidad Guardian* et la *Port of Spain Gazette*, qui se faisaient face. Mon père travaillait au *Guardian*. C'était le journal le plus important et le plus moderne. Du trottoir, on apercevait les nouvelles machines, les rotatives énormes, les grands rubans de papier imprimé qui se dévidaient, et on captait l'odeur chaude des machines, du papier et de l'encre. A peine arrivé à la ville, je connus ainsi cette excitation nouvelle, celle du papier, de l'encre et des urgences de l'impression.

Par la suite, je fis connaissance avec le haut de la rue, sa partie supérieure. Le tailleur qui confectionnait mes pantalons tenait boutique dans St Vincent Street. Mon père m'y emmena un jour. Le tailleur se nommait Nazaralli Baksh. Orienté à l'ouest, son magasin était abrité du soleil de l'après-midi par un store en toile blanche tendu verticalement au-dessus du trottoir. Le nom était inscrit sur le store. Mince et de petite taille, le tailleur indien se tenait un peu en retrait dans sa boutique, peut-être à cause du soleil. Il avait un visage affiné, des yeux noirs brillants enfoncés dans l'orbite aussi noire, et le cheveu rare plaqué en arrière sur le crâne : un homme sévère, amical envers mon père, mais plus direct à mon égard que je ne m'y attendais de la part des adultes. Lorsque je leur étais dûment présenté, je m'attendais à les voir légèrement intimidés par ma personne et « mes dons ». Le mètre ruban pendu au cou de Nazaralli Baksh semblait faire partie intégrante de son aspect sévère.

J'ignore si c'était un bon tailleur ; mais cette rencontre le consacra à mes yeux comme « le tailleur ». Par la suite, nul autre n'en fut un tout à fait au même titre dans mon esprit ; tous les autres tailleurs de Port of Spain me paraissaient des imposteurs. Je compris à un moment donné qu'il était musulman. D'abord, cela ne m'éloigna pas de lui ; mais par la suite, après l'indépendance de l'Inde et la division religieuse du sous-continent, l'idée de la différence commença à se greffer sur lui, même si je ne cessai jamais de m'habiller chez lui. Les vêtements que j'emportai lors de mon départ pour l'Angleterre étaient l'œuvre de Nazaralli Baksh.

J'appris plus tard qu'une bonne partie de son travail était destinée aux hommes de la police locale ; il fournissait leurs uniformes. Pour nous, Indiens comme lui, cela devait contribuer à sa légende, à sa réussite. La police avait son siège principal juste en face de la boutique de Nazaralli Baksh. C'était un édifice important à Port of Spain. Il se distinguait par son haut mur gris de pierre et de blocaille. J'appris ultérieurement qu'il s'agissait d'une construction coloniale britannique de style gothique victorien. A l'époque, cette façade grise hérissée et les voûtes pointues et rougeâtres des galeries ouvertes sur l'arrière me semblaient tout à fait typiques du siège de la police.

Une petite ville, une petite rue ; mais il fallait du temps pour la connaître. Par exemple, comme je ne m'intéressais pas au droit ni aux hommes de loi, des années durant je n'accordai aucune attention à la partie de la rue, en face des tribunaux, où se trouvaient les avocats. Puis un beau jour je me rendis au « cabinet » — drôle de mot — d'un illustre avocat noir.

Cela arriva tard, peu après la fin de mes études secondaires. Je m'en étais bien sorti ; on savait — les gens s'intéressaient à ces choses-là — que j'avais obtenu une bourse et partirais bientôt pour l'étranger. Le fils de l'avocat avait été en classe avec moi, et me dit un jour qu'il voulait me présenter à son père. Je l'accompagnai donc au cabinet de celui-ci. Il était dans St Vincent Street et occupait l'ensemble d'une toute petite maison, une vraie miniature caractéristique de l'époque espagnole. Ce devait être l'une des premières maisons résidentielles, bâties peut-être dans les années 1780, peu après la création de Port of Spain. Si ces constructions initiales étaient aussi petites et serrées, c'était, je suppose, parce qu'on avait seulement tracé alors de courts segments de rues ; la brousse et les plantations devaient se trouver tout près.

La petite antichambre était bourrée de Noirs, des gens ordinaires, assis en rang serré sur les deux bancs qui se faisaient face de part et d'autre du plancher nu. Les lattes des jalousies équipant la petite fenêtre en façade étaient enduites de la poussière de la rue ; les murs peints au badigeon portaient la trace des épaules et des têtes qui s'y étaient appuyées au fil des ans. Les gens que je vis étaient aussi silencieux et patients que ceux qui attendent les soins gratuits dans un dispensaire. Yeux brillants, visages luisants, expression du respect : des

Noirs venus consulter l'un des leurs, ne voyant pas d'inconvénient à attendre dans l'inconfort et l'immobilité, et ne se formalisant pas de l'irruption du jeune garçon qui, tout juste arrivé, entrait tout droit dans la pièce du fond où se trouvait son père. L'atmosphère de la petite antichambre était quelque chose de nouveau pour moi.

Dans la pièce du fond, plus aérée et plus fraîche, l'avocat était en bras de chemise, sa veste pendue sur un cintre. Les ouvrages juridiques et les vieux classeurs pleins de vieux papiers, l'aspect miteux des locaux, les planches rongées aux vers de la cloison présentaient la profession d'avocat sous un jour très besogneux : on imaginait mal qu'un travail accompli dans ce lieu puisse jamais engendrer un réel bénéfice financier.

Je ne savais que dire à l'avocat, passé les formules de politesse, qui se prolongèrent. Et lui n'avait pas l'air moins en peine de discours ; il se satisfaisait apparemment de me regarder. Pour ma part, j'avais envie de jeter un coup d'œil à ses chaussures, sous le bureau. Son fils m'avait déclaré un jour, bien des années auparavant, quand nous étions tous deux à l'école primaire, qu'on pouvait toujours reconnaître un monsieur au soin qu'il prenait de ses chaussures.

Mon copain ne facilitait pas la conversation. Il avait changé d'attitude depuis que nous étions entrés dans le cabinet. Il incarnait le fils, le joyau de la famille, celui qui n'avait pas à fournir d'efforts. Il semblait surtout soucieux pour le moment de trouver à boire quelque chose de frais. Il se montrait fort désinvolte à l'égard du grand avocat.

L'avocat était célèbre pour son prénom, « Evandre ». Et tout ce que je trouvai, dans cette situation fausse, fut de lui demander d'où il lui était venu.

— Mon père vénérait l'instruction, me dit-il. C'était sa manière à lui de me donner de l'ambition. Il n'avait pas fait d'études. Mais il était né en 1867 ou 1870. Cela nous paraît très loin. Si vous avez la curiosité, vous trouverez ce nom dans Homère. Livre 4 ou 5.

C'était étonnant que cet homme illustre n'eût pas enquêté sur ce prénom inhabituel, ignorât qu'il venait du latin et de Virgile, et qu'il essayât simplement de me bluffer. C'était un autodidacte. Il n'avait reçu aucune éducation dans les règles ; toute son énergie était allée à son métier et sa carrière. Mais cette faille dans son personnage, révélée avec un tel laisser-aller, avait quelque chose de gênant. Tandis que je me faisais à cette nouvelle idée de lui, il amenait la conversation sur un autre sujet, par un biais que je ne saurais reconstituer.

A un moment donné, il se renfonça dans son fauteuil Windsor, tendit en travers du bureau, d'un geste qui manifestait la force, son avant-bras volumineux sous la blancheur de la manche, et s'exclama en souriant, presque en forme de promesse :

— La race ! La race, mon garçon !

La race noire, la race africaine, les races de couleur : je suppose que c'était ce que l'avocat voulait dire, et le motif pour lequel on m'avait fait venir.

Je regardai son fils. Sa physionomie n'exprimait rien, comme s'il n'avait pas entendu les paroles de son père, n'avait pas remarqué son geste.

Je n'en crus rien, je ne crus pas à ce visage inexpressif. En bas de St Vincent Street, des années auparavant, j'avais humé l'odeur du papier, de l'encre d'imprimerie et des presses toutes chaudes, et il m'était venu certains fantasmes. Dans ce cabinet, cette pièce du fond à la lumière filtrée par les jalousies, rôdaient d'autres fantasmes, des passions sous-jacentes qu'il fallait dérober au grand jour de St Vincent Street, à la réalité coloniale de cette rue.

C'était vers la fin des années 40. A cette époque, il y avait peu de Noirs qui eussent une perspective. Comme il était donc étrange de trouver un homme âgé, un homme né au siècle dernier, aux yeux de qui la voie était toute tracée, au point de pouvoir la célébrer avec, en travers de la table, un geste instinctif où vingt ans après on aurait pu voir le salut du *black power*... Plus étrange encore, le fait que l'image publique d'Evandre, le père de mon ami, n'était pas du tout celle-ci. D'après les ragots, Evandre était le Noir parvenu qui ne voulait que se blanchir, n'avoir rien à faire avec les Noirs, et dans tout ce qu'il entreprenait ne se battait que pour son propre compte.

Cet autre rêve ressemblait à un secret de famille, que le père et le fils m'avouaient à présent. J'étais ému, mais embarrassé aussi. Je comprenais leurs sentiments, les partageais dans une certaine mesure, mais je tenais, malgré cette sympathie, à n'appartenir qu'à moi-même. Je ne pouvais supporter l'idée de faire partie d'un groupe. Je l'aurais ressenti comme une entrave, et l'idée d'Evandre, d'un grand mouvement de progrès racial, me paraissait trop sentimentale.

La fonction publique n'employait pas de mineurs de moins de dix-sept ans, et ce fut donc l'année suivante, pour mon dix-septième anniversaire, que j'allai travailler au Service central d'archives de l'état civil, et fis connaissance avec un autre aspect de St Vincent Street.

Le Service de l'état civil se trouvait au rez-de-chaussée de la Maison Rouge. La Maison Rouge était le siège principal de l'administration. C'était l'un des plus grands édifices de l'île et tous, nous le trouvions magnifique. Je ne sais pas trop si le rouge éteint de ses murs provenait d'une couche de peinture ou d'un pigment mêlé au plâtre. C'était l'un des édifices auxquels Port of Spain devait d'être Port of Spain. Il était visible du port, des collines, et de l'autre bout de Queen's Park Savannah.

La construction était de style italien, disait-on. Ses deux étages, ouvrant chacun sur un balcon, étaient coiffés d'une coupole. Elle avait la largeur d'un pâté de maison, et une galerie la traversait, sous cette coupole rouge, de St Vincent Street à la place Woodford, de l'autre côté. Cette galerie créait une impression particulière de grande ville. On montait des marches de pierre, puis, débouchant dans un espace ouvert et sonore, on contournait une fontaine avant de redescendre d'autres marches pour arriver à l'autre bout. La fontaine ne coulait pas — l'une de ces interruptions de fonctionnement qui, pour nous, s'associaient à la guerre — mais le marbre, même taché de rouille et portant la marque ancienne du niveau de l'eau, gardait sa beauté, et le principe de la fontaine subsistait.

De chaque côté de la fontaine vide, de grandes pancartes en bois se dressaient à hauteur de tête, devant la porte ouverte des services administratifs. Ces panneaux servaient aussi d'écrans, pour abriter les employés, les dactylos et autres fonctionnaires du regard indiscret des passants. Derrière les panneaux, il y avait des râteliers à bicyclettes où les fonctionnaires cadenassaient leur véhicule. Les pancartes et les supports à bicyclettes nuisaient quelque peu à l'effet d'ouverture de la galerie sous la haute coupole percée. On avait donc déjà l'impression d'un bel édifice qui n'apparaissait pas dans toute sa beauté, et commençait à être mal utilisé.

Les pancartes n'affichaient aucune instruction gouvernementale. Les affiches fixées là avec des punaises concernaient la santé publique et l'importance des vaccinations, ce genre de choses. Pour une bonne partie, elles venaient de Londres et ne s'appliquaient pas toujours aux conditions locales ; mais cela, nous en avions l'habitude. Ces pancartes et affichages étaient l'œuvre de l'Office d'Information, un service créé pendant la guerre — dans un bâtiment en bois planté sur la pelouse de la Maison Rouge — pour diffuser des images et des brochures au sujet de la guerre et de la vie en Angleterre. Les affiches et notices concernant la santé, les analyses de sang, les rayons X et la propreté de l'eau étaient un prolongement en temps de paix de cette entreprise. On ne voyait ces affiches qu'à la Maison Rouge, nulle part ailleurs. Elles ne m'ont jamais paru avoir une signification ; mais j'entrevis grâce à elles une conception du gouvernement en tant qu'agence bienveillante, soucieuse du bien de tout un chacun.

Cette conception du gouvernement n'aurait pas dû être nouvelle pour moi, après tout ce que j'avais appris en classe. Elle l'était pourtant, sous tous les aspects pratiques et concrets. Cela tenait sans doute à ce que mon sang et mon cerveau restaient imprégnés de vieilles notions du peuple indien quant à l'indifférence et l'arbitraire propres aux dirigeants et aux gouvernements. Ils étaient simplement là, on n'attendait rien de leur part. Ou alors, peut-être avais-je grandi avec le sentiment — sans aucun propos explicite de quiconque pour l'alimenter — que la cruauté était toujours présente à l'arrière-plan. Il y avait un élément de cruauté antique, ou pas tellement antique que cela, dans la langue de la rue : la menace facile, d'homme à homme et de parents à enfants, de châtiments et d'humiliations qui vous ramenaient au temps des plantations. Il y avait la cruauté de la vie au sein de la famille étendue ; la cruauté de l'école primaire, les maîtres qui frappaient férocement, les sanglantes bagarres de fin de trimestre entre garçons ; la cruauté de la campagne indienne et de la ville africaine. Les choses les plus simples de notre environnement recelaient des souvenirs de cruauté.

Le Service de l'état civil était à droite de la fontaine, quand on venait de St Vincent Street. Si l'on traversait la Maison Rouge jusqu'au bout, on débouchait sur Woodford Square. C'était la plus belle place de Port of Spain ; elle portait le nom du très jeune gouverneur anglais qui, durant la deuxième décennie du dix-neuvième siècle, avait fait succéder l'ordre et la loi dans la colonie à l'anarchie ayant suivi la conquête par les Britanniques. Les Espagnols avaient perdu Port of Spain presque aussitôt après avoir fondé la ville. A cette époque, il n'y avait sans doute rien à Woodford Square, un espace vide. La place avait été décorée par les Britanniques, et dans notre esprit elle était au même rang de splendeur que la Maison Rouge. Elle possédait un kiosque à musique, une fontaine comme celle de la Maison Rouge, des bancs, des grilles en fer forgé et des allées pavées ; et on y jouissait à présent de l'ombrage des vieux arbres.

Toujours magnifique, toujours un élément glorieux de la ville, et pourtant, dès la première fois que je l'avais vue, ce dimanche d'avant-guerre, lorsque mon père m'avait promené dans le centre de la capitale, cette place était l'un des endroits de Port of Spain où vivaient les sans-abri. Ces gens étaient indiens pour la plupart. Beaucoup devaient être des travailleurs immigrés venus de l'Inde sous contrat, ayant tiré leur temps dans une plantation de canne à sucre, après quoi, pour une raison ou une autre — peut-être étaient-ils devenus alcooliques ; peut-être ne leur avait-on pas donné le billet promis de retour en Inde ; peut-être s'étaient-ils brouillés avec leurs proches — ils n'avaient plus nulle part où habiter. Ces gens ne possédaient ni argent, ni travail, ni rien qui ressemblât à une famille, ni la langue anglaise ; ils n'avaient personne pour les représenter. Ils étaient absolument déshérités. Comme dans un conte de fées, on les avait arrachés à leur existence de paysans en Inde pour les débarquer à des milliers de kilomètres de là — des semaines et des semaines de traversée —, à Trinidad. Dans le contexte colonial de l'île, où les droits étaient limités, on pouvait faire d'eux n'importe quoi ; et ils étaient harcelés par les citoyens de la ville.

Nous cohabitions tous sans peine avec ce genre de cruauté. Nous en étions témoins, mais nous y réfléchissions rarement. Ces gens venus de l'Inde disparaissaient peu à peu ; vers la fin des années 40, ils étaient presque tous morts. Au début de cette décennie, mon père avait parlé avec quelques-uns d'entre eux et publié un article à leur sujet dans une publication indienne locale. Quand j'allai travailler à la Maison Rouge, on ne les voyait plus à Woodford Square. Ce dont je me souviens, c'étaient les deux ou trois fous, des Noirs, dont l'un avait la tête hérissée de longues nattes ou mèches de cheveux rendus grisâtres par un mélange de crasse, de poussière et de graisse, et était vêtu à la manière de Robinson Crusoé d'une accumulation improvisée, non pas de peaux de bêtes, mais de haillons qui avaient perdu leur teinte d'origine et viré au noir graillonneux. Il était peut-être inoffensif ; mais il avait l'assurance d'un dément, et les gens qui traversaient la place évitaient de s'approcher de lui et tâchaient de ne pas croiser son regard brillant tourné vers l'intérieur.

C'était là que j'allais travailler tous les jours, au Service central d'archives de l'état civil, entre St Vincent Street et Woodford Square.

En tant qu'employé suppléant aux écritures, ma tâche consistait à faire des copies des actes de naissance, de mariage et de décès. Les gens qui avaient besoin de ces certificats venaient à la Maison Rouge et se mettaient d'accord avec l'un des « documentalistes » indépendants qui attendaient le client à l'entrée du service, près des panneaux d'affichage. Munis d'une date plus ou moins approximative, les documentalistes utilisaient ensuite un formulaire tamponné pour se faire communiquer divers volumes des registres ; les coursiers du service leur apportaient, du caveau où l'on gardait les archives, tel ou tel volume épais, à la lourde reliure, plus large que haut ; le documentaliste s'installait dans la première salle, devant une longue table en bois ciré, et entreprenait sa recherche. Dans ce bureau, dont les hautes fenêtres donnaient sur les pelouses de la Maison Rouge, les arbres et les grilles en fer forgé de Woodford Square, il régnait une atmosphère inattendue de salle de classe, avec de grands élèves noirs adultes ou même d'âge mûr, assis côte à côte à la longue table, parfois toute une matinée durant, comme sous l'effet d'un envoûtement qu'ils auraient subi à l'école, occupés à tourner l'une après l'autre les pages très larges de très gros livres. Dans une autre partie de la salle, les clercs recherchaient des actes notariés. Ceux-ci travaillaient sur des bureaux individuels et certains portaient une cravate. Ils appartenaient dans l'ensemble à une classe supérieure à celle des « documentalistes » spécialisés dans les actes de naissance ou de décès, qui exerçaient en fait cette activité — d'où ils tiraient un revenu maigre et aléatoire — pour la simple raison qu'ils savaient lire et écrire, ce qui n'était pas souvent le cas des gens qui avaient besoin de certificats.

Lorsqu'un documentaliste trouvait ce qu'il cherchait, il en demandait une copie ; un coursier apportait à mon pupitre sa requête et le registre approprié. Un pupitre étroit plutôt qu'un bureau : n'étant qu'un suppléant, un bouche-trou, j'étais coincé près du caveau des archives et travaillais face au mur badigeonné de vert. Les allées et venues des coursiers les amenaient sans cesse à passer dans mon dos. Les registres que je devais copier s'empilaient à ma droite ; quand j'en avais terminé, je les empilais à ma gauche. Les piles montaient haut ; chaque volume avait une bonne dizaine de centimètres d'épaisseur, une quarantaine de large.

Les registres sentaient la colle de poisson que l'on utilisait pour leur reliure. Une colle fabriquée, je suppose, à partir d'une décoction d'arêtes, de peau et d'entrailles. Couleur de miel, elle devenait très dure en séchant et chaque goutte dorée déposée par mégarde avait la clarté du verre ; mais elle ne perdait jamais son odeur de poisson et de putréfaction.

On m'avait dit que le caveau abritait tous les actes enregistrés dans l'île. Toutes les archives de la colonie étaient là, naissances, décès, actes notariés, transferts de propriétés et d'esclaves, toute la vie de l'île durant un siècle et demi de régime colonial. J'aurais aimé me plonger dans ces vieilles choses, consulter les vieux journaux, les vieux livres. Mais, à l'intérieur du caveau l'odeur de colle de poisson était envahissante. Combinée aux remugles de poussière et de papier, à la touffeur d'autant plus marquée qu'on allait vers le fond, à la pénombre et à la masse même de vieux papiers, c'était au-delà de mes forces.

Matin et après-midi, les copies que j'avais faites étaient vérifiées et paraphées par un employé titulaire aux écritures, qui venait s'asseoir à ma table comme un maître à l'école maternelle. Puis on les portait à signer au bureau de notre cacique : le chef du Service central de l'état civil ou parfois le sous-chef, au nom duquel, écrit en toutes lettres, j'avais rédigé mes copies. Ensuite on collait les timbres, tamponnés des lettres en relief du sceau du service ; les copies étaient enfin disponibles pour ceux qui les avaient sollicitées.

Tant de recherches, de travaux d'écriture, de vérifications, de signatures, tant d'attention d'un si grand nombre de personnes, pour un travail dont une seule pourrait à présent se charger avec l'aide d'un ordinateur... Tant d'allées et venues des coursiers : ils étaient sur leurs pieds une bonne partie de la journée, à courir du caveau des archives à la première salle, chargés de ces registres volumineux, aux proportions malcommodes. C'était en principe un travail de bureau, mais il exigeait de la force et de l'endurance, et c'étaient des hommes costauds.

J'essayais parfois de m'imaginer passant toute ma vie dans ce service. Une vie d'employé passée à vérifier et se faire vérifier, écrire des certificats au nom de ses supérieurs hiérarchiques : il me semblait comprendre comment, après avoir aspiré à la sécurité de l'emploi de fonctionnaire, on pouvait être atteint par cet emploi, se laisser envahir par la haine, et pas seulement envers ceux dont on écrivait le nom en toutes lettres, comme si le sien à soi ne comptait pas.

Il y avait dans le service deux personnes, un mulâtre et une

Chinoise, qui travaillaient là depuis de longues années et songeaient maintenant à la retraite. Ils étaient sans doute entrés dans l'administration durant la première guerre mondiale. J'avais du mal à remonter si loin en pensée, à imaginer cette accumulation des semaines, des mois, des ans ; il m'était déjà difficile de me reporter en arrière d'une décennie, à ma découverte de la capitale, et à ma première promenade le long de St Vincent Street avec mon père. Mais, à présent, le temps avait passé pour ces deux-là. Ils avaient mené leur emploi à terme et leur emploi les avait menés à terme. Leur âge et leur endurance s'identifiaient maintenant à une forme de chance, qui les hissait au-dessus des autres, au-dessus des querelles de bureau et des ambitions. Ils avaient des mouvements pondérés, sans hâte, comme si les années de travail leur avaient enseigné la patience.

La dame (dont le bureau se trouvait juste en dessous du premier guichet : c'était elle qui remettait les extraits d'actes certifiés) se montrait maternelle, tendre envers chacun, comme si son travail avait exalté tous ses instincts féminins. Mais les manières douces de l'homme provenaient de l'alcool. Il avait la réputation de boire ; le lundi, on le voyait arriver tout revivifié et reposé, légèrement amaigri par ses libations du weekend.

Quelquefois, aux alentours du jour de paie, on buvait au bureau après la fermeture. Il semblait que ce fût une coutume plus ou moins reconnue. Les buveurs, dont certains gardaient une serviette de toilette sur les épaules, comme pour proclamer la fin de leur journée de travail, s'asseyaient sur les tables, ou la jambe passée sur le bras du fauteuil, et se pintaient consciencieusement pendant une demi-heure environ. Je n'étais pas buveur ; c'est le sérieux de ces rites qui me reste en mémoire. L'humour, l'amitié en étaient absents. On aurait dit que le rhum allait droit à l'âme et aux ruminations intimes de chacun.

Il y avait au bureau un jeune Noir de St James. Nous nous connaissions de vue, sans plus, depuis des années ; il vivait près de chez moi, mais j'ignorais où exactement, et je sentais qu'il préférait s'en tenir là. Il parlait parfois de sa mère, et j'imaginais qu'il habitait seul avec elle, dans une arrière-cour surpeuplée, une de ces vieilles cabanes branlantes de St James. Mais l'écart entre nous résidait moins dans la situation matérielle que dans nos perspectives. J'étais déjà un étudiant, je voulais aller loin ; lui, il sortait de l'école primaire et acceptait ses limites. Telle était la base de nos relations de voisinage, et ce garçon dégingandé, aux mouvements apparemment mal coordonnés sur sa bicyclette de dame, me faisait l'effet d'un blagueur, une grande gueule des bas quartiers. Mais, en voyant l'application qu'il mettait à boire et la transformation que le rhum opérait en lui, plus drôle du tout, les yeux rougis, il m'apparaissait qu'il se prenait au sérieux, prenait au sérieux son emploi, sa mission d'employé aux écritures et ses ambitions, à un point que je n'aurais jamais imaginé. Il n'était absolument pas satisfait de l'état des choses. Son personnage de blagueur, celui d'un homme qui n'attendait pas grand-chose de la vie, qui ne visait pas haut, n'était qu'une couverture ; la plupart de ses plaisanteries étaient factices.

Belbenoit — l'un des employés titulaires qui vérifiaient mes extraits d'actes — ne s'était pas fabriqué une telle couverture. C'était un « homme de couleur » dans la force de l'âge. Il devait être d'origine métissée des deux côtés depuis plusieurs générations ; il avait la peau claire. Il ne possédait aucune qualification particulière, mais estimait que ses mérites n'étaient pas reconnus. Lui dont la physionomie revêche exprimait tous les préjugés raciaux, il était convaincu que des motifs racistes l'avaient empêché de faire son chemin : à l'époque de son arrivée dans le service, les meilleurs emplois étaient réservés à des gens venus d'Angleterre. Ce n'était plus le cas ; mais le changement était venu trop tard pour Belbenoit. Il avait au bureau la réputation d'un homme déçu ; et on considérait son aigreur comme une maladie, même si tout le monde savait que Belbenoit (encombré d'un fatras de vieilles présomptions) pensait qu'il n'avait pas obtenu ce qui était dû à sa peau claire, et que son rang subalterne était infamant pour son groupe racial.

Il avait un allié inattendu dans la place — en matière d'intrigues de bureau et de participation de toute espèce au conseil des fonctionnaires — en la personne de Blair. Blair était un géant noir, au teint lisse, la tête haute, la carrure énergique. Il avait des manières parfaites ; il pouvait se montrer très sérieux, il avait aussi le rire facile, mais toujours mesuré. Il jouissait d'une immense confiance en soi. Il venait d'un village exclusivement peuplé de Noirs, quelque part dans le nord-est de l'île. Cela faisait son originalité : il n'avait pas la susceptibilité agressive des Noirs élevés dans une société mixte. En même temps, à cause de cet isolement, Blair avait abordé tardivement les études. Mais il s'était rattrapé. Il avait déjà atteint un grade supérieur au bureau, et personne n'ignorait qu'il préparait maintenant un diplôme externe afin d'accéder à la qualification que n'avait jamais eue Belbenoit. C'était Blair, parfois, qui vérifiait ma copie. Cet homme très grand traçait les initiales les plus petites et les plus soigneuses : j'y lisais son ambition et sa force.

Envers moi, Blair était la courtoisie incarnée ; mais, malgré l'aisance de nos rapports au sein de l'administration, je sentais qu'en ce qui concernait sa culture et son passé, beaucoup de données m'échapperaient toujours. Ce village africain du nord-est, isolé durant plusieurs générations, sans Indiens ni Blancs, devait avoir sa sensibilité souterraine, ses croyances, ses fantasmes spécifiques. Blair éprouvait sûrement le même sentiment à mon égard ; mon milieu indien, l'orthodoxie hindoue devaient lui paraître encore plus impénétrables. Mais sur le territoire neutre du service, nous n'avions pas à nous soucier de ces questions privées ; nous nous entendions bien, dans la mesure où nous avions à nous entendre. En matière de fonctionnariat, Blair était la perfection — avec tout ce que cette perfection pouvait avoir de dérangeant. Frais émoulu du collège depuis peu de mois, et ne disposant que de cette expérience pour juger de mon entourage, je voyais en lui (malgré son alliance apparente avec Belbenoit) une sorte de chef de classe : quelqu'un qui pouvait faire partie de la classe, et en même temps représenter l'autorité.

Il confirma par la suite ce que je pressentais alors à son sujet. Sept ans après, il abandonna son métier de fonctionnaire, renonça à cette belle carrière, rompit avec ses sobres manières du bureau et se lança dans la politique. Il avait choisi le bon moment. Il démarra en flèche, puis, dans le monde de la décolonisation, monta de plus en plus haut. Il allait connaître une carrière internationale. Près d'une vingtaine d'années plus tard, nous allions nous rencontrer dans un pays indépendant d'Afrique de l'Est. Il était là en poste à court terme auprès du gouvernement local. Cette mission dans une Afrique indépendante devait le combler ; c'est pourtant en ce lieu, peu après notre rencontre, qu'il allait trouver la mort, assassiné par les agents de quelques membres forcenés du gouvernement qui se sentaient menacés par lui. Deux jours durant, le grand cadavre mutilé de Blair resta, sans que personne le découvre, à pourrir dans une plantation de bananes, en partie dissimulé sous des feuilles mortes de bananier. Une carrière est une carrière ; on n'échappe pas à la mort. J'ignore si l'ironie de sa fin rendit cette carrière dérisoire ou en annihila le mérite. Mais cette question sera abordée plus loin dans ce livre.

Pour le moment, qu'on se souvienne de lui, dans les

bureaux de la Maison Rouge : à ce point intermédiaire de sa carrière où ses dons remarquables lui permettaient de suivre une voie ou l'autre. Comme moi, il remontait tous les fils de son passé complexe, ce passé qui l'animait, avec le sentiment d'être porté par le courant (ainsi qu'Evandre, l'avocat), et l'impression (comme moi, là encore), lorsqu'il étudiait après les heures de bureau, de se trouver au stade le plus prometteur de sa vie.

Quand j'avais du temps libre — en général une heure ou deux par jour —, j'écrivais, comme Blair étudiait. Mais je n'avais rien à écrire : je me préparais simplement à devenir écrivain. Je tenais une sorte de journal et notais, à l'encre turquoise, des commentaires sur les livres que j'avais lus et des réflexions sur la vie. Mes pages étaient prétentieuses et falsificatrices ; j'en jugeais ainsi au moment même où je les rédigeais, et n'aurais pas voulu les montrer à qui que ce fût, même si j'espérais, dans un coin de ma tête, qu'il y avait là de la profondeur. Je décrivais parfois des paysages : les bois de Petit Valley, vestiges d'anciennes plantations de cacaoyers sur les hauteurs au nord-ouest de la ville, après la pluie de l'après-midi. Ou bien je croquais des tableaux de Port of Spain : la Western Main Road à St James, le soir après la pluie (toujours la pluie), le néon rouge de Coca-Cola qui clignotait sur la façade du cinéma Rialto, les ampoules nues dans les bars, les mouches endormies le long du fil électrique tout grenu de leurs déjections, le crâne chauve du tenancier chinois, le verre sale de la vitrine garnie de gâteaux farineux et rassis et de chaussons à la noix de coco. J'aimais bien décrire ces scènes. J'aimais encore mieux les corriger, pour le plaisir de l'aspect que prenait la page raturée. C'était artificiel, mais tout ce qui faisait l'objet de ce genre de travail m'est resté, et, des années après, m'a permis d'accéder à des états d'esprit et des faits que je ne me serais pas cru capable de me remémorer.

Un samedi ou un dimanche, j'assistai à un concours de beauté réservé aux Noires, au Rialto. J'y allais pour alimenter mes notes ; je n'en avais jamais vu aucun auparavant. C'était un spectacle minable, minable pour tout le monde sauf peut-être une ou deux concurrentes. Ce n'était pas vraiment drôle ; je ne m'y étais pas amusé ; mais je tentai d'écrire quelque chose de comique. Il n'y avait eu aucun incident, mais je voulus en inventer un pour la chute : je fis pleurer la reine sous les huées de la foule. La rédaction me prit deux ou trois semaines, trop de temps par rapport à la simplicité de ce que j'avais à dire. J'écrivis au stylo, puis sur une machine à écrire du bureau, corrigeant indéfiniment, prolongeant à plaisir la durée de mon travail. Les corrections n'apportaient rien ; l'essai ressemblait de plus en plus à un article de revue d'école, où l'humour se basait davantage sur les mots que sur l'observation ou le sentiment sincère.

J'avais tout concentré sur le maître de cérémonie : sa tenue guindée, les fautes grammaticales de son langage, sa vanité. Je montrai l'article terminé à une dactylo noire du service, avec qui j'avais de bonnes relations. Elle appuya les feuillets sur sa grosse machine à écrire et les lut de bout en bout. Il me sembla la voir sourire une ou deux fois, mais pour finir elle me dit simplement :

— Si c'était un Indien, vous ne l'auriez pas décrit ainsi.

Jamais je ne me serais attendu à un tel commentaire. Je lui avais présenté un texte littéraire, et j'espérais qu'elle y appliquerait des critères plus relevés. Sa remarque n'était pas juste, mais après quelques semaines j'en vins à penser que je n'avais pas écrit ce qu'il fallait. Sur quoi se fondait l'attitude de l'auteur ? Quel autre monde connaissait-il, quelle expérience contribuait-elle à sa façon d'observer ? Comment un écrivain pouvait-il parler de ce monde, si c'était le seul qu'il connût ? A aucun moment, je ne formulai ainsi les questions ; mais le doute était en moi.

Il me fallut un certain temps, six ans, avant de venir à bout de ce doute. J'étais alors en Angleterre, et le premier livre honnête qui me vint fut celui que m'inspira à retardement ma découverte de Port of Spain avant la guerre, le ravissement que m'avait procuré la ville. Ce fut comme si j'étais revenu au vrai commencement, la promenade dominicale avec mon père dans St Vincent Street, la visite à la boutique de Nazaralli Baksh, le tailleur : des choses dont je m'étais à peine souvenu, restituées seulement par l'acte d'écrire.

Après avoir écrit ce livre, je retournai passer quelques semaines à Trinidad. J'y allai en paquebot. Un jour sur deux, on reculait les aiguilles de la pendule ; le climat se modifiait graduellement. Un soir, sur le pont, la brise se leva. Je m'apprêtais à avoir froid, mais c'était un vent doux qui me caressait la tête et le visage. A mon arrivée, quand je rendis visite à des gens et leur trouvai la peau moins sombre qu'il n'y paraissait dans la rue, il me sembla qu'une éternité — une adolescence disparue, une maturité forcée, un livre — me séparait des employés du Service central de l'état civil. Mais six ans seulement s'étaient écoulés pour eux. Des murs plus dégradés ; un bureau plus envahi ; davantage de tables. Blair était parti, mais plusieurs autres étaient encore là : Belbenoit, le garçon (ou l'homme) dégingandé de St James qui roulait sur une bicyclette de dame, la dactylo qui n'avait pas aimé mon texte. Ils se montrèrent amicaux. Mais il y avait quelque chose de neuf.

J'avais entendu dire, à bord, que des activités politiques d'un genre nouveau était apparues à Trinidad. De vrais meetings avaient lieu en face de la Maison Rouge, à Woodford Square, un lieu créé par les Espagnols pour en faire la place principale de la capitale, et décoré plus tard par les Britanniques ; où les Indiens déshérités, les réfugiés venus des plantations, avaient dormi jusqu'à leur extinction ; et où, ensuite, étaient venus camper les Noirs fous. On écoutait maintenant sur cette place des discours sur l'histoire locale et l'esclavage. On parlait aux gens d'eux-mêmes, et le sentiment de la négritude s'aiguisait. C'étaient les conceptions politiques qui avaient conquis Blair.

J'allai un soir assister à un meeting. La place, dont l'échelle avait déjà changé à mes yeux, s'était encore transformée, avec l'éclairage électrique, les orateurs et les micros sur le vieux kiosque à musique (que j'avais trouvé si beau la première fois que je l'avais vu, et qui m'évoquait maintenant un kiosque victorien de jardin public anglais) ; et la foule sombre, éparpillée, indéchiffrable. Les hauts arbres projetaient des ombres déformantes et paraissaient plus grands qu'à la lumière du jour. Des gens se tenaient tout au bord de la place, appuyés contre les grilles ; parmi eux, des Blancs et des Indiens.

Les hommes juchés sur la tribune du kiosque parlaient de vieilles souffrances et de la politique actuelle dans l'île. Ils étaient à l'unisson de leur auditoire. Ils plaisantaient volontiers, et la foule répondait volontiers par le rire, ou une sorte de bourdonnement satisfait. Ceux qui prenaient la parole n'étaient pas tous noirs ou d'origine africaine, mais le meeting était d'esprit africain, aucun doute là-dessus. (Je ne vis pas Blair dans le kiosque. Il ne fut jamais un tribun ni un homme qu'on mettait en avant ; il n'en avait pas le ton.)

Peu d'orateurs étaient connus de moi ; je n'étais pas en mesure de saisir les références et les plaisanteries. C'était comme d'entrer dans une salle de cinéma longtemps après le début du film, mais je sentais que ce n'était pas la substance des discours qui comptait. Ce qui comptait, c'était la circonstance en elle-même : le rassemblement, la situation théâtrale, l'ambiance, la découverte (et la célébration) par une grande partie des Noirs réunis sur la place, instruits ou ignares, d'un sentiment partagé. J'en avais perçu des indices, sous certains aspects, longtemps auparavant, avant de quitter l'île.

Des indices : les gens avaient vécu ce sentiment comme une chose intime, à ne pas révéler imprudemment. Chacun — la dactylo au bureau, le dégingandé de St James, Blair, et même, au concours de Miss Beauté Noire, le maître de cérémonie, l'assistance railleuse et certaines des concurrentes qui se moquaient d'elles-mêmes — chacun le vivait selon sa personnalité et ses moyens intellectuels. Tous les passants qu'on croisait dans la rue recelaient dans leur for intérieur une bribe de ce sentiment. Ce n'était pas un secret. Cela faisait partie de la cruauté non reconnue de notre environnement, ce que nous ne voulions pas examiner de plus près. A présent, tous ces sentiments intimes confluaient en un fleuve commun, dont chacun partageait la bénédiction. Chacun, du plus humble au plus haut placé, pouvait maintenant échanger son sentiment intime, dont il se défiait parfois, contre le sacrement de la vérité amplifiée.

Sur la place, au décor romantique d'ombres et de lumières, on parlait d'Histoire, de la nouvelle constitution et des droits du citoyen ; mais ce qui avait été engendré ressemblait davantage à une religion. Ce n'était pas quelque chose qu'on laisserait derrière soi sur les lieux du meeting ; c'était inséparable des autres aspects de la vie. Et je comprenais l'exaltation, et la distance, que j'avais senties chez les gens lorsque j'avais rendu visite à mon ancien lieu de travail à la Maison Rouge.

J'avais gardé le souvenir, dans le premier bureau du Service de l'état civil, des clercs de notaire assis comme des élèves devant leur pupitre, occupés à rechercher des actes officiels dans de grands registres reliés. C'étaient des gens modestes, mais qui se respectaient ; ils portaient une cravate et une chemise blanche. Ils avaient une sorte d'ambition, comme tout un chacun. Ils affectaient parfois plus d'ambition qu'ils n'en avaient réellement, mais nombre d'entre eux savaient qu'ils n'iraient pas loin, et y étaient résignés, ainsi qu'on le constatait lorsque parfois un homme plus âgé — d'une génération sans potentialité, une génération plus ou moins finie désormais — venait faire des recherches, et les entraînait tous dans une sorte de papotage oiseux de salon de coiffure, semblable aux commérages de cuisine, omniscient et plein de sous-entendus de conspirateurs, mais en fait rien que du verbiage parfaitement vide.

(J'avais fait connaissance avec ces potins de salon de coiffure avant même d'aller travailler à la Maison Rouge. Au moment de ma candidature à mon petit emploi temporaire, un cousin m'avait transmis un conseil de la part de quelqu'un qui était censé connaître tous les rouages de la Maison Rouge : « C'est à Pereira qu'il faut qu'il s'adresse. Tous ces papiers-là passent par les mains de Pereira. » Pereira était employé dans je ne sais quel service. Un jour, vers midi, on me montra du doigt un cycliste dans Western Main Road : « Tiens. Pereira. » Le grand homme, comme ça, au milieu du tout-venant, dans Western Main Road ! C'était un métis, qui paraissait plus indien que portugais, relativement jeune, et je suppose qu'il rentrait à vélo déjeuner chez lui. Tête nue, sous le soleil brûlant, il prenait son temps, assis très droit sur la selle de sa lourde bicyclette anglaise d'avant-guerre, la poche de sa chemise garnie d'un stylo et d'un stylomine, et les chaussettes tirées sur le bas de son pantalon, soigneusement replié sur la jambe. Selon une autre version de ce souvenir, Pereira, couché sur le guidon recourbé d'un vélo de course au cadre fuselé, pédalait vigoureusement. La seconde image est sans doute d'inspiration satirique et malicieuse. Je n'en sais rien. Je ne revis jamais Pereira ; je ne sais même pas si le cycliste qu'on m'avait désigné était bien Pereira. J'obtins cet emploi grâce à la recommandation de mon ancien proviseur du collège, et personne ne me parla jamais plus de Pereira.)

Je reconnus certains des clercs de notaire plongés dans leurs recherches au Bureau central de l'état civil. Ils me firent bon accueil ; ils étaient disposés à bavarder. Mais la disponibilité de salon de coiffure n'était plus là. Il me sembla détecter une intensité, un raidissement nouveaux ; et je sentis que cette intensité — cachée, non reconnue — avait toujours été là, y compris chez l'homme plus âgé.

J'avais cette impression même en retrouvant des personnes plus simples. Tel le coursier un peu replet, content de répéter la même blague que six ans auparavant (« Toujours à me chercher. Pourquoi vous me cherchez comme ça ? »). Ou le documentaliste vieillissant, au visage revêche, qui attendait jour après jour devant la porte du service que les illettrés viennent le faire travailler, au bord de la dèche quand je l'avais connu, ayant parfois besoin de se faire offrir un verre, et maintenant un peu plus misérable, car on faisait de moins en moins appel à lui. Ou le vieux maçon de la Barbade, qui avait travaillé pour notre famille. J'aimais bien, autrefois, le voir à l'œuvre ; j'aimais ses chansons et observer ses poils du nez saupoudrés de ciment, comme les pattes d'une abeille enduites de pollen. Il me rendit visite, lors de ce séjour. Planté sur le trottoir, il s'appuya sur le portillon. Il ne voulait pas entrer dans le jardin parce qu'il était venu demander de l'argent. Les temps étaient durs, dit-il. La coloration plus pâle de ses poils du nez n'était plus due au ciment, mais au grisonnement. Même chez ceux-là, je sentais le nouveau sacrement de la place, une trace de gloire toute neuve.

Une bonne partie de ce sentiment venait peut-être de moi — j'étais d'une sensibilité exacerbée lors de ce retour, pour toutes sortes de raison — mais je ne faisais qu'amplifier, je crois, quelque chose de réel. L'histoire des lieux était connue ; le souvenir en était présent tout autour de nous ; il suffisait de gratter pour nous faire tous saigner. L'étonnant, c'était que les Noirs eussent mis si longtemps à réagir ainsi. Dans notre contexte colonial, les champions des Noirs avaient été des Blancs ou des hommes de couleur du genre de Belbenoit. Les Noirs, doutant d'eux-mêmes, s'en remettaient à eux pour être leurs dirigeants. La vie politique avait tardé à atteindre les Noirs ; la confiance en soi avait tardé ; trop de générations avaient dû refouler ce qu'elles éprouvaient, ou le tourner en dérision sous les papotages de salon de coiffure. Une grande grève avait eu lieu en 1937 dans les exploitations pétrolières, mais le meneur, originaire de l'une des petites îles de l'archipel, était plutôt un prédicateur rural, inculte et un peu fou, vite retombé dans l'inaction après son inspiration politique initiale, et n'offrant à ses adeptes qu'une sorte d'extase religieuse. Le nouveau sacrement de la place allait bien au-delà.

Lors de ce retour, tout ce que j'avais connu autrefois, chaque rue, chaque édifice m'apparaissait rétréci. J'aimais, dans mes voyages, jouer avec ces changements d'échelle, comparer ce qui était dans ma mémoire, datant de mon enfance et mon adolescence, à ce qui était présent tout d'un coup devant moi. Un peu de la même manière, chaque individu noir ou africain de mon passé apparaissait changé. Et j'éprouvais une double distance par rapport à ce que j'avais connu.

Lors du meeting auquel j'avais assisté sur la place, j'avais vu une famille blanche profiter de l'intervalle entre deux discours pour s'en aller. C'était une vieille famille de négociants. J'avais eu un peu affaire à ces gens. Pendant quelques semaines, juste avant d'aller travailler à la Maison Rouge, j'avais été le répétiteur de l'un de leurs enfants. J'estimais qu'ils m'avaient roulé en m'amenant à accepter un salaire indigne. Ils m'avaient laissé en fixer le montant, et moi qui n'avais pas encore dix-sept ans, je n'avais pas su combien il fallait demander. J'avais suggéré un chiffre très bas, inspiré par je ne sais quelle notion absurde de l'honneur. Ils n'avaient pas eu à cœur de répondre à ce principe d'honneur ; ils m'avaient payé la somme dérisoire que j'avais demandée, pas un sou de plus. L'humiliation et la rage refoulées (un aspect de l'humeur qui régnait précisément sur la place) me revinrent en les voyant.

Ils s'étaient tenus sur le pourtour de la place, bien en vue, sûrs d'eux, respectueux de la circonstance. Peut-être avaient-ils été attirés là par le spectacle. Mais, comme moi, ils s'étaient sans doute sentis exclus ; ils avaient dû sentir le sol se dérober sous leurs pieds. Cependant, les Blancs étaient peu nombreux dans la colonie, et ils n'étaient pas vraiment menacés. La montée d'hostilité suscitée par le sacrement de la place risquait de viser surtout sur les Indiens, qui constituaient l'autre moitié de la population.

La capitale avait eu de l'importance pour moi. La découvrir avait été un des plaisirs de mon enfance : découvrir les grands édifices, les places, les fontaines, les jardins, de belles choses destinées à la jouissance de tous. Mais je n'avais fréquenté la ville qu'une dizaine d'années. A mes yeux, c'était toujours resté un lieu étranger, un lieu où j'étais venu d'ailleurs, et dont je faisais toujours connaissance. A présent, en y revenant, j'avais l'impression qu'il était passé en d'autres mains.

Je repartis quelques semaines plus tard. Quatre ans s'écoulèrent avant que j'y retourne. Puis ce furent des allées et venues irrégulières. Il m'arriva de n'y passer que quelques jours, et d'en rester éloigné, une fois, pendant plus de cinq ans. C'est de cette distance, avec ces interruptions, que je percevais ce lieu connu et inconnu de moi, et où persista l'état d'insurrection. Les individus décrochaient, se retiraient, mouraient, partaient à l'étranger. Vint le temps où je n'eus plus personne à qui rendre visite au bureau ou chez lui.

A l'image de ces petits carnets de photographies d'avant-guerre montrant un champion de cricket en pleine action — des carnets de vingt ou trente photos successives qu'on feuilletait avec le pouce pour voir, en continuité saccadée, Constantine lancer la balle ou Bradman tenir sa batte en haut du manche et exécuter un retour imparable — ma vision de l'île se mit à défiler à toute vitesse.

L'île accéda à l'indépendance en plein état d'exaltation de la population noire — proche de l'insurrection — et marquée désormais par une division raciale bien définie : la campagne aux Indiens, la capitale aux Africains. Et la ville que j'avais connue se mit à se transformer.

Les Noirs des petites îles plus au nord vinrent s'y établir. Ce déplacement avait toujours existé ; pendant la guerre, ils étaient venus en assez grand nombre travailler dans les bases américaines, et avaient alors installé à l'est un bidonville grisâtre et spectaculaire, des cabanes en vieilles planches, en caisses d'emballage et tôle ondulée rongée par la rouille, sur le marécage puant. Cette immigration n'avait jamais été légale, mais à présent elle augmentait. Les arrivants étaient pris par l'ambiance locale ; ils y ajoutaient une part des passions de leurs petites îles, leurs petites communautés africaines isolées.

Le bidonville des immigrants proliféra sur le marécage asséché et sur les collines qui l'entouraient. Simultanément, la ville s'étendit vers l'ouest, avec de nouveaux lotissements petits-bourgeois le long de la côte (là où se trouvaient jadis les baignades) et dans les vallées des Monts du Nord, où avaient subsisté jusqu'à la grande crise des années 30 les plantations de cacaoyers et d'agrumes.

La petite ville que les Espagnols avaient édifiée au dix-huitième siècle comportait de nombreuses places ou espaces libres entre les pâtés de maisons ; et elle était entourée par la campagne et les plantations. Cette campagne n'existait plus à présent, et la ville commençait à étouffer. Déjà, pendant la guerre, les Américains avaient implanté de gros bâtiments de deux étages sur quelques places du centre, près du port. Vers la même époque, le gouvernement local avait construit l'*Information Office* sur l'une des pelouses de la Maison Rouge ; et l'on avait installé les panneaux d'affichage autour de la fontaine tarie, sous la coupole au milieu du passage ouvert qui traversait l'édifice. A présent, à la place des panneaux, on voyait de gauches et frustes extensions en bois des bureaux de l'administration, qui ressemblaient à d'énormes caisses. L'école primaire que j'avais fréquentée avait été indéfiniment agrandie ; nos terrains de jeu avaient disparu.

Peu à peu, la séparation entre ville et campagne vint à disparaître. C'était une grande perte : enfant, j'aimais les notions distinctes de ville et de campagne. Dans mon souvenir, j'avais accompli le voyage de la campagne à la ville ; ensuite, résidant en ville, j'allais de temps en temps en vacances à la campagne. Si l'on se dirigeait vers l'est, on faisait la queue pour prendre le car à la gare de George Street. Peu après avoir dépassé le bidonville, en contournant le large canal de ciment appelé East Dry River, on commençait à voir de grands arbres, des étendues de broussailles, puis on apercevait au sud les plaines de canne à sucre. En allant vers l'ouest, la ville s'achevait de manière encore plus spectaculaire : on avait soudain devant soi une plantation de cocotiers, et pas une maison en vue.

Maintenant, à l'est comme à l'ouest, tout était construit, sans espace libre, sans espace vert. Les maisons succédaient aux maisons, sur des parcelles parfois minuscules. Le bruit était partout, sans répit. On avait une impression de gens entassés et en proie à une agitation permanente dans leur territoire exigu. Mais on continuait d'ouvrir de nouvelles artères, surtout dans les vallées étroites à l'ouest de la ville ; on excavait à flanc de colline ; et les paysages vallonnés que j'avais connus (et décrits dans mes carnets quand j'en avais le temps à la Maison Rouge) étaient si changés — devenus des lieux où j'avais perdu mes points de repère, des paysages appartenant à d'autres — que je préférai durant longtemps m'en tenir à l'écart.

Une nouvelle décharge publique s'installa dans la mangrove aux eaux noires, à l'est de la capitale, de l'autre côté de la route traversant le bidonville, officiellement admis, parfois officiellement agrandi, mais toujours un bidonville, et qui persistait à envahir les collines. Les feux d'ordures brûlaient jour et nuit. Ils dégageaient une fumée noire, virant au brun foncé ; elle déferlait souvent sur la route ; l'odeur était méphitique ; on était obligé de remonter les vitres de la voiture. Les habitants du bidonville, hommes, femmes et enfants, s'activaient dans cette fumée — silhouettes emblématiques — à fouiller les détritus en quête de tout ce qu'on pouvait récupérer et vendre. Les corbeaux locaux, lourds oiseaux noirs et voûtés, sautillaient sur les pentes de la décharge ; les enfants du bidonville couraient au milieu de la circulation, sur la route jonchée de débris, pour rejoindre les tas d'ordures.

C'était comme si, en même temps que le passé colonial, on avait piétiné et annihilé tout le paysage de la colonie ; comme si l'on avait rejeté avec ce passé l'idée même de la règle ; comme si, après le sacrement de la place, l'énergie de la révolte était devenue une créature en soi, qui dévorait la terre.

Sur la place, au début, bien des années auparavant, dans l'éclat prestigieux des lumières — où la beauté des allées pavées et de la fontaine devait être un aspect des richesses d'un monde dont on allait hériter — les orateurs, dans le kiosque à musique victorien, avaient parlé d'Histoire, de souffrances et la grande conspiration des dirigeants, et suggéré que l'heure de la rédemption était enfin venue.

Elle vint pour beaucoup. Mais cette promesse de rédemption était d'une telle ampleur que certains ne pouvaient pas ne pas se sentir lésés par ce qui suivit. L'esprit initial de rejet de l'état des choses avait dû garder sa vertu aux yeux de ces gens ; et, au fil des ans, ils devaient avoir greffé sur cette humeur les passions de causes noires étrangères, plus extrémistes, plus marginales et qui recevaient plus d'écho. Ainsi grandit la désaffection, nourrie par l'idée d'une impossible justice raciale ; et la menace d'une insurrection dans l'insurrection subsista.

Une révolte grave se produisit. Le gouvernement survécut, après quoi le dernier grand espace libre de la ville espagnole du dix-huitième siècle fut envahi. Ce qui avait été la Calle Marina, la rue Marine, la vaste esplanade qui s'étendait tout le long de ce qui avait été le front de mer, fut livré comme marché aux gens des collines et du bidonville de l'est, à l'esprit rebelle sous leurs *dreadlocks*. Pour leur permettre de concurrencer les commerçants établis de la ville, l'esplanade fut couverte de petites cahutes en planches, où les gens des bidonvilles se mirent à vendre les modestes articles en cuir ou en métal qu'ils fabriquaient.

Cela entraîna un isolement accru du centre de la capitale, ce que nous appelions « la ville » (et où, fraîchement débarqué, j'étais allé me promener avec mon père par un dimanche tranquille, si tranquille que nous avions déambulé au beau milieu de la rue, et que j'apercevais notre reflet indemne dans les vitrines). Des centres commerciaux s'établissaient dans les nouvelles cités, à l'ouest et à l'est de Port of Spain. Il n'était plus nécessaire d'aller dans le centre ; et il m'arrivait maintenant, lorsque je venais passer quelques jours à Trinidad, de ne pas mettre les pieds en ville.

La population continuait de vivre sur les nerfs. Cela persista même durant le boom pétrolier, quand on aurait pu croire que l'argent, distribué en allocations quotidiennes à quiconque le demandait, était venu rétribuer leur passion, leur loyauté envers le sacrement. Lorsque la crise arriva, et que la situation devint plus dure qu'à aucun moment dans les mémoires, l'esprit de rejet et de justice resurgit comme une panacée. Mais survint alors un retournement de situation tel que les premiers orateurs, sur la place, n'auraient pas osé en rêver.

On voyait depuis quelque temps apparaître à Port of Spain et dans les autres villes des Noirs habillés en Arabes, les hommes en longues gandouras blanches et coiffés de calottes blanches, les femmes voilées de noir ; on les remarquait dans la rue, raidis de vertu et se tenant à l'écart.

Ces gens étaient des musulmans d'un nouveau genre. Ils n'étaient pas musulmans de filiation, comme certains des Indiens de l'île : des personnes telles que Leonard Side, l'employé de Parry's, l'entreprise de pompes funèbres, ou Nazaralli Baksh, tailleur dans St Vincent Street voilà cinquante ans. Ils ne ressemblaient pas non plus aux *Black Muslims* des États-Unis. Ces gens donnaient l'impression d'être en contact direct avec le monde arabe. Çà et là, au centre de la capitale, dans ce qui avait été un quartier élégant de l'époque coloniale, ces musulmans de style arabe avaient fait d'importantes acquisitions foncières. Ils avaient opacifié les fenêtres et les vérandas des immeubles, qui arboraient des pancartes blanches et vertes avec des inscriptions en caractères arabes.

Ils avaient aussi occupé des terres communales à Mucurapo, près de St James, et bâti une petite agglomération et une mosquée. Ce n'était pas loin du cimetière de Mucurapo, où se dressaient dans le ciel les très vieux palmiers royaux, ni de la petite maison sur sa demi-parcelle où Leonard Side habitait encore avec sa mère vingt ans auparavant. Pendant la guerre, ces terres avaient été occupées par les Américains. Ils y avaient édifié d'énormes entrepôts en brique, comme des hangars. L'une de ces bâtisses était alors devenue le siège de l'USO, *United Service Organization*, qui offrait aux soldats un centre de distractions plein de séduction à nos yeux, de l'autre côté de la clôture gardée. Le terrain avait été récupéré avant-guerre sur les hauts-fonds du golfe de Paria : un terrain établi sur une boue noire très molle, sans gravier, découverte à marée basse. Je me souviens du travail d'assèchement, du dragage de la boue noire du golfe qui séchait en paquets fendillés, grisâtres. (Et longtemps avant, des siècles durant, tout ce coin, St James, Mucurapo, Conquerabia, Conquerabo, avait été Cumucurapo pour les Indiens aborigènes qui y vivaient.)

La population éprouvait un malaise à l'égard de cette cité nouvelle, qui apparemment ne cessait de croître, disposait d'argent et obéissait à ses propres lois. Elle possédait son école coranique. Ces gens avaient le zèle des études ; quand on les voyait en fin de matinée faire leurs courses dans les marchés de certaines zones campagnardes, les adultes, hommes et femmes, ressemblaient à des gosses à la sortie de l'école, avec leurs cahiers et leurs livres à la main. Mais les livres étaient en arabe, et leurs écoles étaient, disait-on, des écoles coraniques. Cette conception du savoir déplaisait à la majorité de la population avoisinante et, tout comme leur façon de s'habiller à l'arabe, contribuait à mettre ce groupe à l'écart. La mosquée qu'ils avaient édifiée était différente des habituelles mosquées indiennes de l'île, structures rectangulaires de béton, surmontées de dômes, et peintes en vert et blanc. Celle-ci était plus haute, plus anguleuse, aux couleurs plus agressives. On ignorait localement l'origine de ce style. Je pensais que ce pouvait être l'Afrique du Nord, mais sans en avoir la certitude.

Un jour, en fin d'après-midi, après la prière à la mosquée — selon les comptes rendus qui furent publiés par la suite — une centaine d'hommes de la secte, armés de fusils et d'explosifs, gagnèrent St Vincent Street. Ils donnèrent l'assaut au quartier général de la Police et provoquèrent une grosse explosion près de l'arsenal. Un certain nombre de policiers furent tués lors de ce premier assaut. Ensuite ou simultanément, ils attaquèrent la Maison Rouge, en face, un peu plus loin. Le Parlement siégeait. On tira des coups de feu ; il y eut des victimes. Après quoi, ainsi qu'il arrivait souvent lors des révoltes d'esclaves dans ces îles, les rebelles donnèrent l'impression de ne plus savoir que faire : toute leur énergie et leur exaltation s'étaient concentrées et consumées dans l'acte spectaculaire de l'attaque, la surprise, le premier sang répandu, l'humiliation de ceux qui détenaient l'autorité. Durant six jours environ, les rebelles assiégèrent la Maison Rouge où ils avaient pris en otages les membres du gouvernement et tous ceux qui se trouvaient là.

Une odeur de mort planait sur la Maison Rouge et St Vincent Street. L'assaut de fin d'après-midi avait fait une quinzaine de victimes, disait-on ; et une partie des cadavres avait commencé à se décomposer. Selon certaines rumeurs, certains des corps avaient été déposés dans le caveau des archives, près de l'entrée duquel j'avais occupé une table pendant quelques semaines, quand je copiais les certificats de naissance et de décès. J'ignore dans quelle mesure ces rumeurs étaient fondées. Mais lorsque les rebelles s'étaient rendus, que le siège avait pris fin et que la presse locale avait publié des photos (prises de loin) des gens qui sortaient de la Maison Rouge, un mouchoir plaqué sous le nez, cela me rappela l'odeur de colle de poisson dans laquelle j'avais travaillé ; et je songeai à la salle sans air, plongée dans la pénombre et un calme étrange, bourrée de papier, où l'on m'avait dit que se trouvaient toutes les archives de la colonie britannique, c'est-à-dire, depuis 1797, les relevés topographiques ou autres, les actes des transactions foncières, et ensuite ceux qui n'avaient débuté que plus tard, les actes de naissance et de décès, ainsi qu'un exemplaire de tout ce qui s'était imprimé dans la colonie.

On me raconta que l'odeur de mort avait subsisté de longs jours dans ce quartier où, quelque trente-cinq ans auparavant, les pères et grands-pères de certain des rebelles (beaucoup étaient très jeunes, des adolescents) avaient peut-être pris part au sacrement de Woodford Square.

St Vincent Street — si tranquille dans le plus ancien souvenir que j'en avais — ne m'était jamais apparue comme un lieu où les hommes pourraient se battre aussi farouchement. Mais tous les sites d'habitat humain sont exposés à ce genre de violence. Il n'est pratiquement aucune ville qui n'ait été assiégée, l'enjeu d'une bataille, et qui n'ait connu ce sang-là. Et dès que je me mis à réfléchir au passé, y compris à ma propre sensibilité exacerbée lors de mon premier retour d'Angleterre, je compris que les événements s'enchaînaient sans fin. On pouvait commencer par le sacrement de la place et remonter en arrière : les Noirs fous sur les bancs, les déshérités indiens, les plantations, les étendues sauvages, les villages aborigènes, la découverte. Ou bien aller de l'avant, à partir de cet accès d'exaltation et cet esprit de rejet, pour arriver au nihilisme actuel.

Dès le début du siège, il n'y eut plus de gouvernement en activité. Cette notion tarda un peu à être perçue ; mais ensuite, son effet sur les communautés noires — locales ou immigrées, dans la capitale et dans tous les bidonvilles agglutinés au pied du Northern Range, au nord de la campagne essentiellement peuplée d'Indiens, qui restaient calmes, indifférents à la frénésie environnante —, l'effet sur ces communautés fut extraordinaire. Ces gens se comportaient comme si on leur avait octroyé un moment de liberté absolue. Ils se constituaient en bandes pour se livrer au pillage. Quand je retournai à Trinidad, c'est de cela qu'on parlait — les visages allumés, méconnaissables des pilleurs, les yeux luisants — autant que du siège de la Maison Rouge. Pendant près d'une semaine, des communautés entières avaient vécu dans l'idée que tout était fini, qu'on entrait dans un monde sans logique, et ces gens étaient sortis de leurs gonds. Il y eut au moins vingt-neuf morts au cours de ces pillages.

Depuis bien des années, j'avais admis que la ville telle que je l'avais connue dans mon enfance n'existait plus, et que ce qui s'y était substitué appartenait à d'autres. Le nom de Nazaralli Baksh, qui avait confectionné les vêtements avec lesquels j'étais parti, avait cessé de figurer dans St Vincent Street. Mais voir la dévastation autour de l'ancien emplacement de sa boutique me rendit son souvenir plus présent que jamais. En face, le siège victorien de la Police — à qui il fournissait des uniformes — avait été défoncé d'un côté par l'explosion. Le mur gris extérieur, là où il tenait encore debout, était tout noirci ; la fumée s'était déversée par les voûtes en ogives. C'était troublant de voir ce qui avait été la ville — policée, organisée, protégée, avec son potentiel d'émerveillement et d'aventure — se transformer en terrain vague. Les rues commerçantes du centre avaient été rasées. Le regard plongeait sur ce qu'on aurait pu croire enfoui à jamais : sous certains édifices, les murs épais des fondations espagnoles du dix-huitième siècle. On distinguait la trace des pignons bas de petites constructions anciennes sur des murs plus hauts. En vérité, on pouvait contempler à ses pieds davantage que les fondations espagnoles : on pouvait contempler la rouge terre amérindienne.

Ce n'était pas la première fois que du sang coulait ici. Là où les cahutes des immigrants escaladaient maintenant les collines, des aborigènes avaient vécu autrefois. La ville espagnole du dix-huitième siècle avait été édifiée sur une étendue sauvage créée par les Espagnols eux-mêmes deux siècles plus tôt, quand ils avaient conquis la bourgade aborigène de Cumucurapo. Toujours légalistes, ils avaient presque à chaque coup un notaire sous la main pour « donner foi » à ce dont il était témoin. « *Doy fe* », écrivait le notaire : je donne créance, je témoigne. Et il y eut un notaire pour relever les noms des chefs indiens de Cumucurapo, qui avaient cédé leur terre aux Espagnols ; selon le notaire, ils l'avaient fait de leur plein gré, et la population s'était livrée à des « réjouissances ». Le nom de ces chefs fut confirmé par un hasard extraordinaire. Peu de temps après, un navire anglais vint en maraude. Les Espagnols, qui avaient si récemment pris « juste possession » de l'île, furent eux-mêmes mis en fuite ; et l'on trouva dans la prison de la nouvelle colonie espagnole, de l'autre côté des collines, cinq des chefs dépossédés, qui portaient précisément les noms relevés par le notaire, les derniers chefs aborigènes du pays, entravés par une même chaîne, brûlés à la graisse de bacon et brisés par d'autres sévices.

3

UN VÊTEMENT MODERNE

HISTOIRE NON ÉCRITE

Il arrive que les inspirations de l'écrivain retombent comme un soufflé dès qu'il veut les développer sur le papier. D'autres fois, il joue simplement dans son esprit avec une idée, sans plus, parce qu'il sait peut-être qu'elle ne le mènera pas loin. La plupart de ces idées non creusées finissent par s'effacer ; mais il en subsiste une ou deux. Je vais rendre compte ici d'une idée qui a subsisté.

La pulsion initiale me vint durant la première ou la deuxième semaine de 1961, quand j'étais dans les hautes terres de Guyane, un *no man's land* amérindien aux frontières du Venezuela et du Brésil.

C'était la première fois que je pénétrais en Amérique du Sud, que je voyageais en pleine nature. En réalité, je n'avais jamais fait de voyage sérieux ; et l'envie d'écrire qui s'empara de moi provenait moins d'une idée d'histoire que de la surexcitation de me trouver là.

Une fois, je passai presque une journée entière à bord d'un petit bateau sur une rivière d'altitude, dont on remontait le cours dans la fraîcheur des hautes forêts. Cette rivière était un modeste affluent d'affluent. Peu profonde, elle s'élargissait par endroits sur un lit encombré de rocaille, et formait des bassins où se reflétaient à la perfection des arbres ou des branches tombés, ainsi que de gros rochers fissurés. Ces rochers, de teinte grise et décapés par l'érosion, étaient parfois ouverts sur une fente si nette — tel un énorme fruit pétrifié — qu'ils prenaient une beauté en eux-mêmes. La rivière roulait une eau rougeâtre (colorée par les feuilles et les écorces en décomposition), transparente dans les rayons du soleil, et assez propre pour la boire.

Des oiseaux aux couleurs vives suivaient notre embarcation. Nous avions avec nous un homme armé d'un fusil, un Amérindien. Il tirait sur les oiseaux, pour s'amuser. Après chaque coup de feu, il baissait les yeux sur le bateau, sans regarder personne en particulier, et il avait un petit rire nerveux. Les oiseaux ne s'effarouchaient pas ; ils restaient auprès de nous ; on entendait le battement régulier de leurs ailes.

Une ou deux fois, au cours de la journée, nous avons fait halte dans un village amérindien. La berge était plus haute à l'endroit du village, avec un chemin qui descendait en zigzags jusqu'au ponton où étaient amarrées les pirogues. Les habitants avaient la peau claire et les cheveux noirs. Animés entre eux, tandis qu'ils échangeaient les denrées alimentaires ou autres et les nouvelles, ils parvenaient, l'instant d'après, à se montrer distants envers nous : ils se tenaient extraordinairement immobiles sur leur berge ombragée, du haut de laquelle ils abaissaient sur le bateau un regard vide d'expression.

Tel était l'environnement. J'aurais voulu en tirer parti, mais chaque ressort d'invention littéraire qui me venait à l'esprit me semblait falsifier ce que j'avais ressenti en tant que voyageur.

Six ou sept ans plus tard, alors que j'écrivais un livre d'un autre genre, je me plongeai dans des lectures détaillées au sujet de cette région. Je remontai aux récits les plus anciens, en me concentrant sur la période de 1590 à 1620. Parmi les documents espagnols se trouvaient des rapports sur la fondation officielle de villes espagnoles en pleine jungle amérindienne, sur des expéditions (qui s'achevaient en général par la mort ou le désespoir), des pétitions envoyées au roi par les colonisateurs (le roi ou l'un de ses fonctionnaires devaient les lire avec une bonne année de retard) : d'une simplicité et d'une fraîcheur étonnantes, ces appels lancés jadis par des Espagnols à l'autre bout du monde, les plaintes et les déceptions d'individus affamés, querelleurs, convaincus de leur bon droit et stoïques.

J'étudiai aussi les récits d'aventuriers étrangers. Les étrangers — c'est-à-dire les autres Européens — étaient bannis de l'empire par la loi espagnole. Ils risquaient la mort ou l'Inquisition s'ils se faisaient prendre. Mais c'était là un coin perdu de l'empire, et les intrus, comme on les appelait, persistaient à tenter leur chance, venus de France, de Hollande et d'Angleterre. Pour la plupart, ils se livraient au négoce (amenant des esclaves africains, remportant du sel ou du tabac) ; mais quelques-uns comptaient implanter leurs colonies ou leur royaume à eux, et se cherchaient des alliés et des sujets chez les Indiens.

La bravoure de tous ces gens m'étonnait. Je me souvenais de mon premier aperçu du continent, une toute petite partie que j'avais survolée en avion à basse altitude, la dernière semaine de 1960 : des kilomètres de plages boueuses et sauvages, jonchées de grands arbres abattus, où peut-être nul voyageur n'avait posé le pied et nul touriste ne viendrait jamais ; la masse serrée des forêts ; la vaste confusion marécageuse des méandres fluviaux. Cela devait déjà représenter une prouesse d'arriver jusque-là et d'y survivre. Ceux dont je lisais les écrits y allaient pour intriguer, chercher de l'or, livrer bataille.

Une histoire se mit à germer dans ma tête, au fil de quelques années. Mais elle ne trouva jamais sa forme détaillée, « l'activité » que requiert un récit, même si cette activité décroît à mesure qu'avance le récit, un peu comme s'éventent l'huile ou l'alcool imprégnés d'un arôme plus durable.

Mon idée demeura une idée, et je la transcris ici, la développant en partie pour la première fois.

Le narrateur remonte le cours d'une rivière des hautes terres d'un pays en Amérique du Sud. Qui est ce narrateur ? Quel personnage peut-on en faire ? C'est souvent là que la fiction peut engendrer la fausseté.

Faire du narrateur un écrivain ou un voyageur serait conforme au vécu réel ; mais du coup, les ajouts fictifs deviendraient évidents. Le narrateur peut-il être un homme en cavale, sous une fausse identité ? Ce serait dans la vérité de la région. En 1971, Michael X, membre du Black Power à Trinidad, après avoir tué deux personnes dans l'île, se réfugia en Guyane (qui ressemble géographiquement au pays du récit) et partit se cacher dans l'intérieur des terres. Et bien des décennies auparavant, l'un des derniers survivants de la bande de Frank James, en quête d'une planque à l'extérieur des États-Unis, s'enfonça dans la savane guyanaise, en dessous de la zone des forêts. (C'est ce qu'on me raconta quand j'y fis mon propre voyage. Les habitants étaient fiers de se trouver associés à cette légende ; et je fus sensible aussi au prestige de la chose, moi qui avais vu dans mon enfance les films inspirés par Frank et Jesse James, avec Tyrone Power et Henry Fonda.)

Un homme en cavale aurait été dans la vérité de la région. Mais le récit a ses lois. Il exige une constante pertinence, et prêter ce personnage au narrateur aurait introduit des éléments superflus, qui ne se seraient pas rattachés à ce qui devait arriver à la fin du voyage.

Mieux valait, au lieu d'un homme en cavale, prendre un narrateur qui fût porteur de troubles. Disons, un révolutionnaire des années 70. Un homme qui chercherait à obtenir l'aide des Amérindiens de l'intérieur des terres pour renverser le gouvernement « africain » de la côte. Une telle situation ne répercuterait pas seulement la vérité de plus d'un pays de la région. Elle exprimerait aussi certaines ironies de l'Histoire.

A la fin du dix-huitième siècle et au début du dix-neuvième, au temps des plantations esclavagistes hollandaises et britanniques (Hollandais et Britanniques n'étant plus alors des intrus dans la mer des Antilles, mais des puissances souveraines), lorsque les esclaves fuyaient vers l'intérieur des terres, les Amérindiens les pourchassaient pour la prime. A présent, à l'époque du récit, les Noirs de la côte, descendants des esclaves africains, ont hérité l'autorité de l'ancien gouvernement colonial. Il existe parmi eux une catégorie substantielle d'hommes instruits et qui exercent des professions libérales. Maintenant, ce sont eux les dirigeants ; et les Amérindiens sont en matière culturelle ce qu'étaient les Noirs deux cents ans plus tôt.

Aux yeux de ce narrateur — qui est plus qu'un voyageur en quête de nouveauté —, tout ce qu'il observe sur la rivière est donc chargé de nombreuses significations.

A l'arrière de l'embarcation se tient un homme armé d'un fusil de chasse. Il tire de temps à autre sur les oiseaux qui accompagnent le bateau ; et chaque fois, il éclate de rire. C'est peut-être dans cet esprit que ses ancêtres donnaient la chasse aux fugitifs africains. Ils n'étaient pas alors armés de fusils, mais de flèches — petites baguettes délicates à l'embout de métal à peine visible, qui n'ont pas l'air dangereuses et ressemblent à des jouets. On les fabrique encore : les flèches et les carquois des boutiques d'artisanat sur la côte sont parfaitement semblables aux vrais, datant d'une cinquantaine ou d'une soixantaine d'années, qu'on peut voir, couverts de poussière, dans le petit musée délabré de la capitale, pratiquement pas réaménagé depuis l'époque coloniale.

Et l'on pourrait — peut-être, peut-être, se dit le narrateur — ranimer au service d'une plus noble cause ce vieil instinct, cette vieille réaction hostile aux Africains. Cependant, lorsque le bateau fait halte dans un village et que le narrateur considère les visages vides d'expression, l'immobilité des gens postés sur la berge, le doute le prend en comparant ces riverains passifs aux Noirs de la côte, et à la vitalité des ethnies révolutionnaires sur d'autres continents.

Le passage hebdomadaire du bateau sur cette rivière cause de l'animation à chaque halte. Dans un village ombragé, une femme dévale les zigzags jaunes du sentier pour apporter à l'homme au fusil un panier de victuailles : divers aliments dans des boîtes en fer-blanc ou des bols en bois, noués séparément dans un linge. L'homme lui dit quelques mots sans la regarder ; et elle revient plus tard avec du pain de manioc, deux moitiés d'une grande galette rigide et blanchâtre, épaisse d'un centimètre environ, la cassave, qui a un peu l'aspect du polystyrène expansé.

L'homme rompt ces demi-galettes en morceaux plus petits qu'il glisse entre les bols, les boîtes et la paroi du panier — sans précautions, comme si c'était bon pour les femmes d'envelopper les aliments dans du linge. Plus tard, lorsqu'ils sont repartis sur les eaux lisses de la rivière, et que l'heure de manger est venue, il déballe tous les mets et, avec une gravité soudaine, détache de petits bouts de galette pour les y plonger. La cassave fait partie intégrante de chaque bouchée qu'il absorbe. Elle constitue la base et donne du volume au repas.

Le narrateur en demande un morceau, pour goûter. L'homme rit, content de l'intérêt qu'il suscite. Sous l'acidité inattendue, la cassave n'a presque aucun goût.

La lumière change ; le climat de la journée aussi. Le soleil, plus à la verticale, frappe droit entre les deux murs de la forêt sur les rives, et l'eau devient aveuglante. La rivière change. L'homme au fusil, son repas terminé, les récipients rincés et rangés dans le panier, s'est maintenant assis à l'avant pour guetter les obstacles cachés. Le regard à l'affût, il se tient parfaitement immobile.

Le narrateur, qui garde en bouche la saveur acide de la cassave et le souvenir de sa texture granuleuse, songe aux bases alimentaires du monde. Le riz, le blé et autres céréales sont des graminées. Le manioc — un cousin du poinsettia à feuilles rouges — est plus miraculeux. C'est une racine, qui contient un poison. Les lointains ancêtres de ces habitants de la forêt, après que leurs ancêtres à eux furent venus d'Asie, ont dû mettre des siècles à descendre à travers le continent jusqu'à ces régions. Combien de siècles a-t-il fallu encore avant la découverte du manioc ? Et combien de siècles ensuite pour que ces gens inventent les outils simples qui permettent d'en extraire le poison ?

En songeant ainsi à toutes les inventions de ces populations isolées, le narrateur en vient à méditer sur l'antiquité de la forêt. Ni nouvelle, ni vierge. Sans doute ces villages sur la rive, tout comme les villes de l'ancien monde, ont-ils poussé depuis des millénaires sur le fumier de leur prédécesseurs.

Et voici que tout à coup, dans une lumière à nouveau changée, la couleur ayant succédé à l'éclat aveuglant, le voyage sur la rivière s'achève. Il est environ quatre heures de l'après-midi, le soleil se couche dans deux heures. La forêt est défrichée de frais, avec une portion de berge basse et dégradée d'un jaune terreux — ce n'est plus la berge haute des villages indiens. Pas de sentier soigné, seulement un certain nombre d'éboulements. Après la journée sur la rivière, après le soleil, la forêt et les visages indiens, le narrateur est surpris de voir deux enfants blancs presque nus, armés d'arcs et de petites flèches indiennes, qui se cachent dans l'herbe derrière un rocher au bord de l'eau. Ce ne sont pas les flèches des boutiques d'artisanat de la côte, mais les vraies, celles de la forêt. Pendant une minute ou deux, il a l'impression d'être ramené au commencement. Avant que les peaux blanches prennent une autre couleur, et que les cheveux blonds virent au noir.

Il n'y a pas de mystère : les enfants viennent de la nouvelle mission bâtie sur l'espace défriché. Ils jouent aux Indiens. Le narrateur est attendu.

Il passera quelques jours ici. Ce n'est pas sa destination finale. Il va se reposer, embaucher des guides et repartir plus loin. Il lui faudra continuer à pied. La rivière n'est pas navigable passé ce point. On tombe ensuite sur les gros rochers et les rapides où le fond affleure.

On célèbre à la mission le culte d'une religion assez nouvelle, à base chrétienne. Elle s'est établie dans le pays, aussi bien sur la côte, où ses adeptes sont des Noirs, qu'à l'intérieur, où les Amérindiens commencent à s'y convertir.

Sur la côte, parmi les « Africains », ainsi que les Noirs aiment à se nommer, elle a même acquis une certaine popularité, parce qu'elle promeut un service volontaire de coopération qui fonctionne dans les deux sens, une forme d'échange international. C'est-à-dire que le pays ne se contente plus de recevoir des volontaires étrangers. Les autochtones favorisés qui adoptent la religion peuvent eux-mêmes se faire envoyer en tant que volontaires en Europe, aux États-Unis, au Canada et même en Afrique occidentale. Peu d'habitants de la côte ayant les moyens de voyager (et une bonne partie de la population noire souhaitant émigrer vers les pays du Nord), on ne compte pas les Noirs, parmi les parents et les amis des politiciens locaux, qui veulent se porter volontaires et partir à l'étranger.

L'Église a donc acquis une certaine autorité et, dans ce pays officiellement hostile aux Blancs, les coopérateurs volontaires jouissent d'une grande liberté. Ce sont ces gens-là qui ont été infiltrés par les révolutionnaires. La couverture est presque parfaite. Les deux groupes ont le même genre d'engagement ; tous deux prônent la fraternité raciale ; tous deux dénoncent les pratiques de gaspillage des riches et l'exploitation des pauvres ; et tous deux prêchent avec la même sévérité le châtiment imminent et l'avènement de la justice.

Le narrateur est l'un de ces infiltrateurs. Il ignore qui sont les autres, à la mission. Ils se déclareront tôt ou tard. Pour le moment, à son arrivée, sac au dos, seulement soucieux de se comporter en volontaire de l'Église, il se laisse emmener comme un prisonnier par les gamins armés de leurs arcs et des mortelles petites flèches indiennes.

On le conduit à une baraque au centre de la trouée. C'est une cabane en rondins bruts, mais elle est juchée sur des pilotis de plus d'un mètre de haut et domine aisément les autres cases plus petites, posées à même le sol inégal. Encore jonchée des menus débris de l'abattage des arbres, la trouée garde aussi les marques des feux de broussailles et leur odeur salée. Sur trois côtés, le mur de la forêt, masse serrée d'arbres au tronc haut, mince et blanc, paraît tout dénudé au bord du terrain défriché de frais.

Le narrateur s'attend qu'on lui souhaite la bienvenue, après son long voyage. Mais le Blanc corpulent, en jeans et tee-shirt délavé, qui sort de la cuisine en appentis derrière la case centrale, s'adresse simplement aux gamins :

— Montrez-lui sa maison.

Il a un accent étranger, d'Europe centrale ou orientale, auquel se sont ajoutées des intonations américaines ou canadiennes ; et le narrateur ignore si sa sécheresse provient d'un manque de maîtrise de la langue ou d'une humeur agressive.

Tandis que le narrateur s'éloigne, l'homme lui crie :

— Ici, on dîne à cinq heures et demie. C'est la règle chez nous.

Cela laisse au narrateur un peu plus d'une heure devant lui. La case où on le conduit est exiguë, avec un plancher grossier. Quatre Indiens s'y tiennent accroupis ou assis à même le sol, au milieu de leurs ballots. L'un est occupé à repriser, un autre fabrique un jouet (un sac à dos traditionnel), et les deux autres se contentent d'attendre — on leur prépare à manger quelque part dans la mission — et manifestent la même passivité, la même indifférence que les Indiens des villages riverains. La case sent l'écorce, la sciure, la poussière, le pétrole et les feuilles pourries ; et de même qu'en mélangeant toutes les couleurs d'une boîte de peinture, on obtient un brun éteint, de même toutes ces odeurs se combinent aux relents salés des feux de broussailles dehors pour donner un effluve prononcé de vieux tabac.

Après sa toilette dans la rivière — l'eau est fraîche : le soleil descend très vite — il est temps pour le narrateur d'aller dans la case centrale. Huit personnes sont là, toutes censées être des volontaires de la coopération, toutes étrangères, venues de divers pays, aucun Amérindien. En dépit des jeans, des barbes et des tenues de travail, il règne du même coup un climat colonial dans la grande case.

Il y a un problème de langue. L'homme corpulent aux manières brutales, qui est le chef de la mission, est venu de Tchécoslovaquie. Il ne le proclame pas ; cela ressort de ce que disent les autres ; il est question de la ville de Pilsen. Son épouse ou amie, la seule femme présente, et sans doute la mère des petits garçons, ne parle pas un mot d'anglais.

C'est une grande femme aux cheveux très blonds. Elle est sans beauté, et se tait ; mais elle est la seule du sexe féminin à table, et quelque chose attire l'attention chez cette personne aux pommettes saillantes, luisantes, à la bouche épaisse et tordue, grasse à présent de nourriture, aux grandes mains lisses, aux grands pieds, rouges et laids.

Dans cet étrange décor colonial où, pense le narrateur, elle n'a aucune rivale, cette femme irradie la sexualité comme elle ne le ferait pas chez elle. Il y a autre chose. Au sein de cet entourage, privée de l'usage de la parole, elle est tout entière dans sa sexualité : on n'a conscience de rien d'autre en la regardant, vêtue de sa robe en mince cotonnade.

Le narrateur s'avoue que la répulsion qu'il éprouve est une manière de lutter contre le fait qu'il soit fasciné. Par quoi ? Par l'appétit. Cette femme, qui a quitté depuis peu son pays, avec toute la discipline et l'étroitesse d'esprit qui y règnent, n'est plus qu'appétit. C'est vrai aussi pour son mari, pense-t-il ; et quand il tourne les yeux vers lui, il surprend son regard inquisiteur.

On parle beaucoup autour de la table tant qu'il fait jour. Ensuite, dans la lumière jaunâtre de la lampe-tempête, qui projette d'énormes ombres sur les planches inégales du mur, tout le monde est plus taciturne ; et le narrateur se sent isolé des autres.

Le dîner s'achève. Sortir de la cabane et de la lumière de la lampe-tempête, c'est déboucher dans une nuit qui fait, pendant un instant, l'effet d'un choc. De petites lueurs jaunes marquent les cases tout autour. La forêt chante : c'est comme un bruit imaginaire, qui serait dans la tête. Il n'est que six heures et demie. Dix ou onze heures d'obscurité avant que le jour se lève. Le narrateur éclaire son chemin avec sa lampe de poche pour regagner sa case, où l'accueille l'odeur de vieux tabac. C'était aussi l'odeur de ce qu'il a mangé ; l'odeur de l'eau de la rivière ; c'est l'odeur de la forêt ; c'est sa propre odeur, à présent. Il se demande s'il pourra jamais s'habituer à la vie en forêt. Puis il repense à la grande femme muette et s'endort, excité par l'idée d'appétit.

Au cours des jours suivants, deux des infiltrateurs se découvrent à lui. Il devrait y en avoir un troisième, le chef régional. Il ne se révélera pas, mais le narrateur s'est formé sa propre conviction.

Le narrateur reçoit enfin ses ordres. On lui dit où il faut qu'il aille. Ce n'est qu'un nom pour lui. Des guides indiens vont arriver pour l'y conduire.

Au bout du compte, il y aura une douzaine d'agents semblables au narrateur, et une douzaine de bases en forêt. Un jour donné, il se produira une douzaine d'incidents ; les rivières seront surveillées en des points stratégiques ; les quelques terrains d'aviation seront occupés ; le secteur de la forêt, la majeure partie du pays, sera coupé de la côte soumise à la loi des Noirs. Le pays ne dispose pas d'une force militaire suffisante pour reconquérir la forêt ; des correspondants de la presse étrangère feront en sorte d'assurer les sympathies pour la cause indienne, et de saper les possibilités d'une intervention de l'extérieur.

Le narrateur est soulagé de repartir. La mission a sur lui un effet oppressant, à cause du couple tchèque et de la sombre humeur des Indiens. Il en rend les Tchèques responsables. Il n'y a pas trace de joie chez eux. L'autorité et le fait d'être sortis de leur cadre d'origine n'ont fait naître en eux que l'appétit. C'est cette caractéristique qui a éclairé le narrateur à leur sujet.

Des offices religieux quotidiens sont célébrés pour les Indiens ; ils ont leur horaire de travail régulier. Certains soirs, sur l'espace libre devant la case principale — où le feu de broussailles, destiné à éloigner les insectes, accroît l'odeur de vieux tabac —, on projette des cassettes vidéo. Des polars américains, à forte présence noire. Pas aussi inoffensifs qu'il y paraît : ils font partie de l'endoctrinement anti-africain des Indiens. Ceux-ci sont choqués par les armes, les bagarres et les voitures qui foncent ; ils poussent des soupirs et des exclamations. Parfois, pour rompre la tension, quelqu'un braque la lumière d'une torche électrique sur un visage noir ; le public éclate de rire ; puis plusieurs lampes de poche jouent avec les visages noirs sur l'écran ; le film est désamorcé, redevient un film, et l'animation restitue à ces gens une potentialité.

Les guides finissent par arriver. Ce sont deux jeunes Indiens, Lucas et Mateo. Le narrateur part un matin en leur compagnie. L'un d'eux marche devant lui, l'autre derrière.

Ils rejoignent bientôt une large piste forestière, et dès lors ne sont jamais tout à fait seuls. Dans la pénombre des arbres, il semble qu'il y ait toujours quelqu'un au loin ; toujours quelqu'un qui se détache du couvert de la végétation et des ombrages. Certains portent sur le dos de grosses charges dans leur hotte ou sacoche, le modèle des jouets que fabriquait l'Indien dans la case du narrateur : une armature plate, en bois, garnie de parois souples, tissées, sur le fond et les côtés, ficelées avec des lianes par-dessus la charge. Une autre corde relie les deux côtés de la sacoche à un bandeau qui ceint le front du porteur. Ainsi, l'effort pèse à la fois sur la tête et le dos. Les porteurs courbent le dos, et en même temps se penchent en avant pour contrebalancer la traction exercée sur leur front. Cela semble pénible ; les porteurs sont tassés sous la charge ; mais c'est une posture où les forces s'équilibrent, une posture adaptée à la conception de la hotte, élaborée sans doute au fil des siècles, et elle permet aux porteurs de marcher durant des heures d'affilée.

Cette piste est très ancienne, songe le narrateur. A quand remonte-t-elle ? Remonterait-elle à la colonisation de la forêt par les lointains ancêtres de ces hommes ? Ou quelque changement climatique serait-il intervenu ?

Quand les porteurs (peut-être chargés de leurs propres possessions) croisent leur petit groupe, ils grommellent des salutations à l'adresse de Lucas et Mateo, et lèvent parfois les yeux, de dessous leur bandeau tendu, pour regarder le narrateur. Ils ont des visages de vieux. Le narrateur pense aux paysans et aux porteurs des estampes japonaises ; la ressemblance est frappante. Et de même que, dans les images de scènes rurales de Hokusaï, tout est relié — la paille et les toits, les arbres et le bois des ponts — et rien ne fait intrusion, de même ici, dans cette scène qu'il traverse, pratiquement tout est relié, sauf le narrateur lui-même, les vêtements et les chaussures de toile de Lucas et Mateo, et les boîtes en fer-blanc ou parfois en carton imprimé, dans le fardeau des porteurs. Il y a cent ans, se dit-il, tous les détails de cette scène auraient été en accord ; et un siècle encore auparavant.

Ils s'arrêtent un moment pour se reposer, manger et boire un peu. Lucas et Mateo se servent de leur machette pour dégager un coin où le narrateur puisse s'asseoir. Tandis qu'ils reprennent leur marche, le narrateur s'abandonne à l'idée de l'antiquité de la forêt et de cette piste. Il en vient à s'interroger sur la conception du temps que doivent avoir les hommes dans cet environnement.

Lorsque l'homme connaît bien le monde où il vit ; lorsqu'il en connaît tous les arbres et toutes les fleurs ; tous les aliments et tous les poisons ; tous les animaux ; lorsqu'il a perfectionné tous ses outils ; lorsque tout coexiste en équilibre, et qu'il n'a pas de point de comparaison venu de l'extérieur, quelle conception l'homme peut-il avoir du passage du temps ? Ce sont les choses que nous dépassons qui nous donnent une impression de vitesse. En l'absence de points de comparaison, l'homme doit vivre seulement à sa propre lumière et à celle de ses familiers — le narrateur songe aux faibles lueurs dans la nuit de la mission, il songe au pinceau de lumière projeté par sa lampe de poche et celles des autres tandis qu'ils regagnaient leur case. En dehors de cela, en arrière et en avant, sans doute n'y a-t-il rien.

Le narrateur se débat avec cette notion difficile, particulièrement étrange dans l'éclat du jour. La marche s'arrête quand le soleil est encore haut dans le ciel. C'est la règle. Deux heures avant son coucher. Ils campent près d'un ruisseau. Les rayons transpercent l'eau rougeâtre et peu profonde ; à quelques centimètres de la surface, des réseaux de lumière dansent sur les cailloux gris et rouges du lit. La beauté est là ; mais ce sont Lucas et Mateo qui en assurent la sécurité. Lucas et Mateo ont l'air d'être chez eux dans la forêt. A toute vitesse, à l'aide de leur machette, ils coupent de frêles branches d'arbres et les affûtent à un bout qu'ils enfoncent en terre, pour fabriquer une hutte basse, couverte avec des feuilles de bananier sauvage.

Ils allument un petit feu. Lucas et Mateo préparent leur propre repas, le narrateur le sien, en utilisant l'eau du ruisseau. Le soleil décline ; très vite, il disparaît du ciel. Atteint par la mélancolie du soir, les longues heures jusqu'au matin, le narrateur s'assombrit.

Mateo s'est mis à tailler dans un bout de bois une pagaie miniature.

— Que fait ton père ? lui demande le narrateur.

— Mon père est mort.

— Comment est-il mort ?

Mateo pose sa pagaie, jette une brindille sur le petit feu de camp et répond :

— Kanaïma l'a tué.

Il parle en philosophe, en homme résigné au deuil.

Le kanaïma est l'esprit de la mort dans les forêts. Il habite le corps d'un vivant. Quelque part dans la forêt se trouve le tueur qui ressemble à un homme, ressemble à Mateo, à Lucas et à tous les autres, et donne la mort à tous. Dans un monde où le temps n'existe pas, où les hommes ne vivent que l'instant présent, à la lumière de ce qu'ils sont, cette peur habite toute leur existence. Sans le kanaïma, un homme pourrait vraiment connaître le bonheur ; il pourrait vivre indéfiniment.

Impossible d'entrer dans cette vision des choses.

— Es-tu marié, Mateo ? demande le narrateur tandis que baisse peu à peu le petit feu de brindilles, dans la nuit qui ne fait que commencer.

— Comment il peut être marié ? réplique l'autre garçon.

— Les filles indiennes, elles sont idiotes. Elles savent rien, ajoute Mateo.

Le narrateur se sent navré pour les habitants de la forêt. Comme ils sont à l'écart, ces gens à qui rien n'échappe autour d'eux, qui possèdent tant de talents, et ont perfectionné tant de choses dans leur isolement... Ils sont hors de portée. Ils sont plus à l'écart qu'aucun groupe humain jamais rencontré par le narrateur ; peut-être la révolution même ne les atteindra-t-elle pas. Partout ailleurs, en Asie, en Europe du Nord et du Sud, en Afrique, les tribus et les peuples ont été en collision depuis les origines. Les gens d'ici, après la migration de leurs ancêtres venus d'Asie, sont devenus un peuple entièrement seul, privé du ressort ou du talent de l'adaptation. Une fois que son monde a été violé, ce peuple a perdu sa complétude.

Le petit feu s'éteint. Lucas et Mateo s'étendent par terre à côté de la hutte. La forêt chante ; de temps à autre, pour une raison ou une autre, le chant se tait pendant une fraction de seconde et on entend le bruit du ruisseau. Le narrateur tente de s'imaginer dans cet environnement durant quelques années ; durant le reste de sa vie ; durant cinq siècles. Il est saisi d'un coup de stress artificiel. Il boit une lampée de whisky au goulot de sa flasque.

— Tu bois du rhum, monsieur ? lance un des garçons qui s'est redressé sur-le-champ.

— Non, pas du rhum.

— Tu nous donnes du rhum, monsieur ?

— Pas de rhum.

Le garçon se recouche, en soupirant comme un homme.

Le narrateur est réveillé par le bruit de la pluie, qui frappe bruyamment les feuilles de bananier sauvage du toit de sa hutte. Il retrouve son stress, son propre sentiment de dislocation.

L'un des garçons est là, dehors, assis dans l'obscurité.

— On peut entrer, Lucas et moi, monsieur ?

Ils entrent dans la hutte, et le narrateur se trouve enveloppé par l'odeur de vieux tabac, enveloppé par l'idée d'appétit : l'antidote au stress.

Il laisse retomber sa main sur le corps voisin du sien, sans savoir lequel c'est. Le garçon se montre passif. L'appétit envahit le narrateur ; et tandis que sa main s'ouvre sur la fermeté du corps — une autre version, plus fuselée, de son propre corps, et donc plus qu'à demi familière —, ses pensées vont à l'épaisseur de la grande femme blonde de la mission, à une journée de marche d'ici. L'appétit, l'appétit : il se nourrit de la passivité du garçon.

Au matin, quand il se lève, le narrateur est tout seul dans le petit abri de branchages et de feuilles. Il éprouve une crainte momentanée. Mais les garçons sont au bord du ruisseau un peu plus haut, ils se préparent pour la journée qui les attend. Le narrateur ignore toujours lequel des deux était près de lui.

Vient le moment du départ. A coups de machette, Lucas et Mateo, fidèles peut-être à une loi de la forêt, détruisent la petite hutte. Une protection pendant la nuit, mais bien fragile en réalité.

La marche commence. Le narrateur a cessé de se sentir à l'aise, il n'est plus l'homme qu'il était. Le sentier s'écarte du ruisseau pour plonger dans la forêt. C'est beau ; mais une part du sentiment de sécurité, de complétude de la veille, se dérobe au narrateur aujourd'hui. Quelque chose le travaille ; il n'a jamais besoin de chercher bien loin pour trouver la raison. Le malaise revient s'insinuer entre l'instant et lui, aussi souvent qu'il le repousse, aussi souvent qu'il tâche d'y réfléchir ; et, sous-jacente, ajoutant à son état d'agitation, l'idée de la cause est là, point de départ du voyage.

Brinquebalé, envahi par la nausée interne et familière à mesure que la journée avance, il cesse de regarder autour de lui. Il marche d'un pas mécanique entre les deux garçons, les yeux fixés sur les talons (chaussés de baskets sales) de celui qui le précède.

Les garçons, au contraire, sont plus animés aujourd'hui, ils coupent des baguettes, écartent d'une chiquenaude les feuilles et les petits insectes du sentier, se servent de leur machette pour tailler, d'un geste très rapide et précis, de minces repères sur le tronc des arbres, tout en se parlant très fort dans leur langue par-dessus lui, pour ainsi dire, comme s'il importait de produire des bruits humains dans la forêt. Leur démarche est plus décontractée, on croirait à présent qu'ils sont entre eux. Ils hèlent de loin les gens qu'ils voient sur le chemin ; et parfois, répondant apparemment à une soudaine intuition, ils s'écartent du sentier et, s'immobilisant en un point précis comme s'ils tenaient à ne pas même déranger l'air à cet instant, ils restent plantés là à contempler ou à chercher quelque chose.

Vers le milieu de l'après-midi, ils s'arrêtent et c'est la fin de l'étape. mais, aujourd'hui, ils ne font pas mine de bâtir un abri. Abandonnant le narrateur sur le lieu du campement, ils s'éloignent, toujours tous les deux ensemble, reviennent et repartent faire un tour. La veille, le narrateur n'escomptait pas d'abri ; aujourd'hui, si. Il se sent négligé ; cela lui gâte le moment, la vue, la lumière qui blondit.

Pour la première fois de la journée, il affirme son autorité.

— Lucas, bâtis la hutte.

C'est aussi simple que cela. Le garçon obéit, sans marquer d'humeur : peut-être attendaient-ils son ordre. Ils se parlent dans leur langue, de cette même voix forte qu'hier, comme s'il était important de faire du bruit, en coupant et dénudant des branches. Les lames aiguisées sonnent en tranchant dans le bois gorgé de sève ; en un tournemain les montants sont prêts, taillés en fourche en haut, et en pointe à l'autre bout qui va se planter dans la terre meuble de la forêt. Puis, très vite, presque sans chercher — comme si, en se baladant, ils avaient tout repéré et savaient maintenant exactement où il faut aller — les garçons rassemblent les feuilles de bananier sauvage et d'autres, en forme de cœur, grandes et creusées au long des nervures, pour en recouvrir l'armature du toit.

Quand ils ont fini, ils déposent le sac du narrateur dans la hutte. On dirait une attention délicate ; mais il les voit ensuite prendre leurs propres paquetages et les mettre à côté du sien : les trois sont posés soigneusement côte à côte, à l'image des dispositions adoptées la veille, comme si l'ordre donné par le narrateur avait impliqué cela aussi.

Ils allument un feu. On voit à peine la flamme, dans la lumière de l'après-midi. Ils préparent séparément leur repas, les garçons le leur, le narrateur le sien. Le jour décroît rapidement, le feu commence à briller, puis la nuit tombe d'un coup. La forêt se met à chanter. C'est bientôt comme un bruit à l'intérieur du crâne.

Lucas taille sa pagaie miniature. Il s'adresse au narrateur :

— D'où tu viens ?

— D'Angleterre.

— Pourquoi tu viens ici ? demande Mateo.

Le narrateur donne la réponse apprise :

— J'expliquerai à Alfred. Il vous expliquera.

Alfred est le chef du village où ils vont.

— Tu veux bâtir des maisons ici ?

— Alfred vous expliquera. Comment le kanaïma a-t-il tué ton père, Mateo ? enchaîne-t-il pour couper court aux questions.

Le visage des deux garçons, qui reflète le feu sur la peau hâlée et luisante, se fait grave, résigné.

Lucas parle le premier.

— Kanaïma le cherchait. Il a reçu un signe.

— Mais après il a oublié, dit Mateo. Un jour, y a un marchand de tissu qui arrive. Mon père, il veut très fort regarder le tissu. Il sait pas que Kanaïma est venu avec le marchand. Pendant que mon père regarde le tissu, Kanaïma se cache dans sa chambre. Quand mon père il revient avec le tissu neuf, Kanaïma il le tue. Voilà. Après, on brûle le tissu.

Tous trois contemplent le feu.

— Tu vis dans une *maison*, en Angleterre ?

Il a prononcé le mot avec tant d'emphase que le narrateur est tenté de répondre par la négative, de dire qu'il habite un appartement ; mais cela engendrerait la confusion. Il confirme donc.

— Je veux vivre dans une maison, articule lentement Lucas, comme s'il récitait une leçon.

Une ambition bien simple, mais bien lointaine aussi, et qui, pour le moment, a très peu de chances d'être exaucée : le narrateur est ému par ces garçons d'une manière qui outrepasse la cause politique.

— Tu sais, monsieur, dit Mateo, Kanaïma il est déjà venu pour Lucas.

— Pour Lucas ?

Celui-ci rabote sa pagaie avec la lame aiguisée de son couteau, et jette les copeaux dans le feu.

— Je marchais. De très loin, je vois quelque chose sur la piste qui n'a pas besoin d'être là. Mais je réfléchis pas. Je continue, et je vois la chose mauvaise. Une petite fleur blanche. Toute seule. Je me sauve en courant. Mais c'était trop tard.

Dans la hutte, c'est sur le corps de Lucas — étendu près de lui — que tombe un peu plus tard dans la soirée la main du narrateur. Il y a plus que de l'appétit dans sa pulsion à présent, l'excitation de la nuit précédente : la passivité du garçon ajoute à son émotion, crée la tendresse, accentuée par le sentiment de ne rien pouvoir faire pour l'aider, une tendresse qui vire à la mélancolie, semblable à celle qu'il a lue tout à l'heure sur le visage de Lucas à la lueur du feu.

Un peu plus tard, Mateo se redresse soudain.

— Monsieur, dit-il, tu dois emmener Lucas avec toi en Angleterre.

Cette idée vient sans doute de saisir Mateo, pense le narrateur : ce serait une façon de sauver Lucas. Il ne répond rien.

— Monsieur ? dit encore Mateo un long moment après.

— Oui.

Le mot ne signifie rien. Ce n'est qu'un son, pour dire qu'il a entendu. Mais Mateo pousse un soupir de contentement et se dispose à dormir.

Le lendemain, les garçons sont tout amitié. Ils ne vocifèrent plus comme la veille par-dessus la tête du narrateur ; ils s'appliquent à l'inclure dans tout ce qu'ils font. Leur visage s'est éclairé, ils ont l'air moins résigné. L'une des missions du narrateur est de gagner la confiance des gens comme Lucas et Mateo. Mais la confiance qu'ils lui témoignent à présent est d'une autre essence. Elle le mine ; en même temps, il ne voit pas comment il pourrait la repousser. On dirait qu'un échange s'est produit, qu'une part du sentiment d'oppression dont ils se sont débarrassés pèse maintenant sur les épaules du narrateur.

Il commence aussi à trouver que le voyage dure trop longtemps. Ils rencontrent de moins en moins de gens sur le chemin forestier, leur barda contient de moins en moins de boîtes de conserve et de cartons d'emballage. Mais les garçons rassurent le narrateur. Tout va bien ; il ne faut pas qu'il s'inquiète ; ils veillent sur lui.

Ils marchent et campent donc encore pendant deux jours : faux-semblants le soir (la hutte en forêt, le petit feu, la sécurité au cœur de la nuit), turbulences et doutes au grand jour ;

comme si le jour et la nuit représentaient deux parts de ce qu'il y a dans la tête du narrateur, l'une issue de l'autre : la nuit, il voudrait que les faux-semblants puissent être la réalité, toute la réalité, et ensuite, le jour, il se demande comment il pourra se dégager de la confiance que les garçons ont mise en lui. Pis : presque sans qu'il s'en rende compte, les doutes de la journée vont en s'amplifiant. Il commence à se demander — d'abord étourdiment, pour ainsi dire, comme si c'était une idée parfaitement absurde — ce qui se passerait s'il laissait tomber tout ce qu'il a entrepris de faire.

Un beau jour, enfin, vers midi, après quatre ou cinq heures de marche, ils atteignent leur destination. Quittant le sentier, ils grimpent à travers la forêt sur un petit plateau où se trouve un village de vieilles cabanes couvertes d'herbes d'un gris bruni, les unes ouvertes, sur des poteaux faits de branches, les autres coniques et fermées.

Lucas et Mateo sont chez eux. On les hèle, ils répondent : une animation semblable à celle qu'au début de son voyage vers le fin fond du pays, il y a plusieurs jours, le narrateur a pu voir autour des débarcadères de villages sur la rivière.

On conduit le narrateur à la case où il va habiter. L'odeur de terre et de vieux tabac y est suffocante. Les précédents occupants de la cabane ont laissé des morceaux de tissu et des bouts de bois taillés insérés entre les branchages dénudés de la paroi et les vieilles herbes du toit. Une grande fatigue saisit le narrateur. A peine couché, il s'endort, soulagé de se retrouver enfin seul.

A son réveil, il voit que la lumière est celle du milieu de l'après-midi, avec le soleil sur le point de décliner : le moment où, les jours d'avant, ils auraient arrêté la marche et où Lucas et Mateo se seraient mis à bâtir leur abri, une version réduite, ainsi que le constate à présent le narrateur, des huttes de ce village.

Après des journées entières dans la pénombre glauque de la forêt, la fumée des feux devant la case qui sert de cuisine paraît au narrateur d'un bleu remarquable, une couleur en soi, et non une nuance de gris ou de brun. Il s'aperçoit aussi que le sol sonne creux sous ses pieds : même à distance, les pas font résonner un bruit sourd. La terre a été déplacée, ou rehaussée de quelque manière. En examinant l'esplanade ou plate-forme de l'espace libre au cœur du village, le narrateur sent que le site est ancien, qu'en profondeur ce terrain doit receler des débris, des reliques d'une vie antérieure, répétée au fil des siècles, comparable à celle qui l'entoure à présent.

Des femmes préparent des cassaves, le pain de manioc. Celles qui sont déjà prêtes sont posées sur l'herbe du toit. Sur le côté de la cabane est accroché le long tube tressé qu'on peut tordre au moyen d'un bâton fixé à la perpendiculaire, pour extirper le poison du manioc râpé, un poison recueilli dans une coupe en bois posée à terre. Car cette substance est utile : elle peut conserver la viande durant toute une année.

Sur le sol gît une râpe à manioc. C'est un bel objet : des éclats pointus de granit fixés dans du bitume durci, au creux d'une auge peu profonde, rectangulaire, taillée dans un bloc de bois aplati. Le bitume doit être venu de loin ; on a dû en importer une précieuse boule ; il en va de même pour les éclats de granit. Sans doute a-t-on fait bouillir le bitume pour le fondre, avant de le verser dans le creux du bois ; puis, quand il a commencé à se solidifier, on y a planté une à une les pointes de granit.

Le narrateur lève les yeux. Sa contemplation des ustensiles de cuisine ravit les femmes et les jeunes filles. « J'aime ces gens », pense-t-il. Puis il s'interpelle lui-même : « Qu'est-ce que ça veut dire ? » En regardant les femmes dans la fumée bleue, il pense : « Je ne veux pas qu'il leur arrive du mal. »

Lucas et Mateo se montrent. Sans leur charge ni leur chapeau de marche, et vêtus de frais, ils font l'effet de tenir un certain rang dans le village. Ils emmènent le narrateur à la rivière. Il y a un endroit profond où il pourra plonger, disent-ils. Ils l'accompagnent, quand il est prêt. Ils ne veulent pas le laisser seul ; il ne faut pas, avec le kanaïma qui rôde ; ils assureront sa protection.

Le soleil décline. L'eau, rougeâtre à cause des feuilles, s'assombrit à mesure que la lumière baisse. Elle est fraîche, trop froide pour les petits poissons mangeurs d'hommes, affirment les garçons, ou plutôt les jeunes hommes.

Le narrateur s'enfonce dans l'eau rouge. Le bassin est aussi profond qu'ils l'avaient annoncé. Bientôt, la lumière se retire du fond. Bientôt, il fait complètement nuit. Bientôt, la nuit est d'un noir si profond que ce n'est plus une couleur : ce n'est plus rien, même en cherchant bien. Dans ce rien, il semble au narrateur qu'il perd le contact avec son propre corps ; l'eau bloque toute sensation. Il n'est plus que ses yeux qui fixent le néant ; il n'est plus que son seul cerveau, la perception du néant. Il a réellement peur. Ayant trouvé moyen de rentrer en contact avec sa volonté et de se ressaisir, il remonte vers la lumière jaunissante.

Il est content de revoir les garçons. Ils l'attendent pendant qu'il se rhabille, puis le raccompagnent au village. La compagnie est la meilleure protection contre le kanaïma : dès qu'il est repéré par un tiers, il perd son pouvoir. En même temps, le besoin de compagnie renforce ce pouvoir. Et le narrateur sent que, tout comme Lucas face à la fleur sur le sentier, il vient de frôler le kanaïma : un trouble, un instant qui lui reviendra dans les rêves et les états de conscience floue, quelque chose qui va s'effacer pour le moment et qui, lorsque cela reviendra, lui restituera l'environnement et toutes les sensations extrêmes de ces derniers jours, y compris celle de cet instant précis : l'amour pour ces gens, comportant le désir qu'il ne leur arrive aucun mal, et qui est donc déjà plus douleur qu'amour.

C'est la douleur plus que l'amour qui imprègne la vision du narrateur, et corrompt tout ce qu'il voit. Tout est comme s'il l'avait déjà perdu : la lumière de cette fin d'après-midi, l'attitude amicale des femmes et des enfants, la fumée très bleue. Et tous ses doutes à demi conscients, simples impulsions, des jours précédents prennent corps à présent en une détermination de tourner le dos à ces gens, de les chasser de son esprit.

Difficile à se formuler, encore plus difficile à exécuter. Le narrateur ne peut pas simplement s'en aller. Il ne sait pas où il est. Il lui faudra des guides pour rebrousser chemin, des gens qui assurent sa sécurité en forêt. Alfred, le chef du village, ne le laisserait pas partir si aisément. Il s'inquiéterait des conséquences, des rapports qui atteindraient la côte. Sans oublier le Tchèque à la mission. Alfred ne laisserait pas le narrateur partir si aisément.

Il va donc être obligé de rester. Il va être obligé de rester et d'entreprendre le travail d'organisation et les autres points qu'il est chargé de mener à bien. Peut-être plus tard, lorsque l'action sera déclenchée, lui sera-t-il plus facile de partir. De sortir de la forêt, du pays, du mouvement organisé.

Mais à présent, il est obligé de rester, pour quelques semaines, quelques mois. Les gens de ce village et d'autres le connaîtront très bien. D'emblée, il est un étranger, un être extraordinaire. Et eux qui n'ont pas l'écriture ni les livres, ils dépendent complètement de la vue, de l'ouïe et de la mémoire, qui sont d'autant plus développées chez eux. Leur mémoire enregistrera une infinité de détails à son sujet : sa voix, sa démarche, ses attitudes. Il existera dans la tête de ces gens comme nulle part ailleurs. Et après son départ, il sera dans leur souvenir l'homme qui est resté longtemps et n'a pas été honnête envers eux, qui a promis toutes sortes de choses et puis s'en est allé.

Il reste une heure ou deux avant le coucher du soleil. Lucas et Mateo viennent chercher le narrateur pour le conduire au chef du village. Ils serviront d'interprètes, disent-ils.

— Mais on m'avait dit qu'Alfred parlait l'anglais ?

— Lui, c'est pas Alfred, réplique Mateo.

— C'est mon oncle, explique Lucas. Le frère de mon père.

L'oncle n'est pas très âgé. Il se trouve dans une cabane ouverte, un lieu de réception plutôt que d'habitation, équipé d'un hamac pour lui dans un coin, et de tabourets bas, sculptés chacun dans un seul bloc de bois dur, pour les visiteurs. Il a une belle peau aux pores nets, d'une couleur magnifique. Il porte un jean neuf et une chemise à fleurs : manifestement, le marchand de textiles de là-bas passe régulièrement au village.

En substance, voici ce qu'il dit dans sa langue, traduite par Lucas et Mateo dans leur anglais à eux :

— Alfred m'avait annoncé que Lucas et Mateo étaient allés vous chercher. Mais je ne croyais pas à votre venue. Ces histoires durent depuis si longtemps. On cause, on cause, et on ne fait rien. Mais à présent, vous êtes là. J'espère que vous agirez prudemment. Vous êtes venu par le chemin difficile. Il y en a un autre, moins dur. Par la savane. Le père de ma femme m'a raconté, c'est son père qui le lui avait dit, qu'autrefois il y avait des gens qui passaient par ici pour chercher de l'or.

— Des *Djukas* ? demande le narrateur, employant le terme local pour désigner les anciens fugitifs africains qui s'étaient installés dans certaines parties de la forêt.

— Des *Djukas*, des gens venus du sud... je ne me rappelle plus ce que disait le grand-père de ma femme. Ils venaient chercher de l'or. Et je n'ai pas besoin de vous dire ce que ça signifiait pour nous. Savez-vous ce que les villageois ont fait ? C'était la saison sèche. Ils ont mis le feu à la savane. L'incendie s'étendait sur des dizaines de kilomètres. D'après le grand-père de ma femme, les oiseaux volaient toujours un peu en avant des flammes, pour attraper les serpents et autres petits animaux qui fuyaient le feu. Ce même feu a brûlé jusqu'au dernier les hommes qui venaient chercher de l'or. Après ça, tout le monde a été obligé de quitter les villages et de se cacher dans la forêt pendant deux ans. Croyez-vous que ça se passera comme ça cette fois-ci ? Vous êtes sûr de savoir ce que vous faites ? Nous sommes des gens courageux. Mais...

Il s'interrompt. Puis il demande :

— Vous venez d'où ?

— D'Angleterre.

— C'est ce que Lucas m'a dit. Mon grand-père est allé en Angleterre. Lucas vous a raconté ?

Lucas passe la langue sur sa lèvre supérieure, et baisse les yeux.

— Il est parti avec un Anglais qui l'aimait bien, et qui voulait lui apprendre à parler l'anglais. Il a passé trois ans en Angleterre. Ils voulaient le marier avec une Anglaise. Ça faisait partie de l'idée initiale. Ils lui ont même trouvé une femme, mais à la dernière minute, avant le retour, elle a pris peur. Le projet, c'était qu'ils reviendraient pour bâtir des *maisons* ici. (Il s'est servi du mot anglais, *house*, mais la manière dont il le prononce l'intègre à sa propre langue.) Une des choses que mon grand-père a racontées de l'Angleterre en revenant, c'est que le chef de ce pays était une femme. C'était vrai ?

— Oui.

— Tant mieux. Il y en a qui ont dit qu'il inventait. Il y en a même qui ne voulaient pas croire du tout qu'il était allé en Angleterre, même s'il avait rapporté des livres imprimés pour nous montrer. Après son retour, il a attendu que les Anglais viennent ici bâtir des *maisons*. Chaque année, plus ou moins, quelqu'un venait. Pas par le même chemin que vous, mais par la savane, l'autre chemin dont je vous parlais. Ils amenaient toujours le même message à mon grand-père : l'an prochain, l'an prochain. Est-ce que vous allez nous amener un message de ce genre ?

— Non, dit le narrateur. Ce sera différent cette fois-ci. Nous sommes différents.

— Les gens se sont mis à se moquer de mon grand-père. Ils disaient qu'il allait nous faire des ennuis avec le gouvernement pour rien du tout. Une fois qu'un Anglais était venu ici, il y a eu une éclipse de lune. Vous savez ce qu'on fait chez nous quand ça arrive ? On lance des flèches enflammées vers la lune, pour la rallumer. Mon grand-père avait honte. Il me l'a raconté. Il a supplié l'Anglais de pardonner à ceux qui se conduisaient de cette manière puérile. Mais l'Anglais s'est contenté de rire et il a dit qu'il n'y aurait pas d'ennuis avec le gouvernement. Tout comme vous. Il a dit que c'était un bon endroit pour des *maisons*. Il paraît qu'on dit la même chose maintenant à Alfred. Et puis il est arrivé quelque chose. Il y a eu une guerre ou je ne sais quoi, et on n'a plus vu d'Anglais. Personne ne venait plus, même pour promettre « L'an prochain ». Mais mon grand-père n'a jamais cessé de croire qu'ils reviendraient. Il en est devenu gâteux, mais il y a d'autres gens qui y croient encore. Lucas, par exemple. Et je vais vous dire une chose. Le kanaïma est venu pour Lucas. Vous le savez. Il a dû vous le raconter. Il m'a dit qu'il vous l'avait raconté. Et quand le kanaïma est venu pour Lucas, mon neveu a dit « Je vais partir. Je le sais. Je vais aller en Angleterre. L'ami de mon grand-père enverra quelqu'un me chercher ». Et voici que vous êtes venu. Est-ce que Lucas vous a raconté ? Ils envoyaient des vêtements pour mon grand-père. Pas des vêtements comme les nôtres, mais des vêtements modernes, pour les *maisons* qu'ils voulaient bâtir. J'en ai gardé. Je vais vous montrer.

Il défait le ballot posé à côté de lui. Pliée sur le vêtement, une feuille de bananier sauvage, traitée par quelque procédé de telle manière qu'avec ses nervures brunies elle ressemble à du papyrus. Il déploie l'étoffe, de couleur fauve, brûlée par le temps ; mais on peut encore identifier un pourpoint d'époque Tudor, vêtement moderne d'il y a trois cent cinquante ans, relique d'une vieille trahison.

4

PASSAGER

UNE SILHOUETTE DES ANNÉES 30

Avant de m'atteler à la rédaction de ce livre, j'ai pensé que je devrais aller regarder les sites de jadis. Et pendant que je séjournais à Trinidad, je suis allé un jour en voiture, trajet assez long, jusqu'à l'extrême pointe nord-est de l'île, Point Galera, la pointe de la Galère. C'est Christophe Colomb qui l'a nommée ainsi.

Un chemin goudronné bifurquait de la route pour atteindre la pointe. Au sortir de la forêt, tout au long des derniers miles, le chemin donnait l'impression d'être surélevé et dénudé. La lumière était plus crue ; l'asphalte paraissait très noir ; on entendait le vent et la mer. D'un côté poussaient de vieux cocotiers déplumés, de l'autre de la broussaille sauvage, ponctuée de nombreux goyaviers (semés sans aucun doute par les oiseaux, dont le ciel était plein), et jonchée de papier journal jauni et de cartons d'emballage décolorés et aplatis, apportés par le vent.

Un phare abandonné se dressait au bout du chemin. A une certaine hauteur de sa paroi blanche et fendillée, on distinguait — en relief de plâtre ou de ciment — une date, 1897, un simple losange, et les lettres VDJ. C'est-à-dire les initiales de « Victoria Diamond Jubilee[1] ». La commémoration était double : 1897 n'était pas seulement l'année du « jubilé de diamant », autrement dit la soixantième année de règne de la reine Victoria ; c'était aussi le centenaire de la conquête britannique de Trinidad aux dépens des Espagnols.

Au flanc de la falaise émiettée, un sentier descendait vers les récifs contre lesquels, autrefois, le phare mettait en garde

1 *Diamond* signifie à la fois « losange » et « diamant ». *(N.d.T.)*

les bateaux. De jeunes Noirs (des immigrés, légaux ou clandestins, venus des petites îles du nord), debout ou assis sur les rochers les plus élevés, regardaient un homme, planté au ras des vagues, qui pêchait le bébé requin, aidé par un acolyte.

Son acolyte se tenait à une distance plus prudente, un peu plus haut et légèrement sur le côté de son patron, et encaissa la brusque tension de la ligne quand un poisson mordit. Dans l'eau blanche d'écume entre les rochers, le requin ferré avait l'air tout petit et joueur, un vrai bébé, ni fort ni malin, qui ne valait pas la peine d'être pêché. Mais une fois amené à terre et tué, il apparut de bonne taille et d'un bon poids, surtout quand l'acolyte — aussi sérieux que son patron et les garçons qui observaient en silence (éparpillés sur les rochers, comme pour préserver le quant-à-soi, chacun flanqué de son ombre rétrécie sous le soleil de la mi-journée) — hissa sur son épaule le requin pour le monter à l'endroit où gisaient les prises précédentes.

Le vent et les coups de boutoir de la mer, au fil des siècles, avaient fait crouler la falaise à la pointe. Mais la végétation s'accrochait partout où elle le pouvait. Une sorte d'herbe s'était tricotée dans les creux des rochers les plus élevés. Sur les formations rocheuses en mer à quelques centaines de pieds de la côte, dont elles s'étaient détachées depuis longtemps, des arbres d'aspect étrange, mouillés par les embruns, rabougris et tordus sous l'effet du vent, tenaient bon et servaient sans doute d'écran de protection aux jeunes pousses qui les remplaceraient.

Je n'aurais su mettre un nom sur ces arbres. Ils ne faisaient pas partie de la végétation importée bien connue de nous, comme le cocotier, le manguier, l'arbre à pain, le bambou. Les arbres sur les récifs prospéraient là où ils se trouvaient parce que c'était la végétation indigène de ces rochers, de la pointe, de l'île, du continent. Et il me vint à l'esprit qu'en dépit de tout ce qui était arrivé ici, en dépit de tout ce que nous avions derrière nous, ce que je contemplais n'était autre, miraculeusement, qu'une version de ce qu'avait vu en tout premier lieu Christophe Colomb après sa troisième traversée de l'Atlantique : non pas les mêmes rochers, mais des rochers nés de ceux qu'il avait découverts, et des arbres battus par les vents, antérieurs de quelque dix ou douze ou quinze cycles et semblables à ceux que j'avais aujourd'hui devant moi.

L'histoire voulait qu'il eût donné à cette pointe le nom de « la Galère », *Galera*, parce que ce qu'il avait vu ressemblait « à une galère sous voile ». Il n'existe aucune forme comparable sur l'île, dans cette partie nord-est ; et au dix-neuvième siècle, après que l'île fut devenue colonie britannique, les gens se mirent à soupçonner que les vieilles cartes étaient dans l'erreur, qu'au long des deux cent cinquante ans de dépeuplement et de laisser-aller qui avaient suivi la découverte — l'île ravagée sur les bords, jamais sérieusement prise en main, administrée ni explorée par les Espagnols — on avait perdu la trace de l'endroit réel où Colomb avait accosté. On présumait que la « galère » vue par lui se référait à une formation rocheuse sur une longue étendue sablonneuse à l'extrémité sud-est de l'île.

Mais à observer maintenant, avec les autres, la pêche au requin dans l'eau écumeuse rougie de sang entre les rochers, et à contempler au-delà les récifs et les arbres tordus en pleine mer, il me parut que je voyais ce que Christophe Colomb avait vu. Il avait dû apercevoir de très loin la falaise, les brisants et les vagues qui déferlaient. Il s'était tenu à l'écart de la pointe. Quelques heures de navigation l'avaient amené à l'extrémité sud-est de l'île, plus accueillante ; juste après l'avoir contournée, et se trouvant à présent assez près de la côte pour distinguer les jardins potagers des habitants, il avait dû voir les trois collines basses qui avaient inspiré le nom de « Trinité » donné à l'île. Quelques heures après, sans doute avait-il eu son premier aperçu du continent sud-américain. Il l'avait pris pour une nouvelle île, à laquelle il avait donné le nom de *Gracia*, la Grâce.

Sa situation s'était détériorée. Lors de ses deux précédentes expéditions, il n'avait guère trouvé d'or, et la colonie qu'il avait fondée à Haïti avait mal tourné. A présent, sa chance lui offrant pour la troisième fois la découverte d'un nouveau territoire, il était habité par l'idée de religion et de rédemption, et celle de voir enfin son sort s'améliorer. Mais c'était seulement quelques heures auparavant qu'il avait cessé d'être avant tout un marin ; et, à ses yeux de Méditerranéen du quinzième siècle, les rochers noirs et leurs arbres tordus, en mer, devant la pointe de l'île avaient dû évoquer une galère sous voile : la coque représentée par les rochers, et les voiles par les arbres.

Je suppose que l'on avait cherché la forme d'une galère sur l'île même ; on devait s'attendre à quelque chose de très grand et de frappant. On n'avait sans doute pas songé aux rochers dégradés, en mer, que l'amiral avait dû apercevoir à revers. Les caravelles étaient de petite taille ; les galères devaient être encore plus basses sur l'eau.

Je songeai que sous cet angle-là, le dos tourné à l'océan, il était peut-être encore possible de retrouver cette première vision méditerranéenne du quinzième siècle ; tandis que, posté où j'étais, sur les rochers, je contemplais un vestige de l'île aborigène.

C'était difficile de s'accrocher à ce regard romantique. Enfant, je ne m'étais jamais essayé à ce jeu : me raconter que je contemplais l'île aborigène. Aucun professeur ni personne d'autre ne l'avait suggéré en tant qu'exercice de l'imagination. Je m'étais surpris à tenter de le faire, lors de mes séjours, bien des années après mon départ. Et maintenant, quitter la pointe, rebrousser chemin au long des routes qui traversaient la campagne, les cacaoyères envahies par la végétation, avec leurs séchoirs à fèves, des hangars d'un gris-noir, malmenés par les intempéries, les villages aux petites maisons de bois ou de parpaings plantées dans les cours de terre battue, en direction des villes surpeuplées, c'était me trouver ramené à une version de la colonie que j'avais connue enfant. Ramené à un ancien mode de perception, d'où était exclu un commencement, un passé, et selon lequel les aborigènes auraient pu n'avoir jamais existé.

J'avais l'impression en ce temps-là — à la manière enfantine, sans me le formuler — que la lumière et la chaleur avaient consumé l'Histoire du pays. Je me défiais de l'image séductrice que nous donnaient les cartes postales et les timbres-poste (image reflétée par nos artistes locaux) : des baies et des plages, le Pitch Lake, lac de bitume, certains arbres en fleur, certains monuments, notre population mélangée.

Bien des années plus tard, je pensai que ce sentiment d'un vide avait à voir avec mon tempérament, celui d'un enfant issu d'une communauté d'immigrés de fraîche date venus de l'Inde, au sein d'un peuple composite : l'enfant regardait en arrière et ne trouvait aucun passé familial, rien, aucune trace. Mais à présent je crois à nouveau que je réagissais à quelque chose qui manquait, qui avait été éradiqué.

Comme la plupart des gens qui vivent en petite communauté ou en un lieu lointain, nous aimions qu'on nous rendît visite. Et malgré ma défiance envers le principe de séduction que mettait en œuvre l'office du tourisme, je crois qu'en l'absence de ce principe (quand ce n'aurait été que pour le rejeter ou réagir contre lui), en l'absence des visiteurs qui nous servaient de témoins, nous aurions été un monde flottant, comme les aborigènes rencontrés en premier au sud de la pointe de la Galère, menant une existence instinctive, ignorée.

Je suppose que les visiteurs, les touristes commencèrent à affluer quand la navigation à vapeur remplaça la voile. Au début du siècle, ce n'était pas le soleil qui les attirait. C'étaient les sites ; le soleil, ils s'en protégeaient. Vêtus à la mode edwardienne de nombreux vêtements superposés, équipés de chapeaux, de parapluies et d'ombrelles, ils venaient voir le creusement du canal de Panama ; ils regardaient les cabosses de cacao et les noix de coco sur les arbres (cultures qui exigeaient une main-d'œuvre abondante dans les plantations).

Ils s'intéressaient aussi à l'Histoire. Ils voulaient naviguer dans les eaux des grandes batailles navales du dix-huitième siècle, à l'époque où les puissances européennes se disputaient la richesse sucrière de ces petites îles de la Caraïbe. Après la première guerre mondiale, cette notion de la gloire disparut. On oublia les batailles navales et les grands noms des amiraux du dix-huitième siècle. Les touristes vinrent chercher le soleil, pour échapper à l'hiver et à la grande crise ; ils vinrent en quête de lieux intacts, épargnés par le passage du temps, des lieux, pour ainsi dire, qui n'avaient jamais été découverts. Ainsi l'Histoire fut-elle mise cul par-dessus tête ; les îles furent refaçonnées.

Chaque année, les navires de croisière amenaient un ou deux écrivains qui tenaient leur journal de bord et prenaient des photographies pour leurs « écrits de voyageurs ». Même si par la forme ils descendaient de la tradition victorienne du journal de voyage, leurs livres ne ressemblaient pas à ceux écrits par Trollope, Charles Kingsley ou Froude, cinquante ou soixante ans auparavant. On n'avait plus de « problèmes » d'empires dans les îles et la mer des Antilles ; plus de sombres pensées victoriennes au sujet du manque de main-d'œuvre consécutif à l'abolition de l'esclavage, des colonies négligées ou mécontentes, de la rivalité des autres puissances, plus d'angoisses causées par le rétrécissement de l'Empire.

Même si le sujet en était pour une bonne part le voyage aux colonies, ces récits de croisières traitaient d'une partie du monde en quelque sorte nettoyée de son passé. Sur les photographies granuleuses des fortifications de Cartagena, en Colombie, par exemple, on voyait l'antiquité, obscurément reliée à l'or, aux galions et aux Espagnols. Les ruines de la citadelle de Christophe, l'empereur noir d'Haïti, équivalaient à un mystère égyptien. Ce monde était mort et sans risque.

Ces récits de croisières se ressemblaient tous. Ils ne pouvaient guère rapporter à quiconque, et je suppose qu'ils étaient un produit de la crise, œuvre d'écrivains dans le besoin, à l'usage des lecteurs de bibliothèques publiques qui rêvaient d'accomplir eux-mêmes, un beau jour, une croisière dans des eaux tropicales. Alors que cette forme particulière de narration exigeait de l'auteur qu'il fût toujours présent, actif et au courant de tout, les livres qu'ils écrivaient étaient curieusement impersonnels. Peut-être à cause de l'obligation supposée d'aborder tout ce qu'avaient abordé les prédécesseurs ; mais je crois que cela tient aussi au fait que les auteurs de ces récits de voyage jouaient un rôle, jouaient l'écrivain, jouaient le voyageur et, surtout, jouaient à accomplir un voyage aux colonies.

Le chapitre « Trinidad » d'un tel livre débutait rituellement sur un compte rendu de l'arrivée à quai, au matin. Il mentionnait ensuite la population métissée dans les rues. Un auteur observait ainsi les Noirs qui flânaient en mangeant des bananes ; un autre, les femmes des Indes orientales, avec leurs bijoux et leur costume traditionnel. Puis on avait peut-être droit à une visite à la fabrique d'Angostura Bitters ; le Pitch Lake et les puits de pétrole ; une baie ; un orchestre de calypso sous son chapiteau ou, si ce n'était pas la saison du calypso, une arrière-cour branchée sur l'une des sectes noires locales, Shango ou les Shouters.

Un guide local bien introduit évoluait inévitablement à l'arrière-plan. Il avait piloté d'autres écrivains à Trinidad et connaissait par cœur l'exercice. En dehors de lui — dépeint comme Blanc ou mulâtre et légèrement distant — les autochtones n'étaient que des silhouettes à l'arrière-plan. A leur sujet, le champ des remarques était vaste. Les Noirs qui, pour l'un, mangeaient des bananes dans la rue pouvaient, pour l'autre, arborer des souliers bicolores. Il les chaussait de souliers bicolores, dont le cuir neuf couinait, et l'auteur ajoutait parfois que les Noirs adoraient faire couiner leurs chaussures au point qu'ils les portaient flambant neuves au bottier pour lui demander d'y « mettre un couinement ».

Quant aux Indiens de la campagne, ils constituaient un peuple à part ; on était très peu informé sur leur langue et leur religion ; et l'écrivain estimait comme le guide que ce genre d'informations n'avaient pas d'intérêt.

Ces livres ne vexaient personne. Presque personne, sur place, ne les lisait. Certains des détails les plus extravagants — tel le couinement des souliers bicolores — s'accordaient au sens de l'humour des Noirs de l'île, à la fantaisie du calypso. D'ailleurs — c'est difficile à concevoir maintenant — les autochtones étaient accoutumés au principe du mépris. On pouvait s'entraîner à lire à travers ce mépris qui imprégnait les récits pour trouver des indications utiles.

Un livre sur Trinidad parut au début des années 30 sous le titre créole *Si crabe toi pas marcher*. Il avait pour auteur Owen Rutter, un nom qui ne me dit rien d'autre. On y trouvait cette phrase : « Les trains sont convenables, mais les autocars sont une farce. » Ces mots écrits par Owen Rutter inspirèrent à mon père tout un article pour une revue insulaire. Cela devait se passer peu après ma naissance. Quelques années plus tard, encore enfant, je tombai sur cette revue dans le bureau de mon père. L'article me mit en joie, avec ses dessins comiques et ses exemples de petits couplets humoristiques que chantonnaient les chauffeurs de cars pour indiquer leur destination. Je relus souvent cet article ; j'imagine qu'il compta parmi les choses qui m'aidèrent à comprendre où j'étais. Sans le livre de Rutter, mon père n'aurait peut-être pas discerné quel sujet pouvait représenter pour lui le service des autocars de Trinidad. Tout cela forme donc une sorte d'enchaînement.

Je n'en suis pas sûr, mais je crois que c'est une autre formule du livre d'Owen Rutter qu'une revue littéraire de l'île cita sous une photographie d'une plage de Trinidad : « La splendeur désolée d'une plage bordée de palmiers, au coucher du soleil. » A côté, on voyait une photo de ciel au couchant avec pour légende un vers de Keats : « Quand les bancs de nuages fardent le jour qui meurt. » Certes, plages et couchers de soleil étaient magnifiques ; mais ces mots de Keats (même si, chargés de mystère, ils ne convenaient pas à la photographie) et le témoignage étranger de Rutter venaient là comme une mise en valeur.

Nous n'étions pas les seuls à ressentir ce besoin de témoins étrangers. Même quelqu'un comme Francis Parkman (fort de toute l'assurance de sa grande famille bostonienne), lorsqu'il suivait la piste de l'Oregon dans les années 1840, éprouva la nécessité, pour se montrer à la hauteur des splendeurs naturelles de l'Amérique déployées devant lui, de faire une comparaison avec la peinture italienne qu'à l'époque il ne devait connaître qu'à travers des reproductions approximatives.

Le don du regard n'existe peut-être pas à l'état pur ou initial. Le regard est peut-être toujours sous influence, et dépend d'une capacité de comparer une chose avec une autre. Christophe Colomb vit une galère du quinzième siècle là où moi, tourné dans l'autre sens, je vis une formation de rochers noirs avec des arbres que je n'aurais pu reconnaître dans un autre environnement. Quelques heures après avoir vu cette galère, il naviguait à proximité de la côte méridionale de l'île, et aperçut des jardins de villages aborigènes, aussi beaux que ceux de Valence au printemps. C'était une comparaison qu'il avait déjà faite plus d'une fois, à propos d'îles situées loin au nord, et d'aspect très différent. Mais il ne disposait pas d'une autre référence pour décrire une végétation qu'il voyait pour la première fois, et c'est tout ce qui nous reste du premier regard posé sur l'île aborigène intacte.

Plusieurs siècles après, nous avions besoin de nos visiteurs pour nous amener à entrevoir où nous étions, et ce que nous étions. Nous ne pouvions y parvenir tout seuls. Il nous fallait un témoin étranger. Mais le mépris venait avec lui. Et cela revenait à mettre l'Histoire cul par-dessus tête pour la deuxième fois. Car selon la perception de ce voyageur — cette distante perception de Noirs qui mangent des bananes et portent des souliers couineurs, cette perception d'une exiguïté qui permettait au passager d'une croisière de boucler la visite en une matinée ou une journée — c'était nous, arrivés là de divers continents par des moyens variés, à qui il faisait tenir le rôle d'aborigènes et qu'il rendait en même temps responsables d'une nullité créée longtemps avant que nous y ayons été transportés.

Puis, en 1937, vint un jeune écrivain anglais nommé Foster Morris, qui écrivit *La Sombre Livrée*, un livre d'un autre genre. Il y eut cette année-là une grande grève dans les exploitations pétrolières de Trinidad. J'ignore si Foster Morris connaissait l'état des choses dans l'île avant de venir. Mais la grève et ses personnages principaux étaient au centre de son livre.

On avait découvert le pétrole au début du siècle ; et une grande partie du sud de l'île (où Colomb avait vu les jardins aborigènes aussi beaux qu'à Valence) avait été transformée en champ pétrolifère. La plupart des ouvriers étaient des Noirs venus de la petite île de la Grenade, au nord. On aurait pu embaucher des îliens, d'origine indienne ou africaine ; mais, selon les analyses de la gauche (et je crois qu'elles étaient fondées), les autorités ne voulaient pas toucher au marché local du travail et préféraient employer sur les puits de pétrole une main d'œuvre isolée.

Chez les îliens circulaient des histoires au sujet de la pauvreté et de l'ignorance des habitants de la Grenade. Enfant, j'entendis raconter (sans bien comprendre à l'époque, car j'ignorais ce que c'était qu'un Grenadin) qu'ils se nourrissaient de racines et les faisaient cuire dans des « bidons à kérosène ». Les racines étaient des tubercules — ignames, manioc, patates douces. Les bidons étaient à l'origine ceux dans lesquels on importait l'huile végétale. A Trinidad, on les récupérait habituellement pour stocker le kérosène. L'histoire des Grenadins qui faisaient bouillir de pleins bidons à kérosène de racines ne dépeignait donc pas seulement la grossièreté de leurs goûts alimentaires, le volume de nourriture infâme qu'ils pouvaient engloutir, mais aussi leur pauvreté. Ils étaient trop pauvres pour s'acheter comme nous de bonnes casseroles en émail ou en fonte noire fabriquées à Birmingham ; ils faisaient la cuisine dans les bidons qui nous servaient à nous pour le kérosène.

(J'entendis cette histoire sur les Grenadins de la bouche d'une tante acariâtre, et dans mon souvenir, tout en me la racontant de la voix perçante qui lui était coutumière, elle éventait, à l'aide d'une palme de cocotier tressée, le feu sous une marmite en fonte noire de Birmingham, installée sur les marches derrière sa petite maison du quartier de Woodbrook à Port of Spain. Pendant deux ou trois ans, plusieurs branches de notre famille, réfugiées de la campagne, vécurent entassées sur ce lotissement de Woodbrook, où il n'existait pas encore de système d'égout à proprement parler. Quelques années après, cette tante émigra au Canada. Là-bas, délivrée de la surpopulation et de la misère envahissante, elle devint une femme alerte, élégante et généreuse, mais nul indice de cette potentialité humaine n'apparaît dans mon souvenir de la femme glapissante qui éventait sa marmite sur les marches.)

L'histoire des Grenadins et de leurs bidons à kérosène, je l'entendis pendant la guerre, quelques années après qu'ils eurent gagné une réputation par leur grève de 1937. Avant cela, lorsqu'ils étaient encore moins considérés, leur sort devait donc être très dur. Et voilà que, dans leur isolement et leur arriération, un chef apparut parmi eux.

C'était un petit homme barbu au nom à rallonges, Tubal Uriah Buzz Butler. Il était prédicateur, et quelque chose dans sa passion ou son illumination avait le don de galvaniser les ouvriers du pétrole. Il attirait aussi d'autres gens. Beaucoup de gens d'opinions radicales, qui se baptisaient socialistes ou communistes, se lièrent à lui. La grève qu'il suscita avec les syndicats ne fut pas loin de tourner à l'insurrection. Un policier fut brûlé vif dans le secteur des puits de pétrole. Le gouvernement commença à recruter et armer des volontaires.

L'ambiance devait ressembler à celle de 1805 ou 1831, quand il avait été question d'une révolte des esclaves. Puis, tout comme au temps de l'esclavage, la passion retomba et les gens redevinrent ce qu'ils étaient.

Tel était le sujet du livre de Foster Morris. Il parlait de Tubal Uriah Butler et de ceux qui l'entouraient. Il le faisait avec le plus grand sérieux. Il leur donnait une famille, un contexte culturel ; il s'abstenait de toute ironie à l'égard de leur discours. C'était la première fois qu'on écrivait quelque chose de ce genre à propos des populations locales. Il les traitait comme si c'étaient des Anglais — comme s'ils en avaient l'étoffe sociale, la solidité, l'enracinement.

Cela partait d'une bonne intention, mais c'était une erreur. Certains des hommes qu'il mentionnait avec admiration, par exemple des avocats et des enseignants, furent même embarrassés par son hommage en porte-à-faux. Ce qui manquait à la perception de Foster Morris, c'était ce qui nous accompagnait en permanence : le sens de l'absurde, la notion de comédie, qui nous cachait notre véritable situation. L'étoffe sociale qu'il prêtait à des gens ordinaires ne rimait à rien. Cette idée d'un contexte culturel — avec son contenu d'ordre, de valeurs, de possibilité de s'améliorer : la perfectibilité — n'aurait eu de sens que si les gens avaient été plus réellement responsables d'eux-mêmes. Nous ne possédions pas cette responsabilité-là. On nous l'avait confisquée. Nous n'avions pas de contexte culturel. Nous n'avions pas de passé. Pour la plupart d'entre nous, le passé s'arrêtait à nos grands-parents ; en deçà, c'était l'inconnu. Si l'on avait pu nous observer d'en haut, on nous aurait vus vivre dans nos petites maisons entre mer et brousse ; et cela représentait une sorte de vérité de ce que nous étions, nous qui avions été transportés en ce lieu. Nous nous trouvions simplement entreposés là, un monde flottant.

Foster Morris, avec tout son désir de faire notre éloge, n'avait pas compris la nature de notre carence. En nous percevant comme une autre version des Anglais, il nous simplifiait. Ainsi, il ne comprit pas que même si Tubal Uriah Buzz était une sorte de messie, même si, à l'apogée de la grève, des hommes instruits, par exemple des avocats, lui attribuèrent des pouvoirs quasi miraculeux et furent convaincus que sur la voie où il les entraînait rien de mal ne pourrait arriver, ces mêmes hommes étaient au fond convaincus d'avoir affaire à un prédicateur noir délirant et ignare, un habitant de la Grenade, cette île inférieure, un consommateur de racines cuites dans des bidons à kérosène.

Nous étions préservés par ce sens de l'absurde, jamais loin de nous. C'était l'autre face de la colère et de la passion qui avait poussé la foule à brûler vif Charlie King, le policier noir. Foster Morris ne comprit pas, apparemment, que Charlie King n'était pas un objet de haine à Trinidad ; qu'il allait devenir, en réalité, dans la mémoire du peuple et du calypso, une figure sacrificielle à part, aussi célèbre qu'Uriah Butler lui-même, et presque aussi honorée, et qu'on allait appeler « Charlie King Corner » l'endroit où il avait été brûlé, sur la route : petite plaisanterie pour un lieu sanctifié.

En 1937, j'avais cinq ans. Toute cette information au sujet de la grève des puits de pétrole me parvint donc plus tard, alors qu'il y avait la guerre pour nous tourmenter, les Américains à Trinidad, et de l'argent qui affluait ; et l'affaire Butler (dans l'esprit d'un enfant, tout au moins) s'estompait à toute vitesse.

Butler resta incarcéré durant toute la guerre. Quand on le libéra, il y eut quelques remous ; très peu de chose. L'homme qui était entré en prison comme révolutionnaire en sortit sous la figure d'un clown, un prédicateur à la barbe grise, armé d'un chasse-mouches, avec un penchant pour les costumes. Il était devenu un sujet d'embarras pour les avocats et autres qui avaient puisé en lui de la force aux moments héroïques de 1937. Il avait inauguré une nouvelle approche de la politique ; mais lui-même était devenu un anachronisme. Nous avions une nouvelle Constitution ; des élections eurent lieu. Butler recréa son parti — sous le nom absurde de Parti pour l'autonomie des travailleurs et citoyens de l'Empire britannique — et obtint un siège à la nouvelle assemblée législative ; mais il existait désormais des partis plus importants. En tant que membre du Parlement, il fut inopérant. Il faisait de longs séjours en Angleterre, « pour prendre le frais », comme on disait ; il était entretenu par les contributions de ses vieux fidèles grenadins. Une fois, à son retour, il tint à remercier l'équipage de l'avion.

L'ouvrage de Foster Morris qui l'avait dépeint comme un révolutionnaire, un personnage comparable à Gandhi, un homme qui avait prémédité sa position, contribué à la désagrégation générale de l'ordre ancien, paraissait maintenant encore plus erroné. Lorsque je quittai Trinidad en 1950, le livre était aussi démodé que *Si crabe toi pas marcher* d'Owen Rutter et tous les récits de croisière d'avant-guerre, affublés de titres du genre *Ces Antilles sauvages*.

En Angleterre, par la suite, et surtout après 1954, lorsque, sorti de l'université, je m'étais installé à Londres où j'essayais d'écrire, j'en appris un peu plus long au sujet de Foster Morris. A Trinidad, il nous était apparu comme un Anglais renégat, quelqu'un qui allait à l'encontre de toutes les mœurs raciales de notre colonie. En Angleterre, les choses se présentaient autrement. Il avait écrit un livre sur le passage de l'enfance à l'âge adulte, de la veine du *Loom of Youth* d'Alec Waugh, et quelques romans dans le style des débuts de Graham Greene. Il jouissait d'une sorte de réputation. C'était un homme des années 30, bien inscrit dans le courant intellectuel de son temps, l'un de ces radicaux qui se préparaient à la guerre, chacun à sa manière, et en attendant faisaient des voyages à l'étranger, pas sous la forme des croisières ni des expéditions de l'époque victorienne, mais des voyages qui contribuaient à saper les empires européens du dix-neuvième siècle. Auden et Isherwood se rendirent en Chine ; Orwell et d'autres, en Espagne. Graham Greene alla en Afrique de l'Ouest puis au Mexique. Geoffrey Gorer voyagea aussi en Afrique de l'Ouest et rédigea un nouveau type d'ouvrage sur l'Afrique, *Africa Dances*. Quant à Foster Morris, il vint à Trinidad et écrivit *La Sombre Livrée*.

Il était un peu rentré dans l'ombre depuis, n'ayant pas fait fructifier ce bon départ qu'il avait pris avant-guerre. Vers le milieu des années 50, son nom circulait encore, mais lié à des critiques dans les journaux, des émissions de radio ; ce n'était plus celui d'un auteur de livres. C'était un nom, cependant, pour la presse et la radio. Et surtout — si étouffée que fût sa réputation en Angleterre, si peu cité fût-il dans les articles ou les livres ayant trait aux années 30 — il était pour moi un homme à part, une silhouette importante de mon passé, quelqu'un qui comptait dans mon enfance, quelqu'un qui était venu à nous à Trinidad, surgi du vide qui nous cernait.

En 1955, j'avais un petit travail à mi-temps à la BBC, pour une émission hebdomadaire d'une demi-heure destinée à la Caraïbe. Il y eut à faire la critique d'un ouvrage sur la littérature romanesque d'après-guerre, et le producteur me dit : « Je crois que cela conviendrait bien à Foster Morris. »

J'avais peine à le croire, peine à croire que mon producteur pouvait mentionner ce nom avec une telle désinvolture, et que l'écrivain était aussi accessible.

— C'est le genre de choses que Foster pourrait faire les yeux fermés, ajouta le producteur.

J'habitais une vieille maison à Kilburn, juste derrière le

cinéma Gaumont State. Il y avait une bibliothèque non loin de là, installée dans deux maisons d'une petite rue de l'autre côté de l'artère principale. C'était un endroit précieux pour moi. Les meilleurs ouvrages avaient à peine été ouverts, et les livres d'art étaient à l'état de neuf. Et je découvris que malgré la guerre, malgré tout le reste, et au bout de dix-sept ou dix-huit ans, *La Sombre Livrée* figurait encore sur son rayon. Le volume avait été emprunté plus d'une fois avant et pendant la guerre, mais ensuite il avait été délaissé.

C'était étrange de palper ce livre relié en toile fanée, que j'avais lu sous un autre climat, la tête bourrée d'autres pensées et d'autres ambitions. Étrange de voir le nom gravé au dos, le papier de bonne qualité d'avant-guerre, la date d'avant-guerre, la liste des œuvres de l'auteur. Embarrassant aussi, et émouvant en même temps, en le feuilletant, de trouver évoqués les noms et incidents de la grande grève menée par Butler. Le titre provenait, je l'avais oublié, du *Marchand de Venise*, tiré du discours du prince du Maroc, l'un des prétendants de Portia :

Ne me dédaigne pas à cause de mon teint,
La sombre livrée du soleil de bronze,
Dont je suis un voisin, et parent.

Une idée me vint. Foster Morris connaissait la partie du monde d'où je venais. Je ferais appel à son aide. J'avais cruellement besoin d'aide, à l'époque.

Je me cramponnais à Londres par le bout des doigts. Dans la maison de Kilburn, je disposais d'un logement de deux pièces au second étage ; la salle de bains et les toilettes étaient communes à tout le monde. Je ne pouvais pas me plaindre, et en fait j'estimais avoir de la chance ; peu de gens, à l'époque, acceptaient de louer une chambre à un non-Européen ; et j'étais mieux logé à Kilburn qu'à Oxford les deux dernières années. Mais je n'entrevoyais aucun avenir. Mon emploi à la BBC était anodin et incertain. Tout dépendait de mon travail d'écrivain — c'était le motif même de ma venue à Londres, de l'existence que je menais — et, depuis bien des mois à présent, en ce qui concernait mes écrits, j'avais perdu mon chemin. Je me trouvais aussi éloigné que jamais d'un véritable démarrage.

A Trinidad, durant ma phase d'optimisme entre la fin de mes études secondaires et mon départ attendu pour l'Angleterre et Oxford, j'avais entrepris d'un cœur léger, en homme qui a devant lui tout le temps du monde, un roman situé dans le décor local, une farce. J'avais imaginé — assis à mon pupitre de la Maison Rouge, au milieu des employés noirs qui se transmettaient d'un air important les derniers potins — le personnage d'un Noir de l'île qui aurait pris, pour des raisons politiques, le nom d'un roi africain. C'était une bonne idée à concevoir en 1949 ; mais à l'âge que j'avais, dix-sept ans, je ne savais réellement que faire du matériau. Je continuai pourtant d'y travailler, et emportai à Oxford le fruit de mes efforts. Deux ans plus tard, dans la terrible solitude des longues vacances d'été, je menai l'œuvre à son terme. Elle ne valait rien (malgré ce qui devait s'y trouver caché) ; mais c'était important pour moi d'avoir terminé le livre — quelque deux cents feuillets tapés à la machine.

Quand je quittai Oxford et m'installai à Londres, j'entrepris autre chose. Rien d'une farce cette fois-ci, quelque chose de très sérieux. Je pris pour personnage central un garçon dans mon genre, employé au Service central de l'état civil à Port of Spain. Je ne savais quelle attitude adopter par rapport à lui ni à l'environnement. Je ne parvenais pas à en avoir une vision nette ; je dus abondamment mentir et me vanter, m'efforcer à la manière coloniale d'isoler mon personnage de son environnement, de le situer un peu plus haut dans la société. Et la seule idée de narration qui me vint était une journée dans la vie de ce personnage. Les pages s'entassèrent.

En réalité, à l'âge de vingt-deux ans, livré à moi-même avec un très fort sentiment d'abandon, et ma seule ambition pour toute vision de l'avenir, je n'avais aucune notion de qui j'étais. L'écriture aurait dû m'aider à le discerner, à le tirer au clair ; mais jour après jour, à mesure que je rédigeais mon roman (quand je n'étais pas occupé à faire de petits travaux alimentaires pour la BBC), la falsification, la négation des vérités que je ne pouvais pas regarder en face m'enfonçaient davantage dans le petit trou que je m'étais creusé.

Juste six ans auparavant, devant la porte du caveau des archives du Service de l'état civil à Port of Spain, j'avais joué — avec quel délice, quelle vision de l'avenir — à être un écrivain, à noircir du papier, à faire des corrections, pour obtenir des feuillets qui ressembleraient aux pages d'un manuscrit. A présent, l'affaire était désespérée.

Tel était mon état d'esprit quand je feuilletai, à la bibliothèque municipale de Kilburn, *La Sombre Livrée*, ouvrage d'un auteur publié, et décidai de demander son aide à Foster Morris.

Le jour de l'enregistrement, j'allai au studio et m'assis derrière la vitre avec le technicien et le producteur.

Foster Morris était un homme grisonnant, assez trapu, au visage large, aux yeux éteints, en retrait. Il devait avoir la cinquantaine. Le regard éteint, l'attitude en retrait, l'air renfermé m'impressionnèrent, ainsi que l'histoire qu'il se mit à narrer quand on lui demanda de parler dans le micro pour l'essai de niveau de voix.

« Je déjeunais l'autre jour en compagnie de l'éditeur Victor Gollancz. Il m'a raconté une bonne blague. Un fermier s'est fait interpeller pour avoir eu des rapports sexuels avec une mineure. Le fermier a dit au juge qu'il n'était pas coupable, parce que les filles du village lui volaient ses pommes et qu'il les avait averties qu'il baiserait la première qu'il surprendrait à lui voler ses fruits. Le fermier s'en est tiré. Mais le juge a ajouté : "Vous devriez vous méfier, M. Roberts. Sans quoi, vous n'allez pas voir la couleur de vos pommes." »

La blague ne valait pas cher, mais le nom de l'éditeur était prestigieux. Foster Morris était donc davantage qu'un homme du passé ; il était encore en contact familier avec des gens importants.

À la cantine miteuse, où subsistait le climat rudimentaire du temps de guerre, je lui dis :

— J'ai lu *La Sombre Livrée*. Et l'autre jour je l'ai feuilleté à nouveau.

Ses yeux éteints s'éclairèrent. Il parut même décontenancé. Il montra une sorte de courtoisie désuète.

— Ah, tiens ! Ça se trouve encore ?

Cela aussi m'impressionna : balayer ainsi d'une phrase tout un livre publié, un livre qui avait nécessité deux fois quinze jours de traversée en paquebot, et des semaines de rédaction. Et je me souviens d'avoir songé : « Quand mon tour viendra, voici comment je dois me comporter. »

Je l'accompagnai dans le hall d'Oxford Street.

— Cela fait près d'un an que j'essaie d'écrire un livre. Je ne sais pas comment poursuivre. Auriez-vous l'obligeance d'y jeter un coup d'œil ?

Il accepta. Il voulait d'abord que je lui envoie mon manuscrit aux soins d'une maison d'édition où il passait, dit-il, une ou deux fois par semaine, mais il changea d'avis et me demanda de le lui envoyer chez lui. Tout en écrivant son adresse, il me demanda :

— Qu'est-il donc arrivé à ce nègre-blanc ?

Je restai interloqué. Je ne voyais pas de qui il voulait parler, et n'avais jamais entendu à Trinidad cette combinaison de mots. Sans doute l'expression venait-elle d'une autre île, ou bien Foster Morris avait simplement oublié. Mais je compris — bien que dans son livre il eût manifesté les plus grands scrupules en sens inverse, ne prenant pas garde apparemment à la race à laquelle appartenait quelqu'un et en faisant à peine mention — qu'il s'offrait face à moi une lourde plaisanterie d'usage local. Je savais qu'il devait faire allusion à un mulâtre à la peau claire — à Trinidad, ces gens étaient appelés « rouges », sans implication insultante — puis je compris qu'il s'agissait d'un radical bien connu, qui avait pris part à la grande grève menée par Butler. Foster Morris avait parlé de cet homme sur le ton admiratif du reste du livre ; et je me sentis pris quelque peu au dépourvu, moi qui ignorais tout du sort d'un des personnages importants de *La Sombre Livrée*.

Ce fut un mauvais moment à passer, mais je m'en remis. Je lui expédiai mon manuscrit. Il ne me fit pas attendre. Il me le renvoya quelques jours après, avec une longue lettre dactylographiée, un feuillet et demi à simple interligne. La première phrase disait : « J'ai lu votre livre et vous conseille d'y renoncer immédiatement. »

Il avait raison. Je le savais. Mais j'avais espéré — un tout petit peu — une sorte de miracle. Et j'étais plein de colère, blessé. Je me souvins de ce mauvais moment face à lui dans le hall de la BBC ; je me souvins du point de vue partial et partiel, de la fausseté subtile de *La Sombre Livrée*. Je songeai à l'importance réduite de la place qu'il occupait maintenant. Mais cela ne servit à rien. Je savais qu'il avait raison.

Toute ma vie, je m'étais senti investi, je m'étais senti destiné au succès. J'avais connu des doutes, de longues phases d'abattement ; mais j'étais alors un étudiant, pas un adulte à part entière. A présent, j'étais enfin un homme dans le monde, j'agissais : mon temps aurait dû venir.

Je connus une ou deux semaines difficiles. Je me sentais affreusement humilié. Pour je ne sais quelle raison, les pires moments étaient ceux que je passais dans l'autobus, entre Kilburn et Oxford Street, quand j'allais à la BBC. En même temps, je ne pouvais me retenir d'éprouver un certain soulagement. Je n'étais plus obligé d'écrire ce livre. Je n'avais plus à affronter ce manuscrit.

Je relus maintes fois la missive de Foster Morris. Elle était en fait très dense, et même à première lecture je m'étais rendu compte qu'après la brutalité de la première ligne, il souhaitait m'aider. Sa lettre fourmillait d'enseignements, d'une sorte qu'on ne m'avait jamais dispensée auparavant. Il voulait que je lise certains écrivains — Tchekhov, Hemingway, et son cher Graham Greene — et que j'étudie attentivement leur manière d'écrire. Il voulait que je réfléchisse davantage à l'écriture. Et il avait raison. Je n'avais lu qu'avec gloutonnerie, de façon incohérente. Quant à l'écriture, j'avais cru qu'elle me viendrait naturellement. Cela ne m'était jamais apparu comme quelque chose qu'il faudrait apprendre, essayer d'analyser. Je n'avais pas prévu que je pourrais avoir un problème avec mon matériau et l'incertitude de ma personnalité d'écrivain.

Mais j'avais l'âge où les journées sont longues. Quand elles durent aussi longtemps, il est difficile de s'en tenir à l'humeur sombre. Et il n'avait pas dû s'écouler plus de trois ou quatre semaines depuis la réception de la lettre de Foster Morris quand, à partir de cet accablement où me jetaient les trajets en autobus le long d'Edgware Road, je décidai de prendre un nouveau départ en tant qu'écrivain. J'allais tourner le dos à tout ce que j'avais fait jusqu'ici, et reprendre au commencement : essayer de voir si je ne pourrais pas bâtir mon écriture sur de simples constatations concrètes, en ajoutant du sens au sens par étapes simples.

Il arriva autre chose à peu près au même moment. Un jour, en prenant le thé à la cantine de la BBC, nous parlions de l'autobiographie de George Lamming, *In the Castle of My Skin*. Le producteur qui avait introduit Foster Morris dans l'émission ne voulait parler que d'un bref épisode comique du livre, à propos d'un garçon qui grimpait sur un arbre. En observant le rire du producteur, son admiration, je saisis comme une vérité toute neuve ce que j'avais toujours su, et que j'avais jusqu'à présent exclu de mes écrits (qui oscillaient entre la farce et l'introversion) : la comédie, cet art défensif que nous avions toujours pratiqué à Trinidad, m'était proche, un double héritage, venu de ma famille hindoue où l'on aimait se raconter des histoires, et de la coutume créole dans les rues de Port of Spain.

Dans les jours qui suivirent, je me mis à écrire, à décrire la vie des rues de Port of Spain, situant mon narrateur dans une rue semblable à celle où autrefois (selon mon souvenir ou mon imagination) ma tante m'avait parlé des Grenadins en éventant sa marmite. Et je plaçais le narrateur au niveau de la rue. Je puisai une immense liberté dans cet élément de fiction. Le matériau fructifiait ; les histoires fructifiaient ; les blagues venaient toutes seules, deux ou trois par page. Jour après jour, mon livre se développait ; je me sentais devenir un écrivain, quelqu'un qui maîtrisait les choses, et qui était plus à l'aise. En six semaines, pas plus, le livre fut achevé. Ma vie à Londres avait enfin un dessein. Et je bénissais le nom de Foster Morris, cette silhouette inattendue surgie du passé, qui m'avait libéré.

Quatre ans s'écoulèrent avant la parution de ce livre-là. L'éditeur réclama d'abord une forme un peu plus conventionnelle, quelque chose qu'on puisse mieux identifier, dans le métier, comme un roman. Quand mon livre de la rue fut enfin publié, j'en envoyai un exemplaire à Foster Morris, accompagné d'une lettre. Je lui rappelais qui j'étais ; lui parlais de sa missive, de la peine qu'elle m'avait causée, de la délivrance qu'elle m'avait procurée. Mon livre, précisais-je, était une offrande à son intention. Et présentait un intérêt supplémentaire : l'histoire brodait sur mes propres souvenirs, qui commençaient pratiquement à l'époque de son séjour à Trinidad pour *La Sombre Livrée*. Ainsi, bien qu'il fût mon aîné de trente ans, on pouvait dire que nos chemins respectifs d'écrivains s'étaient croisés depuis longtemps. Il devait avoir posé son regard d'adulte sur certaines choses — les rues, les maisons, les arrière-cours de Port of Spain — que j'avais vues avec la fraîcheur et la faculté d'émerveillement d'un enfant, un jeune Indien qui débarquait à la ville, du fond de sa campagne.

Il me fit une magnifique réponse. Il était content d'avoir apporté une aide. Il ne m'avait pas perdu de vue. Il avait lu les critiques sur les autres livres que j'avais publiés entre-temps ; il avait lu quelques-unes des critiques écrites par moi pour le *New Statesman*, et trouvait que je mettais en plein dans le mille ; et il adorait le roman que je lui avais envoyé. Il m'invitait à déjeuner. Il appartenait, expliquait-il, à quelque chose que nul gentleman n'appellerait un club, mais dont il était devenu membre parce qu'il avait le béguin pour la serveuse, qui « avait dû faire un malheur à l'Alhambra avant la guerre de 14 ». Je reconnus le ton lourd de ses plaisanteries ; je soupçonnais qu'il tenait cela de quelqu'un de plus âgé que lui dans sa famille.

Il n'y avait pas trace de la serveuse, mais le local était aussi décrépit qu'il l'avait annoncé (il était situé dans South Kensington, et quand j'y retournai quelques années plus tard, il avait été transformé en hôtel de seconde classe) ; on n'avait pas refait les peintures ni changé les papiers peints depuis longtemps avant la guerre.

Je fus frappé à nouveau par ce que j'avais remarqué quatre

ans auparavant : les longues mèches de cheveux effilochées qui lui tombaient sur le front et donnaient un peu l'impression de voiler de toiles d'araignée ses yeux éteints. Tout le temps que je passai avec lui, j'eus envie de me pencher pour repousser ces cheveux en arrière.

Nous parlâmes de l'écriture et des écrivains. Nous avions maintenant ce métier en commun. Nous pouvions causer — ou, du moins, je pouvais écouter — d'une manière plus « homme à homme » que quatre ans auparavant, quand nous avions fait connaissance. C.P. Snow lui inspirait du dédain. Au sujet d'Angus Wilson, il déclara : « Si l'on quitte le British Museum pour aller à la campagne faire l'écrivain, on devrait au moins commencer par apprendre à écrire une phrase convenable. »

Ces deux auteurs étaient très connus à l'époque. J'avais lu quatre ouvrages d'Angus Wilson et un de Snow. Je m'étais égaré dans les intrigues du Snow. Les Wilson m'avaient inspiré un sentiment quasi révérenciel. En réalité, c'était son succès qui me fascinait. Je me sentais aussi coupé de son univers anglais que, dans l'autobus entre mon logement et la BBC, réfléchissant au matériau fourni par un monde bien différent qui me demeurait présent à l'esprit, j'étais coupé de la vie londonienne et anglaise.

La littérature n'était pas un sujet neutre, finalement. Le contexte culturel s'en mêlait. Notre conversation, au déjeuner, fut donc déséquilibrée. Il avait lu une masse énorme de la production anglaise du siècle, et continuait à le faire. Je n'éprouvais pas ce besoin. J'étais trop préoccupé de mes propres écrits, de trouver des moyens de traiter le matériau — vierge — que j'avais commencé à entrevoir deux ans auparavant.

D'autre part, la notoriété de C.P. Snow et d'Angus Wilson ne me tourmentait pas, à la différence de Foster Morris. Et je me souviens de m'être dit très clairement — premier moment de doute lors de notre déjeuner, mais peut-être bien le troisième ou quatrième en ce qui concernait Foster Morris — que ni la carrière d'Angus Wilson ni celle de C.P. Snow ne seraient le moins du monde affectées par les commentaires à leur propos tenus dans cette lugubre salle à manger.

Il dégageait une humeur sombre, qui ne tarda pas à réveiller certaines de mes vieilles angoisses, jamais hors d'atteinte ; la bonne disposition que j'avais en arrivant à notre rendez-vous en fut annihilée. Je le prenais comme je le voyais : je n'avais pas alors la connaissance de l'Angleterre qui m'aurait permis de tirer certaines conclusions de ce qu'il m'avait révélé de sa vie : l'adresse en banlieue, les plaisanteries lourdes et démodées, les visites bi-hebdomadaires dans les maisons d'édition, la prestation à la radio ou l'article occasionnels au sujet des années 30. D'autant qu'à l'époque, je n'avais pas le don de l'investigation. Pour se mettre à enquêter, peut-être faut-il d'abord en avoir appris assez long.

Je l'interrogeai sur *La Sombre Livrée.*

— C'était une idée de Graham, me dit-il. (Graham Greene.) Il avait séjourné au Liberia l'année d'avant. Il pensait que je devrais aller de l'autre côté de l'Atlantique voir d'où étaient venus les anciens esclaves. A son avis, je pourrais y trouver la matière d'un livre. Je traversais une mauvaise passe. (Il marqua une pause.) C'était une bande de fanatiques raciaux.

— Qui ?

— Butler et une bonne partie de son entourage.

Mais ce n'était pas ce qu'il avait écrit.

— Comment aurait-on pu écrire cela ? Vous n'avez pas idée de la manière dont les choses se présentaient là-bas en 1937. Les puits de pétrole constituaient une colonie dans la colonie. Peu de gens de l'extérieur comprenaient cela. Beaucoup de personnes l'ignoraient à Port of Spain. Presque toute la partie méridionale de l'île ne formait qu'un vaste champ pétrolifère. Il s'y trouvait de nombreux Sud-Africains. Je ne sais pas pourquoi. Certains d'entre eux ne voyaient aucun inconvénient à la grève. Ils se réjouirent quand le gouvernement demanda des volontaires. Ils étaient impatients de tirer sur des nègres.

Cela ranima en moi un souvenir. Un jour, en 1945 — il m'était facile de dater ce qui se situait au collège — notre professeur d'histoire d'Angleterre, un mulâtre à la peau claire, s'était mis à parler de la grève de 1937, sans raison apparente. Je ne me rappelle pas tout ce qu'il avait dit. Mais j'entends encore la rage de ses derniers mots : « Et je n'allais pas dans le Sud pour tirer sur des nègres. » Jamais encore je n'avais entendu en classe un langage pareil. Le professeur devait approcher la cinquantaine. Il adorait l'école, et c'était un grand militant des bonnes manières et des convenances. Sa famille était bien connue ; il avait de nombreuses relations bien placées dans les ministères et au conseil municipal — aussi bien placées que pouvait l'espérer un autochtone. Quelque chose avait dû mettre hors de lui cet homme posé, juste avant qu'il entrât dans la classe ce jour-là.

En me souvenant à présent de lui et de ce qu'il avait dit, je devinai que l'expression « tirer sur des nègres » n'était pas venue à l'instant aux lèvres de Foster Morris, qu'elle avait dû être couramment employée parmi les Blancs de Trinidad en 1937. Et je compris à nouveau quelle vaste part de mon environnement m'était restée cachée dans mon enfance.

Je racontai à Foster Morris l'histoire de mon professeur.

— Ils ne traitaient pas bien les gens, dit-il, avant de reprendre le fil de ses propres réminiscences. On ne pouvait pas tourner les talons et déclarer que Butler n'était qu'un prédicateur noir délirant. C'est ce que disaient les patrons des puits de pétrole. Peut-être est-ce le genre de choses qu'on pourrait écrire aujourd'hui. Je n'en sais rien.

« Je vais vous raconter un épisode qui se situe peu après le lynchage de Charlie King. Butler avait été arrêté, les gens étaient troublés. Quoique, disons-le, il y en eût de passablement exaltés après l'affaire Charlie King, qui voulaient aller de l'avant, même s'ils ignoraient où ils allaient. En même temps, tout le monde avait peur. En réalité, la situation commençait à se tasser assez vite. On sentait que les gens s'apaisaient intérieurement.

« Un soir, il y eut une petite réunion des compagnons de Butler. Rien à voir avec la grève, cette fois-ci. Tout le contraire, en fait : il s'agissait de donner à tous l'occasion de se retrouver ensemble, de boire un peu de rhum et d'oublier dans quel pétrin ils étaient.

« Cela se passait dans une petite maison en bois à la mode de Trinidad, quelque part à la campagne. De vieilles planches noircies, de la tôle ondulée, des trous dans le plancher. Des lampes à pétrole. Malgré tout, l'ambiance était bonne. Je pris des notes. Puis je m'amusai, tout simplement. J'avais pris goût au rhum local. Je le trouvais léger et agréable. Et soudain — comme si le temps avait fait un bond — je m'aperçus que tous les métis, les basanés et les deux ou trois Indiens étaient partis, et que tout le monde, dans cette petite pièce, était noir, sauf moi.

« Pourquoi ai-je senti cela ? Très simple : c'étaient eux qui me le faisaient sentir. J'étais sur un pied de familiarité avec beaucoup d'entre eux. Ils connaissaient mes positions, et une ou deux fois, dans des circonstances difficiles face aux fonctionnaires anglais, j'avais pu les aider. Mais à présent, les gens qui m'entouraient s'offraient des plaisanteries racistes à mes dépens et n'étaient pas près d'y renoncer. Cela n'en finissait plus. On aurait dit des gamins. Ils faisaient bloc contre moi. Je commençai à avoir du mal à garder le sourire. La pièce était envahie de grandes ombres projetées en tous sens par les lampes à pétrole. L'idée me vint que l'un de ces Noirs risquait de tendre le bras et de me toucher avec cette agressivité nouvelle, et qu'alors il pourrait arriver n'importe quoi. Je serais peut-être le Charlie King blanc.

« L'un des hommes se nommait Lebrun. C'était un Trinidadien, mais il avait grandi à Panama. Sa famille était allée là-bas travailler au canal, tout comme les Grenadins étaient venus à Trinidad travailler sur les puits de pétrole. Lebrun était un communiste de la trempe qu'on avait dans les années 30. J'estimais en fait qu'il était l'élément le plus dangereux dans l'entourage de Butler. Il parlait couramment l'espagnol et son travail consistait à voyager à travers l'Amérique centrale, les Antilles et l'Afrique occidentale et à prêcher la révolution. Il savait parler aux gens du cru, et en même temps il était capable d'accorder tout ce qu'il faisait et disait avec les instructions de quelques individus bien particuliers à Moscou, ou de quiconque était son commanditaire. Je dois dire qu'il était très bel homme, bien élevé et cultivé.

« Dans la pénombre de cette petite maison, voici que Lebrun se livra à un persiflage sexuel envers moi. Je ne m'y attendais pas. J'étais blanc, les femmes me tombaient facilement dans les bras, et c'était là-dessus qu'il m'attaquait. Vous imaginez ? »

Plus de vingt ans après, le commentaire de Lebrun — le persiflage, selon Foster Morris — lui restait encore sur le cœur, et en regardant ses yeux éteints, voilés par la toile d'araignée des mèches de cheveux effilochées qui lui tombaient sur le front, son visage un peu aplati, terreux, son air en retrait, je discernai la faille affective sur laquelle Lebrun avait voulu jouer.

— Le persiflage s'aggravait sans cesse. Je pensai que j'allais être obligé de partir. Lebrun se mit à déclarer que les Noirs souffraient de privation sexuelle. C'était un propos tout à fait original de la part d'un Noir en 1937, et c'était étrange de l'entendre de sa bouche à lui. Beau comme il était, je suis sûr qu'il se débrouillait très bien dans ce domaine. Il me vint une drôle d'idée, sous l'effet du rhum, de l'étonnement et de tous ces hommes si près de moi : Lebrun était en réalité un Blanc, emprisonné dans cet autre corps. A peine l'avais-je pensé que je trouvai des mots pour le formuler. Dès que je commençai à articuler ma réplique, je pensai que je commettais une grosse erreur. Elle aurait convenu à l'Oxford Union dix ans plus tôt, mais ici elle ferait un effet terrible. "Désolé, Lebrun. Je ne peux pas vous donner un baiser pour vous transformer en prince."

« A ma grande surprise, tout le monde éclata de rire. C'était une plaisanterie à effet second, pourrait-on dire, puisque le mot clé en était absent. Certains, dans l'assistance, saisirent à retardement, de sorte que le rire se prolongea. Le persiflage cessa, les hommes s'écartèrent. Je retrouvai ma respiration, tout allait bien. Comme s'il ne s'était rien passé, comme si nous étions comme avant. Mais il s'était passé quelque chose, je le savais. Je savais que j'avais frôlé de près une sale affaire. Et je savais que Lebrun ne me pardonnerait jamais.

« Cela non plus, on ne pouvait pas l'écrire. Il y a peut-être des sujets sur lesquels on ne peut pas écrire. J'ai essayé par la suite de romancer cet épisode. Une fois, je l'ai situé dans le Berlin d'avant-guerre. Cela ressemblait trop à du Isherwood. Puis je l'ai situé en France, et cela a paru chez Lehmann pendant la guerre. Mais la transposition était difficile. Je n'en ai jamais été satisfait. Les années 30 étaient une époque difficile pour un écrivain, et l'un des gros problèmes auxquels on se heurtait en traitant d'un pays tel que Trinidad, c'était que les Noirs ne constituaient pas un sujet possible. Personne ne s'intéressait aux subtilités. Je ne trouve pas que Graham s'en soit sorti dans son livre sur le Liberia : il s'est pris tour à tour pour Somerset Maugham ou le *Sanders of the River* d'Edgar Wallace. Peut-être est-ce plus facile à présent. Peut-être cela sera-t-il plus facile d'ici vingt ans. Je n'en sais rien.

« A Port of Spain, quand ils parlaient dans le Sud de tirer sur les Nègres, il y avait un type du syndicat de Potogee qui arborait une moustache, fumait la pipe et s'efforçait de ressembler à Staline. On pouvait traiter cela sur le mode de la farce. Mais ensuite, impossible de redresser la barre et de faire quelque chose de sérieux. On n'aboutit qu'au sentimentalisme. Comme Evelyn. Dans *La Sombre Livrée*, j'ai été obligé de gommer. De donner l'air plus sérieux au sosie de Staline. »

J'étais allé à ce déjeuner par sens du devoir, par considération sentimentale envers celui qui avait surgi à un moment si pénible de ma vie et m'avait mis sur la bonne voie. Je m'attendais à un tête-à-tête un peu raide avec un homme beaucoup plus âgé que moi. Mais il l'avait rendu assez agréable. J'étais subjugué par son aisance verbale, son savoir et la subtilité de certaines de ses observations ; et aussi, le plus inattendu, par la beauté et la mesure de son élocution à l'ancienne.

Mais quand je me « repassai l'enregistrement » — une métaphore que j'appliquais alors à l'exercice de mémoire auquel je m'astreignais d'instinct (et que je pratiquais depuis l'enfance) après chaque rencontre : tâcher de me rappeler les paroles, les gestes et les expressions dans l'ordre exact, pour parvenir à une compréhension des gens avec qui je m'étais trouvé et de la vraie signification de ce qui s'était dit — quand je me repassai l'enregistrement à plusieurs reprises, je commençai à soupçonner qu'il ne s'était pas exprimé aussi spontanément que je l'avais cru.

Il s'était préparé, en venant, à défendre le caractère incomplet (ou simpliste) de son livre sur Trinidad, que lors de notre première entrevue il avait paru balayer d'une phrase, de façon si noble à mes yeux. Peut-être s'agissait-il de défendre aussi le reste de son œuvre des années 30 et 40, que je ne connaissais pas.

Plus tard, en continuant de me repasser l'enregistrement, je perçus chez Foster Morris, presque comme un aspect de cette autodéfense par rapport à ce qu'il avait choisi de ne pas faire, une réprobation finale de ces écrivains mêmes, tel Graham Greene, qu'il paraissait admirer.

Et du coup — comment cela avait-il pu m'échapper sur le moment ? — je vis que tout en ayant déclaré dans sa lettre qu'il avait adoré mon livre, et en se montrant l'hôte le plus courtois du monde, il avait exprimé d'un bout à l'autre du déjeuner une critique indirecte de ce que j'avais écrit.

Du livre lui-même, il n'avait fait mention qu'au moment où nous sortions du club. « Vous avez écrit un livre très drôle. Ce qui me plaît, c'est que je peux, en regardant sous la surface, retrouver certaines des choses que j'avais vues voici tant d'années. Vous savez, comme on peut s'entraîner à regarder sous la surface d'une rivière à truites, le ciel, les nuages, les reflets. »

Métaphore d'écrivain : peut-être l'avait-il préparée, peut-être s'en était-il déjà servi. Elle sonnait faux. Mais je crus sur le moment que c'était sa manière de reprendre quelque chose que j'avais écrit dans ma propre lettre. Je m'aperçus quelques jours plus tard seulement, en la juxtaposant à ses autres déclarations, au sujet de la farce et du sentimentalisme, et de la nécessité de parler sérieusement de ce qui était sérieux et lamentable dans le monde, qu'en réalité il voulait me remettre à ma place.

Et cela ne me gênait pas, en fait. Au bout de quatre ans, j'en avais fini avec la manière d'écrire à laquelle m'avait amené la lettre de Foster Morris : la discipline de la langue (une contrainte croissante), la comédie. J'y avais puisé de la confiance en moi ; mais cela m'avait aussi enfermé dans un caractère d'écrivain dont je commençais à me sortir. La confiance venant, je m'étais rendu compte peu à peu que la comédie qui était devenue mon style, la capacité d'émailler chaque page de deux ou trois blagues, l'humeur de plaisanterie qui était le double héritage de mes origines trinidadiennes, même si elles fonctionnaient, même si elles avaient un pouvoir révélateur, étaient aussi un moyen pour moi de me réconcilier avec un monde trop dur ; qu'elles étaient aussi une autre face de l'hystérie. Cela s'appliquait à la société coloniale que j'avais prise pour thème ; cela pouvait aussi s'appliquer à ma propre situation à Londres, pleine d'incertitudes.

A mon insu, cette angoisse ou cette hystérie, racines profondes de la comédie, étaient devenues le sujet de mon travail. La langue que j'écrivais et mon caractère d'écrivain avaient tous deux changé en conséquence. Cela s'était révélé au cours de la rédaction d'un livre auquel j'œuvrais depuis un an environ (finie l'époque des livres bouclés en six semaines) lorsque j'allai déjeuner avec Foster Morris.

J'étais absolument à mon aise dans ce nouveau livre et, pour la première fois depuis que j'écrivais, je n'avais besoin de l'approbation de personne. Il me restait quelques semaines avant d'arriver à la fin de mon premier jet, et j'étais habité par ce que je portais. J'eus souvent envie de m'écrier, pendant que Foster Morris parlait (croyais-je) des problèmes du ton et du tact en matière d'écriture : « Oui, oui, je sais exactement ce que vous voulez dire ». Une ou deux fois, je faillis lui parler du nouveau livre que j'étais près de terminer, si différent du livre sur la rue de Trinidad que je lui avais envoyé, et beaucoup plus proche du genre qu'il semblait prôner. Seule me retint une superstition qui me vint alors, le sentiment que si je me mettais à parler d'un travail inachevé, je m'exposais à ne jamais le finir.

Ce fut un bon instinct. Un peu plus de deux ans après — le livre révisé et remis à l'éditeur, j'avais voyagé entre-temps à l'étranger et j'étais en plein dans un nouveau travail au sujet de ces voyages — j'envoyai à Foster Morris l'un des premiers exemplaires du livre qui m'habitait lors de notre déjeuner. Je lui rappelais, dans une lettre jointe, ses remarques sur la farce, le sentimentalisme et le sérieux. Et tout comme je lui avais fait offrande de l'autre, je lui faisais maintenant offrande de ce livre plus important.

Sa réponse fut prompte. Cela commençait ainsi : « J'ai parcouru votre dernier livre. Vous avez pondu une merde. Il dépasse en joliesse ceux d'Alan Sillitoe et ceux de nos jeunes vedettes récentes... »

J'arrêtai là ma lecture, bien que sa lettre, dactylographiée, fût longue, aussi longue que celle qu'il m'avait écrite six ans plus tôt. J'arrêtai ma lecture, pour ne pas laisser un mot de plus se fixer dans ma conscience, comme je me serais arrêté de lire une lettre à l'encre empoisonnée, une de ces lettres enfermées dans une petite enveloppe jaune, écrites en pattes de mouche sur papier ligné.

Je me sentais idiot de lui avoir envoyé mon livre. Voilà tout. Je n'éprouvais ni déception, ni doute, ni fureur ; rien qu'une sorte de soulagement, le soulagement de me trouver capable d'écarter de moi cette relation de disciple à gourou.

Mais il fallait répondre. Je lui écrivis à son adresse de banlieue, disant que j'étais navré qu'il pensât ce qu'il pensait, mais que le livre était encore assez nouveau pour qu'il puisse le vendre chez Gaston. Gaston était un libraire de Chancery Lane. Il traitait surtout avec les bibliothèques, et faisait office de providence des critiques littéraires. Vers la fin des années 50, il était réputé acheter aux critiques connus n'importe quel livre paru depuis peu, quel qu'en fût le sujet, l'éditeur ou l'intérêt commercial, pour la moitié du prix courant.

Cela me paraissait une riposte assez anodine, mon allusion à Gaston, mais Foster Morris ne l'apprécia guère. A l'instar de Lebrun en 1937 à Trinidad, j'avais touché un nerf. Il m'écrivit qu'il était prospère ; il n'avait pas besoin de Gaston. Je crus que nous en avions fini. Mais il m'écrivit à nouveau quinze jours après. Il avait souscrit pour un grand dîner payant organisé par un cercle littéraire. Il se trouvait dans l'impossibilité de s'y rendre, et répugnait à laisser perdre l'invitation. Cela me ferait-il plaisir ? Si oui, je n'avais qu'à lui téléphoner à un numéro donné, au moment qu'il m'indiquait.

Je téléphonai, pour dire que j'aimerais assister à ce dîner. Je le fis afin qu'il sache que j'étais indifférent à ses insultes. Au téléphone, il ne fut question que du cercle littéraire. De sa belle voix démodée, Foster Morris m'annonça que ce serait très médiocre, plein de Tartarins de banlieue, mais que cela pourrait m'amuser. On aurait dit que sa lettre avait été une aberration ; que nos relations étaient ce qu'elles avaient paru être lors du fameux déjeuner. Puis, au dernier moment, avant de raccrocher, il ajouta : « Je n'aime pas à penser que vous restez le bec dans l'eau. »

Je reçus le bristol pour le dîner, corné, sali, comme s'il avait séjourné quelque temps au fond d'une poche de veste.

Trois ou quatre jours avant la date fixée, je reconnus la patte de Foster Morris dans une critique anonyme de mon livre. Il s'était donné beaucoup de mal pour m'adresser des signaux, montrer sa propre connaissance de l'arrière-plan, ses propres réactions à cet arrière-plan. L'article était truffé d'avanies envers les gens dont je parlais. Prétendre à la comédie, à la profondeur ou à l'universalité à propos de gens de cet ordre était absurde, selon le critique ; c'était le peuple des baraquements, qui se repaissait de l'odeur d'un chiffon imbibé d'huile, enfoncé dans la superstition, sans vie intellectuelle, sans noblesse ni potentialité. Je retrouvais le ton insultant de l'époque coloniale, le contraire de l'attitude (et de l'originalité) de *La Sombre Livrée.* Cela me rappela le mauvais moment, dans le hall de la BBC, où il m'avait demandé des nouvelles du nègre-blanc.

Je traitai cet article comme j'avais traité la lettre qui l'avait précédé. Je ne le lus pas jusqu'au bout. Mais j'allai à ce dîner. J'y allai parce que j'avais dit que j'irais ; peut-être aussi un peu par souci de l'expérience. Mais j'y allai surtout pour que Foster Morris ne puisse pas penser que j'étais abattu par ses commentaires au sujet de mon livre.

J'y allai donc avec son carton et m'assis à la place marquée à son nom. La circonstance était aussi médiocre qu'il me l'avait annoncé. Je me trouvais à côté d'une femme d'âge mûr, qui était là parce qu'elle avait rédigé je ne sais quel manuel scolaire. J'étais tout aussi décevant pour elle. Cette femme était obsédée par les membres de sa famille ; mentalement et affectivement, elle était auprès d'eux plutôt que présente à la table. Nous n'échangeâmes guère de propos cohérents. Quand je me levai pour partir, je vis que ma braguette était restée ouverte toute la soirée.

Voilà comment se termina mon escarmouche avec Foster Morris. Je me rendis compte alors que j'aurais fort bien pu m'abstenir d'assister au dîner.

Une anthologie (destinée aux collèges et universités) de la critique contemporaine sur les grands romans européens du dix-neuvième siècle, un roman style Patrick Hamilton à propos de Gerard's Cross qui ne parut jamais en poche et sombra dans l'indifférence, des notules éparses, ce fut tout ce que je vis de Foster Morris au cours des cinq ou six années qui suivirent. Il avait maintenant la bonne soixantaine ; rien ne le signalait plus à l'attention du public. Pour moi, il appartenait désormais au passé.

Fin 1967, j'allai à Antibes interviewer Graham Greene pour un journal londonien. Mes entrevues avec l'écrivain s'étendirent sur deux jours. A un moment donné, Greene parla d'auteurs auxquels il s'était intéressé mais qui avaient cessé d'écrire ou sombré dans l'oubli. Ils étaient trois dans ce cas. Deux d'entre eux étaient jeunes ; j'avais publié des critiques de leur œuvre ; ils s'étaient essayés à écrire des romans à la Graham Greene.

Le troisième était Foster Morris. Juste après la guerre, il avait écrit un roman que Greene trouvait très supérieur à son propre *les Naufragés*, paru quelques années avant-guerre. Le livre de Foster Morris était là chez lui sur les rayonnages, il faisait partie de son impressionnante bibliothèque.

Graham Greene sortit le livre et en parcourut quelques lignes sans rien dire durant une ou deux minutes, avec l'expression d'un homme qui s'aperçoit que sa mémoire l'a trompé. « Vous voyez, vous voyez... », dit-il comme s'il s'adressait à Foster Morris plutôt qu'à moi. Puis il en lut une phrase à haute voix : « "Le crachin de Pâques persistait comme le remords" »

« En fait, reprit-il ensuite, c'était un garçon prodige. A Oxford, nous le rangions parmi les meilleurs. C'est à Oxford qu'il avait écrit *Montée en graine*. »

Ce célèbre livre était là aussi. Greene alla le prendre pour me le montrer. La toile de sa couverture avait passé, viré du jaune d'or au primevère très pâle.

« Le titre semble maintenant inoffensif, mais il m'avait ravi. Il était chargé de signification, d'ironie. Il l'avait tiré d'un vers du *Prélude* de Wordsworth : "Pleine montée en graine eut mon âme".

« C'était un livre de la fuite. Je ne peux vous dire à quel point il nous parut original et réussi, à l'époque. A seize ans, Foster s'était enfui de son collège pendant presque tout un trimestre. Il dépensa tout l'argent de son internat et survécut très bien. Sa fugue était une protestation contre l'école et sa famille. Celle-ci possédait une petite société de construction mécanique dans les Midlands. Le sujet de *Montée en graine* était cette fugue, ses rencontres, la pauvreté qu'il découvrit, son éveil sexuel.

« Foster prit des notes au long de ses deux mois d'évasion, mais il attendit d'être à Oxford pour rédiger l'ensemble. Il était alors un adulte, mais très jeune encore, et je suppose que le caractère du livre tient en partie à cela. C'était une œuvre précoce et sagace, tout à fait maîtrisée techniquement, mais il faut dire que c'était aussi très innocent. Plein d'échos à l'insu de Foster. Cela paraissait très original, mais la fuite, naturellement, est l'un des grands thèmes de la littérature. Huckleberry Finn, David Copperfield qui s'enfuit chez Betsy Trotwood, Smike qui échappe à Squeers, De Quincey. Selon Foster, le seul nom auquel il avait pensé, à mi-chemin, était celui de W.H. Davies, le grand vagabond. Sous certains aspects, son livre annonçait Orwell et ce roman américain, *L'Attrape-cœur*.

« Il se vendit à huit mille exemplaires, tirage prodigieux à l'époque. Il connut dix ans de célébrité — le délai fatidique selon Connolly, vous savez. On persiste à vouloir le relancer, mais à présent ça ne fonctionne plus. L'histoire de l'éveil sexuel paraît niaise, et les passages protestataires sont très démodés, un peu comme à la manière d'*Ainsi va toute chair*, de Samuel Butler. C'est le problème des œuvres précoces. Elles appartiennent en réalité à la génération précédente.

« On pourrait dire que Foster Morris ne s'est jamais remis de ce succès. Il a pataugé. S'il n'avait pas eu l'industrie familiale sur laquelle se rabattre, il aurait peut-être été obligé de trouver un boulot, comme nous autres. Mais il disposait de ce petit revenu. Ce n'était pas gras, mais c'était là. Il a donc continué d'écrire. Il était toujours en quête d'une nouvelle aubaine, la trouvaille d'un bon sujet. Il s'est aventuré sur maint autre terrain. Le terrain à la Foster des rapports personnels, même si personne ne sait ce que ça veut dire ; le terrain marxiste ; le terrain catholique. Il s'est essayé au livre de voyageur style Auden et Isherwood, mais j'ai toujours trouvé que son texte sur Trinidad était un ouvrage paresseux. Puis, après la guerre, il a publié ce livre-ci, et j'ai cru qu'il avait trouvé sa voie. Je me trompais. »

Il était précoce, comme avait dit Graham Greene. Un écrivain précoce manque d'un vécu à développer ; son talent n'est pas mis au défi. Son agilité consiste à emprunter l'approche et la sensibilité de ses aînés. L'expérience adolescente de la fugue qu'avait faite Foster Morris et son style « rebelle » d'étudiant avaient masqué son mimétisme fondamental, et lui avaient par la suite compliqué la tâche de se trouver lui-même. Les contemporains qui l'admiraient commencèrent bientôt à le distancer. Pour le reste de sa vie d'écrivain, il fut quelqu'un qui passait son temps à dire adieu aux autres. Ce fut sans doute dur à vivre.

Il était étrange qu'un homme si fort empêtré dans la recherche de sa propre expression eût été celui qui m'aida à trouver la mienne. Mais peut-être pas si étrange que cela. Il devait avoir décelé tout de suite, en parcourant mon manuscrit, où gisaient mes difficultés, comment j'avais taillé et varié entre divers modes. Lorsqu'il m'avait écrit sa première longue lettre, sans doute était-ce un peu comme un homme qui se parle à lui-même.

Plus de vingt ans après cet étrange dîner littéraire, alors qu'il était très âgé, il parut vouloir faire amende honorable. Un livre de moi avait été publié pendant que je voyageais à l'étranger. A mon retour, quelques mois plus tard, je vis que l'éditeur utilisait pour la promotion une citation élogieuse tirée d'une critique de Foster Morris.

Cela me laissa froid. Je n'eus jamais envie de chercher à lire l'article en question ; et c'est seulement maintenant que je me demande si je n'aurais pas dû prêter attention au geste du vieil homme. Mais je crois que j'avais eu le bon instinct. Une nouvelle rencontre avec Foster Morris n'aurait fait que répéter le déjeuner que j'avais eu avec lui, m'exposer à sa courtoisie et à sa belle élocution démodée (pas complètement différente de celle de Graham Greene), et à déceler, sous tout cela, malgré la vieillesse, l'incertitude intellectuelle de l'écrivain frustré, avec sa réprobation à l'égard de tous ceux à qui il avait dit adieu.

Vers la fin des années 30 (là où commencent mes souvenirs à cet égard), les navires de croisière, venus d'Europe et des États-Unis (et les croisières américaines se poursuivirent durant un certain temps après la guerre), jetaient l'ancre à Port of Spain le matin. Mon père, ou un autre journaliste du *Trinidad Guardian*, montait à bord avec un photographe pour faire un papier sur les passagers les plus connus. Célèbres, parfois : Lily Pons, Oliver Hardy, Annabella, la femme de Tyrone Power. Photographie et article sortaient dans le journal du lendemain. Entre-temps, le navire était reparti, de sorte que la visite de ces grands personnages du vaste monde apparaissait comme une chose qu'on aurait manquée, un miracle dans la nuit.

Je n'aurais jamais pensé, à l'époque, que nous étions à un grand tournant de l'histoire, et qu'un jour je pourrais jeter sur ces visites un regard de l'autre bord, pour ainsi dire. Je n'aurais jamais pensé que je serais un jour en mesure de comprendre par quoi était passé Foster Morris, et de le suivre dans toutes ses incertitudes d'écrivain qui découvrait Trinidad.

Son livre était incomplet mais pas mauvais. Dans sa façon directe de présenter comme des êtres intégraux, qui n'appartenaient qu'à eux-mêmes, des hommes asservis, c'était même une œuvre originale, et qui peut constituer un chaînon dans l'évolution de la perception extérieure de cette partie du monde. On peut voir le début de la chaîne en 1564, dans les récits de John Hawkins, pleins de fraîcheur et de précision sur la vie aborigène (jusqu'au goût de la pomme de terre : quelque chose entre le navet et la carotte) ; elle pourrait continuer avec Sir Walter Raleigh en 1595, sauvant miraculeusement et appelant par leur nom les chefs amérindiens de Cumucurapo, torturés et à demi morts, après avoir été dépossédés par les Espagnols ; elle pourrait passer ensuite par l'esprit aventurier et la cruauté des romans navals du Captain Marryat ; par les Victoriens, Trollope, Kingsley, Froude. *La Sombre Livrée* occupe une place définie entre la décadence des récits de croisière de l'Empire et les livres des écrivains post-coloniaux, tels James Pope-Hennessy et Patrick Leigh Fermor. Sur une durée de quatre siècles, la perception change continuellement ; cela rend compte de tout un pan d'une civilisation.

5

EN FUITE

I

Lors de notre déjeuner dans son club à South Kensington en 1959, Foster Morris avait décrit Lebrun, le communiste trinidado-panaméen des années 30, comme l'un des hommes les plus dangereux de l'entourage de Butler, le meneur de la grève du pétrole.

Pour moi, c'était une information. Lebrun n'était pas un de ceux dont j'avais entendu parler à ce propos. Mais il est vrai que je ne savais pas grand-chose sur cette grève. J'avais cinq ans quand elle avait eu lieu ; il faudrait quelques années encore avant que je commence à y comprendre quoi que ce soit.

Je n'avais rencontré le nom de Lebrun qu'en 1947, quand j'étais en terminale au Queen's Royal College, une bonne dizaine d'années après la grève. Et c'était lié à un livre dont il était l'auteur. Un nom — comme Owen Rutter et Foster Morris — associé à Trinidad, et au prestige de la chose imprimée.

Ce livre de Lebrun se trouvait sur un des rayons du bas dans la bibliothèque de la classe, deux ou trois rangées d'étagères vitrées au-dessus d'un placard. Les étagères de gauche renfermaient la petite réserve de livres de prêt de l'école : ouvrages à succès (Sabatini, Sapper, John Buchan, les aventures de William) coûteusement reliés et frappés à l'or fin (en Angleterre, nous avait-on dit : les « coins » étaient là-bas) du blason et de la devise du collège ; dos de cuir luisants, à toute épreuve, qui revêtaient d'une parure élégante le papier médiocre, fatigué par les manipulations, d'où les caractères imprimés étaient au quart effacés.

Sur l'étagère voisine se trouvait le livre de Lebrun, au-dessous des manuels et des dictionnaires. La reliure d'un brun violacé avait foncé au point que le nom gravé au dos était devenu presque illisible.

Le livre avait pour thème les révolutionnaires latino-américains d'avant Bolivar. Je ne le lus jamais, et ne connaissais personne qui l'ait lu. Trente ans après, il serait présenté dans la presse de gauche comme l'un des premiers ouvrages de la révolution caraïbe ; mais les gens qui se livrent à des recherches dans les bibliothèques universitaires, où l'on a accès à tout, discernent parfois une progression qui n'a pas existé sur le moment. Il avait dû circuler à Trinidad bien peu d'exemplaires du livre de Lebrun. On n'en trouvait aucun dans les librairies ni à la Bibliothèque centrale. Le seul que j'aie vu était sur le rayon dans ma classe, et il n'en bougeait pas, jamais lu, à peine repéré, derrière son dos sombre et indéchiffrable.

N'empêche que c'était un livre édité à Londres. Il donnait une aura à son auteur. Il suggérait une vie d'une texture inhabituelle. J'interrogeai sur Lebrun un garçon qui avait un an d'avance sur moi (il avait décroché une bourse et allait entrer à Cambridge).

« Oh, c'est un révolutionnaire, me répondit-il. Il est en fuite quelque part aux États-Unis. »

Cela composait une image romanesque, le Noir exotique, trinidado-panaméen, en fuite. Mais je n'y crus pas. Je comprenais, par l'entremise du cinéma, qu'un personnage à la John Garfield puisse être en fuite. Mais cela ne marchait pas pour Lebrun. À quinze ans, je ne croyais sans doute pas à son personnage de révolutionnaire ; je ne croyais pas qu'un tel personnage pouvait être un Noir de Trinidad et du Panama ; et je ne voyais pas comment on pouvait juger un tel homme assez dangereux pour le pourchasser.

Huit ans plus tard, je le vis pour la première fois. Il figurait parmi les orateurs de Woodford Square, devant la Maison Rouge, partie prenante de la nouvelle vie politique qui avait fait son apparition dans l'île pendant que j'étais en Angleterre. Il s'était écoulé vingt ans depuis la grève menée par Butler, et Lebrun était âgé à présent d'une cinquantaine d'années, un homme svelte au beau visage. Les paroles coulaient de sa bouche avec aisance. Ses phrases étaient bien construites.

La population laborieuse des Antilles, disait-il, avait été affectée des siècles durant à la production sucrière intensive. Ce qui signifiait qu'elle constituait l'une des plus anciennes masses ouvrières du monde : il ne fallait pas laisser le fait de l'esclavage masquer cette vérité. Par conséquent, le peuple des Antilles était l'un des mieux préparés à faire la révolution.

Lebrun attendait ce moment depuis vingt-cinq ans. Il n'avait jamais perdu l'espoir que le temps viendrait, que l'on pourrait organiser les gens pour l'action politique.

Il parlait — je l'entendis plus d'une fois au cours des quelques semaines que je passai alors à Trinidad — comme si le mouvement tout entier était l'expression de sa volonté et de ses idées, comme s'il lui avait donné vie.

Pourtant, il n'était pas l'un de ceux qui essayaient de se placer dans le nouveau système politique. Il ne disposait d'aucune base locale. Il ne fut pas l'un de ceux qui accédèrent au pouvoir. Après les élections, il disparut, comme il avait disparu après la grève du pétrole menée par Butler.

Voilà tout ce que je savais de Lebrun quand Foster Morris me parla de lui trois ans plus tard. A nos yeux à tous deux, il appartenait au passé. Ce que nous ignorions, c'était que Lebrun — le persifleur sexuel dans le ballet d'ombres projetées par les lampes à pétrole dans la petite baraque de Trinidad en 1937, encore inconnu comme écrivain ou agitateur, l'homme envers qui Foster Morris, en qualité d'écrivain londonien, aurait pu se montrer protecteur — que Lebrun allait être un autre de ceux à qui Foster Morris devrait dire adieu.

Très âgé, Lebrun finit par arriver à Londres et, dans un monde changé à l'extrême, où les Noirs étaient devenus un sujet important, il fut « redécouvert » comme l'un des prophètes de la révolution noire, un homme dont le nom était absent des livres d'histoire, mais qui, des années durant, avait œuvré patiemment à l'arrière-plan des mouvements de libération d'Afrique et de la Caraïbe. Ainsi parvint-il à une forme d'accomplissement. C'était, dans une grande mesure, l'idée qu'il s'était faite de lui-même, et qu'il avait promue, pendant une bonne partie de sa vie. Elle avait constitué son ancrage, son gagne-pain, cette idée. Mais elle lui avait aussi valu bien des ennuis, auprès de ceux-là mêmes dont il pensait servir la cause.

Il fut un jour décrété immigré indésirable par le « ministre en chef » d'une petite île des Antilles. A long terme, cela ne nuisit en rien à la réputation de Lebrun, mais à l'époque — c'était au début de la décolonisation, et ce ministre était l'une des autorités mineures de la région — ce fut une humiliation : le vieux révolutionnaire noir exclu de la révolution qu'il revendiquait pour sienne.

Peu après, j'allai dans cette île. Je me fis connaître auprès du bureau du ministre en chef, par courtoisie et en guise d'assurance contre tout ennui. A ma surprise, le ministre en chef m'invita à déjeuner à l'ancienne résidence du gouverneur. Il voulait me parler de Lebrun.

« Qu'il pointe son nez chez nous et qu'il essaie de se promener dans la rue... », dit-il.

Discours de caisse à savon à la résidence du gouverneur. Lebrun n'avait rien d'un orateur de caisse à savon, mais en tant que révolutionnaire — même à l'époque de Butler — il avait toujours pensé que la force et la brutalité de la foule étaient des éléments auxquels il pouvait faire appel. A présent, on s'en servait contre lui.

La nouvelle donne politique avait porté au pouvoir des hommes semblables au ministre en chef dans presque chaque territoire. Pour la plupart, ils avaient débuté comme organisateurs de syndicats ; et nombre d'entre eux, tel Butler à Trinidad, avaient un passé religieux.

Cet homme vivait maintenant à la résidence du gouverneur. C'était une maison modeste, mais la plus belle de cette petite île. La sentinelle en uniforme, la peinture abstraite locale, le lourd mobilier de fabrication indigène, tout était là, toute la pompe héritée, comme dans les autres territoires. Mais déjà le ministre en chef s'ennuyait. Déjà il avait atteint la limite de ce que le pouvoir lui permettait de faire. Déjà le pouvoir avait commencé à l'enfoncer en lui-même et il menait à présent une vie très simple, comme si un autre comportement représentait un effort inutile. Il ne faisait presque plus de discours. Il sortait rarement.

La personne la plus proche de lui se nommait Miss Dith, une femme noire dans la force de l'âge, une femme du peuple, quelqu'un qu'on n'aurait pas remarqué dans la rue. Elle passait pour être sa conseillère spirituelle, sa gouvernante, sa cuisinière, sa protection contre le poison.

Pour le déjeuner, Miss Dith avait préparé de la morue effeuillée en sauce tomate, des bananes frites en tranches, du riz. On n'aurait pu trouver dans l'île une nourriture plus simple. Elle apporta les plats elle-même. Les mets étaient froids. La nappe tachée.

Naguère, l'homme qui était à présent ministre en chef aurait été flatté par les attentions de Lebrun. Il aurait adoré les grands mots à résonance technique dont il se serait servi pour décrire le mouvement simple qu'il avait mis sur pied. Il aurait adoré être présenté par lui à des dirigeants plus éminents d'autres îles. Mais Lebrun se faisait une autre idée de l'usage qu'on pouvait faire du pouvoir, et cela, le ministre en chef ne voulait pas en entendre parler. Il ne voulait pas jeter bas le monde qu'il connaissait ; il ne voulait pas lâcher le pouvoir auquel il avait accédé.

« Ce type, il veut qu'on se rallie à lui », dit-il de Lebrun.

Lebrun était un imprésario de la révolution. C'était le rôle qu'il avait endossé ; c'était devenu son moyen de subsistance. Il n'avait pas de base à lui, pas d'assise populaire. Il lui avait toujours fallu s'attacher aux pas d'autres dirigeants, des gens plus simples, en contact plus direct avec les gens simples qui les avaient portés au pouvoir, et qui avaient une idée plus simple de ce pouvoir.

Il en avait toujours été ainsi. Il en avait été ainsi, pour Lebrun, même à l'époque de Butler. Celui-ci n'avait pas obtenu le pouvoir — il avait connu son heure d'émergence à l'époque coloniale, où ce pouvoir était hors de question. Mais, de son propre point de vue, il était parvenu à quelque chose qui n'en était pas loin : il était devenu le chef de son groupement. Puis, une fois retombée l'exaltation de la grève, des défilés et de l'affaire Charlie King, l'ennui l'avait saisi. Il fut incarcéré durant la guerre. Peut-être n'en fut-il pas fâché. Par la suite, son activité politique ne tira guère à conséquence. Il devint membre de l'assemblée législative, mais il préférait passer son temps en Angleterre, loin de ses partisans, à faire Dieu sait quoi, peut-être rien du tout ; peut-être simplement regarder passer le temps. Le commandement et l'action n'avaient plus de sens pour lui. Tout ce qui comptait — comme pour le ministre en chef qui avait malmené Lebrun — c'était son titre de petit chef, sa position ; cela, il tenait à le protéger.

Ainsi la contradiction entre les idées complexes de Lebrun et la politique simple qu'il encourageait était toujours là, et lui sautait aux yeux, forcément. D'après Foster Morris, il était l'homme le plus dangereux de l'entourage de Butler. Ce qu'il voulait dire, je suppose, c'est qu'en d'autres circonstances, à un autre moment de l'Histoire, Butler ou un autre aurait pu aspirer à davantage qu'au titre de chef, vouloir renverser l'équilibre du monde, et que Lebrun aurait été là pour lui montrer comment y parvenir.

En attendant, il était toujours un homme en fuite, même si c'étaient souvent ses anciens partenaires qu'il fuyait ; un homme qui ne vivait jamais les conséquences de ce qu'il avait prôné en tant que révolutionnaire. A d'autres de les endurer : comme certains petits-bourgeois métissés dans cette île où Miss Dith lisait l'avenir dans les cartes, communiquait avec les esprits et faisait la cuisine pour le ministre en chef. Ces métis pouvaient être soumis à mille tourments. Et ils l'étaient ; de la part du ministre en chef, il ne s'agissait pas d'un programme d'action, mais cet exercice constituait simplement pour lui un aspect de son autorité de chef.

« Ce type, il veut qu'on se rallie à lui », avait déclaré le ministre en chef, attablé devant la nappe tachée à la résidence du gouverneur. Et je savais ce qu'il voulait dire, car Lebrun avait fait une tentative de ce genre auprès de moi. C'était à l'époque de ma rupture avec Foster Morris.

Il écrivit un article au sujet de mes livres dans l'une des « épaisses revues » soviétiques. Il me l'envoya, avec une traduction (ou l'original) de l'article, et une petite carte. Il me donnait une adresse londonienne ; j'en conclus qu'il était encore « en fuite ».

L'article couvrait de nombreuses pages de l'épaisse revue. Personne n'avait jamais rien écrit de si long à propos de mon œuvre. A vrai dire, je ne pensais pas que mes livres publiés jusque-là le méritassent. Je me voyais encore comme un débutant dont les livres importants étaient à venir. Je savais qu'il y avait des gens qui n'appréciaient pas mon choix de la comédie, certains parce qu'ils trouvaient que je lâchais mon camp, et j'aurais cru que Lebrun, dans cette revue soviétique, se montrerait sévère à mon égard.

Ce n'était pas le cas. Sa méthode était originale. Il laissait de côté la comédie, pour laquelle j'avais pris tant de peine — tant de soin accordé à la construction de tant de scènes, tant d'attention portée à la question de la langue et du ton. Il laissait tout cela de côté pour s'attacher au matériau lui-même — les gens, l'arrière-plan — qu'il prenait très au sérieux. Il disait que je parlais d'un peuple appauvri sous tous les aspects, d'un peuple à qui l'Histoire avait joué un tour cruel. Mes personnages se croyaient des hommes libres, qui tenaient leur destin entre leurs mains ; c'était faux ; le cadre colonial tournait en dérision l'illusion des individus, leurs ambitions, leur foi en la perfectibilité, leurs jalousies. Ces romans, dans leur légèreté, étaient des livres subversifs, disait l'article, et remarquables pour cette raison.

C'était une autre version de ce qu'avait exprimé Foster Morris, en une métaphore élaborée, au moment où nous sortions de son club à South Kensington. Comme on s'entraîne à regarder sous la surface d'une rivière à truites, avait-il dit, il fallait s'entraîner à distinguer à travers les reflets de la surface ce qui se cachait au-dessous.

Je n'avais rien répondu, tout en trouvant cette remarque mal placée, et sans valeur pour moi, car elle me déniait, à moi qui m'en repaissais, le talent de la comédie (dont la découverte demeurait encore associée dans mon esprit à mon démarrage dans le métier d'écrivain).

Au contraire, l'article de Lebrun, même s'il ne différait de la remarque de Foster Morris que par l'angle de vue et l'emphase, me fit l'effet d'une révélation. Je compris instantanément ce qu'il voulait dire au sujet de l'impuissance de mes personnages ; je m'aperçus que je l'avais toujours su ; j'avais grandi avec ce sentiment dans la moelle de mes os.

J'avais l'impression, après avoir évolué au niveau du sol, où tant de choses se trouvaient cachées à la vue, d'être entraîné plus haut, pas seulement pour découvrir le motif formé par les champs, les routes et les villages ; mais aussi, comme un aspect de ce point de vue surélevé, d'accéder à une vision de l'Histoire accélérée, la vision, semblable à celle d'une fleur s'ouvrant et se refermant, de la destruction et du déplacement des peuples, de tous les enchaînements qui avaient abouti à la création de la colonie agricole ; et d'avoir compris à quels objectifs simples — après une telle activité — servait cette colonie.

L'article me parut miraculeux. Il collait de près à ce que j'avais réellement écrit, mais il y avait beaucoup plus en jeu. En le lisant, il me sembla comprendre pourquoi, enfant, j'avais eu le sentiment qu'on avait annihilé l'Histoire dans l'île où j'étais né. Je me surpris sans cesse à penser : « Oui, oui. C'est la vérité. C'était ainsi. »

La révélation provoquée par l'article de Lebrun s'intégra durablement à mon mode de perception. Je suppose que s'il me fit cet effet, ce n'était pas seulement parce qu'il s'agissait du premier qui concernât mon œuvre, mais aussi parce je n'avais jamais lu auparavant ce genre de critique littéraire politisée. Je m'en félicitais. Car dans le cas contraire, je n'aurais peut-être pas été capable d'écrire ce que j'avais écrit. A l'instar de Foster Morris et d'autres, j'en aurais su trop long avant de commencer, et j'aurais eu moins à découvrir dans le feu de l'écriture. Les problèmes d'expression personnelle, de ton, de naturel auraient été d'autant plus difficiles à résoudre ; j'aurais eu plus de mal encore à démarrer.

J'écrivis à Lebrun pour le remercier de son merveilleux article, et reçus peu après une invitation à dîner et à faire la connaissance de Lebrun, de la part d'une relation commune antillaise.

Cet homme travaillait dans une grande compagnie d'assurances. Il était âgé d'une bonne trentaine d'années, quelques-unes de plus que moi. Il lui arrivait d'écrire des scénarios pour les magazines radio du BBC Caribbean Service ; c'était ainsi que nous avions fait connaissance. Il était originaire d'une petite île, et à mon avis devait être mulâtre. Il se présentait comme Libanais. Sa femme lui ressemblait, mais avec un accent des îles plus prononcé.

Ils habitaient un appartement dans une résidence étriquée de Maida Vale. Sans doute le louaient-ils meublé. Il y avait un tas de meubles volumineux, capitonnés, des années 30, une sensation de vieille crasse, d'odeurs et de poussière prêtes à remonter. Au plafond du salon, l'éclairage chiche était rendu plus chiche encore par une suspension en verre dépoli, en forme de soucoupe, accrochée à de petites chaînes et pleine de cadavres de papillons de nuit et autres insectes.

A mon arrivée, je trouvai que l'atmosphère de déclin social convenait à la circonstance. Lebrun avait perdu le contact avec les autres premiers ministres, et il n'était plus dans le coup aux Caraïbes ; dans bien des petites villes là-bas, il n'aurait pas pu sortir dans la rue. Et je pensais que ce serait un mélancolique petit dîner londonien pour des sentimentaux qui voulaient manifester leur solidarité à ce vieil homme.

En fait, si j'avais réfléchi, j'aurais compris que Lebrun, si âgé et déraciné qu'il fût, entrait à présent dans la phase la plus brillante de sa réputation, celle qui ne cesserait de croître jusqu'à la fin. Dans la plupart des territoires, les gens avaient perdu confiance en la première vague de politiciens populistes. La corruption de ces hommes n'importait pas trop ; mais le pouvoir avait eu pour effet de révéler leur ignorance et leur futilité inattendue. Ils avaient rejeté Lebrun. Il avait gardé sa pureté et ses principes, et sa culture ; il restait capable de tenir le langage de la révolution et de la libération. C'était le langage que voulaient encore entendre beaucoup de gens — comme ceux qui s'étaient réunis dans l'appartement de Maida Vale. Ce fut donc une ambiance de conspiration, plutôt que de mélancolie, qui présida à notre dîner.

L'émancipation des Noirs était le thème principal. Mais nous formions un groupe mélangé ; cela contribuait à la civilité de la circonstance. Et Lebrun arriva accompagné d'une Américaine blanche, d'origine tchèque ou polonaise, plus jeune que lui d'une bonne vingtaine d'années. Il avait toujours eu la réputation d'un homme à femmes.

Lebrun avait à présent dépassé la soixantaine. Svelte, il avait un visage finement dessiné ; il prenait soin de lui-même. Vu de près, il avait une sorte de délicatesse, la peau lisse d'un brun légèrement cuivré qui évoquait une ascendance inhabituelle, peut-être amérindienne.

Il était entendu que nous venions pour l'écouter parler. Et tout ce qui se passa entre son entrée et le moment où il se disposa à prendre la parole — les échanges de salutations, le dialogue plein de vivacité et d'expressions familières avec ses hôtes libanais pour montrer comme il les connaissait bien, sa réaction du genre « c'était peu de chose » à mes remerciements pour son article dans la revue soviétique — tout cela ressemblait à un orchestre qui s'accorde, sur fond de bavardages, en prévision du grand morceau de la soirée.

Sans trop tarder — tandis que nos hôtes allaient dans leur petite cuisine et que des odeurs culinaires venaient imprégner les vieux rideaux et le gros mobilier capitonné — Lebrun prit la parole.

C'était un orateur-né. On aurait cru que tout ce qu'il voyait, pensait ou lisait se transformait automatiquement en matériau de discours. Et tout ce qu'il disait était immensément intelligent et passionnant. Il parla de la musique et de l'influence exercée sur les compositeurs par les instruments de leur époque. Il parla d'affaires militaires.

Je n'avais rencontré personne de comparable qui fût originaire de notre région, personne qui eût consacré tant de temps à lire et à réfléchir, personne qui eût organisé une telle masse d'informations d'une manière aussi alléchante. Je me dis que sa réputation politique donnait de lui une image simpliste. Et son langage était extraordinaire. Ce qui m'avait frappé sur Woodford Square était toujours là : ses phrases, si riches fussent-elles en circonvolutions, étaient achevées ; on aurait pu les noter telles quelles et les envoyer à l'imprimeur. Je songeai que sa langue parlée était semblable à celle de Ruskin sur la page imprimée, aussi fluide et élaborée, avec des mots merveilleusement choisis, souvent inattendus, qui coulaient d'une source de sensibilité jamais tarie. Le cours de la pensée — comme chez Ruskin — n'était pas toujours limpide ; mais on sentait qu'il était cohérent. Comme pour les poèmes de Blake (ou d'Auden, à plus petite échelle), on tenait bon, convaincu qu'il y avait là un raisonnement construit.

C'était de la rhétorique, naturellement. Et, naturellement,

elle était biaisée à son avantage. On ne pouvait pas l'interrompre ; comme une tête couronnée, il choisissait tous les thèmes ; et c'étaient des thèmes qu'il maîtrisait. Malgré cela, je ne crois pas placer trop haut la barre des comparaisons. Il me faisait l'effet d'un prodige. J'étais ému qu'un tel homme fût issu d'un contexte culturel proche du mien. Je commençais à comprendre la réputation dont il jouissait dans la petite bourgeoisie noire. Comment, si l'on songeait à l'époque de sa naissance, avait-il pu devenir ce qu'il était ? Comment avait-il pu préserver son âme à travers tout le travail de sape du règne colonial ?

Il sentait son public. Il parut saisir les questions que je me posais, et que d'autres aussi se posaient sûrement. Tard dans la soirée, il se mit à parler de lui-même.

« Ma mère, commença-t-il, avait un oncle qui était le cocher d'une famille anglaise à la Barbade. Je remonte loin en arrière, ici. Je remonte d'un siècle en arrière. L'intérêt d'être un Noir dans cette région de l'Amérique centrale et caraïbe, c'est qu'on y possède toute une ascendance, pour peu qu'on se soucie de la revendiquer. A un moment donné, la famille anglaise est partie pour Londres. Je ne sais pas s'ils partaient pour de bon ou s'ils allaient seulement y séjourner. Ils ont emmené avec eux leur cocher noir.

« A Londres, ce cocher s'est lié d'amitié avec un Noir qui était employé comme domestique dans la maison Tichborne. Une famille connue, liée à une célèbre affaire judiciaire. Un Australien ignare surgit un beau jour et affirma qu'il était l'héritier des Tichborne. Lady Tichborne, pour quelque étrange raison personnelle, déclara que cet homme, qui savait à peine lire et écrire, était le fils dont elle avait depuis longtemps perdu la trace. Un grand scandale victorien. Le meilleur récit dont on dispose a pour auteur lord Maugham, qui avait été grand chancelier d'Angleterre, et qui, à en juger par le livre sur l'affaire Tichborne, était bien meilleur écrivain que son frère le romancier.

« Le Noir employé par les Tichborne était marié avec une autre domestique de la famille. Cela eut un effet puissant sur l'oncle de ma mère. Il avait ses entrées dans la maison. Il faut l'imaginer descendant les marches qui menaient au sous-sol. Selon lui, chaque fois qu'il y allait, les servantes lui offraient du thé et des gâteaux. Elles le cajolaient. Il en garda la nostalgie quand il fut de retour à la Barbade. Très âgé, il parlait encore de ce Noir, dans la grande demeure londonienne, qui avait épousé une Blanche sans que cela gêne personne, il parlait encore des servantes de race blanche qui lui assuraient toujours bon accueil et lui servaient du thé et des gâteaux. "Toujours elles font moi grand", répétait-il à leur propos, voulant dire par là qu'elles faisaient grand cas de lui.

« J'en ai tellement entendu parler quand j'étais petit qu'il m'est venu le fantasme d'une grande demeure en Angleterre, et d'un personnel de race blanche qui me servirait du thé et des gâteaux à moi aussi. La demeure de mon fantasme ressemblait à une grande maison de planteur. Ce n'était pas un de vos hôtels particuliers de Belgravia ou de South Kensington. Et des années plus tard, ce fantasme de maison a resurgi pour m'encombrer quand je me suis mis à lire les romanciers anglais. Il m'en reste encore des traces.

« L'oncle de ma mère, le vieux cocher, un homme très fier, disait toujours : "Il y avait pas de problème en ce temps-là. Noir, Blanc, c'était pareil." Et j'ai grandi en croyant cela moi aussi, que par le passé tout était mieux. Quand j'ai eu l'âge de comprendre ce que m'avait enseigné le vieux cocher, j'ai eu honte. J'ai essayé d'oublier. De divers indices, je déduis que le vieil homme était né en 1840. Six ans après l'abolition de l'esclavage. Ce qui signifie que sa mère avait été esclave, ainsi que tous les gens plus âgés de son entourage. Cela signifie autre chose aussi. Le trafic d'esclaves fut interdit en 1807. Par conséquent, quand l'oncle de ma mère avait dix ou douze ans, il devait y avoir à la Barbade des gens âgés de soixante-cinq, soixante-dix ans qu'on avait amenés d'Afrique. Pourtant, le vieil homme pensait que tout était mieux par le passé, et il était parvenu à m'en convaincre.

« Ce souvenir m'a tourmenté, jusqu'à ce que je parvienne à ma propre détermination politique, et qu'il m'apparaisse pour ce qu'il était. »

« Détermination politique » : c'était sa manière indirecte de désigner son marxisme ; comme si l'emploi du mot lui-même lui avait paru trop cru.

« Mais même après être parvenu à ma détermination politique, je ne pouvais me contraindre à parler de ce souvenir. Et puis je l'ai fait, à Trinidad, pendant la grève menée par Butler. C'était lors d'une réunion publique, avant la grande marche sur Port of Spain qui a causé une telle peur au gouvernement colonial. J'étais en train de dire quelque chose de très simple. Du genre "Le moment est venu pour les Noirs de prendre leur destin entre leurs mains." A cet instant, le souvenir du vieux cocher m'est venu à l'esprit, et je me suis mis à raconter à la foule l'histoire des domestiques de race blanche, du thé et des gâteaux. Je sentais que les gens me prêtaient une oreille différente. Ils n'avaient jamais rien entendu de tel de la bouche d'un orateur noir, sur une estrade. Mais l'effet le plus radical, ce fut sur moi qu'il s'exerça. Dès que je commençai à raconter ce que l'oncle de ma mère m'avait fait croire quand j'étais petit, qu'autrefois les Blancs et les Noirs, c'était pareil, dès cet instant, je fus débarrassé en un clin d'œil de la honte qui pesait sur moi depuis vingt ans. »

Il marqua une pause. Il y eut un silence. Comme pour donner le temps à chacun de faire son introspection.

« Et chaque Noir, reprit Lebrun, garde au fond de lui un souvenir comme celui-là. Chaque homme instruit est rongé silencieusement par un souvenir comme celui-là. »

On servit les mets dans la lumière chiche du salon. Nos hôtes étaient libanais, mais les mets étaient antillais, pour la circonstance. Non pas dans le style méditerranéo-asiatique ou créole français d'un endroit cosmopolite comme Trinidad ; mais la rude nourriture africaine des petites îles. Le plat central était un monticule huileux, jaunâtre, de ce qui ressemblait à une purée de bananes vertes bouillies.

Lebrun fit tout un numéro d'enthousiasme devant ce plat.

— Ah ! s'écria-t-il. Du *coo-coo* ! Jamais on ne s'attendrait à trouver ça à Londres. Il mérite toute notre attention.

— Chez nous, on appelle ça *foo-foo*, observa quelqu'un.

— *Coo-coo* ou *foo-foo*, c'est l'affaire sérieuse de la soirée.

On déposa dans mon assiette une motte luisante. Je la sondai : bananes vertes et ignames bouillies, plus peut-être d'autres tubercules, écrasés avec des piments, le tout rendu visqueux par les ignames et — la touche libanaise — de l'huile d'olive. Sous le piment, la mixture n'avait presque aucun goût, à part une sorte d'âpreté aigrelette (due aux bananes), et me parut infecte à tous points de vue, la texture, le contact huileux. Je ne pensais pas pouvoir l'avaler sans vomir. Je la laissai dans mon assiette. Personne n'y fit attention.

Pendant que Lebrun mangeait, ainsi que sa consciencieuse amie, et que l'odeur de viande et d'huile allait en s'accentuant dans le salon aux vieux fauteuils capitonnés, bourré de convives, qui demandaient aux Libanais où ils s'étaient procuré les ignames et les bananes vertes, moi (avec le sentiment de les trahir tous, et de me dissocier de la bonhomie de la soirée), je me rappelais ma tante, vingt ans auparavant, quand elle éventait sa marmite sur les marches en ciment derrière notre maison à Port of Spain, en me racontant que les Grenadins faisaient bouillir une fois par semaine leurs racines dans un bidon à pétrole.

Entre deux bouchées de *coo-coo* ou de *foo-foo*, Lebrun ne tarda pas à reprendre la parole :

« Peut-être le dialogue le plus extraordinaire du siècle fut-il celui qui eut lieu entre Lénine et le délégué indien, Roy, lors du IIe congrès du Komintern en 1920. »

Cela s'adressait à moi, me sembla-t-il.

« Une réinterprétation de Marx, avec des références particulières aux luttes des peuples non européens au vingtième siècle. Il existe une certaine perception raciste de Marx, nous le savons tous. Elle a été encouragée par les travaux de journalisme qu'il a faits pour des journaux américains, sur la révolte des cipayes. Des papiers sur commande, en partie irréfléchis, qui ne rendent manifestement pas compte de toute la vérité. Une réinterprétation s'imposait, et ce travail a été accompli voici quarante ans. On risque de l'oublier. Quand Gandhi, Nehru, Mountbatten et les autres ne seront plus que des notules dans l'histoire de l'Asie, on verra rétrospectivement dans cette rencontre entre Lénine et Roy l'un des événements cruciaux du vingtième siècle. »

Il n'y eut pas de point de rupture avec Lebrun, tel que j'en avais connu avec Foster Morris. Pour moi, l'illumination que m'avait apportée son article dans la revue soviétique demeurait ; mais nous en vînmes bientôt à admettre — ce que nous avions toujours su, j'en ai la conviction — que la relation entre nous deux avait un caractère forcé. Nous avions un arrière-plan en commun et nous pouvions nous comprendre de toutes sortes de manières tacites ; mais nous suivions des pistes différentes.

Une situation très embarrassante se produisit à peine quelques semaines après notre dîner.

L'amie de Lebrun — une femme intelligente, naturelle, conciliante, étrangement calme — habitait New York. Je connaissais à peine la ville et j'avais rencontré très peu d'Américains. Je n'étais pas en mesure de situer cette femme dans un contexte culturel, de distinguer de sa propre personnalité ce qui pouvait provenir de ce contexte. Mais ce que je voyais me plaisait. J'appréciais particulièrement — elle devait avoir dix ou douze ans de plus que moi — son calme, qui exerçait une sorte de pouvoir attirant.

Il se trouva que je devais aller à New York. J'avais une commande, en quelque sorte : fournir l'idée d'une histoire, pour un film à faire (à ne pas faire, en réalité) ; le genre de futilité et de trahison de soi-même dans lesquelles un jeune homme peut facilement se laisser entraîner. Vers la fin du dîner à Maida Vale, alors que le ton de la soirée était devenu plus familier, je parlai de ce voyage à Lebrun et à son amie. Ils manifestèrent de l'intérêt. Ils énumérèrent quelques noms entre eux. Puis Lebrun me dit qu'il m'enverrait une liste des gens que je devrais rencontrer à New York.

Il tint sa promesse (je le trouvai toujours scrupuleux dans ce domaine). Ainsi, quelques semaines plus tard, un dimanche après-midi, ayant obtenu l'autorisation de sortir, en liberté sur parole, de la chambre d'hôtel où mon travail cinématographique était un véritable tourment, je me retrouvai piloté à travers Manhattan et ses points de repère célèbres par un couple qui m'écrasait de ses manifestations amicales, et plus qu'amicales : ils m'englobaient dans une sorte d'amour, en qualité de compatriote de Lebrun et son ami de Londres.

Après la visite touristique, un dîner était prévu. Ils avaient invité quelques personnes à faire ma connaissance ; Lebrun avait écrit à diverses relations pour leur parler de moi. Le dîner serait très sympathique, me dit la dame. Ils avaient préparé des mets spéciaux ; ils avaient préparé du *gefilte fish*.

« Avez-vous déjà mangé du *gefilte fish* ? » me demanda-t-elle, assise à l'avant de la voiture, en se retournant vers moi. (Il me revient, en rapport avec ce geste, qu'elle portait un manteau de fourrure.)

Ma dénégation parut la ravir.

J'ignorais pratiquement tout de New York, et j'étais incapable de situer ces gens, d'évaluer la banlieue et la maison où la voiture m'emmena quand notre tour de Manhattan fut terminé. Je ne pouvais me faire une idée des gens qui commençaient à arriver, très tôt, me semblait-il, pour le dîner et le plat spécial dont la dame avait couru s'occuper à la cuisine.

Mon souvenir en est assez vague, mais je sais que c'étaient des gens agréables, intelligents, chaleureux. Certains étaient de proches voisins. D'autres étaient venus d'assez loin pour ce dîner dominical. Ils tenaient tous à me témoigner leur amitié ; mais je savais que c'était à l'égard de Lebrun qu'elle se manifestait.

J'avais accepté les recommandations de Lebrun, mais je n'avais pas vraiment cru à la valeur de ses contacts internationaux. Malgré le respect que j'avais conçu pour lui, il me faisait l'effet d'être essentiellement un brillant causeur. A mes yeux, c'était un Noir surdoué, contraint dès sa jeunesse, par les circonstances de son époque, à vivre de son agilité d'esprit. Ses relations en Russie, l'article dans la revue soviétique, sa présence au dîner de Maida Vale en compagnie de la séduisante Polonaise ou Tchèque, tout cela, même si c'était incontestable, m'apparaissait comme les attributs du Noir, âgé à présent, qui exploitait son agilité d'esprit comme une seconde nature.

Il appartenait à la première génération de Noirs instruits dans notre région du monde. Pour bon nombre d'entre eux — des hommes qui avaient l'âge du siècle — il n'existait pas de place honorable chez eux dans leur colonie ou en métropole. Ils appartenaient à une phase intermédiaire, venus trop tôt, dépourvus de statut ; ils tentaient de faire leur chemin. Ils allaient et venaient ; ils se vantaient dans un endroit — États-Unis, Angleterre, Antilles, Panama, Belize — de ce qu'ils accomplissaient ailleurs. Certains devinrent excentriques ou déséquilibrés ; d'autres rallièrent le mouvement du retour en Afrique (quoique l'Afrique fût elle-même encore colonisée, à l'époque) ; d'autres enfin devinrent des escrocs.

Quand j'arrivai en Angleterre en 1950, on croisait encore dans les rues de Londres d'extravagantes silhouettes de Noirs de cette génération : des hommes en costume rayé et chapeau melon, à l'accent absurde. Ils me saluaient parfois ; c'était la solitude qui les y poussait, mais ils cherchaient aussi un auditoire pour leurs vantardises. Par une pluvieuse soirée d'hiver, l'un de ces hommes, rencontré dans la file d'attente à une station d'autobus de Regent Street, sortit tout de suite son portefeuille et se mit à me montrer des photos de sa maison et de son épouse anglaise. C'étaient des naufragés. Ils avaient perdu le contact avec eux-mêmes et maintenant, en approchant de la fin, ils voyaient les fantasmes dont ils s'étaient nourris, balayés par l'arrivée de nouveaux immigrants de la Jamaïque et des autres îles, des travailleurs habillés en zazous de Harlem, coiffés d'un feutre à large bord.

Malgré tous ses dons, Lebrun faisait partie à mes yeux de cette génération du passé. Lui aussi allait et venait, et l'on disait de lui (comme de beaucoup d'autres) que c'était un homme à mystères. Mais personnellement, j'avais l'impression (au regard de mes propres expédients) que les segments cachés, étrangers, de la vie de Lebrun devaient être assez mesurés et pleins de petites angoisses financières. Sous cet aspect, je pensais qu'il était un peu comparable à Butler, l'âme de la grève de 1937, qui était allé, après la guerre et son incarcération, mener à Londres une vie très tranquille, coupée des sollicitations (sinon des subsides) de ses partisans et de son parti politique, le Parti pour l'autonomie des travailleurs et citoyens de l'Empire britannique. Je pensais que les séjours de Lebrun à l'étranger devaient présenter le même caractère de tranquillité et de repos.

Tout comme j'avais été subjugué par l'article de Lebrun dans la revue russe, dont la pénétration était une surprise totale, je fus donc quelque peu troublé, dans cette maison de la banlieue new-yorkaise, de trouver la preuve d'une existence internationale de Lebrun, beaucoup plus élégante que je ne m'y serais attendu. C'était beaucoup plus élégant, et de loin, que tout ce que j'avais connu jusque-là.

Ces gens étaient très informés sur la politique et les personnalités de l'archipel caraïbe ; et ils étaient informés, pourrait-on dire, sous l'angle de Lebrun. Ils lançaient leurs traits satiriques contre les hommes politiques qui étaient ses ennemis ; ils présentaient l'un comme un gangster, un autre comme un sorcier.

Il y avait là une femme qui avait séjourné dans les îles, visité des lieux que je ne connaissais pas. C'était impossible, disait-elle, d'aller dans ces îles sans avoir une idée un peu précise de leur histoire, et de leur avenir. Qu'avait-elle vu ? Elle n'était pas vraiment capable de me le raconter. Elle refusait de s'exprimer en touriste ; ce refus faisait partie, en quelque sorte, du respect qu'elle se devait. De même que, en ce qui concernait l'île dont elle avait parlé, celle où sévissait le sorcier, toutes les forêts qui se trouvaient là au moment de la découverte avaient été rasées au profit des plantations de canne à sucre, de même, je sentais qu'elle avait dépouillé les gens qu'elle voyait de leurs attributs trop évidents, pour atteindre à une espèce de structure idéale qui préexistait dans sa tête.

Je me souvins de l'effet qu'avait produit sur moi l'article de Lebrun dans la revue russe : l'impression d'être élevé au-dessus du niveau du sol pour découvrir l'aspect d'ensemble des choses vues d'en haut. Il me parut que Lebrun avait agi de même sur ce groupe, que la manière d'observer de cette femme avait été complètement conditionnée par sa propre interprétation des propos de Lebrun.

Je me rappelais aussi combien Lebrun avait été en porte-à-faux dans les grands meetings de Woodford Square à Port of Spain, en 1956. Ces meetings se voulaient éducatifs ; la place était qualifiée d'université populaire. Bien sûr, les gens n'y allaient pas pour apprendre quoi que ce fût ; ils y assistaient pour participer à une sorte de sacrement racial. Lebrun paraissait s'y intégrer lorsqu'il disait avoir attendu cette grande circonstance, année après année de ce siècle, sans jamais douter que le moment viendrait. Mais il poursuivait ensuite sur sa voie à lui. Il se mettait à parler de l'Histoire et de la production sucrière.

Les moulins à vent et les hautes cheminées des sucreries étaient une caractéristique du paysage des îles, disait-il ; et cela depuis plus de deux siècles. La production sucrière de masse avait toujours été un processus industriel. La canne à sucre était une denrée périssable. Il fallait la couper à un moment précis, la traiter dans un délai donné ; au cours de la fabrication du sucre, il pouvait surgir beaucoup de problèmes. Ce qui signifiait que les Noirs des îles constituaient l'une des premières masses ouvrières du monde, soumise à la discipline d'un processus complexe de production. Pour cette raison, on ne pouvait les ranger sommairement dans une catégorie en fonction du critère racial ; ils n'avaient rien à voir avec la paysannerie d'Afrique, d'Asie ou de larges secteurs de l'Europe. Ils constituaient un très ancien prolétariat industriel, et l'histoire de l'esclavage montrait qu'ils avaient toujours formé un peuple révolutionnaire. A présent, ils étaient destinés à occuper le premier plan de la révolution dans le Nouveau Monde.

Les gens ne comprenaient pas ce qu'il disait alors, mais il parlait avec passion et éloquence, et cela faisait croire que ses propos étaient partie intégrante du grand mouvement de Woodford Square ; on l'applaudissait. (Et la photographie de lui à la tribune du kiosque victorien, haranguant la foule assemblée sous les arbres, avait figuré en couverture des deux ou trois recueils de ses discours publiés en Tchécoslovaquie ou à Berlin-Est.)

Tel était le point de vue qu'il proposait sur cette région du monde. Cette annonce de la révolution imminente, sa propre place au sein de cette révolution, c'était pour ainsi dire l'écot dont il payait son séjour parmi les révolutionnaires à l'étranger.

Quand je l'avais entendu parler sur la place en 1956 — sans connaître vraiment ses sympathies prosoviétiques, n'ayant de lui que la vague idée d'un lointain révolutionnaire noir de notre partie du monde — j'avais été aussi déconcerté que quiconque par l'insistance qu'il mettait à affirmer la nature industrielle de l'esclavage dans la Caraïbe. Par la suite, cela m'apparut de l'idéologie pour l'idéologie, élaborée par un marginal qui poussait trop loin sa théorie.

A présent, chez mes hôtes new-yorkais, en retrouvant des fragments de son analyse et de sa rhétorique, et même de son élocution, dans les propos que j'entendais, je perçus cette insistance comme faisant partie de la « détermination politique » dont il avait parlé lors du dîner à Maida Vale. Cette détermination, avait-il dit, lui avait permis de se défaire de la honte ressentie à cause de l'oncle de sa mère, le vieux cocher, qui traînait la nostalgie d'une période plus proche de l'esclavage dans laquelle il voyait le bon temps, où les Blancs et les Noirs étaient « pareils ».

Cet aveu était impressionnant : tout homme noir, selon lui, était secrètement tourmenté par un secret de cet ordre. Cependant, les mots « détermination politique » m'avaient paru cacher quelque chose. Et, je le sentais à présent — non sans honte, chagrin, sympathie, admiration, en me reconnaissant un peu moi-même dans sa lutte —, tout autant que le vieux cocher ignare quatre-vingt-dix ans auparavant, et le Noir d'âge mûr en chapeau melon et costume rayé, sorti de la file d'attente à la station d'autobus de Regent Street pour me montrer les photos de sa maison et de son épouse anglaise, Lebrun avait toujours éprouvé le besoin de trouver un moyen de faire face au passé. Étant donné sa brillante intelligence, et son amour du savoir, ce besoin pouvait même avoir été plus brûlant.

L'idéologie qu'il avait découverte (et l'interprétation qu'il en avait faite) l'avait mis en mesure d'aller plus loin que la plupart. Il existait un type d'écrits révolutionnaires (ou simplement protestataires) qui trouvaient plus de facilité à explorer sur le mode imaginatif le temps de l'esclavage, avec ses structures rigides, ses principes moraux évidents, et un ennemi tout aussi évident. Selon ces écrits, le temps de l'esclavage était une guérilla presque permanente ; ils s'en délectaient, mais se révélaient inaptes à traiter de la période postérieure à l'abolition de l'esclavage, qui, par comparaison, était plate, indécise et dénuée d'enjeux moraux. La détermination politique de Lebrun était très éloignée de ce sensationnalisme. Grâce à elle, il était capable, non pas d'épouser la période de l'esclavage, mais de l'admettre sans douleur et, la présentant à sa manière à lui, d'en revendiquer l'universalité, et même la primauté.

« Ce type, il veut qu'on se rallie à lui », avait dit le ministre en chef, devant la nappe tachée de la résidence du gouverneur. Et je commençais à éprouver un peu la même chose dans la maison new-yorkaise. J'étais là sur recommandation de Lebrun et on pouvait s'attendre, je suppose, qu'ils me prennent pour un révolutionnaire moi aussi. Mais, au bout d'un moment, je ne pus m'empêcher de remarquer que j'appartenais à leurs yeux à la révolution de Lebrun. Ils avaient tous connaissance de l'article dans la revue russe. Et mon œuvre, en quelque sorte, cessait d'être strictement la mienne ; c'était comme si elle s'intégrait au point de vue de Lebrun sur cette partie du monde. Je sentais que, pour eux, j'étais accessoire à mes propres écrits : j'étais une expression de la volonté de Lebrun. Cette appropriation m'irritait, mais je ne savais pas comment protester. Je les avais laissés parler, sans jamais m'exprimer ; je les avais laissés aller trop loin.

Je voyais qu'ils étaient tout disposés à me faire une place, comme ils avaient sûrement fait place à Lebrun autrefois. Rien ne fut formulé, mais je me sentais invité à me débarrasser de mes fardeaux raciaux ou culturels en entrant dans leur confrérie. Et ils étaient tellement sympathiques et séduisants, la maison était tellement agréable, et la pensée de mon travail cinématographique à l'hôtel tellement déplaisante que ç'aurait été merveilleux, bien plus facile, si j'avais pu feindre la conversion. Il me vint l'intuition que des années auparavant, en des temps beaucoup plus durs, Lebrun avait pu conclure un tel pacte, se dépouiller d'une peau cuisante et se sentir ressusciter dans une autre.

Peu d'entre nous échappent au sentiment d'incomplétude. Mais le mien ne ressemblait pas à celui de Lebrun. Les points sur lesquels j'éprouvais un manque étaient ceux, pensais-je, où Lebrun avait reçu plus que sa part : la séduction physique, l'amour, les satisfactions sexuelles. Mais il existait d'autres désirs que nul changement de peau n'aurait pu assouvir : la sécurité gagnée par mes efforts, l'ambition de voir durer et s'accroître mon talent d'écrivain, le rêve de travailler à des livres encore dans les limbes, l'accumulation de journées fécondes, l'accomplissement. Ces désirs ne pouvaient être assouvis que chez le moi que je connaissais.

Jamais je ne recevrais d'aucun autre groupe une invite si cordiale et si engageante. Mais céder, ce serait cesser d'être moi-même, me fier à l'inconnu. Tout comme le ministre en chef, la frayeur me prit.

Nous passâmes dans une pièce plus petite pour nous mettre à table. Les murs étaient en brique nue, de teinte rosée, pâle, comme poudrée, pleine de charme. Le *gefilte fish*, qu'on me promettait depuis des heures, finit par arriver. Je n'en aimai pas l'aspect, et n'en conserve aucun souvenir. L'idée d'un aliment réduit en pâte, puis épicé ou aspergé d'huile et pétri par des doigts évoquait des crèmes pour les mains et autres cosmétiques. J'avais peur d'en humer l'odeur. Je fus incapable de l'avaler. Face au *coo-coo* ou *foo-foo* dans l'appartement de Maida Vale, j'avais réussi à dissimuler quel sort je réservais à ce qu'on avait mis dans mon assiette. Ici, c'était impossible : tout le monde savait que le *gefilte fish* avait été préparé spécialement à l'intention de l'ami de Lebrun venu de Londres.

Les bonnes manières ne connurent aucun fléchissement. La conversation se ranima. Mais la gêne apparue dans la salle à manger dura jusqu'au moment où l'on me déposa devant mon hôtel à Manhattan.

Les collectionneurs d'art que nous connaissons et que nous envions sont ceux qui sont tombés juste, ceux qui par exemple achetèrent, il y a un siècle, des Van Gogh et les premiers Cézanne pour une bouchée de pain. Des gens de cette époque, dont nous ignorons tout, collectionnaient — avec peut-être la même passion — les œuvres de contemporains à eux qui n'ont pas survécu. J'ai interrogé un jour un marchand de tableaux londonien au sujet de tels collectionneurs. Se rendaient-ils compte, à un moment donné, qu'ils s'étaient trompés ? Le marchand de tableaux s'est montré d'une étonnante véhémence. Les mauvais collectionneurs, a-t-il dit, sont un genre en soi : ils croient en eux plus qu'en l'art qu'ils achètent.

Je me demande si c'était vrai aussi des protecteurs new-yorkais de Lebrun, ou s'il leur a fallu, au cours des années suivantes, trouver d'autres moyens de reconnaître que la bonne nouvelle qu'il leur avait portée était fausse, que la révolution sans égale qu'il leur avait promise dans les îles n'allait pas se produire.

La politique des îles ne changea jamais réellement. Les dirigeants arrivés au pouvoir à la fin de l'ère coloniale — tel le ministre en chef qui avait proscrit Lebrun de sa petite île — restèrent au pouvoir. Peu importait si beaucoup d'entre eux s'ennuyaient et ne faisaient pas grand-chose. Ils étaient tous, chacun à sa manière, des dirigeants raciaux, et les premiers à réussir. Ils avaient une emprise très locale et, pour cette raison, une aura très spéciale, chacun incarnant sur son territoire l'idée d'une rédemption des Noirs. Dans la relation presque mystique entre ces chefs très locaux et leurs partisans, il n'y avait pas de place pour Lebrun.

Il était maintenant âgé et très pauvre, un révolutionnaire sans révolution, parfois prospère (ainsi que le clamaient ses ennemis) grâce aux subsides d'admiratrices surgies de son passé, mais menant le reste du temps une dure vie de bohème, logé chez les uns ou les autres aux Antilles ou en Amérique centrale, en Angleterre ou en Europe, et toujours en partance. J'en vins à penser qu'à un moment donné, il avait renoncé, perdu la foi en sa cause, même si rien n'était dit, et si, payant son écot, il continuait d'écrire des articles communisants dans des publications de gauche à diffusion restreinte.

Lebrun et moi, nous ne nous sommes jamais plus rencontrés après la soirée dans l'appartement de Maida Vale ; mais je le vis deux ou trois fois à la télévision quand il était très vieux, et du coup j'ai l'impression d'avoir été témoin de son vieillissement et de sa dégradation physique. Nos rapports restèrent courtois après la gênante affaire new-yorkaise. Nous échangions des lettres ; il m'envoyait parfois des revues contenant des articles de lui, où il était question de mon travail. Ces allusions se raréfièrent ; elles finirent par cesser tout à fait.

En 1973, il m'envoya son dernier livre, *La Deuxième Lutte : discours et écrits 1962-1972*. Il était imprimé en Allemagne de l'Est, et sur la couverture figurait la photographie de 1956, le montrant au meeting de Woodford Square à Port of Spain, debout au micro sur le kiosque, face à la foule. Il me l'avait dédicacé « à un frère en humanisme ». A quoi il avait ajouté : « Comprendre cela, c'est au moins un commencement ». Une touche de son charme de toujours, l'art du mot. Cela ne voulait rien dire, mais je fus ému par son écriture tremblée.

C'était un livre horrible. Il n'avait rien du brio ni des vibrations latentes de son article dans la revue soviétique. Malgré la photo de la couverture, je doutai que beaucoup de ces textes aient été des discours. On y percevait un courant sous-jacent de défaite et de rancœur. C'était sans subtilité, dénué d'humour. Dans certains articles, il employait des termes du répertoire communiste — « opportunistes », « nationalistes petits-bourgeois », « réformistes », « Blanquistes » — d'une façon presque personnelle, pour dénoncer ses ennemis de la Caraïbe, les politiciens qui avaient réussi, ceux qui occupaient la résidence du gouverneur.

Le déclin (peut-être dû en partie à la vieillesse) était plus manifeste dans les travaux alimentaires qu'il avait choisi de réimprimer, où il comparait, de son point de vue d'homme des colonies, les pays communistes non européens avec des états clients de l'impérialisme — par exemple, le Kazakhstan avec les Philippines ou le Pakistan, Cuba avec le Brésil ou le Venezuela. D'un côté, pour les pays communistes, les données et les chiffres officiels, croissance industrielle, croissance de la fréquentation scolaire et universitaire ; de l'autre, un simple exposé sommaire, indiquant toujours le chiffre de la population et la superficie en kilomètres carrés (on l'aurait dit copié dans une encyclopédie), sur l'arriération des Philippines, du Brésil ou de l'Iran, où les propriétaires terriens féodaux possédaient la majeure partie du pays et où presque personne n'allait à l'école ; pour consolider l'ensemble, deux ou trois tableaux schématiques d'aspect universitaire et une citation (écrasée de références) d'un « professeur » ou « docteur » inconnu. Croyait-il à ces articles ? Ou bien étaient-ils l'œuvre d'un homme qui savait que de tels papiers ne servaient qu'à remplir l'espace des publications officielles ?

En songeant maintenant à l'état de dégradation où sa cause l'avait amené, la cause qui avait paru, de longues années auparavant, le sauver du néant racial, en songeant à cela et à sa pauvreté, sa dépendance à l'égard des autres pour le logement et la subsistance, je trouvai bien étrange qu'il fût devenu semblable à ceux dont il avait parlé dans son tout premier livre, celui qui reposait, délaissé, sur l'étagère inférieure de la bibliothèque dans la classe de terminale du Queen's Royal College, à Port of Spain.

Ce livre parlait de quelques-uns des révolutionnaires hispano-américains ou vénézuéliens d'avant Bolivar, en se concentrant sur ceux qui étaient associés à Trinidad.

Pendant quelques années, après avoir été détachée du Venezuela et de l'empire espagnol et être devenue territoire britannique, Trinidad servit de base aux révolutionnaires du continent, qui n'avaient qu'à traverser le golfe de Paria.

Un fonctionnaire espagnol aigri, réfugié à Trinidad, avait comploté avec un associé à lui sur le continent pour organiser une révolte d'esclaves au Venezuela. Une idée vouée à l'échec : l'île était encore pleine de Vénézuéliens et un certain nombre d'entre eux étaient des agents au service de l'Espagne. Et voilà que la conspiration, comme beaucoup d'autres du même genre à la Caraïbe, fut dénoncée aux autorités par un esclave. Les rebelles furent pendus et écartelés, et les morceaux écartelés des pendus furent exposés sur la route qui franchissait la montagne, entre La Guaïra sur la côte et la vallée de Caracas, à l'intérieur. Cette tentative de révolution n'obtint jamais de vrai retentissement : tout s'était passé trop vite.

Miranda fut mieux connu. Il avait rapidement quitté le Venezuela pour voyager en Europe et aux États-Unis. Il s'affubla du titre de comte et entra en relations avec des gens importants ; dans la France révolutionnaire, il devint même général. En exil, il se mit à enjoliver le pays d'où il venait. Les Noirs et mulâtres des plantations esclavagistes s'estompèrent ; les habitants du Venezuela devinrent des Incas, ceux qui avaient régné à l'origine sur le continent, des aristocrates naturels, d'une noblesse digne de tout ce dont avaient rêvé les philosophes du dix-huitième siècle. C'étaient eux que représentait Miranda ; tout ce qu'ils demandaient, c'était la liberté. A l'âge mûr, il finit par débarquer à Trinidad, sa base, pour lancer sa révolution sur l'autre rive du golfe. Il avait de l'argent, un navire, des armes, tout ce dont il avait déclaré avoir besoin. Il avait aussi les prospectus des négociants londoniens qui l'avaient subventionné des années durant ; il avait promis de les distribuer dans tout le Venezuela, dès qu'il l'aurait libéré. Il ne libéra pas le Venezuela ; il provoqua une sorte d'état d'anarchie, et se laissa détruire par la mesquinerie coloniale qu'il avait fuie au début de sa vie. Elle n'avait jamais bougé de là, elle l'attendait.

Pour écrire ce livre, Lebrun avait dû faire ses recherches personnelles dans les archives vénézuéliennes. En le rédigeant dans les années 30, il avait pour dessein de démontrer sa théorie sur la nature révolutionnaire des îles ; de se doter, lui et ses idées, d'un grand passé, de rattacher l'éveil révolutionnaire des années 30 à celui qu'avait engendré dans la région la Révolution française ; d'arracher les îles à l'insignifiance de fin d'empire dans laquelle elles étaient restées encalminées depuis l'abolition de l'esclavage, et de les relier à nouveau au vaste processus historique du continent. Il souhaitait, par-dessus tout, donner à entendre qu'une révolution ne se produit pas toute seule : il faut la préparer, faire l'éducation du peuple, il faut un parti politique révolutionnaire.

Tout ce travail, et je doute que l'ouvrage ait eu plus de dix lecteurs à Trinidad ou au Venezuela. Au collège, personne ne l'avait lu. Moi le premier ; je l'avais eu en main, mais seulement en tant que livre, un objet merveilleux.

Je m'y plongeai à la bibliothèque, la London Library, un après-midi, peu de temps après avoir parcouru *La Deuxième Lutte*. Je devais être la première personne en dix ans à le sortir de son rayon.

Quelle fougue recelaient ces pages ! Toujours présente, en attente de m'interpeller. A Trinidad, en 1948, je me demande si j'y aurais démêlé grand-chose. Sans doute pas. A l'époque, je devais faire trop intimement partie de cette insignifiance de fin d'empire dont parlait Lebrun. Cela m'aurait laissé aussi ébahi que je le fus en apprenant que l'auteur était un révolutionnaire en fuite, quelque part aux États-Unis. J'avais besoin du passage du temps, de la distance, de l'expérience pour comprendre ce qu'il avait écrit.

J'avais conscience de la salle de lecture dans laquelle je me trouvais, dans un Londres devenu bien différent de celui où le livre avait été édité et, disait le papier imprimé collé sur la page de garde, offert à la London Library « par l'éditeur ». Il n'y avait pas que moi à avoir changé depuis que j'avais découvert ce livre dans la bibliothèque du collège. Le monde avait changé, lui aussi ; ma présence à la London Library constituait un aspect de ce changement.

En songeant à l'ironie de la vie de Lebrun, qui voulait qu'il finît par ressembler aux gens qu'il avait décrits dans son premier ouvrage, et en me disant de façon presque superstitieuse que le parcours de la vie humaine s'inscrivait sur une orbite, j'en vins à me demander en quel endroit de mes propres textes j'avais délimité les zones de l'âme humaine vers lesquelles je retournerais. Tout comme Lebrun, qui avait cherché à noyer ses sentiments raciaux dans l'universalité de ses convictions politiques, s'était vu priver de ce rêve et, dans sa vieillesse, avait été renvoyé sans protection à Dieu sait quelles angoisses intimes.

Je pensai à son art de la parole. Toute sa vie, ce talent lui avait ouvert les portes. Mais il y avait là une part d'hystérie aussi, l'hystérie des îles, exprimée le plus souvent par l'autodérision, le goût de la plaisanterie, les fantasmes, les débordements religieux, des spasmes de cruauté soudaine. Je songeai au lynchage de Charlie King au moment de la grève à Trinidad, et au respect presque religieux, sacrificiel, voué depuis lors à la victime. Je songeai aux moqueries subies par Foster Morris dans la vieille cabane peuplée d'ombres déformées par les lampes à pétrole. Je songeai au Noir en chapeau melon qui était sorti de la file d'attente de Regent Street pour me montrer les photos de sa femme et de sa maison. Comment pouvait-on pénétrer les sentiments d'un Noir qui avait l'âge du siècle ?

Angoisses intimes, peut-être. Mais le monde avait changé. Lebrun ne se trouvait pas ramené à son point de départ. La Caraïbe était indépendante. L'Afrique était indépendante. Lebrun s'agitait depuis longtemps ; il était connu. Et maintenant, alors que sa fin était proche, sa réputation souterraine connut une transformation. Il avait incarné à une époque l'homme de principes, apôtre de la vraie révolution ; ceux qui avaient trahi, c'étaient les divers politiciens de la Caraïbe. A présent, par une modification subtile, il devint l'apôtre de la vraie rédemption africaine ou noire, l'homme de principes sur ce terrain, celui qui, à la différence des dirigeants noirs défaillants, avait résisté à toutes les tentations déployées pour lui faire abandonner sa cause.

Il se livrait donc désormais à des allées et venues entre ses deux personnages, tantôt l'apôtre de la cause révolutionnaire, tantôt celui de la rédemption raciale, toujours l'homme de principes. Sous cette nouvelle personnalité, il semblait aller à l'encontre de toute sa vie de révolutionnaire ; à l'encontre de la « détermination politique » qu'il avait adoptée autrefois, de l'universalité grâce à laquelle il s'était débarrassé des fardeaux de l'appartenance raciale et de la honte ; à l'encontre de l'admiration de ses partisans new-yorkais ; et même à l'encontre de sa dédicace au frère en humanisme, dans mon exemplaire de *La deuxième lutte*.

On ne trouvait pas son nom dans les ouvrages sur l'Afrique ou la Caraïbe ; ni les auteurs ni les éditeurs ne voulaient offenser les hommes au pouvoir. Cela ajouta à son prestige ; on pouvait le présenter, à la radio ou à la télévision, dans les émissions où il était convié à donner son avis sur ceci ou cela, comme le secret prophète noir du siècle. Le rôle lui allait bien ; très âgé à présent, il avait presque un air de sainteté, il incarnait l'homme sans possessions.

Jamais il n'élevait la voix contre un régime raciste noir. Il présentait les exactions contre les Asiatiques dans l'Ouganda d'Amin Dada et la Tanzanie de Nyerere comme un aspect de la lutte des classes. Pour la Guyane, en Amérique du Sud, il avait un curieux système de défense : depuis l'ère de l'esclavage, déclara-t-il un jour à la radio, on pouvait considérer la Caraïbe comme un territoire des Noirs. Dans un débat télévisé, il incorpora cette affirmation raciale à un ample discours classificateur, bien dans la manière du Lebrun d'antan. « Le jour, dit-il, où l'on débarqua le premier esclave noir, cette partie du monde devint territoire noir. Si l'on avait su ce qui arriverait, peut-être y aurait-on regardé à deux fois. »

C'était comme s'il avait trouvé, à la toute fin de sa vie, le rôle en direction duquel il avait œuvré depuis le début. Porte-parole noir du siècle, ce n'était pas la grossière rédemption semi-mystique du politicien insulaire qu'il avait à offrir, mais quelque chose de plus élevé, de plus universel, quelque chose qui comportait des éléments de fatalité historique : un peu comme le point de vue que m'avait fait découvrir son article à propos de mes livres dans la revue soviétique, en 1960.

Dans ce nouveau rôle, il se mit à accomplir des pèlerinages africains. Au cours des années 20 et 30, beaucoup de gens instruits de la génération de Lebrun avaient rejoint le mouvement du retour en Afrique. En tant que révolutionnaire, il avait affiché sa réprobation ; il avait taxé ce mouvement de sentimentalisme et de désertion. Il l'admettait rétrospectivement, mais disait que le monde avait changé.

En Afrique, il était reçu comme un Noir qui avait atteint à la célébrité. Les dirigeants lui faisaient bon accueil ; sa réputation commençait à se nourrir d'elle-même. On disait qu'il jouait le rôle de conseiller. Il visitait toutes sortes de régimes tyranniques ; des pays où sévissaient de meurtrières guerres tribales ; des économies en perdition. Mais à son retour, il s'exprimait à la télévision et à la radio comme s'il avait entrevu quelque chose de plus idéal, une Afrique nettoyée de tout ce qui était accessoire et éphémère : de même que ses partisans new-yorkais avaient entrevu jadis, dans les îles Caraïbes, une révolution latente et immaculée.

Il n'essayait jamais de rester dans les endroits où il séjournait. Il regagnait toujours sa base, en Angleterre, en Europe, au Canada. Il avait tiré la leçon de ses déboires aux Antilles dans les années 50 et 60, et ne voulait pas représenter une menace pour quiconque.

Il vivait là une sorte d'accomplissement. Il ne fallait pas l'en priver. A mes yeux, sa perception de l'Afrique n'était qu'un fantasme inoffensif. Puis je reçus la lettre d'un ami, un écrivain, qui vivait dans un territoire des ex-colonies françaises.

« Une drôle d'histoire, écrivait Paul. Un poète noir américain est passé ici. Un grand ancêtre, *Le* grand ancêtre. L'ambassade américaine m'a demandé de présider la réunion. Mais je ne voulais pas voir s'imbiber le vieil ivrogne. Et puis ton ami Lebrun est arrivé, tout seul. Grande allure, l'air sagace. Les Britanniques lui ont un peu déroulé le tapis rouge. Il a entrepris de nous faire une conférence sur la manière dont l'Afrique s'était politisée, en se défiant de Marx. Cela m'a étonné. Je le prenais pour un communiste. Puis il s'est produit un incident. Il ne pouvait pas encaisser la vue des jeunes coopérants français, qui se pavanent en Afrique, selon lui, et il supportait mal de voir les Africaines de l'université avec leurs petits amis blancs. Il s'est mis à menacer tout le monde, sans crier gare. Il s'est déchaîné, après quoi il s'est calmé. »

L'homme aux amitiés new-yorkaises d'antan, et aux manières new-yorkaises, à la détermination politique chèrement acquise. Le vieillard déchaîné dans l'Afrique libre, exprimant l'antique humiliation.

II

Peu après, sans penser aucunement à Lebrun, et simplement pour satisfaire un vieux désir, j'allai moi-même pour la première fois en Afrique occidentale francophone.

Et là, la langue française engendra tout un ensemble de nouvelles associations d'idées.

Cette langue s'était trouvée d'abord associée pour moi — dans mon enfance à Trinidad, pas très longtemps après mon arrivée à Port of Spain — aux prisonniers qui s'évadaient en barque du bagne de l'île du Diable, au large de la Guyane française. Leurs embarcations dérivaient parfois sur Trinidad. On leur permettait de rester trois jours, je crois. Ils étaient photographiés et interviewés pour le *Trinidad Guardian* et l'*Evening News* ; les autochtones leur donnaient des victuailles, de l'eau et autres cadeaux ; puis ils repartaient.

Vers la même époque, je fis ma première année de français au Queen's Royal College. C'était un célèbre collège de l'île. Y être admis en venant d'une école de niveau moyen, ce n'était pas seulement accomplir un grand saut du point de vue scolaire, mais se rapprocher de l'âge adulte. L'étude du français faisait partie, en quelque sorte, de la griserie et de l'univers élégant de l'établissement.

Les sentiments que m'inspirait la langue française venaient en grande partie de mon professeur. C'était un homme jeune, mais il avait les manières soigneuses et cérémonieuses de quelqu'un de plus âgé. Avant de s'asseoir à son bureau, il saluait toujours la classe : « Bonjour, mes enfants. » Le mouchoir qu'il tirait de sa poche pour se tamponner le front, la bouche et le cou les jours de grande chaleur restait toujours plié. Il était issu d'une grande famille noire. On y exerçait des professions libérales, c'étaient des gens cultivés. Dans notre contexte colonial, cela représentait un effort considérable : ils étaient l'exception.

Ce professeur adorait la langue et les mœurs françaises, et

j'appris qu'avec d'autres membres de sa famille, il avait fait naguère des séjours réguliers à la Martinique, l'île des Antilles françaises située plus au nord. (Ce devait être avant la guerre ; ensuite, les îles françaises, soumises au régime de Vichy, avaient été interdites d'accès.) Ils y allaient pour la langue, l'exotisme, le chic, les cafés où l'on pouvait demander au garçon un stylo et du papier pour faire son courrier à sa table. A Trinidad (où les restaurants étaient chinois, d'un genre grossier et douteux, avec des tables dans des boxes séparés), nous n'avions pas de ces raffinements dignes de la métropole. Ils y allaient aussi pour la liberté raciale. J'entendis beaucoup de gens affirmer qu'à la Martinique et en Guadeloupe, un Noir cultivé était traité en égal.

Tout cela était pour moi associé à la langue. Je le transférai même sur le *Siepmann French Reader*, le manuel d'avant-guerre dont nous nous servions, avec des textes en français sur la page de gauche, et, pleine page de droite, de jolis dessins à la plume de scènes de la vie française — les rues, les jardins, les champs — par H.M. Brock.

Ce fut lesté de ces idées et connotations liées au français que je débarquai en Martinique — près de vingt ans après mon *Siepmann* — lors du périple que j'accomplis pour mon premier récit de voyageur. Et, en moins d'une semaine, toute ma réserve de fantasmes liés à la langue française, depuis cette époque lointaine, s'évapora. Je trouvai une petite île d'où l'on semblait avoir éliminé toute trace de la végétation d'origine (Trinidad gardait de larges étendues de forêt primaire sur les hauteurs du Nord, et des marécages aborigènes), éliminé toute trace et accumulé les plantations : de petits paysages entrevus dans les lacets des routes étroites, mais des paysages sans charme, une petite île montrant son passé d'esclavagisme, surexploitée, soumise à une régulation sociale et raciale abusive, obsédée, même, exiguë, bornée, oppressante pour tous, une cruauté inconsciente dans le discours de chacun. C'était un endroit d'où l'on était pressé de partir.

Pour moi, rétrospectivement, les vacances d'avant-guerre en Martinique de mon professeur de français ne racontaient plus les séductions de l'île, mais l'âpreté du monde pour les Noirs, à cette époque.

Dans le pays de l'ancienne Afrique-Occidentale française où je me trouvais, les gens avec qui je me liais étaient des expatriés. Les Africains étaient chez eux, ils menaient leur vie à eux. Les affiches de la riche capitale étaient en français, la signalisation sur les routes évoquait la France ; mais les Africains avaient aussi leur langue à eux, leur famille, leur clan, leur ethnie, leurs pratiques religieuses, leurs totems et leurs dieux domestiques, leurs hiérarchies instinctives. Si l'on rencontrait des Africains, il arrivait que l'on parle avec eux de la situation économique et de la succession présidentielle ; mais ils pouvaient ensuite se retrancher dans des zones mentales où l'on était incapable de les suivre.

C'était curieusement passionnant, l'idée de cette vie complète et très ancienne, sur ce continent. Mais pour ce qui était de l'amitié, des compagnons de table, des gens avec qui on allait en voiture à la plage le dimanche, on dépendait des expatriés. C'étaient surtout des Français et des Américains. Il y avait aussi quelques femmes, d'une trentaine ou d'une quarantaine d'années, venues des îles de la Martinique ou de la Guadeloupe. Ces Antillaises étaient d'abord allées à Paris. Elles s'y étaient fait des relations africaines qui les avaient amenées ici. A présent, pour diverses raisons, elles étaient sans attaches.

Je n'avais jamais pensé que les femmes des Antilles françaises puissent constituer un type en soi, ou un groupe humain particulier. Il m'apparaissait maintenant qu'elles se distinguaient des Antillaises noires ou mulâtres que je connaissais : leur image du monde n'était pas la même. Elles se trouvaient différenciées par cette même langue qui avait attiré mon professeur de français vers la Martinique et les îles françaises dans les années 30 et 40. A l'époque, ce n'était pas tant la langue anglaise à laquelle cherchait à échapper mon professeur, que ses dures connotations raciales. Dans la langue française parlée en Martinique, il pouvait puiser une idée toute neuve de sa propre personne.

A présent, c'était l'inverse. La langue française confinait les gens de la Martinique et de la Guadeloupe dans un monde francophone restreint. Elle les isolait des autres îles et du reste du continent. Leurs pensées allaient à Paris ; légalement, ils étaient citoyens français à part entière. Mais le Paris où ils débarquaient n'était pas la cité des lumières. C'était le monde des Noirs immigrés, qui ressemblait à une version resserrée de ce qu'ils connaissaient chez eux ; et les Antillaises poursuivaient donc parfois leur chemin vers l'Afrique, entraînées par les liaisons qu'elles avaient nouées dans ce Paris de l'immigration. Bizarre parcours triangulaire, qui reproduisait à rebours, partiellement, la trajectoire des négriers un siècle et demi auparavant ; mais au lieu de les ramener à ce qui leur appartenait en propre, ce voyage expédiait sans défense des femmes du Nouveau Monde dans un univers lointain et étranger.

En Afrique occidentale, j'avais fait la connaissance de Phyllis. Agée d'une bonne trentaine ou d'une petite quarantaine d'années, Guadeloupéenne, la peau brune plutôt que noire, elle parlait un français limpide, aux sonorités délicates. A Paris, elle avait épousé un Africain. Cette union, comme celle de mainte autre Antillaise à un Africain, s'était rompue presque aussitôt après que Phyllis avait suivi son mari en Afrique, dans le pays voisin. Après l'échec de son mariage, elle avait quitté ce pays pour venir dans celui-ci — la langue française et les structures de l'Afrique francophone lui avaient au moins laissé cette marge d'action. Elle avait trouvé un travail de secrétariat dans une bibliothèque d'ambassade, et se montrait fort capable de se débrouiller toute seule.

Elle faisait partie du groupe d'expatriés dans lequel j'évoluais. Je la rencontrais partout, dans tous les dîners, toutes les excursions dominicales à la plage (les cheveux raidis par l'eau de mer, qui déposait du sel sur sa peau brûlée), dans toutes les réunions culturelles organisées par les ambassades étrangères, officiellement pour le public africain local, mais, en réalité, pour la communauté expatriée. Elle connaissait beaucoup de gens, elle avait de la classe, de l'assurance, elle était ouverte et généreuse ; mais apparemment, elle n'avait ni compagnon, ni petit ami.

Quelle énergie elle mettait à sortir ! Cela finit par m'intriguer. J'avais l'impression qu'elle n'aimait pas rentrer chez elle, et j'en déduisais qu'elle n'aimait pas vivre dans l'Afrique où elle s'était trouvée implantée. Je me demandais si elle n'avait pas envisagé de retourner en Guadeloupe. Je lui posai un jour la question. Elle détestait l'île, me dit-elle, c'était trop petit ; les gens avaient l'esprit trop petit, ils se contentaient de trop peu. Le seul autre endroit auquel elle pût penser, le seul autre qu'elle connût, c'était le Paris où elle avait vécu. Elle restait donc là où elle se trouvait, et elle sortait.

Je découvris aussi une certaine versatilité dans son personnage. Elle adaptait son comportement à la compagnie du moment. Elle pouvait donner l'impression d'être d'accord quand des gens se plaignaient des mœurs africaines (accepter une invitation pour un grand dîner et ne pas s'y rendre, ne pas assister aux soirées culturelles des ambassades). Mais un autre jour, quand nous nous trouvions en tête à tête, elle me disait par exemple : « Pourquoi un Africain voudrait-il sortir de chez lui pour aller s'asseoir dans un salon avec tous ces étrangers et écouter quelqu'un jouer du violon ? S'ils se donnaient la peine de réfléchir, ils verraient que c'est une bêtise. La vie que les Africains mènent entre eux est si belle... Ces gens devraient essayer de s'en faire une idée, mais ils ne veulent pas savoir. »

Un jour, elle se mit à me parler de la visite de Lebrun en Afrique occidentale francophone. C'était une relation que nous avions en commun. À ses yeux, c'était un compatriote antillais. Elle était sévère à son égard ; elle ne se compromit pas avant d'avoir le sentiment de me connaître. J'avais entendu diverses personnes commenter l'attitude qu'il avait eue, mais de façon imprécise. J'avais entendu parler de son accès de fureur.

— Il est arrivé quelque chose ici, dans la capitale, quand il est venu, dit Phyllis. Il lui est arrivé quelque chose. Il n'était pas heureux ici. Il était venu avec sa fille. Elle avait la peau presque blanche. Vous saviez ça ? Physiquement, elle ne lui ressemblait pas. Elle était énorme. Large comme un mur, comme cette porte. Je crois qu'il y avait un malaise de ce côté-là. Elle vivait avec sa mère. Ce voyage en compagnie de Lebrun, c'était comme des vacances pour elle.

— Quel âge avait-elle ?

— Vingt-quatre, vingt-cinq.

Peut-être alors sa mère était-elle cette femme calme, attirante, Polonaise ou Tchèque, que j'avais vue avec Lebrun au dîner de Maida Vale, celle qui m'avait recommandé à ses amis new-yorkais, par la suite.

— Je crois avoir eu l'occasion de rencontrer sa mère, observai-je.

— Elle l'a plaqué. C'est ce qu'on raconte ici. Elle en a eu par-dessus la tête de son communisme, et c'était elle qui avait de l'argent. Les militants l'ont suppliée de retourner auprès de lui, pour le mouvement.

— Y avait-il quelqu'un d'autre ?

— Évidemment, il y avait quelqu'un d'autre. C'est une femme. Lebrun a perdu la tête.

— L'autre homme était un Blanc ou un Noir ?

— Lebrun l'a ignoré pendant longtemps.

— Lequel des deux aurait été le pire pour lui ?

— Tout est là. Je ne crois pas que Lebrun savait ce qui lui aurait fait le plus mal. Il a pris une mentalité très raciste pendant qu'il était ici. Il s'est mis à insulter des tas de Blancs pour un oui ou un non. Il y avait quelque chose, ici, qui lui déplaisait. Quoi exactement ? Il ne l'a jamais vraiment dit. C'est une ville riche. Ça se voit. Elle ne correspond pas à l'idée qu'on se fait d'une ville africaine. Elle n'est pas seulement riche, mais élégante aussi. Je crois que ça le dérangeait. Toutes ces voitures, ces boutiques, ces autoroutes. Face à ça, je suppose qu'il se sentait pauvre et indésirable. Il donnait à ses critiques une tournure politique, ou du moins il essayait. Il parlait des Noirs qui trahissent leur cause, du capitalisme et de l'impérialisme. Mais savez-vous ce que je crois ? Je crois qu'il aurait voulu que les gens soient aussi impressionnés que lui par sa fille à la peau blanche. C'était bien mal connaître les Africains. Ils ont de la force. Et de la cruauté. Il s'est fait épingler dans le journal de l'université, après la soirée où il s'était livré à cette scène fameuse et lamentable à propos des Français au bras de leur petite amie noire. C'était un dessin comique. La fille blanche dit en anglais au vieux Noir : "*Daddy, why don't we leave these Negroes and go away*[1] *?*"

C'était cruel et injuste. Les étudiants de l'université d'ici — toute neuve, avec des terrains paysagés, des allées pavées, des pavillons résidentiels en brique rouge : la plupart des étudiants étaient les premiers de leur famille à faire des études supérieures, et tous grâce à une bourse du gouvernement — les étudiants d'ici ne pouvaient pas s'imaginer à quels déboires s'était heurté Lebrun dans le monde extérieur.

Et je trouvai étrange que Phyllis, malgré sa propre histoire, son malheureux mariage africain, le vide de sa vie en Afrique, ses relations confinées au groupe des expatriés, eût pris le parti des Africains dans cette condamnation de Lebrun. Mais elle était ainsi. Elle n'appréciait pas que les visiteurs manifestent le moindre dédain envers l'Afrique ; elle l'appréciait encore moins lorsque ces visiteurs étaient des Noirs, des États-Unis ou des Antilles. Comme si elle avait voulu souligner qu'elle ne regrettait en rien sa décision de venir vivre en Afrique.

Un jour, je l'interrogeai au sujet de son mariage.

— J'allais souvent danser dans une boîte, à Paris. Réservée aux Noirs. Une cave, en fait. Et il y avait là ce vilain petit Africain. Quand je dis petit, c'est petit. Petit, noir et mou, avec plein d'or partout. Une montre en or, des bagues en or, un stylo en or. L'or se reflétait sur sa peau. Il me faisait une cour assidue. Il disait qu'il adorait mon nom, Phyllis. Et ma voix. Puis il s'est mis à me demander en mariage. Sa famille était

1 « Papa, si on plantait là tous ces nègres et si on s'en allait ? » *(N.d.T.)*

très riche, disait-il. Un peu comme des chefs. Ils avaient beaucoup de terres, beaucoup de serviteurs, beaucoup d'esclaves.

— Il parlait d'esclaves ?

— Je croyais qu'il mentait. Mais ça m'était égal. Et même, il me plaisait à cause de ça. Je pensais qu'il se donnait énormément de mal pour m'impressionner, et ça me touchait. Ça a duré un certain temps. Et j'ai fini par accepter de l'épouser. Voulez-vous savoir pourquoi ? Me croirez-vous ? J'ai accepté parce que je ne l'aimais pas, parce que je le trouvais répugnant, en fait. Ce visage laid, ce corps mou et cette peau très lisse qui reflétait l'or. Je pensais que ce serait salutaire, pour moi, d'épouser un homme qu'il n'était pas question d'aimer. Il me semblait conclure un pacte avec Dieu, en renonçant à l'amour et au plaisir. Il me semblait que je ne pouvais pas me tromper. Je parlais toute seule dans mon studio. "Phyllis, me disais-je, il faut tirer un trait sur l'amour et la beauté. Il faut oublier tout ce que tu étais. Ça ne t'a menée nulle part, ma fille. Ça ne t'a menée que dans cette chambre à Paris. Il faut réfléchir à ta vie et à ton avenir. C'est là que se trouve le vrai bonheur."

« Alors, je suis allée trouver mon petit chef pour lui dire oui, et j'ai essayé de me sentir heureuse de son bonheur. La période qui a suivi, à Paris, a été le meilleur moment. Je pensais avoir fait le bon choix, conclu mon pacte avec Dieu. Et j'étais plus courtisée que jamais. Au bout de quelques mois, mon petit chef ayant fini ses études, nous sommes venus en Afrique. Et là, je suis tombée de haut. Il n'avait pas averti sa famille de son mariage, et ces gens m'ignoraient. Littéralement. Ils ne m'adressaient pas la parole. Même en ma présence, ils lui disaient qu'il était temps pour lui de se marier.

— Mais comment pouviez-vous partir si tranquillement pour ce pays ? Vous saviez sûrement qu'il était soumis à un régime tyrannique ?

— Je n'y croyais pas. Je ne croyais pas ce que je lisais dans les journaux. Je pensais qu'ils mentaient. Je pensais qu'il existait une autre vérité. Vous voyez comme on peut choisir de s'aveugler. Et je me souciais davantage de mon aventure personnelle. J'avais le trac, vous savez. J'avais plus peur de l'Afrique qu'aucune femme européenne à ma place. J'ai connu des Européennes qui ont épousé des Africains. C'est différent, pour elles. Il y a un élément de plaisir, d'excitation, et même de vanité. Si ça ne marche pas, ça ne marche pas, et voilà tout. Dans mon cas, c'était tout autre chose. L'enjeu était trop grand. Je m'étais raconté trop de choses.

— Vous sentiez-vous protégée par votre petit chef ?

— Oui, au début. Il m'emmenait partout avec lui. Et il n'avait rien exagéré. La famille possédait beaucoup de terres, beaucoup de serviteurs et d'esclaves. On n'achetait pas les esclaves. Ils étaient là, simplement, dans les villages, dans certains clans, certaines familles. Ils étaient là pour prendre soin des autres. Ils étaient connus de tout le monde, il était donc hors de question pour eux de s'enfuir.

« Il s'est passé quelque chose peu après notre arrivée. Nous sommes allés dans le village de mon petit chef. Il y a eu une cérémonie d'accueil, et à la fin on a lavé avec du sang les pieds du petit chef. Je vais vous dire comment j'ai réagi. J'étais fière et surexcitée. Ce rituel m'a ravie. Je sentais qu'il remontait à des temps lointains ; au commencement des choses. Ce n'était pas l'idée que je m'étais faite de l'Afrique quand j'étais en Guadeloupe. Il me semblait que ces rituels m'attribuaient une place dans le monde.

« Par la suite, j'appris que, quelques jours avant la cérémonie, un enfant avait été enlevé dans l'un des villages d'esclaves. J'ai fait le rapprochement. Normalement, on emploie du sang animal pour le rituel du lavage de pieds, mais l'honneur suprême, celui qui est bénéfique à tous, c'est de faire ça avec du sang humain. Ainsi, vous voyez. Vous voyez jusqu'où j'étais allée, en si peu de temps. J'étais effarée, bien entendu. Mais cela n'a pas dissipé le sentiment que j'avais eu de la beauté de ce rituel. Mon petit chef avait essayé de m'impressionner avec sa fortune. Mais c'était l'aspect rituel de sa vie royale qui comptait de plus en plus à mes yeux.

« Cela comptait aussi pour mon petit chef. En retrouvant ses habitudes d'antan, il était de moins en moins sensible à la beauté de mon nom, Phyllis, et de mon accent guadeloupéen. Vint le moment où il eut envie de se débarrasser de moi. Il voulait se plier à la volonté de sa famille, épouser une femme de sa tribu considérée comme un bon parti. Il devint violent, le petit chef. Il se mit à me battre, le petit homme mou couvert d'or. Je me souvenais de la cérémonie du lavage de pieds. Et on n'avait pas besoin de m'apprendre, à présent, que j'étais dans un pays sans lois. Le jour vint, réellement — c'était comme si quelqu'un avait pratiqué la magie sur moi —, où j'ai senti que si je restais un jour de plus dans ce pays, je deviendrais folle. Je suis allée à l'aéroport et j'ai pris un avion pour venir ici. Quand je pense qu'en refoulant tous mes instincts et en l'épousant, je croyais faire un pacte avec Dieu...

« Il me demeure très présent à l'esprit, si vous voulez le savoir. Je vais vous raconter ce qui s'est passé un mois environ avant votre arrivée ici. Le téléphone a sonné un matin, très tôt. A vrai dire, en me réveillant, j'avais l'impression qu'on était au milieu de la nuit. C'était une voix d'homme, une voix française. La communication n'était pas bonne. J'ai cru que c'était l'appel d'un emmerdeur. Ça arrive, ici. En général, ce sont des voix françaises. Dans ces cas-là, je me sens bien loin de chez moi, et très seule.

« J'aurais dû raccrocher tout de suite, mais par chance je ne l'ai pas fait. L'appel venait de la police de Santos-Dumont, et non d'un homme qui se serait fait passer pour Dieu sait qui. Santos-Dumont était un pionnier de l'aviation, et les Français ont donné son nom à un poste-frontière qu'ils ont établi dans le Nord. Il y a un certain nombre d'officiers français dans la police, ici, et vous avez vu les baraquements de l'armée française à la lisière de la ville.

« L'officier m'a parlé comme si j'étais un membre de l'ambassade, plutôt qu'une simple secrétaire dans un de ses services. Je ne l'ai pas détrompé. Il était très poli ; je ne voulais pas gâter la situation. Il a dit qu'il avait auprès de lui dans le poste de police quelqu'un qui venait de franchir la frontière. Il a nommé le petit chef. Il me l'a passé au téléphone. Oui, c'était bien le petit chef. Il avait la voix aiguë de terreur. La situation était très grave de l'autre côté de la frontière, m'a-t-il expliqué. Le président s'était soudain retourné contre lui et le reste de la chefferie. Quelqu'un l'avait averti la veille qu'il serait arrêté au matin. Il avait décidé de s'enfuir en voiture. Il roulait depuis l'après-midi.

« Dieu soit loué, j'avais la Mercedes, m'a-t-il dit comme si nous vivions toujours ensemble, comme si je me servais encore de la Mercedes. Il avait conduit pendant des heures sur de mauvaises routes et des chemins de terre, et la voiture n'avait pas lâché. Au milieu de tous ses ennuis, il était fier de son automobile.

« Il n'était pas absolument hors de danger. Il courait le risque de se faire refouler. Vous savez que de l'autre côté de la frontière ils sont très maoïstes et anti-français, et ils ne ratent pas une occasion de faire de la propagande dans le reste de l'Afrique contre le gouvernement d'ici. Mais j'ai parlé à notre ambassadeur, il a donné quelques coups de téléphone. Il connaissait mon histoire. L'ambassade a plus ou moins pris le petit chef sous sa protection. L'après-midi, je suis allée en voiture à Santos-Dumont avec quelqu'un de l'ambassade, pour récupérer le petit chef.

« Il se trouvait dans un bâtiment de la police, dans une pièce hermétiquement close, avec l'air conditionné. Il y faisait un froid de canard. Il était drapé dans une cotonnade sale de paysan et n'arborait aucun objet d'or. Rien de brillant sur la peau. C'était l'idée qu'il se faisait d'un déguisement. On lisait encore de la terreur dans ses yeux.

« "Moi, moi ! répétait-il. Un membre de la chefferie — ils allaient me mettre à la diète noire !" Vous connaissez cette fameuse diète, non ? On vous enferme dans une cellule sans vous donner à manger ni à boire, jusqu'à ce que mort s'ensuive. C'est le sort que le président réserve à ses ennemis. J'en avais entendu parler quand j'étais là-bas. Mais je vous avouerai que c'est encore une des choses dont j'entendais parler sans y croire. Je découvrais à présent que mon petit chef avait toujours su que cela se pratiquait. Et j'en ai été terriblement choquée.

« Par la fenêtre scellée, on apercevait la campagne plate, torride. Très étrange. Même au loin, les arbres ne formaient pas de bouquets. Ils se dressaient isolément, un par un comme des poteaux. La poussière ressemblait à de la brume. C'était la fameuse désertification que les gens venaient inspecter pour pondre des rapports à ce sujet. C'était à travers ce paysage qu'il avait roulé toute la nuit sans que la Mercedes le lâche.

« Il ne me posa aucune question sur mon propre compte. A aucun moment, il ne me demanda comment j'avais fait moi-même pour arriver dans ce pays étranger, pour trouver du travail ou pour me débrouiller seule tout ce temps. Il ne me remercia pas d'avoir répondu à son coup de téléphone, ni de lui avoir obtenu le droit d'asile, ni d'avoir fait la route pour venir le voir. Il s'attendait à des égards de ma part. C'était un chef, comprenez-vous. Il ne pensait qu'à ses souffrances à lui, la trahison dont il était victime, et sa bravoure d'avoir ainsi roulé toute la nuit. En route pour la capitale, il se plaignit tout au long comme un enfant. Les gens de sa famille, ressassait-il, avaient toujours soutenu le président. Ils l'avaient envoyé à l'école, avaient veillé sur lui et les siens. Ils avaient été à ses côtés lorsqu'il avait jeté les Français dehors et qu'il y avait eu toute cette agitation. Mais ensuite, on avait empoisonné l'esprit du président contre la chefferie. Et tout le monde savait qui avait fait ça. C'était Lebrun, l'Antillais. Lebrun avait ensorcelé le président. Il l'avait couvert de flatteries pour lui tourner la tête. C'était Lebrun, Lebrun — le petit chef était obsédé par lui. »

J'avais entendu dire beaucoup de choses à propos du

voyage de Lebrun en Afrique-Occidentale française. Mais jamais qu'il ait eu la moindre influence sur la politique locale.

— C'est ce qu'on raconte, reprit Phyllis. Il était très en colère quand il est parti d'ici, et quand il a franchi la frontière, je suppose que de l'autre côté ils l'ont reçu à bras ouverts. Ils ont fait beaucoup de propagande anti-française avec lui.

— Vous disiez que le petit chef vous demeurait présent à l'esprit ?

— Avec l'aide de l'ambassade, nous avons fait sortir du pays une partie de sa fortune. Nous lui avons arrangé ses papiers, et maintenant il commence à s'agiter. La terreur lui a un peu passé. Il parle d'aller à Paris. Il a beaucoup d'argent là-bas. Et, ces derniers jours, je me disais : « Voilà, il va retourner à Paris, il va draguer une autre femme et l'éblouir avec son baratin de chef, et tout va recommencer. »

Le moment était venu pour moi de poursuivre mon chemin. L'étape suivante était la dictature voisine. C'est-à-dire le pays où Phyllis était venue de Paris, le pays qui avait jeté dehors les Français, avec toute leur « aide » et leurs « coopérants », et qui, disaient certains, était retourné à la brousse.

Ainsi, sans l'avoir prémédité, je mettais mes pas dans les pas de Lebrun. Phyllis avait des adresses à me donner dans le pays voisin. Il y avait quelqu'un en particulier qu'elle voulait que je rencontre. Cette personne, me dit-elle, me donnerait une idée de ce qu'était la véritable Afrique, l'Afrique dont on ne parlait pas dans les journaux.

La veille de mon départ, elle vint à mon hôtel me dire au revoir. Nous nous assîmes sur la terrasse. On avait aménagé en site touristique la lagune, célèbre autrefois pour ses moustiques et ses infections.

Elle me répéta ce qu'elle m'avait souvent dit auparavant, au sujet de l'Afrique et des idées fausses qui amenaient ici les Antillais et les Afro-Américains. Elle meublait la conversation, c'était visible. Puis, juste avant de s'en aller, elle se décida à faire ce pour quoi elle était venue : elle ouvrit son sac à main et me remit une enveloppe pleine de billets de banque. Cet argent était destiné à l'homme à qui elle m'envoyait. La vie était dure pour les gens là-bas, me dit-elle.

J'étais obligé d'accomplir un trajet détourné. Les tensions politiques interdisaient un vol direct entre les deux pays contigus. D'abord l'avion pour gagner un pays neutre plus au nord ; une panne, une longue attente de nuit dans un hangar ouvert, au bord d'un terrain d'aviation, avec la police locale pour tenir la jambe aux passagers ; des marchands vêtus de boubous miteux, assis sur des sacs de mauvaises chaussures en caoutchouc et autre camelote ; enfin, le vol hasardeux vers la dictature.

Il y avait beaucoup de policiers à l'aéroport, qui n'avait rien d'animé. L'atterrissage de ce petit avion était le grand événement de la matinée, et les yeux des fonctionnaires oisifs étincelaient à l'idée de l'argent qu'ils allaient tirer des quelques nouveaux arrivants. Le hall de l'aéroport ressemblait davantage à un autre hangar, avec de vieilles affiches montrant en agrandissement des vues locales, reliques d'une époque antérieure de promotion touristique. J'allais avoir du mal à passer l'argent que Phyllis envoyait à son ami — il fallait tout déclarer, et certains voyageurs étaient fouillés par des douaniers tremblant de surexcitation. Mais l'homme qui me précédait fut retenu si longtemps — on l'emmena même, à un moment donné, dans une sorte de cabine — qu'un gradé, pressé de fermer pour aller déjeuner, me fit simplement signe de passer.

Le climat était semblable à celui du pays d'où je venais. Mais, bizarrement, la lumière et la chaleur qui faisaient partie de la vie, de la foule, de l'animation du pays voisin donnaient ici une impression immédiate de torpeur tropicale ou africaine. La route assez récente de l'aéroport, laissée sans entretien et semée de crevasses, traversait des terres rouges et nues. On ne voyait aucun village, rien que de vastes panneaux affichant les préceptes du président, et de grandes pancartes, tournées vers la route comme si elles n'étaient destinées qu'aux visiteurs : ACCROÎTRE LA PRODUCTION.

C'était étrange d'imaginer Lebrun débarquant ici avec sa fille ; reçu avec les honneurs et trouvant une sorte d'accomplissement révolutionnaire, à son âge avancé, après avoir révisé une si grande part de ses anciennes opinions. ACCROÎTRE LA PRODUCTION — c'était comme de tomber sur un échantillon du matériel de base, une partie intégrante des données, des chiffres et des tableaux dans l'un des vieux exposés communistes de Lebrun, selon lesquels ce genre de « production » était préférable à l'autre type de richesse.

L'hôtel, qui faisait partie d'une chaîne internationale, n'était pas très plein. La climatisation y sévissait sauvagement, et ma chambre était humide et sentait le moisi, avec des traces de rouille sur des éléments métalliques dénudés. On sentait qu'elle était inoccupée depuis longtemps. Tout était hors de prix ; le taux de change était absurde. Le bar, le salon et tous les autres lieux publics de l'hôtel grouillaient de policiers en civil à lunettes noires, comme si, dans cet endroit sinistre par lui-même, leur fonction principale consistait à épingler les visiteurs.

Je finis par obtenir au téléphone l'ami de Phyllis. En entendant le nom de celle-ci, il laissa échapper une exclamation. Mais ensuite il parut nerveux ; sa nervosité s'accrut quand je lui indiquai où je séjournais. Il dit qu'il me rappellerait.

Le silence régnait dans l'hôtel. Personne n'élevait la voix. Et je retrouvai un silence comparable quand, quelques jours plus tard, j'allai assister à un déjeuner dans une ambassade. Celle-ci occupait un ancien édifice officiel du régime colonial ; et le déjeuner auquel on m'avait convié — en invité de dernière minute — était en fait un petit événement local.

A l'époque coloniale, le supérieur des missions chrétiennes de l'intérieur du pays faisait chaque année une visite officielle à la capitale, et il était reçu assez solennellement par le gouverneur. Le déjeuner constituait une adaptation ou une relique de cette cérémonie coloniale. Il n'y avait plus de gouverneur, il y avait l'ambassadeur de l'ancienne puissance coloniale. Et ce qui avait été la résidence du gouverneur était à présent celle de l'ambassadeur. Quant aux missions — ce mot même appartenait au tout début du siècle — elles avaient subi bien des transformations, même au temps de la colonie. La mission principale était devenue un complexe médical, un hôpital, un centre de formation générale, un institut universitaire de technologie. Ses connotations missionnaires — devenues plus œcuméniques — étaient désormais passées sous silence, et le supérieur qui venait assister au cérémonial dans la capitale était, officiellement, le directeur de l'institut. Cette année, pour la première fois, le directeur était un Noir ; il appartenait apparemment à l'Église baptiste. C'était la petite sensation du déjeuner.

Nous prîmes place, les premiers arrivants, en bas, dans la loggia, parmi les bougainvillées. Le ménage avait dû être fait à fond le matin même, mais la poussière de la désertification recouvrait déjà tout, y compris les bougainvillées. Le sable était dans l'air. Il retombait constamment en poudre fine ; on le sentait crisser sous ses semelles.

Nous attendions le directeur. Il se trouvait dans la maison, mais il était arrivé tard, une heure à peine auparavant, et il était monté rafraîchir sa tenue. Il y avait eu des problèmes dans la matinée, à bonne distance d'ici, avec le bac tiré par une corde pour franchir une rivière aux eaux basses. Cet incident avait retardé le directeur.

Lorsque, une demi-heure plus tard environ, il sortit de la chambre qu'on lui avait donnée, la chambre qu'on avait toujours donnée au directeur (et, avant lui, au responsable de la mission), et descendit les marches qui menaient au patio, une odeur de talc le précédait. De haute stature, la peau brune plutôt que noire, il avait une grosse tête aux traits fortement modelés, aux pommettes larges et saillantes, un corps musculeux et de grands pieds dans de grandes chaussures. Il portait un vieux costume taillé dans une mince étoffe noire, tirant par endroits sur le sépia sous l'effet du soleil, de l'usure et des produits de nettoyage. Il venait de se raser ; une mate pellicule de talc — comme le sable du désert sur les bougainvillées — revêtait le menton et les joues où il avait passé le rasoir de très près.

Il se mit à parler du bac, du mauvais état de la route et du retard pris dans la matinée. Ses paroles m'évoquèrent une image : la vieille Peugeot sur le pont plat de l'embarcation, la rivière aux eaux basses sorties du marécage, la brume de chaleur du matin, le passeur qui tirait sur le mou du cordage ou du câble jeté d'une rive à l'autre, le directeur debout très droit, de tout son haut, et enfin l'accostage.

— De mauvaises routes, un bac primitif, disait-il. Mais ce sont des sacrifices que nous devons faire pour la génération à venir.

— Il existe des routes merveilleuses par-delà la frontière, intervint un invité qui ne voulait pas qu'on dénigre l'Afrique.

Mais ce fut jugé de mauvais goût. Le directeur eut l'air offensé. Il me semblait déceler quelque chose dans sa voix, son accent, son comportement.

— Vous a-t-on déjà fait la remarque, monsieur le directeur ? demandai-je. Vous avez l'accent antillais.

— Oui, je suis antillais, dit-il avec un geste curieux, où je reconnus aussitôt les gestes, familiers à mon enfance, de beaucoup de gens que je connaissais.

Son père avait poursuivi des études à Londres dans les années 20. Il avait été séduit par l'idée du retour en Afrique propagée par Marcus Garvey et d'autres ; et il avait fait ce dont ils étaient nombreux à parler, mais que bien peu avaient réellement mis en pratique. Il était venu en Afrique occidentale, et il avait vécu ici jusqu'à sa mort. De si longues années, cette vie en Afrique !

— Diriez-vous, demanda notre hôtesse, que c'est l'une des raisons qui ont entraîné votre vocation chrétienne ?

— Je ne sais pas. Nous étions baptistes, dans la famille, mais si j'ai voulu appartenir à l'Église, c'est parce que cela semblait la seule chose à faire. Je voulais ressembler aux hommes qui étaient mes professeurs. C'est le cas aussi de certains Noirs catholiques romains de mes amis. Des gens d'un milieu semblable au mien. Je connais ici un vieil Antillais qui est devenu prêtre catholique. Voici quelques mois seulement, je lui ai posé la même question que vous m'avez posée. "Qu'aurais-je pu faire d'autre ? m'a dit ce vieux prêtre. Le séminaire me paraissait le seul endroit sûr. Et en plus, cela me plaisait. Je pensais qu'on m'enverrait en Irlande." Il en a été de même pour moi. C'est peut-être une vocation. Je n'en sais rien. Je suis un baptiste et un croyant. Mais sans le colonialisme, je n'aurais pas eu la vocation. J'aurais été un autre genre de croyant. Permettez-moi de le dire.

— Vous parlez comme votre président, s'exclama quelqu'un.

Le directeur rejeta en arrière ses larges épaules et écarta les mains, paumes offertes. Il était clair, dès lors qu'il était venu ici en fonctions, qu'il s'était apprêté à défendre le régime, et à affronter les critiques de tous les convives.

Nous ne nous attendions pas à cela. Nous nous attendions à un ton plus en demi-teinte, plus indirect, en rapport avec la civilité de la circonstance, pas à une attitude qui nous imposerait le silence de l'hôtel et des rues.

— Parle-t-on encore des chefs dans le coin où vous êtes ? demanda quelqu'un.

— C'est possible, mais pas que je sache, dit le directeur. Lebrun a eu raison. Le président était prisonnier de la chefferie. Ces gens entravaient toutes ses réformes. Mais il ignorait ce qui se passerait s'il essayait de les défier. "Portez le fer à la racine", a dit très simplement Lebrun. Agissez résolument, ils s'enfuiront tous. Plus d'esclavage, plus de meurtres rituels, plus de sacrifice des épouses et des serviteurs à l'occasion de la mort d'un grand chef. Toutes les superstitions du féodalisme évacuées d'un coup. Tout ce qui fait la mauvaise réputation de l'Afrique. "Portez le fer à la racine." Je me rappelle la fuite des femmes et des esclaves lorsqu'un grand chef était sur le point de mourir. Tout le monde était au courant, mais personne n'en parlait. Et les chefs se sont enfuis eux-mêmes exactement de la même manière quand le président a créé les tribunaux populaires. (Il eut un geste antillais, pour suggérer la fuite, une paume effleurant l'autre à la vitesse d'une flèche.) Vous me parliez des bonnes routes, des boutiques Lacoste, des jolies maisons et des restaurants avec spectacle de cabaret et bananes flambées de l'autre côté de la frontière. Mais là-bas, les chefs sont encore au pouvoir. Ce sont les Français qui font le travail, mais tout au bénéfice des chefs. Lorsqu'il arrivera quelque chose et que les Français s'en iront, toute cette vie féodale sera encore en place, prête à terroriser les gens. Pas ici. Ici, on a un bac défaillant pour passer la rivière, mais les chefs, c'est fini. Les chefs d'ici prétendaient parler au nom du peuple. Très bien. Qu'ils soient donc jugés par les tribunaux populaires. Voilà l'idée du président.

Je voulus en savoir plus long sur les tribunaux populaires.

— La plus haute forme de la démocratie, répliqua le directeur.

Et il appuya ses mots d'un geste antillais : il leva ses mains ouvertes, juste au-dessus du bord de la table, et rejeta encore les épaules en arrière, comme pour offrir plus de place à la pleine signification de ses paroles. On aurait dit un mouvement chorégraphié, un balancement soudain arrêté : le plus élégant des gestes qu'il avait faits durant le déjeuner.

L'art de la parole, les beaux mouvements des mains et du torse, venant à point nommé, la domination exercée avec aisance sur la tablée, tout cela me ramena en arrière. Cela me ramena au soir où Lebrun parlait dans l'appartement libanais encombré de Maida Vale. Et je me demandai si la visite ici de Lebrun, quelques mois auparavant, n'avait pas ressuscité certains rythmes dans la manière de s'exprimer du directeur.

Mais, peut-être pas. Peut-être cet art de la parole et du geste remontait-il plus loin, avait-il une autre filiation. La mémoire me ramena aux clercs de notaire, à la Maison Rouge de Port of Spain, qui recherchaient les actes de propriété dans les grands registres reliés du Service central de l'état civil. Assis aux tables en acajou dans les hautes salles protégées de jalousies de l'édifice à l'italienne, ils échangeaient leurs potins et leurs gestes avec des airs de conspirateurs, comme s'ils avaient leurs secrets. Faux-semblants, mais à peine quelques années plus tard, il y aurait les meetings sur la place de style colonial victorien, où l'idée de rédemption raciale serait offerte comme une sorte de sacrement. Les passions embrasées par ce sacrement se révélaient à présent impossibles à assouvir, et on ne pouvait plus les maîtriser.

Cet édifice colonial d'Afrique-Occidentale française où j'étais maintenant, à écouter parler le directeur — la longue table dans la loggia à colonnade, la nappe, les fleurs, la fine pellicule de sable et de poussière qui se déposait lentement sur les murs, les plantes et le sol carrelé — ressemblait à celui, outre-Atlantique, où bavardaient les clercs dans leur vaste salle d'étude : à l'italienne, ici aussi, des murs épais, de hautes fenêtres à jalousies articulées par le haut, juste assez entrouvertes en bas pour laisser passer l'air et la lumière, et apercevoir les jardins au-dehors, tout en préservant de la chaleur du soleil matinal. Les deux édifices avaient été construits vers la même époque, au tout début du siècle, lorsque l'empire était à son zénith.

Le directeur avait été élevé en Afrique. Mais son enfance avait baigné dans l'histoire de son père et toutes les passions, venues de l'autre côté de l'océan, du mouvement du retour en Afrique. Aux Antilles, on aurait trouvé africains ou noirs sa gestuelle et le rythme de son élocution. Mais ici, cela l'identifiait comme un homme à part.

A la table du déjeuner, il continuait de parler, captant l'attention de tous, imposant le silence à tous : un personnage théâtral, avec sa haute stature, son costume d'un noir fané, le poudrage blanc du rasage sur les joues et le menton, et la pellicule de talc tombée autour de son col, le balancement du haut du corps, et les gestes, semblables parfois à ceux d'un danseur, des mains ouvertes.

— Le président ne s'est emparé de personne, quoi que puissent raconter les propagandistes de l'autre côté de la frontière. Tout a été confié aux tribunaux populaires. Ils sont les gardiens du pays. Chaque rue, chaque pâté de maisons, chaque village possède son propre tribunal. C'est là que les chefs ont été jugés. Par les leurs, par ceux qui étaient censés les aimer si fort. On ne peut rêver d'une forme plus accomplie de démocratie.

Sur ce, le directeur se mit à baisser les yeux, le silence le prit, il abandonna sa gestuelle ; et il arriva quelque chose à son visage. Il se transformait. Comme certains acteurs, à la fin d'une représentation, gardent pendant un certain temps les traits façonnés par le rôle qu'ils viennent de jouer, puis, de façon presque visible, redeviennent graduellement eux-mêmes, de même, le supérieur se transformait à vue d'œil. On aurait dit qu'il commençait à comprendre la nature du déjeuner à l'ambassade, qu'il commençait à comprendre la dignité qu'il incarnait ; qu'il commençait à comprendre que de vieux réflexes de survie l'avaient fait s'écarter de cette dignité.

Il se taisait. Il tenait les yeux baissés sur la nappe sans paraître rien voir. Il n'avait plus de mouvements de danseur, plus de gestes de la paume.

Il était censé séjourner quelques jours à l'ambassade, comme l'avaient fait ses prédécesseurs. Mais le directeur ne resta pas. Il repartit dans sa Peugeot peu après le déjeuner, et nos hôtes de l'ambassade m'apprirent par la suite qu'il n'était jamais revenu. Ainsi, par l'entremise du directeur noir, une petite tradition coloniale s'éteignit.

Ma rencontre avec l'ami de Phyllis eut lieu dans un café de la grande place. Le rendez-vous fut difficile à mener à bien. L'ami se décommanda deux fois ; et il ne voulait surtout pas venir à l'hôtel. « Les gens là-bas ne m'aiment pas », me disait-il. Quand nous finîmes par nous rencontrer, ce fut donc sur la vieille place coloniale. Elle était décrépite, fantomatique, entourée de bâtisses qui ne remplissaient plus la fonction pour laquelle elles avaient été édifiées. Le café, décoré en rouge, avec des chaises pliantes en métal laqué vermillon, se trouvait entre des boutiques miteuses offrant les marchandises des pays communistes, telles des conserves de fruits du Viet-nam.

En dépit des fourgons de la police qui étaient garés là, le secteur était dangereux à cause de la présence de mendiants agressifs, d'infirmes et d'hommes encore jeunes qu'on avait délibérément estropiés quand ils étaient enfants. La première fois que j'y étais allé, je m'étais fait agresser, près du kiosque garni des journaux périmés des pays communistes. Cela s'était passé en pleine matinée, à l'heure du café, de la flânerie. Le style colonial français de la place encourageait cette notion, mais c'était ici une place fantôme : peu de circulation, pas de flâneurs. Mes agresseurs étaient une bande d'adolescents et d'enfants, des mendiants, apparemment, surgis de nulle part ; les enfants m'avaient soudain entouré en se jetant à mes pieds, la tête et les mains levées vers moi — comme dans un clip contre la famine —, implorants, affamés, visages africains émaciés ; en même temps, ils tiraient tantôt sur mes lacets de chaussures, tantôt sur mon pantalon, et semblaient mimer la faim et l'acte de manger, comme ils y avaient été entraînés par le maître mendiant, exécutant leur numéro en accéléré pour dérouter la victime étrangère et détourner son attention de leurs aînés, voleurs à la tire plus expérimentés.

Mais ces malfaiteurs de la place étaient les seuls gens du cru que j'aie vus se comporter en individus libres. Ils bougeaient beaucoup, et rapidement, qu'ils soient valides ou invalides, les invalides sur des planches à roulettes, semblables à de larges skate-boards, ou de petits chariots qui avaient l'air de jouets bricolés à la maison. Ils criaient et se parlaient très fort entre eux, comme s'ils n'avaient pas besoin de respecter le silence général.

Leur chef était apparemment un jeune homme qui avait eu les deux jambes coupées à mi-cuisse. On avait fixé à la base de ses moignons des tampons ronds et plats, en bois, épais de six ou sept centimètres ; ces tampons, plus ou moins du diamètre du moignon, étaient revêtus ou chaussés de disques noirs en caoutchouc ou en cuir. Quand il marchait, ces moignons massifs n'étaient que mouvement ; mais les pas étaient tout petits, des pas d'enfant, et le torse, au-dessus, se déplaçait très lentement. La physionomie de cet homme à moitié détruit exprimait une malveillance, un mépris à l'égard du monde qui vous déstabilisaient ; et je m'étais demandé s'il n'y avait pas, de la part du dictateur, derrière cette exhibition autorisée sur la place, une notion religieuse ou magique des pouvoirs de la difformité.

L'ami de Phyllis avait tenu promesse et m'attendait dans le café au mobilier peint en rouge. Attablé dans un coin, il lisait un journal local. Bel homme musclé, la quarantaine, il avait plus un physique, des traits, un teint d'Antillais que d'Africain.

Je sentis, dès que nous commençâmes à parler, que Phyllis avait omis quelque chose quand elle m'avait raconté l'histoire de sa vie conjugale avec le petit chef. Je sentis qu'elle avait beaucoup aimé cet homme-ci et qu'elle désirait, malgré la distance mise entre eux et le temps écoulé, me le faire admirer. Et chez lui aussi, je décelai une trace de la vanité d'être reconnu comme l'homme qui avait plu à Phyllis.

Quand il apprit qu'elle m'avait confié de l'argent pour lui, il perdit le contrôle de son sourire. Cela devint une grimace, et il produisit une curieuse série d'onomatopées de protestation. Je devinai que ce n'était pas la première fois qu'il recevait ainsi des subsides d'une femme. Je devinai que ce mode de vie lui était familier. Et cette expression — crispée, maussade, douteuse — demeura sur son visage lorsque je lui dis que Phyllis m'avait promis qu'il me donnerait une idée juste de l'Afrique.

Il parla des sages qu'il connaissait, aussi bien en ville que dans les villages, et des tours de magie qu'ils exécuteraient pour moi, si je le leur demandais. Ces hommes disparaîtraient sous mes yeux. Ils passeraient au travers de murs massifs. Ils se tailladeraient les mains, le sang giclerait des blessures ; puis ils refermeraient si bien celles-ci qu'on ne distinguerait même plus une cicatrice. Ils accompliraient de stupéfiantes prouesses de télépathie, pénétrant des maisons et des cerveaux en de nombreux continents.

Je ne m'attendais pas du tout à cela. D'après ce qu'avait dit Phyllis, j'avais pensé qu'ayant été sensible à l'antiquité du rituel tribal, elle s'était fait une idée, plus forte que celle qu'elle avait pu concevoir en tant qu'Antillaise, de la prise qu'elle avait sur le monde. J'avais peut-être tiré des conclusions excessives de ce qu'elle me racontait. Cet homme ressemblait aux escrocs qui traînent dans les salons des hôtels africains, offrant aux voyageurs une magie façon hippy. Peut-être connaissait-elle très mal l'Afrique quand elle s'était liée avec lui. Peut-être aussi l'avait-elle grandi dans son souvenir. Peut-être avait-elle acquis de la profondeur au long des années passées dans le pays voisin. Ou peut-être encore cet homme avait-il répondu à une si grande part des besoins qu'elle avait éprouvés ici — amant, consolateur, astrologue, magicien — qu'elle n'avait pas pu se faire une idée juste de ce qu'il valait réellement.

J'avais envie de le planter là. Mais, après son boniment sur la magie, il ne voulait plus me lâcher. Il sortit avec moi sur la place — vigoureux, élégant, de l'aisance dans les mouvements, très séduisant — et entreprit de me raccompagner sur le chemin de l'hôtel. En nous voyant, les mendiants se mirent à piailler ; quelques-uns lancèrent agressivement leurs chariots vers nous ; l'homme aux moignons chaussés de bois les écarta.

— Dans la presse européenne, on ne lit que des mauvaises nouvelles de l'Afrique, dit en marchant l'ami de Phyllis, comme s'il voulait se montrer à la hauteur de l'image qu'elle m'avait donnée de lui. Les guerres et les famines. Mais je vais vous expliquer. Il existe sept lieux sacrés en Afrique. Toutes les forces du continent y sont concentrées. Il y a un saint homme dans chacun de ces sept lieux. Une fois par mois, ces saints hommes se réunissent et ils décident du destin de l'Afrique.

Quelle était l'implication de ce discours ? Que nous nous trouvions précisément dans l'un de ces sept lieux, et qu'il n'était autre que l'un des saints hommes ?

— Comment se réunissent-ils ? demandai-je.

Il fit un geste de son index, décrivant un grand cercle au-dessus de sa tête.

— Par la télépathie.

S'agissait-il là de magie africaine ? Ou cela s'inscrivait-il dans un fantasme outre-Atlantique de l'Afrique, un fantasme façon hippy du pouvoir des cultures anciennes, qui avait trouvé moyen de revenir sur ce continent et qu'on vendait maintenant en guise d'Afrique aux voyageurs, aux étrangers, aux solitaires qui avaient besoin de ce genre de magie ?

Bientôt, j'en étais sûr, il allait me parler des extra-terrestres qui avaient atterri dans une région donnée de l'Afrique de l'Ouest. En effet, il se lançait sur ce terrain lorsque nous atteignîmes l'entrée de l'hôtel. Les policiers lui faisaient peur. Il n'entra pas avec moi.

Nous habitons tous une « construction » du monde. Les Anciens avaient la leur. Nos grands-parents en avaient une autre ; nous ne pouvons pas adopter tout à fait leur construction à eux. Chaque culture à la sienne : les hommes sont infiniment malléables. Et peut-être Phyllis, avec la personnalité versatile dont l'avait dotée sa vie en Afrique, ce qui lui permettait d'être à géométrie variable face à des gens variés (critique à l'égard des Africains, critique à l'égard des Européens, critique à l'égard des Antillais et des Afro-Américains, critique de tel groupe par rapport à tel autre), peut-être Phyllis, limitée au départ par la langue française (la Guadeloupe, Paris, l'Afrique occidentale) avait-elle établi sa propre construction du monde. Peut-être avait-elle trouvé la liberté dans cette versatilité, ces variations. Peut-être, à mesure que le temps passerait, s'éloignerait-elle de plus en plus de son propre arrière-plan ; peut-être toute logique l'abandonnerait-elle. De même que le voyage (ou le combat) du retour en Afrique choisi par le père du directeur avait déterminé la personnalité double de celui-ci, de même la construction de Phyllis avait été déterminée par son mariage au petit chef et, avant cela, par son départ des Antilles françaises (si libératrices aux yeux du Noir qui fut le premier à m'enseigner le français). Elle ne pouvait pas retourner à ce qu'elle avait laissé derrière elle ; elle ne pouvait rien effacer complètement de ce qu'elle avait vécu ; cela faisait partie de sa nature féminine.

Le cas de Lebrun était tout autre. Il avait toujours été en fuite, un révolutionnaire sans base, toujours en situation d'échec d'une certaine manière, chanceux de l'autre, n'ayant jamais à vivre les conséquences de son action, toujours libre de poursuivre son chemin.

Il ne connut peut-être jamais l'effet de ses paroles sur le régime dictatorial de l'Afrique-Occidentale française où il avait trouvé pour la première fois un chef d'État disposé à devenir son disciple parce que le conseil reçu rejoignait si commodément ses propres besoins.

Lorsque la dictature s'écroula et que s'ouvrit ce pays dévasté, personne ne songea à demander des comptes à Lebrun. On n'associait pas son nom à la dévastation. Il incarnait celui qui était resté fidèle à la fois à l'idée de révolution et à celle de rédemption africaine ; et il n'avait pas été récompensé des peines qu'il avait prises. Dans le gâchis de l'Afrique et de la Caraïbe, il demeurait étrangement pur.

Il était très âgé, à présent, et célèbre auprès de ceux qui s'intéressaient à l'histoire coloniale et post-coloniale. Mais les gens à qui il arrivait d'avoir à tracer son portrait ne pouvaient pas vraiment le comprendre. Ils avaient été élevés dans un autre monde, ils étaient plus simples que lui. Les portraitistes et ceux qui l'interviewaient à la télévision, qui le mettaient en avant avec un sentiment vertueux, servaient une cause gagnée depuis longtemps. Ils ne couraient aucun risque. Il leur était impossible de comprendre ou d'évaluer un homme né vers le début du siècle dans un monde très dur, un homme dont le développement intellectuel s'était accompagné, à chaque étape, d'une sensibilité de plus en plus à vif, et dont les déterminations politiques, exprimant la volonté de ne pas devenir fou, avaient pris la forme de combats spirituels, livrés au plus profond de son être.

Ils arrivaient armés de leurs fiches, et posaient toutes les questions qui avaient déjà été posées. Ils l'interrogeaient en particulier sur l'oncle de sa mère, le cocher de la famille anglaise venu à Londres de la Barbade, qui s'était trouvé des amis parmi les domestiques de la maison Tichborne, prêts à lui offrir du thé et des gâteaux. Lebrun racontait l'histoire indéfiniment. Vers la fin de sa vie, il oubliait parfois où il voulait en venir. Il citait les paroles du vieux cocher, selon qui, autrefois, les Noirs et les Blancs, c'était pareil, après quoi lui, Lebrun, cherchait ce qui devait suivre, mais sans pouvoir renouer le fil. Le journaliste ou le producteur de télévision trouvait que cela suffisait bien à fournir l'histoire du jour ; sans comprendre que l'angoisse de Lebrun avait débuté là, par le vieux cocher qui le ramenait vers un lointain passé, presque au temps de l'esclavage, en affirmant que c'était le bon temps. Mais peut-être aussi, dans son extrême vieillesse, était-il redevenu un enfant, qui n'aspirait qu'à la paix.

6

UNE LIASSE DE PAPIERS, UN ROULEAU DE TABAC, UNE TORTUE

HISTOIRE NON ÉCRITE

Peut-être une pièce, ou un scénario, ou un mélange des deux — voilà sous quelle forme l'idée m'était venue, pulsion irréalisable, il y a de longues années : le premier décor représentant en coupe les ponts supérieurs d'un navire du règne de Jacques Ier, le *Destiny*. La date : 1618. Le cadre, un cours d'eau sud-américain, gris dans l'immobilité, boueux sous l'étrave. C'est presque l'aube. Le ciel s'argente. Le décor à deux étages est plongé dans la pénombre ; mais la lumière tropicale monte très vite. Le silence d'avant l'aurore est rompu par le bruit d'une lourde chute dans l'eau. Un homme a sauté par-dessus bord. Au bout d'un instant, des cris fusent sur les ponts du bateau, et on entend des gens courir.

En même temps, la lumière commence à éclairer dans la cabine du capitaine un vieil homme maigre, en petite tenue de l'époque. C'est Sir Walter Raleigh. Il a soixante-quatre ans. Il est malade depuis de longs mois ; il ne lui en reste guère plus de huit à vivre.

Cela fait un peu moins de deux ans qu'il est un homme libre. Avant cela, il est resté treize ans prisonnier à la Tour de Londres, ayant eu des ennuis avec le roi. Il a été remis en liberté pour partir à la recherche de l'Eldorado, les mines d'or de Guyane en Amérique du Sud. Il a toujours dit que ces mines existent, quelque part sur les rives de l'Orénoque, et affirmé qu'il sait exactement où elles se trouvent. Vingt-deux ans auparavant, il a attaqué l'île espagnole de Trinidad, qui gardait l'accès à l'Orénoque et à l'Eldorado, et il a capturé Berrio, le conquistador, soi-disant gouverneur de la province de l'Eldorado. Selon les déclarations de Raleigh, il a soutiré au vieux conquistador tout ce qu'il savait sur le pays de l'or. Et il a déclaré aussi qu'il a mis de son côté tous les Indiens de la région. Il a été libéré pour prouver maintenant la justesse de ses allégations, et il a accepté des conditions qui ressemblent à celles d'un jeu. S'il trouve de l'or, tout sera pardonné. S'il n'en trouve pas, ou s'il provoque une réaction des Espagnols, il sera exécuté. La Guyane est territoire espagnol.

A présent — dans ce pays qui a pris, dans son esprit et ses écrits, la forme d'une sorte d'Arcadie où il pourrait régner sur les Indiens et un empire doré — il est un homme assiégé. Les Indiens l'évitent. Il ne parvient pas à obtenir l'aliment dont il a parlé jadis dans ses textes, les délicieux poissons d'eau douce qu'on pêche dans certaines poches d'eau du Pitch Lake, le lac de bitume. Sa flotte est sous la surveillance des Espagnols de Trinidad, en petit nombre, mais en position de force. Ils ont leurs mousquets. Ils ne font pas feu de manière inconsidérée. Ils attendent, ils visent soigneusement à quarante pas, au maximum. Raleigh perd régulièrement un homme ou deux, quand de petits groupes vont à terre chercher du bitume (qui sert au calfatage des bateaux), des huîtres, des victuailles ou de l'eau. Il est à cours de vivres.

A mesure que les semaines passent sans qu'arrivent des nouvelles du sud, de cet affluent de l'Orénoque dont il a envoyé la moitié des hommes de l'expédition remonter le cours, il se sent dépossédé. La chaloupe qu'il a expédiée à leur suite pour s'enquérir d'eux, pilotée par un captif indien, n'est pas revenue. Il est de plus en plus convaincu que des informations sur ce qui s'est passé là-haut circulent parmi les villages indiens. Les Indiens savent tous l'espagnol, à présent. Ils n'ont aucune raison de tourner le dos aux Espagnols par égard pour Raleigh. Après tout, son absence a duré vingt-deux ans. Et c'est encore en quête de nouvelles, autant que de ravitaillement (les poissons des trous d'eau douce dans l'asphalte dur du Pitch Lake, La Brea, et la chair « grasse », délicate, des « faisans » de la région), qu'il a autorisé le deuxième des trois Indiens capturés — hispanophones en cachette, et peut-être alliés aux Espagnols de Trinidad et du continent — à aller à terre, en laissant son ami derrière lui en otage.

Un soldat frappe à la porte de la cabine et il entre pour annoncer que Martin, le troisième Indien, s'est évadé.

— Tiens, tiens... dit le vieil homme. Qui était l'homme de quart ?

— Piggott.

— J'aurais bien envie d'envoyer Piggott tout seul sur une yole remonter l'Orénoque.

— On pourrait mettre à l'eau une chaloupe pour tâcher de le récupérer. L'Indien.

— Je ne vois pas à quoi cela servirait.

— Ce ne sera pas facile, mais on peut essayer.

— Certes, ce ne sera pas facile. Le temps de descendre le bateau et de revêtir votre cuirasse, il sera dans la forêt. Dès qu'il aura mis un arbre entre lui et vous, l'affaire sera entendue. Vous n'avez pas réussi à le garder à bord. Vous ne serez sûrement pas capables de le rattraper dans la forêt.

— Nous allions le pendre aujourd'hui, parce que son ami n'est pas revenu du village. Ça ne plaisait pas trop aux gars. Ils ont l'impression, maintenant, que tout ce qu'ils font va leur retomber sur le nez. Ils ont déjà eu trop de malchance.

— Vous m'y faites penser... Allez me chercher le chirurgien. Il est temps que je prenne ma potion. Pourquoi ne portez-vous pas votre plastron de cuirasse ? J'ai donné mes instructions dans ce sens. Il faut que nous nous tenions prêts à tout moment. Le métal tient chaud, mais une flèche empoisonnée risque de brûler davantage encore.

— J'étais en train de le mettre quand l'Indien a sauté à l'eau.

— La canaille !

— Je vais chercher le chirurgien.

— Ces matelots, ces soldats... Leurs amis et leur famille savaient ce qu'ils faisaient en les expédiant sur l'océan. Ils espéraient simplement qu'ils se noieraient ou qu'ils disparaîtraient. Je me dis parfois que les hommes qu'on m'a donnés ne sont bons qu'à manger leurs rations. Ils m'ont chapardé mes dernières pommes. J'en conservais quelques-unes dans ce tonneau de sable. Ils les ont trouvées et volées. Je m'étais donné beaucoup de mal pour les emballer dans du bon sable blanc et propre avant de quitter l'Angleterre.

Le ciel s'illumine. La journée est déjà chaude. Le chirurgien vient dans la cabine pour administrer sa potion au vieil homme. Ils parlent de Martin, l'Indien qui s'est enfui. Ils tombent d'accord : il vaut mieux que l'homme n'ait pas été pendu. La menace était seulement destinée à faire revenir l'autre Indien, avant de l'envoyer — pensait-on — troquer des denrées anglaises contre des vivres, et peut-être des informations. Mais, manifestement, cela ne le gênait pas de sacrifier l'ami ou le compagnon tribal qu'il avait laissé sur le navire.

— Votre potion, dit le chirurgien.

— Il existe un baume qu'on peut recueillir dans ces forêts, dit le vieil homme. En 1595, j'en avais obtenu une bonne quantité chez les Wannawanarés. Cette fois-ci, je n'en ai eu qu'une petite noix quand je suis allé à terre. Vous n'avez jamais senti une odeur aussi suave. Un peu comme de l'angélique. Vingt ans durant, j'ai gardé le souvenir de ce parfum. Mais ils nous faisaient bon accueil, à l'époque.

— Il faut oublier tout ça, à présent. On ne nous laissera pas débarquer.

— Et les huîtres. Les petites, accrochées aux racines des palétuviers, dans l'eau de la mangrove. On n'avait qu'à détacher un bout de racine pour sortir d'un coup une douzaine d'huîtres, toutes vivantes. Des huîtres délectables, meilleures que tout ce qu'on avait pu goûter auparavant. Et l'eau de pluie dans les trous du Pitch Lake ! On y décèle la saveur du goudron, mais cela fait partie du goût délicieux de cette eau.

— Vous vous faites du mal, et vous en faites aux autres, en ressassant ces choses-là. Ces choses délectables. Tout ce que vous avez pu nous promettre au long de la traversée ! Par exemple, vous parliez beaucoup d'un certain alcool de manioc...

— C'est un de mes souvenirs de 1595. Sur cette côte de Guyane. Les Indiennes mâchaient le manioc avant de le recracher dans un récipient. En Angleterre, ce sont les femmes qui sont les brasseurs, et ici c'est la même chose. Du moins, c'était la même chose. J'ignore ce qui se passe maintenant. Je ne suis pas retourné dans leurs villages. La mastication du manioc était un travail de femme, parce que ces gens s'étaient aperçus que la salive féminine provoquait une fermentation rapide du manioc. On n'imaginait rien de tel quand on voyait un groupe de ces femmes, assises par terre, qui mâchonnaient puis recrachaient dans un morceau de tronc d'arbre creusé, et pouffaient de rire dès qu'elles s'apercevaient qu'on les regardait faire. La première fois que j'ai vu des femmes de Moriquito se livrer à cette occupation, cela m'a paru si étrange que j'ai fait halte pour les interroger, sur quoi elles se sont toutes mises à hurler de rire et j'ai cru qu'il s'agissait d'une plaisanterie. Mais une fois terminée, l'opération donnait l'alcool le plus limpide et le plus exquis du monde. Meilleur qu'aucun fruit sec, plus pur qu'aucune bière. Lorsque les circonstances invitaient à boire, les chefs se prélassaient dans leur hamac, se balançant bord sur bord à l'ombre des arbres de leurs villages. Car on trouve de la fraîcheur là-bas, dans la forêt, il ne fait pas chaud et moite comme ici sur le bateau, dans le golfe. Et les femmes servaient ce nectar à leurs chefs, par tasses minuscules qu'elles remplissaient chaque fois avec une petite louche. Quelles femmes ! Potelées, et aussi délicates que n'importe quelle Anglaise de bonne extraction. La peau blanche, les cheveux noirs, des traits réguliers.

— C'est ce que vous nous avez raconté presque aussitôt après notre départ des Canaries, afin de nous donner courage pour la traversée, après les ennuis que nous avons eus là-bas avec les Espagnols, et la désertion de ce capitaine avec son vaisseau.

— La canaille ! Toute cette bagarre à bord des vaisseaux, avant même que nous ayons quitté l'Angleterre... La canaille ! Quand cet homme a déserté, j'étais à moitié de son côté, pour ne rien vous cacher. Mais je n'avais nulle part où aller. Il fallait que je reste avec l'expédition. Cela faisait si longtemps que j'implorais de l'organiser, et quand elle a été lancée, on aurait dit qu'elle avait sa vie à elle, indépendamment de moi. Comme si je m'étais simplement greffé sur elle. Et ensuite, les maladies, tous ces hommes qui tombaient malades et mouraient sur notre nouveau vaisseau... Tous ces amis... Je n'ai même pas commencé à en faire mon deuil. J'ai peur de me retrouver seul, à présent, avec mon chagrin. J'ai l'impression qu'il va m'emporter. Mon propre cuisinier, Francis... il est mort. L'expert en or que j'avais pris, le meilleur affineur d'or de tout Londres, lui aussi, il est mort. Ils mouraient tous. Le bateau s'est mis à empester, de tant de malades grabataires et des cadavres que j'avais à ensevelir.

— Et vous remontiez le moral à tous les hommes en leur parlant de ce paradis sur l'autre rive de l'océan. Pas seulement l'or, mais l'eau douce et les aliments frais, et les gens si beaux, si amicaux, qui vous attendaient pour faire de vous leur roi.

— Moi aussi, j'étais malade. La fièvre. Trois chemises par jour, trois chemises par nuit. Trempées, à tordre. Et il y avait des jours où nous étions encalminés, nous ne parcourions pas plus de six lieues marines, avec le soleil au-dessus de nous qui nous traquait, l'après-midi on aurait cru que la mer était en feu, tant elle scintillait. J'allais mal. L'expédition avait sa vie à elle. Je m'y suis simplement abandonné et elle m'a traîné d'une journée sur l'autre. Je n'avais plus de volonté. Je n'étais plus en état d'exercer mon autorité.

— Dix vaisseaux pleins de malades et de morts. Et quand nous sommes arrivés, nous avons vu un navire hollandais, qui se livrait tranquillement au commerce. Des hachettes, des couteaux et des bouts de métal en échange de tabac, de sel et de peaux. Et nous, chargés de malades et de morts, nous cherchions l'or. N'êtes-vous pas étonné que les hommes encore validides ne se soient pas mutinés pour vous demander des comptes ? Vous étiez censé les avoir menés vers une mystérieuse région du monde, inconnue de tous en Angleterre, en Espagne ou aux Indes occidentales. Et à notre arrivée, le capitaine Janson était là à commercer, et vous vous êtes fait porter à terre en chemise, pour respirer un air sain, pour vous remettre et ensuite ensevelir vos morts. Pendant ce temps, les petites pirogues indiennes affluaient sans cesse vers le Hollandais. Ces gens qui allaient être vos sujets. Ils parlent l'espagnol et le hollandais. Pas l'anglais. Ils ne sont pas venus à vous.

« Pourquoi avez-vous raconté à tant de gens que vous pouviez régner sur les Indes occidentales ? Vous leur avez donné tant à espérer en venant ici... Ils avaient tant souffert en route ! Nous avions tant souffert, tous autant que nous sommes ! Je pensais que les chefs viendraient à votre rencontre pour vous rendre hommage. L'eau douce et délicieuse, les petites tasses d'alcool, ces femmes, les aliments frais. Les cerfs, les poissons, les huîtres. Il ne s'est rien passé. Nous avons vécu de nos provisions. Keymis, votre lieutenant, a envoyé un interprète au village le plus proche pour s'enquérir de vos deux serviteurs indiens. Des serviteurs. Pas des chefs. Mais les hommes que vous aviez emmenés en Angleterre en 1595, pour en faire montre.

— C'était aussi pour qu'ils m'enseignent la langue.

— Nous avons attendu deux semaines. Celui que vous appeliez Leonard n'est pas apparu.

— Il n'a jamais joui d'une bonne santé. Sans doute est-il mort. Je l'avais renvoyé ici, voici dix ou douze ans. Il voulait mourir chez lui.

— Au bout de quinze jours, une pirogue nous a accostés, avec à bord un vieillard malade, vêtu d'antiques frusques anglaises. Un vieil épouvantail d'Indien en guenilles anglaises. Le peu de dents qu'il lui restait toutes noircies par le tabac qu'ils consomment ici pour apaiser la faim quand ils font un voyage. La pirogue était jonchée de bouts de cassave, de rouleaux de tabac noir, plus un reste de vivres, soigneusement enveloppés dans une feuille. Nous pensions que nous allions assister à la rencontre de deux chefs. De beaux vêtements, des plumes, un étendard indien. Nous avons assisté à la rencontre de deux vieillards. Et vous n'avez pas pu parler avec Harry, car il avait oublié son anglais.

— J'en ai été surpris. Il a passé quatorze ans auprès de moi. J'espérais qu'il épouserait une Anglaise. Mais il a été pris du mal du pays. Il avait un bandeau indien, en cotonnade, bleu et blanc. Quand le mal du pays s'emparait vraiment de lui, il nouait le bandeau autour de son front et s'asseyait face au mur. Il a souvent fait cela, dans la Tour. Il se taisait, restait sans bouger et gardait les yeux ouverts. Il pouvait demeurer ainsi toute une journée, jusqu'à ce que le mal du pays le laisse en repos. C'était terrible à voir. Je l'ai renvoyé ici avec William Harcourt. Il y a neuf ans de cela. Il voulait remporter des tas de vêtements anglais. Il adorait les vêtements.

— Les hommes ont été près de se mutiner ce jour-là. Vous n'avez pas idée, je crois, à quel point ils en ont été près. Et vous avez passé toute la journée et celle du lendemain dans cette cabine, à écrire à votre femme que votre nom survivait chez les Indiens, et que vous pouviez devenir leur roi. C'est l'une des lettres qu'un vaisseau a emportées.

— Je ne savais pas qu'on lisait mon courrier.

— Ç'aurait été pure négligence de ne pas le faire. Cette grande expédition, tous ces morts... Tout ce potentiel de désordres alors qu'il nous faut la paix. Nous avons besoin de savoir quelles sont vos intentions. Et vous n'ignorez pas que des copies sont faites de vos lettres et circulent en Angleterre parmi vos partisans.

— Je savais qu'il y avait un espion auprès de moi. J'ignorais qui c'était, au juste. Tout au long des semaines avant de tomber malade, j'ai tâché de le savoir. Je ne pensais pas que c'était vous. Je croyais plutôt que c'était John Talbot, mon ami de la Tour de Londres. Puis il est mort de l'épidémie, et j'ai pensé qu'il n'y avait plus d'espion. C'est l'un de ceux que nous avons eu à ensevelir ici. Un homme bien, avais-je toujours estimé. Et un érudit, en plus. Onze ans avec moi dans la Tour. Il voulait en sortir. Je ne pouvais pas le lui reprocher. Je ne lui en voulais pas de jouer le rôle de l'espion.

— En fait, il nous a été utile.

— Mon interrogatoire a commencé ?

— Il était temps. Cela fait deux mois que nous sommes ici. Nous avons perdu beaucoup d'hommes. Sur toutes les expéditions, il en meurt, mais nous en avons trop perdu. Les vivres vont manquer. Vous avez envoyé cinq vaisseaux et quatre cents hommes remonter le cours de cette rivière. Nous n'avons aucun moyen de savoir ce qui est arrivé. Cet Indien que vous avez capturé et envoyé sur leurs traces n'est pas revenu, et je ne crois pas qu'il revienne jamais. Tous les autres Indiens que nous voyons nous évitent. A Trinidad, de l'autre côté du golfe, les Espagnols se tiennent à l'affût avec leurs mousquets pour nous empêcher de débarquer. Nous n'avons aucun moyen de savoir ce qui est arrivé en face, sur le fleuve, dans cette mission de San Thomé. Nous savons que le gouverneur espagnol a quitté Trinidad pour s'y rendre, certainement, en vue de fortifier la place. Ce gouverneur est un nouveau venu. On l'a envoyé d'Espagne ici tout exprès. Il ne fait pas partie du vieux personnel colonial. C'est un noble, un parent de l'ambassadeur espagnol à Londres. Nous n'avons aucun moyen de savoir ce qu'il est advenu de Keymis, votre lieutenant, ni de votre fils. Non plus que des cinq vaisseaux que vous avez envoyés là-haut, ni des quatre cents hommes. Il est arrivé quelque chose, c'est évident. On le devine. On le sent dans l'air. Il est probable que nous allons le découvrir d'ici peu, mais peut-être alors ne serons-nous plus, ni vous ni moi, en position de causer tranquillement.

— Vous ne voulez pas une plume, du papier ? Vous ne prenez pas de notes ?

— Pas au point où nous en sommes. Bien que je préfère toujours œuvrer à partir d'un compte rendu écrit. Quand on ne note rien, on laisse échapper beaucoup de choses. Le sens de certaines phrases que les gens prononcent ne se révèle qu'à force de les lire et de les relire. Il faut que les mots aient une présence physique sous vos yeux. C'est la seule manière de faire des découvertes. Toutes simples, pour commencer. Par exemple : "Mais, je ne comprends pas cette phrase." Ou : "Comment sommes-nous passés de ceci à cela ?" Surtout avec quelqu'un comme vous, habile à manier les mots. Mais, en réalité, vous et Laurence Keymis, vous avez tous deux mis les choses au point par écrit de façon très détaillée voici bien des années. L'un comme l'autre, vous avez rédigé des ouvrages sur la Guyane, l'Eldorado et vos découvertes. Richard Hakluyt en a repris des extraits dans sa propre compilation. C'est John Talbot, votre ami de la Tour de Londres, qui nous a aiguillés là-dessus. "Tout est là, nous a-t-il dit. Étudiez ces livres d'il y a vingt-deux ans. Disséquez-les."

« J'ai essayé de les lire en Angleterre avant le départ, mais j'ai eu du mal. Je me perdais dans tous ces noms étrangers, indiens et espagnols, noms de lieux, de personnes ou de tribus. Vous donniez trop de noms : je dois vous dire que cela a éveillé mes soupçons.

« Il n'était pas question de lire pendant la traversée, surtout après le début de la maladie. J'ai seulement repris ma lecture depuis que nous sommes dans le golfe, et surtout depuis que Keymis et votre fils sont partis chercher la mine d'or de l'Eldorado. Nous avons disposé de beaucoup de temps depuis lors, beaucoup de journées oisives. Le grand soleil de six heures du matin à six heures du soir. Même ainsi, il m'a fallu lire et relire votre livre indéfiniment. C'est un texte glissant, si vous me permettez le mot. Vous glissez, vous dérapez. L'écriture paraît belle, aisée, claire et brillante pendant un certain nombre de pages, et puis on s'aperçoit tout d'un coup qu'on a relâché son attention. On sent qu'on a manqué quelque chose. Alors on retourne en arrière. On n'a rien manqué. C'est simplement le texte qui a dérapé. Ce phénomène se reproduit plusieurs fois. Ainsi, même en étant un lecteur attentif, on perd le fil de la narration. Ce n'est pas facile de repérer d'abord que le ton a changé et ensuite où cela intervient exactement. Mais c'est précisément ces lignes-là qu'il faut identifier. Car c'est là que l'auteur a décidé d'ajouter quelque chose, ou de cacher quelque chose.

« L'un des tours de passe-passe les plus extraordinaires de votre livre se présente dans votre "Avertissement", une sorte de préface insérée entre la lettre de dédicace et le livre lui-même. C'est plein d'audace et d'efficacité de placer un passage aussi important en ce lieu intermédiaire, où l'on n'a pas une lecture trop attentive. Vous avez écrit cet Avertissement, dites-vous, en réponse à tous ceux qui, bien des années plus tôt, lors de votre retour en Angleterre, ont affirmé que vous mentiez au sujet de l'Eldorado, que vous n'aviez rien trouvé, que le prétendu minerai d'or que vous aviez rapporté était en réalité du sable et que l'échantillon d'or de la Guyane que vous avez montré avait été auparavant acquis par vous en Afrique du Nord. Le ton de l'Avertissement était viril et sincère. Vous évoquiez très clairement les dires de vos détracteurs. Puis vous sembliez fournir une explication en toute franchise. Vous aviez, racontiez-vous, envoyé quarante de vos hommes à la recherche du minerai. Ils avaient rapporté du sable. Pas tous le même sable. Ils avaient choisi des teintes différentes. Vous leur aviez dit que c'était du sable qu'ils vous présentaient, mais, pour diverses raisons, ces hommes avaient tenu à le garder pour le rapporter en Angleterre, et vous les y aviez autorisés.

« Pourtant, il n'est pas question de cet épisode dans le livre lui-même. J'ignore à quel moment vos hommes ont reçu l'ordre d'aller chercher ce minerai. Il en ressort donc apparemment que si vos ennemis ou d'autres ne vous avaient pas accusé de mentir et d'avoir rapporté du sable de Guyane et de Trinidad, nous n'aurions jamais rien su des quarante hommes qui étaient allés, sur votre ordre, chercher le sable d'or pour le rapporter à bord des vaisseaux.

« A Londres, quand les gens ont commencé à railler et douter, vous avez donc présenté le morceau d'or d'Afrique du Nord en affirmant qu'il provenait de Guyane, d'une certaine montagne d'or et de diamants proche d'une rivière turbulente. Vous n'alliez pas vous laisser traiter de bouffon. Un traître, un pirate, un homme ligué au roi d'Espagne, tout valait mieux que d'être un pitre. Après Drake et Hawkins, jouer le rôle du corsaire et de l'explorateur bouffon, ç'aurait été pire que la mort.

« Nos actes répondent à toutes sortes dc motivations. Certaines de ces motivations peuvent paraître assez dérisoires. Et il se pourrait que l'une des motivations, rien qu'une, peut-être, à la base de cette aventure — si chevaleresque, aux limites du monde, si héroïque, vouée à l'échec, la noblesse d'un vieil homme — qui nous amène tous ici, au prix de tant de morts, il se pourrait que l'une des raisons initiales en soit votre volonté, vieille de bien des années, de prouver que vous n'étiez pas un bouffon, que vous n'aviez pas rapporté en guise d'or une cargaison de sable.

« Quand vous avez montré le morceau d'or nord-africain, on vous a demandé pourquoi vous n'en aviez rapporté davantage de cette terre mythique d'Eldorado. Bien entendu, vous n'aviez pas de quoi en acheter en plus grande quantité. Mais, dans votre Avertissement, vous répliquez assez sèchement que personne n'a le droit de vous en demander davantage. Par ailleurs, poursuivez-vous, vous n'aviez ni le temps, ni l'outillage, ni la main-d'œuvre nécessaires lorsque vous étiez sur la rivière d'Eldorado. Il fallait arracher l'or au roc le plus dur. Et le public a accepté cet argument, alors que vous aviez eu des années pour préparer l'expédition, et que vous vous trouviez à la tête d'un si grand nombre d'hommes et de vaisseaux. Vous vous étiez emparé du conquistador espagnol qui avait participé à la quête de l'Eldorado, vous lui aviez soutiré tout ce qu'il savait et vous vous étiez lancé à la recherche des mines. Il était donc étrange, après tous ces préalables, que l'outillage et le temps vous aient fait défaut. Vous avez dit que le débit de la rivière enflait si vite que vous ne pouviez pas vous attarder trop longtemps sur les rives, d'autant que vous étiez loin de vos vaisseaux et que vous les aviez laissés sans protection.

« Ainsi, vous n'avez rapporté en Angleterre que du sable de marcassite. Il y a un autre élément qui rend lamentable l'histoire du sable. Des Français avaient fait la même chose et on s'était moqué d'eux. Et, quelques semaines avant vous, un jeune Anglais avait fait de même, lui aussi. Sir Robert Dudley, le fils du comte de Leicester. Il était allé à Trinidad. Il avait demandé aux Indiens ce qu'ils savaient d'une mine d'or. Comme ça. A peine débarqué. Sans connaître la langue ni rien. Et il avait cru que les Indiens avaient, par signes, indiqué que oui, il existait une mine d'or pas très loin au-dessus de la rive. La petite troupe en armure s'y était rendue, et avait vu scintiller la marcassite dans le sable. Trois jours durant, les hommes de Dudley avaient chargé du sable à bord. Les Espagnols les avaient repérés, mais s'étaient gardés d'intervenir. Puis le jeune Dudley était reparti, parce que vous arriviez et qu'il était inquiet à l'idée que vous le trouviez sur votre coin d'Eldorado.

« Je le répète, cela s'est passé littéralement quelques semaines avant que vous arriviez dans le golfe et que vous opériez un massacre d'Espagnols. Pendant que vous exploriez les embouchures de Guyane, Dudley remportait sa marcassite en Angleterre. Le capitaine Wyatt a relaté cette aventure dans un langage d'un romanesque exalté. Le récit a circulé sous forme de manuscrit. Hakluyt avait refusé de l'éditer. En s'entendant dire qu'il n'avait ramassé que du sable, Dudley a prétendu qu'il le savait tout au long et que c'était une fantaisie de sa part de le rapporter.

« C'est plus ou moins ce que vous avez dit vous-même lorsque vous êtes revenu avec votre propre chargement de sable de Trinidad. Vous ignoriez l'aventure du jeune Dudley. Vous n'aviez rien trouvé d'autre. Votre ouvrage n'affirme pas que vous aviez découvert quoi que ce fût. Vous aviez parlé à un ou deux chefs, c'était tout. Mais vous n'aviez rien trouvé. En dépit du titre de votre livre : *La Découverte du vaste, riche et magnifique empire de Guyane*. Un livre difficile, d'une lecture malaisée.

« Difficile à dessein, je crois. C'est ici seulement que je comprends pourquoi il est si difficile. C'est un mélange délibéré de fantasme démodé et de vérité moderne. Tout ce que vous écrivez au sujet de cette rive-ci du golfe, la rive orientale, la rive de Trinidad, tout est correct et très clair, chaque nom, chaque tribu, chaque petit port indien. De véritables connaissances, une véritable étude. Sur la rive d'en face, c'est une autre histoire. Quand vous en venez au cours principal de l'Orénoque, vous parlez d'un étrange pays aux montagnes de diamants, aux prairies, aux bois peuplés de cerfs et d'oiseaux. C'est très joli, mais à la manière d'un tableau. On croirait que ce livre est l'œuvre de deux hommes différents.

« A mon sens, lorsque vous avez commencé à explorer la Guyane, à vous déplacer le long de ce fleuve, lorsque vous avez constaté que le vieux conquistador espagnol n'était qu'un vieux sot, lorsque vous avez vu la pauvreté des tribus, vous avez compris qu'il n'existait pas d'Eldorado. Et la navigation sur le fleuve vous a été odieuse. A travers votre texte, j'imagine combien ce genre de voyage est pénible. Le soleil, la touffeur, les échouages permanents, le mélange à bord des excréments, des vivres et de la cuisine, les hommes alternativement trempés et secs et trempés de nouveau, l'odeur de multiples transpirations dans un espace confiné.

« Vous suiviez un régime différent, avez-vous dit. Quel que fût votre désir de ressembler à Hawkins ou à Drake, vous ne pouviez pas rééditer leurs exploits. Vous ne vouliez jamais trop vous éloigner de vos vaisseaux et de votre cabine. Mais vous aviez fait trop de morts, vous aviez trop longtemps parlé de l'Eldorado, et quand vous êtes retourné en Angleterre, vous ne vouliez pas avoir l'air idiot, avec votre sable. Si bien que vous étiez obligé de vous en tenir à votre histoire de l'Eldorado.

« Si vous n'aviez pas renoncé à l'Eldorado quand vous naviguiez sur le fleuve, vos actes n'auraient pas de sens. Vous avez débarqué un homme auprès des Indiens pour qu'il aille jusqu'à la cité de l'or. Un homme, au cœur de la forêt. Le chef indien vous a demandé de laisser une cinquantaine de soldats, pour protéger les siens contre les Espagnols. Vous avez refusé. Vous n'en avez laissé qu'un. Après une telle traversée, tant de préparatifs, tant d'années de tentatives de reconnaissances. L'homme que vous avez débarqué était un serviteur, celui du capitaine Gifford, Francis Sparrow. C'était Francis Sparrow, un représentant d'une classe inférieure envers qui vous n'avez que des injures à la bouche, c'était lui qui allait découvrir pour vous l'Eldorado.

« Et, pour montrer d'où vous veniez au peuple d'Angleterre, vous avez pris avec vous le fils du chef Topiawari. Vous avez laissé un garçon en échange. Un garçon de seize ans, Hugh Goodwin. Je ne sais pas comment vous avez pu commettre un tel acte. Si les gens avaient lu plus attentivement votre livre, ils vous auraient fait ce procès. Keymis a découvert l'année suivante ce qu'il était advenu de ce pauvre gosse. Il l'a raconté par écrit, et nous l'avons su aussi grâce aux rapports des Espagnols. Avant même que vous ayez rejoint le golfe, ce garçon était mort. Les Indiens racontèrent aux Espagnols qu'il était parti se promener dans la forêt vêtu de ses habits anglais, et qu'un tigre, mis en fureur à la vue de ce costume, avait bondi sur lui et l'avait tué. Tantôt il me semble que cela sonne juste, tantôt que cela ressemble à une moquerie espagnole, tantôt que c'est une histoire absurde. Qui sait ? Ce sont peut-être les Espagnols qui l'ont tué, ou les Indiens. Imaginez ce gosse au bord des larmes qui marche dans la forêt, vêtu de ce qu'il a de mieux, chargé de ce qu'il a pu prendre d'utile sur le vaisseau. Dans la solitude, il s'écarte du village, après que votre flotte a commencé à redescendre le fleuve, cent miles par jour.

« Le sort de Francis Sparrow fut pis. Il ne se lança jamais à la recherche de l'Eldorado et de la cité de Manoa. Les Espagnols le capturèrent peu de jours après que vous l'eûtes déposé à terre. Sans doute avaient-ils été informés par les Indiens. Grâce aux rapports des Espagnols, nous savons qu'il a passé sept ans dans leurs geôles, et vous n'ignorez pas quels horribles traitements subissent les protestants dans les geôles espagnoles, même ici aux Indes occidentales, où l'Inquisition sévit aussi.

« Vous aviez renoncé à l'Eldorado et, après toutes les morts cruelles, je songe à ces deux garçons abandonnés dans la forêt, à quatre cents miles de l'embouchure du fleuve, comme à de singuliers sacrifices offerts par vous. Nous ne connaissons d'eux que le nom. Vous n'avez jamais fait très attention aux gens de cette sorte, les travailleurs, les rameurs du bord.

« Et voyez où tout cela vous a ramené. Voyez où cela nous a tous amenés, l'attente, dans les eaux boueuses de ce golfe, de nouvelles de votre fils et du lieutenant Keymis. De temps à autre, au long du jour, les Espagnols de Trinidad tirent un coup de feu pour nous rappeler qu'ils nous surveillent. Juste avant le coucher du soleil, les Indiens allument des feux sur le rivage. On voit passer leurs pirogues, aucune ne s'approchera.

« Pourtant, le lendemain de votre arrivée, vous avez écrit à votre femme que vous pouviez encore être couronné roi des Indes occidentales. De cela, nous parlerons plus tard. Je reviendrai tout à l'heure vous administrer une seconde dose de potion, quand il fera plus frais. J'ai encore besoin de lire et de réfléchir, pour trouver mon chemin dans votre langage glissant. Voyez comme le soleil luit à travers vos rideaux de soie verte. L'étoffe commence déjà à se faner. »

Au coucher du soleil — on n'avait jamais une vraie fraîcheur sur l'eau, au sud du golfe, presque dans le delta du fleuve — le chirurgien revint.

— Vous m'avez demandé pourquoi j'ai écrit cette lettre à

ma femme, lui dit le vieil homme. Elle la recevra dans quelques mois. D'ici qu'elle la lise, tout ceci sera peut-être terminé. Peu importe ce que je lui ai raconté. D'ailleurs, c'était la vérité à un moment donné : j'aurais pu régner sur les Indiens.

— Il y a longtemps de cela. En 1595. Cela fait vingt-trois ans.

— J'ai sauvé des Espagnols tous les petits rois ou chefs indiens de Trinidad. J'ai été le premier, ici, à punir les Espagnols de ce qu'ils avaient fait. J'ai tué les Espagnols à Port of Spain et ouvert la geôle de leur ville dans les terres pour délivrer les rois, et les Indiens ont brûlé la cité espagnole. Mais quand j'ai écrit mon livre et cité le nom des rois, il s'est trouvé des gens en Angleterre pour dire que je les avais inventés. Wannawanaré, Carroari, Maquarima, Tarroopanama, Aterima. A ce jour, je me rappelle leurs noms. Puis, par chance — moins pour moi que pour les rois — on a capturé un vaisseau qui emportait en Espagne des copies de rapports, et certains de ces noms y figuraient. Les Espagnols avaient fondé Port of Spain sur le territoire de Wannawanaré. Selon le rapport expédié en Espagne, il avait accepté de céder sa terre et ses sujets. L'homme que j'ai trouvé était nu, marqué par les tortures, à demi mort dans leur cachot. Je revois encore leur visage à tous tourné sur le côté, contre le mur, je les revois, les cinq rois décharnés, attachés à la même chaîne, le corps brûlé en certains endroits par du lard fondu. Ils seraient simplement restés là jusqu'à ce que mort s'ensuive si nous ne les avions pas délivrés. Et si l'on n'avait pas saisi les copies des rapports espagnols envoyés de Trinidad, avec le nom de certains de ces rois, censés avoir accepté que les Espagnols s'emparent de leurs terres et de leurs sujets, si ce n'était pas arrivé, personne n'aurait voulu croire que ces rois existaient, et qu'ils avaient subi ces tourments au fond de leur cachot.

— Oui, les Espagnols sont ainsi, dit le chirurgien. Ils établissent des rapports sur tout, attestés par des notaires, et ils expédient en Espagne des copies en double et triple exemplaire par des vaisseaux différents. Il n'y a presque rien qui se perde. Cela nous apporte une aide précieuse. Nous avons souvent les deux versions d'une histoire.

— C'est terrible, dit le vieil homme, de penser qu'on aurait pu ignorer le sort de ces hommes, ou refuser de croire ce que j'écrivais à leur sujet.

— Tout ce que vous avez écrit au sujet de la rive trinidadienne du golfe est exact. C'est remarquable. Chaque tribu, chaque village, chaque cours d'eau est tel que vous le décrivez.

Et c'est vrai que vous avez délivré Wannawanaré et ses sujets, ainsi que tous les autres. Mais ensuite vous êtes parti, et, vous le savez, les Espagnols sont revenus. Ils ont envoyé une très grosse expédition dans le golfe quelques mois plus tard. Personne, je crois, ne sait ce qu'il est advenu de Wannawanaré et de tous les autres après votre départ. Les Espagnols avaient beaucoup de comptes à régler. Les Indiens que vous aviez secourus n'avaient pas une chance de s'en tirer. Ces deux garçons que vous avez abandonnés sur le bord du fleuve n'avaient pas une chance de survivre. Quand vous avez envoyé Keymis en reconnaissance, l'année suivante, il lui a fallu agir très prudemment. Il n'a même pas pu débarquer à Trinidad. Il a appris par la suite que les Espagnols réinstallaient les Indiens des deux côtés du golfe. Vous savez ce que cela signifie. Keymis n'a fait aucune mention de Wannawanaré. Étrange... de la part de Keymis, veux-je dire.

« Durant quelques semaines, en 1595, alors que vous disposiez de tous ces vaisseaux et de ces troupes, je suppose qu'il vous aurait été possible de devenir le roi des Indiens. Mais vous avez abusé ces gens. Quand Keymis y est allé, l'année suivante, un chef indien est venu à sa rencontre à l'embouchure du fleuve, avec douze ou vingt pirogues armées pour la guerre. Le chef a demandé à Keymis où était le reste de votre flotte. Keymis avait son mensonge tout prêt. Il a dit qu'il n'était pas venu combattre les Espagnols. Vous les aviez tous tués l'année précédente, et si vous aviez envoyé à présent des forces plus importantes, les Indiens auraient pensé que vous vouliez envahir leur territoire. Lorsqu'il a eu fait deux fois cette réponse, la rumeur a couru dans les tribus, et plus personne n'est venu à lui. Les Indiens n'ont plus vu d'autre solution que de se cacher des Espagnols et d'essayer de faire la paix avec eux.

« Vous avez semé l'agitation ici, sur ce golfe, et vous êtes parti. Vous êtes resté absent vingt-trois ans. Vous avez laissé beaucoup de gens derrière vous affronter les conséquences. Les Espagnols avaient des comptes à régler. Et on ne peut pas leur en vouloir. Ces Espagnols que vous aviez tués à Port of Spain... certaines personnes diraient que votre conduite fut déshonorante. Ces hommes séjournaient dans l'île depuis des années, ils étaient dans le dénuement. Ils sont montés à bord de vos vaisseaux pour tenter d'acheter de la toile à vos hommes. Vous les avez encouragés, vous leur avez parlé de la Virginie. C'était votre destination, leur avez-vous dit. Vous leur avez fait donner du vin, cela faisait des années qu'ils n'en avaient pas bu. Vous les avez gardés plusieurs jours. Et dès que le reste de votre flotte est entré dans le golfe, et que vous vous êtes senti sûr de vous, vous avez assailli ces Espagnols pour les mettre à mort.

— Ils avaient agi de même envers des gens que j'avais envoyés là-bas l'année précédente Ils les avaient invités à quitter les vaisseaux pour aller à la chasse dans la forêt. Ils avaient avec eux des Indiens et des chiens. Quand nos hommes se sont approchés du rivage, ils ont fait feu sur eux et les ont tués.

— D'accord. Vous régliez ce compte-là, mais en échange vous en laissiez d'autres à régler aux Espagnols. Et ils n'ont rien oublié. Les Espagnols sont ainsi. Quatorze ans après, un ami à vous, Hall, un négociant londonien, a envoyé deux vaisseaux commercer dans le golfe. Essentiellement, acquérir du tabac. Ce négoce étranger dans une colonie espagnole est interdit, mais le gouverneur n'a pas éprouvé de scrupules à enfreindre la loi. Il a fait parler l'équipage des vaisseaux. Il a appris que Hall, leur propriétaire, était un ami à vous. Un jour que trente-six hommes d'équipage étaient descendus à terre à Port of Spain, ils ont tous été capturés et ligotés. On les a ligotés dos à dos, et on leur a coupé la gorge, aux trente-six. Sans autre forme de procès. Sur le sable noir de ce rivage de Port of Spain. L'auteur de cet acte était le fils du gouverneur espagnol, le conquistador que vous aviez capturé et fait parler en 1595. C'était malheureux pour les trente-six hommes, mais le fils du vieux conquistador vous devait bien cela.

« Ce n'est là qu'une partie de ce que vous laissiez derrière vous. Le golfe a toujours été lieu de vengeance et de sang, de dépossession et de réinstallation des Indiens. Même avant le temps des Espagnols. Les Caraïbes cannibales opéraient des descentes. Il s'est livré là de terribles guerres. Vous y avez ajouté votre quote-part. Mais vous êtes rentré en Angleterre et vous avez écrit un livre pour évoquer un paradis intact sur la rive des cours d'eau, un endroit auquel vous seul aviez accès, où les Indiens vivaient dans de merveilleuses prairies et ignoraient la valeur de l'or et des diamants qui les entouraient, où, enfin, vous seul déteniez le secret pour accéder au cœur de ces Indiens.

« J'essaie de découvrir comment vous en êtes venu à ce livre, à cette version de votre aventure.

« Tout comme le reste du monde civilisé, vous aviez entendu parler de l'Eldorado. Vous connaissiez l'existence de ce vieux conquistador qui avait été nommé gouverneur des provinces de Trinidad, de Guyane et de l'Eldorado, et qui avait dépensé toute sa fortune à rechercher la ville dorée. Vous avez levé une troupe. Vous êtes venu ici et avez capturé le vieux gouverneur. Vous avez fait ramasser du sable par quarante de vos hommes, à tout hasard, et chargé les vaisseaux. Vous êtes parti en exploration avec le vieux gouverneur. Vous le preniez pour un imbécile. Vous n'avez rien trouvé. Vous êtes intelligent. Votre foi en l'Eldorado avait quelque peu sombré. Vous y croyiez si peu que vous n'avez laissé derrière vous qu'un seul homme, un serviteur, chargé de le rechercher. A tout hasard.

« Vous avez essayé d'obtenir une rançon pour le vieux conquistador espagnol, gouverneur de Trinidad. Cela ne figure pas dans votre livre, mais c'est dans les rapports des Espagnols. Aucun des responsables espagnols du voisinage n'a voulu payer. En réalité, ils souhaitaient tous la mort du vieillard, afin de pouvoir hériter de sa province et mettre la main sur l'or éventuel.

« Ainsi, à ce stade, en échange de toutes vos peines et de tant de morts, vous n'aviez que du sable. Et c'est là que le Noir a quelque chose à nous apprendre.

— Je n'avais aucun Noir avec moi en 1595, rétorqua le vieil homme.

— Non, je sais. Vous étiez venu tout droit d'Angleterre avec votre troupe. Je songe au Noir qui apparaît soudain dans le livre lorsque vous naviguez sur le fleuve en Guyane, et voyez les prairies, les champs et les fleurs près des chutes. Le fleuve est plein de crocodiles, des milliers, dites-vous. Et le Noir — sûrement pas ignorant en matière de crocodiles — saute pardessus bord, pour se baigner, dites-vous, et se fait aussitôt dévorer vif. Et voilà. Il n'est plus question, dans le livre, de crocodiles ni de Noirs. J'ai beaucoup réfléchi à votre Noir éphémère, et j'ai acquis la certitude que vous l'avez emprunté au récit de l'expédition de John Hawkins en Guinée, Afrique occidentale, et aux Indes occidentales en 1564. En Guinée, Hawkins avait vu un Noir happé par un crocodile alors qu'il prenait de l'eau au bord d'un fleuve. L'histoire est meilleure.

« De même que vous rameniez en Angleterre le fils de Topiawar pour montrer à tous que vous étiez réellement allé en Guyane, de même, en décrivant vos aventures à l'étranger, vous vouliez faire savoir que vous en aviez vu autant que les autres aventuriers célèbres. Et ce Noir nous en apprend encore un peu plus long. Hawkins était un négrier et un corsaire, qui mettait à sac les villes espagnoles. Lorsque vous avez quitté le golfe, sans rien à montrer que du sable pour prix de vos efforts, je crois que vous envisagiez la mise à sac d'une ville. Vous aviez Hawkins présent à l'esprit. Vous pensiez que c'était ce qu'il aurait fait.

« A l'ouest du golfe, un peu plus loin sur la côte, juste au-dessous des puits salants de la péninsule d'Araya, se trouve la cité de Cumanà. C'est la plus ancienne des villes espagnoles dans cette partie du monde. Vous avez envisagé de vous en emparer, comme vous vous étiez emparé de Port of Spain. Mais le gouverneur espagnol de la place était prévenu à votre sujet, il attendait ferme, avec ses mousquets et ses archers indiens armés de flèches empoisonnées. Une pente douce montait du rivage à la ville. Le terrain était sablonneux, dégagé, couvert de petits cactus épineux. Vos hommes se sont fait massacrer en débarquant. Il n'en est pas question dans votre livre, mais, d'après les rapports espagnols, quarante des vôtres y ont laissé la vie. C'étaient des hommes importants. Les Espagnols citent les noms. Ils n'ont pas pu les inventer. Ceux qui sont morts sous les coups de mousquet ou de sabre au rivage de Cumanà ont eu de la chance.

« Il arrivait des choses horribles à ceux que frappaient les flèches empoisonnées des Indiens. La soif les rendait fous. Leurs boyaux éclataient, leur corps noircissait. L'odeur, sur les vaisseaux, était atroce. Vous avez demandé un antidote au vieux conquistador espagnol que vous traîniez avec vous. Il a dit qu'il n'en connaissait pas. Il tenait donc enfin sa vengeance. Peu importait que vous l'injuriez au motif de son ignorance et de son manque de curiosité : il a dit qu'il n'en connaissait pas.

« Dans votre livre, il n'est pas question de l'attaque de Cumanà, bien entendu. Mais vous parlez de façon très concrète et vibrante des effets que provoquent les flèches empoisonnées ; vous glissez cette "digression nécessaire", ce sont vos propres termes, dans le chapitre sur la Guyane. Vous mentionnez l'antidote dont vous aviez entendu parler par quelqu'un dont vous dites qu'il était guyanais ; mais les propos de cet homme suggèrent qu'il s'agissait d'un Espagnol, un renégat auquel vous faites allusion dans un autre contexte, quelqu'un qui se trouve plus bas sur la côte, toujours prêt à commercer avec les étrangers. Selon lui, des Espagnols avaient été guéris grâce à du jus d'ail ; la règle d'or étant de n'absorber aucun liquide avant que la plaie eût été nettoyée. Vingt-sept hommes blessés par flèche ont succombé à bord : c'est le nombre qu'a donné le vieux conquistador en réponse à l'enquête espagnole. Vous l'avez alors laissé quitter le vaisseau, échangé peut-être contre deux prisonniers anglais.

« Vingt-sept victimes ont succombé à bord, mais vous avez fait de votre mieux pour vous tenir à l'écart de l'odeur et des souffrances. Il y avait deux vaisseaux hollandais à l'ancre devant la péninsule d'Araya, qui chargeaient sans doute du sel de contrebande, avec la complicité de ce renégat qui vous avait parlé de l'antidote. Vous passiez là les heures chaudes du jour, lorsque l'odeur des agonisants sur votre propre vaisseau aurait été fétide. Le soir, vous regagniez votre cabine, aux tentures vertes. Toute pareille à celle-ci. Plus tard, vous avez enseveli vos morts, tout comme cette fois-ci, à votre arrivée dans le golfe.

« Ce voyage de 1595 avait débuté par des assassinats ; il avait fini par un massacre de vos hommes et la puanteur de mort sur les vaisseaux. Et, en échange, vous n'aviez à montrer que du sable. Quant au nombre de morts, vous n'aviez pas d'explications à fournir : lors d'une expédition, il y a toujours des gens qui y laissent leur vie.

« Sans votre cargaison de sable et les railleries qu'elle vous avait values, vous n'auriez peut-être rien écrit du tout. Ou alors, vous auriez simplement rédigé un petit compte rendu sur votre exploration du golfe et du fleuve. Mais il vous fallait prouver que vous n'étiez pas un bouffon, que vous aviez trouvé quelque chose de plus important que l'or ou le butin. Vous aviez trouvé un nouvel empire pour l'Angleterre, un empire de sujets indiens sans réticence. Vous avez donc écrit ce livre difficile, où vous mélangiez le fantasme et l'histoire à vos explorations véritables. De ce côté-ci du golfe, tout était vrai, de l'autre tout était fantasme. Cela vous en facilitait la rédaction, mais du même coup vous produisiez un ouvrage que personne ne parviendrait jamais à démêler et que très peu de gens liraient. L'histoire était déjà dans le titre ; la plupart des lecteurs n'iraient pas plus loin. *La découverte du vaste, riche et magnifique empire de Guyane, avec une description de la grande cité dorée de Manoa (que les Espagnols nomment El Dorado) et d'autres contrées, ainsi que de leurs fleuves. Fait en l'an 1595 par sir Walter Raleigh, chevalier.*

« Le livre se voulait une preuve, si quiconque le lisait de bout en bout. Mais votre propre conduite constituait la preuve principale. Vous souteniez que l'Eldorado existait. Vous aviez vos serviteurs indiens. Vous avez envoyé Keymis en Guyane, l'année d'après. Vous avez envoyé des gens pour maintenir le contact. La seule chose qui vous trahisse, c'est que vous-même, vous n'ayez jamais voulu y retourner. Vous avez envoyé Keymis. Vous en avez envoyé d'autres par la suite. Mais vous n'y êtes pas retourné en personne. Et même à présent, à la fin de votre existence, vous n'avez pas voulu remonter le cours du fleuve. Vous êtes arrivé cette fois-ci tout comme vous étiez parti voici vingt-trois ans, avec la puanteur de la mort à bord de vos vaisseaux. Vous avez enseveli vos morts. Mais vous avez préféré rester sur les eaux du golfe. Vous ne tenez pas vraiment à en savoir plus long. Vous espérez un coup de chance. Ou peut-être n'espérez-vous rien du tout. Il n'y a jamais eu d'Eldorado en Guyane. Les Espagnols ont abandonné la recherche depuis longtemps. Les Français aussi. Les Hollandais ne l'ont jamais entreprise. Ils sont toujours venus simplement pour faire du commerce, se procurer du tabac et du sel. Ni vous ni Keymis n'avez rien vu sur les rives du fleuve. Vous avez cru tous deux que là où des hommes étaient venus si nombreux rechercher l'Eldorado, l'Eldorado existait. Dans son livre, Keymis a écrit qu'il fallait que l'Eldorado existât, quand ce ne serait que pour manifester la divine providence : pour donner un empire à l'Angleterre, comme il a été donné à l'Espagne. Et nous voici maintenant qui attendons des nouvelles de Keymis, de votre fils et des autres. »

Pour rejoindre le cours principal de l'Orénoque en venant du golfe, les navires ou les pirogues empruntaient l'un des bras ; ceux qui gagnaient le golfe depuis le fleuve en suivaient un autre, un peu plus à l'est, où le courant était moins fort. Cinquante ans auparavant, seuls les Indiens étaient maîtres de ces eaux ; désormais, ce jeu du delta était connu de tous. A présent, les pirogues ne s'occupaient plus, normalement, du *Destiny* ni de son bateau sentinelle. Mais un jour, on vit s'approcher une pirogue, ou une chaloupe.

Imaginez la rive méridionale du large golfe au lever du soleil : à l'ouest et au sud, le delta tout plat, aux mutiples chenaux, à l'est la longue barrière horizontale de la péninsule sablonneuse de Trinidad ; le plafond haut du ciel matinal, la mer assez calme, les eaux fluviales du continent qui se mêlent à l'Atlantique, formant des bandes de couleurs frangées d'écume : de la vase, diverses teintes de vert olive, du gris. Presque à mi-chemin entre le delta et la péninsule se dresse une formation rocheuse accidentée qui porte maintenant un nom espagnol, *Soldado*, le Soldat. Seuls l'habitent des pélicans et ces oiseaux à présent nommés frégates ; ils vivent là depuis des siècles, peut-être des dizaines de siècles. Ils y font leur nid, et le moment venu ils s'y installent dans l'attente de la mort, pas très loin de là où ils ont niché, avec une détermination similaire, les pattes soigneusement repliées sous eux. Le guano et les ossements emplissent chaque crevasse et tapissent chaque saillie du roc gris, créant une sorte de terreau où pousse la végétation.

La nuit, l'eau est plus turbulente qu'au lever du soleil, et les faibles lumières du *Destiny*, balancé sur les vagues du golfe, et de son bateau sentinelle, mouillé au sud du Soldat, s'aperçoivent de loin.

Vers le milieu du jour, le ciel est bleu, les oiseaux décrivent des cercles au-dessus du Soldat, un simple scintillement remplace les couleurs des eaux agitées par le clapot et brouille la vue à distance.

Ainsi, la petite embarcation qui débouche un après-midi du chenal oriental, secouée sur les flots, apparaît et disparaît tour à tour dans le scintillement. Une pirogue ? Les pirogues indiennes se détournent à présent du *Destiny*. Or, ce bateau approche régulièrement. Le navire sentinelle le signale. L'embarcation qui vient est l'une des chaloupes de l'expédition. Le capitaine du *Destiny* ajuste sa longue-vue sur la silhouette dont les contours se fondent et se retracent dans le blanc scintillement. Le pont du vaisseau est brûlant sous les minces semelles de cuir des soldats, devenus attentifs, qui transpirent sous le chaud plastron de leur cuirasse.

Sur la lentille du capitaine, une chaloupe se définit enfin. Il ne s'agit pas d'une pirogue indienne. Une chaloupe anglaise : on en distingue les voiles ; les rames sont au repos. Des soldats en armes sont à bord. Ainsi qu'un gentilhomme, splendidement vêtu, assis sur l'un des bancs. Ce n'est pas l'habit anglais qu'il porte. L'habit est espagnol.

Ce ne peut être que le gouverneur espagnol. Est-il captif ? S'est-il donc produit un acte de guerre ? Ou bien vient-il parlementer, offrir un accord, de noble à noble ?

Dans la cabine du général, où règnent la chaleur de l'après-midi, l'odeur de la mer et du delta mêlée à celle de la maladie, et où luit le soleil au travers des petits rideaux décolorés, le vieil homme s'anime et entreprend de s'habiller, afin de recevoir le gouverneur. Le chirurgien lui apporte son aide. Une chemise propre pour le général : elle sent l'eau saumâtre dans laquelle elle a été lavée. Puis les deux hommes sortent ensemble sur le pont inondé de lumière.

La chaloupe approche.

— Est-ce Palomeque ? demande le vieil homme.

— C'est un Indien, dit le chirurgien. Ils l'ont habillé de vêtements espagnols. Ceux du gouverneur, ou d'un autre noble. L'habit est bien trop grand pour lui.

Le vieil homme se tait. Les voiles fasseyent, la chaloupe accoste. L'Indien lève les yeux, on ne voit que sa figure dans les vêtements trop grands. Un des soldats de la chaloupe grimpe à l'échelle de bord jusqu'à mi-hauteur. Un autre lui passe diverses choses.

— Pour l'amiral, annonce l'homme accroché à l'échelle. Avec les compliments du capitaine Keymis. Une corbeille d'oranges et de citrons. (Il tend les fruits, qui commencent déjà à se flétrir, à un mousquetaire sur le pont.) Un rouleau de tabac. Une liasse de papiers.

Le chirurgien prend les papiers et y jette un coup d'œil.

— Des documents espagnols, dit-il.

— Une tortue, poursuit l'homme sur l'échelle, tandis que passe de main en main l'animal, à la carapace chauffée par le soleil et rafraîchie sur le dessous par l'eau du fond de la chaloupe où elle gisait. Et Don José en personne.

C'est l'Indien. On le pousse sur l'échelle. Les vêtements proviennent d'un homme plus grand que lui d'au moins un pied, et ne sont pas aussi splendides qu'il y paraissait de loin. Ils sont mouchetés de boue, souillés par endroits de sang séché et d'eau sale ; sous les bras, les taches de sueur auréolent de violet la soie bleue. L'Indien se montre hésitant. Il fixe un regard apeuré sur le vieil homme à la barbe blanche.

Nous restons sur les yeux de l'Indien. Lorsque nous les examinons de nouveau, ils sont plus calmes, on y lit même de l'assurance. Reculons-nous d'un pas ou deux. Nous découvrons alors que celui à qui appartiennent ces yeux porte à présent un costume anglais de l'époque de Jacques Ier, à ses mesures. Il est assis à une lourde table en bois sombre, dans une pièce nue, haute de plafond. Il y fait frais, malgré le soleil qui brille à l'extérieur. Les murs massifs sont enduits d'un revêtement écaillé et les parties saillantes accrochent la poussière.

Un an s'est écoulé. Malgré le costume anglais de Don José, nous sommes à la Nouvelle-Grenade, revenus dans le Nouveau Monde et l'Amérique du Sud, et Don José donne son témoignage à un prêtre, le frère Simon, qui rédige une histoire du Nouveau Monde espagnol.

Fray Simon relit ses notes à haute voix.

— « Et selon le témoin, après la remise de ces présents, le chirurgien s'enquit des nouvelles. Une lettre fut donnée au général. Et quand il en eut accompli la lecture à moitié, le général, dont le témoin croyait à l'époque qu'il avait nom Milor Guateral, contempla le pont, la mer et le ciel, puis les oiseaux survolant le rocher qu'on appelle le Soldat, après quoi il regarda le pont à nouveau et se mit à verser des pleurs silencieux, en présence de tous, sur la mort de son fils. » Alors ?

— Le chirurgien, reprit Don José, s'est avancé pour soutenir le vieil homme, et le vieil homme a accepté son bras.

Rien que des yeux à présent, nous allons remonter le chenal au cours rapide, du golfe jusqu'au lit principal du fleuve. Nous ne verrons rien d'autre que l'eau et les berges. Nous progressons à la vitesse des navires, et nous découvrons (sans interférence, grâce à notre vision de caméra), les eaux aborigènes que remontèrent un an auparavant les quatre vaisseaux du capitaine Keymis, avec quatre cents fantassins lourdement armés, dont une section de hallebardiers commandée par le fils du vieil homme. De grands oiseaux des bois volent en avant de la petite flotte. Le ciel pâle se teinte de jaune, puis d'un rouge incandescent ; l'eau boueuse vire au violet dans le jour qui décroît. La nuit tombe sur le fleuve et les berges ; le taillis se met à chanter. Nous ralentissons l'allure. L'expédition approche de la mission espagnole.

Ici, nous commençons à associer des images aux mots de Don José. Laissons-lui la parole.

— Quand les gens de San Thomé ont su que les Anglais arrivaient, ils ont pris peur. Lorsqu'ils ont appris que tous ces vaisseaux avaient jeté l'ancre devant le fleuve, ils ont entrepris de transporter les possessions de leurs *rancherías* jusqu'à l'île au milieu du fleuve.

— *Rancherías* ? interroge Fray Simon. Des cases, des huttes ? C'est ce que vous voulez dire ? Vivaient-ils dans des cases ?

— Seul le gouverneur habitait une maison, et cette maison abritait tout. La prison, le Trésor royal, tout. Le Trésor était plein des biens du peuple. Le gouverneur, Don Palmita, était un homme très dur.

— Palomeque. Pa-lo-mé-qué.

— Le gouverneur confisquait les biens quand on enfreignait la loi. Les gens n'avaient pas de quoi payer les amendes.

Don Palomeque n'aimait pas qu'on fasse commerce avec les étrangers.

— Don Diego. Don Diego Palomeque.

— Don Diego disait que ce genre de commerce était interdit par les lois royales, et qu'il était résolu à y mettre fin. Il confisquait donc les biens des gens. Il n'était pas respectueux des personnes. Dans sa résidence à San Thomé, le Trésor renfermait tout un tas de vaisselle d'argent qui appartenait à la femme du précédent gouverneur. Si j'en parle, c'est parce que je travaillais au service de la famille. En fait, le précédent gouverneur était mon père. Don Fernando Berrio. Vous n'avez qu'à regarder mes traits, vous verrez que je suis espagnol.

— Pas spécialement, dit Fray Simon.

— Je vous répète simplement ce qu'on raconte. Ma mère était une Indienne, évidemment. Les gens n'aimaient pas ce nouveau gouverneur, Don Diego, et s'il n'avait pas eu avec lui ces soldats venus de Porto Rico, on l'aurait tué à Trinidad ou à San Thomé. Il faisait des allées et venues de l'un à l'autre, et, en dépit des soldats, il y avait plus d'un endroit sur le fleuve où il aurait pu connaître un accident. Je ne trahis aucun secret en disant que certains furent contents d'apprendre la venue des Anglais. Il y a même un serviteur indien qui s'en est vanté à portée d'oreille de Don Diego. Le gouverneur a fait fouetter le pauvre imbécile sur le terrain découvert que nous appelions la *plaza*, puis l'a jeté au cachot, enchaîné, dans sa résidence. Cela se passait quatre jours environ avant l'arrivée des Anglais.

« Le lendemain, des bruits ont couru sur l'importance des forces anglaises. D'après ce qu'on racontait, il y avait quatre cents hommes, cinq cents, sept cents. A la tombée de la nuit, tous les *vecinos*, les habitants de la petite ville, ont quitté leurs *rancherías* en emportant toutes leurs provisions pour aller dans l'île au milieu du fleuve. Les gens de ma famille aussi. Ils m'ont laissé sur place au cas où il se passerait quelque chose à l'arrivée des Anglais et où je pourrais récupérer la vaisselle d'argent dans la résidence du gouverneur. Le lendemain soir, ou le surlendemain, les soldats venus de Porto Rico ont déserté. Ils étaient une cinquantaine. Plus qu'assez pour faire peur aux *vecinos* de San Thomé, mais pas pour affronter les Anglais. Ils ont rejoint dans l'île les habitants de la ville.

« Le lendemain matin, il ne restait en ville que douze personnes. Je les ai comptées. Il y avait l'Indien enchaîné dans la résidence du gouverneur. Il y avait moi. Il y avait trois servantes indiennes. Deux Noirs, abandonnés par leurs maîtres pour qu'ils se débrouillent tout seuls. Un prêtre estropié, et un jeune Portugais. Il y avait aussi le gouverneur, et deux capitaines auprès de lui, le capitaine Monje et le capitaine Erenetta.

— Arias Nieto, corrige Fray Simon. C'est le nom qui a été relevé lors de l'enquête officielle.

— Don Diego, le gouverneur, s'est conduit comme un homme. Je dois le reconnaître. Ils n'étaient que trois soldats, et il s'est conduit comme s'ils étaient trois cents. Il était de stature massive, le plus grand Espagnol à ma connaissance. Je ne l'avais jamais vu exécuter un ouvrage manuel. Il a montré là de quoi il était capable. Avec les deux capitaines, ils ont travaillé dès le point du jour à fortifier la redoute que les soldats venus de Porto Rico avaient commencé à aménager autour des rochers, juste devant la *plaza*. Les capitaines et lui, ils ont creusé. Ils ont mis les deux Noirs au travail avec eux, et moi aussi. Nous étions donc six à creuser les tranchées. Six hommes peuvent beaucoup creuser en un jour. Ils avaient une douzaine de mousquets et ils préparaient trois lignes de défense. Nous avons coupé des branches et monté des barricades devant chaque poste de mousquet. Sur la ligne extérieure, les mousquets étaient espacés d'une quarantaine de mètres. En deuxième ligne, ils étaient plus rapprochés, et en troisième encore plus serrés, au bord même de la *plaza*. Ils ont installé des appuis pour leurs mousquets, et sur certains ils ont placé des mousquets amorcés.

« Ils n'avaient pas une chance, mais ils allaient faire tout ce qu'ils pouvaient. Et ils s'activaient avec une telle détermination que c'est seulement l'après midi, dans la grande chaleur et le silence, que j'ai réfléchi : ce sont des hommes morts, c'est le dernier jour de leur vie. Je dois vous dire que je les ai admirés à ce moment-là, et je me suis mis à travailler avec une énergie semblable à la leur. Les Indiennes nous préparaient à manger et nous apportaient de l'eau, et le gouverneur n'oubliait pas le prêtre estropié. Nous avons peiné tout le jour. Une journée silencieuse, une *plaza* déserte, et nous tous qui nous démenions si fort. Le jeune Portugais faisait la sentinelle et surveillait le fleuve.

« Deux heures avant la nuit, le gouverneur a déclaré qu'ils avaient fait tout ce qu'ils pouvaient. Pendant une heure environ, ils se sont exercés tous les trois à courir d'un poste de mousquet à l'autre, et à reculer d'une ligne sur l'autre. Ensuite, ils ont pris leur dernier repas, et on a éteint les feux. Le soleil s'est couché et, après le silence du jour, le vacarme de la forêt a commencé. Nous attendions. Je ne sais pas combien de temps. Je ne crois pas qu'on aurait pu percevoir les signaux ou les sifflements du jeune Portugais avec tout ce bruit. Puis nous avons entendu quatre coups de mousquet. Rien que quatre, très rapprochés. Après, plus rien. Rien que la forêt. Au matin, quand le silence était revenu, les soldats anglais sont arrivés sur la place. Ils portaient de très grandes lances.

« J'étais dans la maison de Berrio. Les soldats n'ont pas eu de mal à me trouver. Ils ont trouvé aussi les trois Indiennes, cachées dans l'une des *rancherías*. Et le jeune Portugais, et les deux Noirs. Ils se sont mis à nous pousser très brutalement vers la résidence du gouverneur, en nous criant des choses en anglais et en une langue qu'ils prenaient pour de l'espagnol.

« "Toi, m'ont-ils lancé. *Castellano ?*" J'aurais voulu leur expliquer que mon père était le gouverneur précédent, mais je ne savais pas comment le dire. Alors, j'ai simplement fait oui de la tête. Cela les a mis très en colère. L'un des soldats a détaché de sa ceinture un rouleau de corde, et je crois qu'ils m'auraient pendu sur-le-champ, si les Noirs n'avaient pas protesté. "Pas *castellano*, pas *castellano. Indio, indio*. Indien, Indien".

« Il y avait de nombreux soldats dans la résidence du gouverneur. Dans une pièce, le bureau, nous avons vu un homme avec des pansements et des taches de sang sur ses vêtements déchirés. Il avait été blessé par un coup de mousquet. Dans une autre pièce, celle qui contenait le Coffre royal, nous avons vu deux cadavres étendus. On nous a conduits dans la chambre principale. Nous y avons trouvé le commandant anglais. C'était un homme âgé, très grand, aussi grand que le gouverneur espagnol, mais très maigre. Il avait un problème à un œil. En signe de commandement, il portait une canne cirée longue d'un mètre environ. Par l'entremise d'un interprète, il s'est adressé aux femmes. "Des Espagnols sont morts durant la nuit. Nous voulons que vous nous disiez qui ils sont".

« Ils nous ont conduits à la redoute, où la veille nous avions si durement creusé la terre rouge. Le sol avait été piétiné par les soldats anglais, mais on voyait encore les branchages que nous avions coupés et les traces, là où nous les avions traînés. Don Palmita, Erenetta et le capitaine Monje étaient tombés à leur poste de mousquet en première ligne. Tout ce labeur, et la bataille n'avait duré qu'une minute. Quatre coups de mousquet. L'un d'eux avait tiré deux fois. Avec ces quatre coups, ils avaient tué deux soldats anglais et blessé un troisième. Un coup seulement avait manqué sa cible. Puis ils étaient morts tous les trois. On voyait l'endroit où les grandes lances anglaises avaient écarté les branchages. Je crois qu'ils ne s'attendaient pas que les Anglais remonteraient si haut sur le fleuve avec ces lances. Erenetta et le capitaine Monje portaient encore leurs vêtements, mais on avait déjà dépouillé des siens Don Palmita. Il était nu et sale, le sang sur lui était tout noir et une large plaie s'ouvrait depuis le sommet de son crâne jusqu'à ses dents.

« J'ai dit au commandant qui étaient ces morts. Il a changé de couleur en apprenant que l'homme nu était le gouverneur. Les femmes pleuraient à la vue des cadavres, et quand le commandant anglais leur a demandé de les enterrer, elles ont dit qu'elles ne savaient pas faire ça. J'ignore à quelle règle le commandant voulait se conformer. J'ignore pourquoi il voulait que ce soient les femmes qui enterrent les corps. Il ne m'a pas demandé à moi. Il n'a pas demandé aux Noirs. Quand les femmes ont protesté qu'elles ne savaient pas faire ça, il les a regardées comme s'il ne savait plus comment agir. Puis il leur a dit, par l'entremise de l'interprète. “Très bien, très bien. Faites-nous la cuisine. Si vous nous faites la cuisine, il ne vous arrivera rien. Qu'est-ce que vous pouvez nous préparer ?” Les femmes ont dit qu'elles n'avaient que du maïs, et qu'il n'y en avait pas beaucoup parce que les *vecinos* avaient dénudé les champs et presque tout emporté dans l'île.

« Elles ont fait cuire le maïs, en le mettant à bouillir avec des herbes, et le commandant m'a invité, ainsi que l'autre Indien, celui qui était enchaîné dans la prison, à manger en leur compagnie dans la résidence du gouverneur. Ils nous ont traités avec beaucoup d'honneurs. Je ne m'y attendais pas. Celui qui avait été enchaîné, ils l'appelaient Señor Don Pedro. Ce n'était pas son vrai nom. Cela avait l'air d'une plaisanterie de leur part.

« Pendant tout ce temps, il y avait les deux corps qui gisaient dans la salle du Trésor. L'un d'eux était le fils du général anglais. Et dehors, il y avait les trois autres cadavres. Quand les gens meurent, il faudrait qu'ils disparaissent. Un cadavre, c'est comme un poids qui pèse sur la terre, qui pèse sur l'âme. Plus tard dans la journée, quand tout le monde s'est senti moins fatigué, des soldats anglais sont sortis ramasser les cadavres ; ils ont essayé de replacer les membres, ils ont attaché ensemble les corps et les ont enterrés dans l'un des trous que nous avions creusés la veille. On se sentait mieux. Le prêtre estropié a dit quelques prières chez lui.

« Le lendemain, ils ont enterré les deux hommes qui gisaient dans la résidence du gouverneur. Ils sont allés prendre des linceuls sur les vaisseaux et ils y ont enveloppé les corps. Ils les ont placés sur des planches et des hommes ont porté les planches en faisant le tour du terrain nu de la *plaza*, devant les cabanes et l'église aux murs d'adobe, à toit de chaume. Le commandant avançait tout seul derrière les planches. Cela paraissait étrange, mais là non plus je ne sais pas à quelle règle ils se conformaient. Quelques-uns des soldats défilaient en rang, leurs drapeaux pointés vers le sol. D'autres tenaient leur grande lance dans la main droite, la pointe en biais vers le haut, avec le manche en bois qui traînait par terre derrière eux. Ils ont fait deux fois le tour de la *plaza*. Puis les corps ont été enterrés dans un autre des trous que nous avions creusés la veille, pas très loin du premier.

« Après, le commandant s'est mis à chercher de l'or. Il a creusé le sol dans chacune des *rancherías*. Une fois, pendant toute une matinée, il a fait fouetter le jeune Portugais d'un bout à l'autre de la mission. Il se figurait que le pauvre garçon savait où était l'or. Peut-être à cause de son accent. Ensuite, il l'a laissé tranquille. Jour après jour, les soldats ont creusé. Un soir, il est parti. Au matin, il est revenu en rapportant du sable. Il me l'a montré. "Est-ce de l'or, Don José ?" Il perdait la tête. Son œil malade vagabondait de plus en plus. Le commandant faisait des allées et venues sur le fleuve. Une fois, il s'est aventuré trop près de l'île ; les soldats de Porto Rico ont ouvert le feu et ont tué six de ses soldats à lui.

« Tous les jours, à présent, dans de petits incidents de ce genre, il perdait des hommes. Tous les jours, il y avait des enterrements, qui ne respectaient pas leur règle chaque fois. Un matin, il est parti en chaloupe pour remonter le fleuve. Il a parcouru trois cents kilomètres comme ça. Il m'avait emmené avec lui. Avant le départ, il avait dit qu'il connaissait bien cette portion du fleuve, mais il est vite devenu évident qu'il la découvrait. Il vivait dans la terreur qu'on ne lui tire dessus de la berge des flèches empoisonnées. Dès qu'il repérait un rocher ou de la terre ou du sable colorés, il voulait savoir si cela contenait de l'or. Mais il ne voulait jamais s'attarder sur la rive, parce qu'il avait trop peur des flèches. Quand nous sommes revenus à la mission, nous nous sommes aperçus que l'un des vaisseaux avait disparu.

« C'était étrange. J'avais haï Don Diego, le gouverneur. Puis j'avais souffert pour lui. A présent, je commençais à souffrir pour celui qui avait tué Don Diego. Il avait peur, il était malheureux. Il se cramponnait à sa canne cirée mais il ne savait plus que faire. Les soldats étaient malades, ils mouraient. Nous n'avions rien à manger. Ses hommes ne le respectaient pas. Il craignait que d'autres vaisseaux ne désertent. C'est là qu'il a décidé de m'envoyer en chaloupe trouver le général devant l'estuaire du fleuve.

« Il s'est assis dans la chambre de la résidence du gouverneur pour écrire une lettre. Il m'a dit de ne pas annoncer au général la mort de son fils. Il fallait d'abord qu'il lise la nouvelle dans la lettre. Puis il a entrepris de placer des choses dans la chaloupe. Un tas de papiers pris dans la salle du Trésor, où le corps du fils du général était resté exposé pendant deux nuits et un jour. Des oranges et des citrons. Le seul or de San Thomé. Il y avait des arbres à la mission. Le rouleau de tabac. Il y avait du tabac partout. Les gens le cultivaient pour faire commerce avec les vaisseaux étrangers. Si seulement le tabac avait été nourrissant, personne n'aurait eu faim. Puis il a pensé à la tortue. Il aurait aimé, m'a-t-il dit, envoyer un tatou au général. Sur le fleuve, en 1595, le général et lui et tout le monde s'étaient un jour régalés d'armadillo. La tortue n'était pas comestible, mais le général s'intéressait à ces étranges animaux. Il m'a recommandé de la tenir au frais.

« Ensuite, juste avant mon départ, l'idée lui est venue de m'habiller avec les vêtements qu'ils avaient enlevés au gouverneur. C'étaient de jolis vêtements, mais bien trop grands pour moi. Cela l'a fait rire. J'ai trouvé que c'était un drôle de moment pour ce genre de plaisanterie. Mais il se conformait sans doute à des règles à lui. C'était comme le jour où ils avaient, lui et ses officiers, détaché l'Indien prisonnier dans la résidence du gouverneur, l'avaient costumé, appelé Señor Don Pedro, puis l'avaient fait asseoir avec moi à leur table pour manger du maïs, pendant qu'il y avait dehors les trois cadavres pas encore enterrés, et les deux morts anglais qui gisaient dans la pièce voisine. »

Rien que des yeux à nouveau, nous descendons le fleuve. Mais ce que nous regardons cette fois-ci, c'est ce que laisse derrière elle la chaloupe. Nous ne nous éloignons jamais beaucoup de la rive nord, et nous nous déplaçons rapidement, sept ou huit kilomètres à l'heure. A un moment donné, nous quittons le cours principal pour nous engager dans un chenal qui coule vers le nord. Nous ralentissons l'allure. Le courant ne nous entraîne plus. Nous dépendons du vent et tirons des bords, jusqu'à ce que les rives disparaissent. Nous sommes revenus dans les eaux du large golfe, et nous apercevons bientôt les lourds pélicans bistrés et les sveltes frégates qui survolent le Soldat.

A mi-chemin du passage de ces images, tandis que nous contemplons l'eau et la terre plate, du vert, du brun et du jaune, nous entendons la voix de Fray Simon, l'historien.

— Vous êtes à présent un homme qui a beaucoup voyagé. Davantage voyagé que la plupart des gens dans le monde. Vous êtes allé en Angleterre. Vous avez vu là-bas quelques-unes des villes majeures et leurs superbes édifices. Vous avez vu des choses sur lesquelles je n'ai jamais posé les yeux. La flèche de Salisbury, les grandes cathédrales de Winchester et de Southwark, la Tour de Londres qui fut bâtie par Jules César, dit-on. Vous avez rencontré des hommes importants. Vous êtes aussi allé en Espagne. A Tolède et à Salamanque. Vous êtes allé à Séville. Vous y avez vu sur le fleuve les galions des Amériques. Et vous voici de retour ici, à la Nouvelle-Grenade, où vous êtes né. Don José de nom et de plein droit.

— C'est grâce à Sir Guateral, le général anglais. Il aurait suffi d'un mot de lui pour me condamner.

— Pourquoi a-t-il éprouvé de la sympathie envers vous ?

— Il ne l'a jamais dit.

— Vous a-t-il trouvé une ressemblance avec le fils qu'il venait de perdre ? Était-ce parce que vous étiez l'un des derniers à avoir vu son fils ?

— Nous n'en avons jamais parlé. Il ne m'a jamais posé de questions au sujet de son fils.

— Saviez-vous que le général allait mourir dans quelques mois ?

— Je ne m'en doutais pas, et je suis content de l'avoir ignoré. Ç'aurait été trop pour moi après tout ce qui venait d'arriver. Et j'étais empli de ma propre douleur.

— A cause de tous ceux qui étaient morts ? Ou bien la douleur de vous voir emmener ?

— Je l'éprouvais depuis quelques semaines. Mais c'est seulement à bord de la chaloupe que j'ai commencé à comprendre ce que je ressentais. Je n'étais pas un Guyanais. J'étais de la Nouvelle-Grenade, et j'avais accompli ce long voyage sur le fleuve avec Berrio. J'avais toujours caressé l'espoir que je pourrais quitter la Guyane pour rentrer chez moi. Lorsque la mission fut abandonnée, et que les *vecinos* se réfugièrent dans l'île sur le fleuve, j'eus le sentiment que la face du monde venait de changer pour moi. J'avais l'impression d'avoir perdu le contact avec les choses. A bord de la chaloupe, cette douleur n'a cessé de croître. Il arrive qu'un enfant qui joue dans une flaque après la pluie soit soudain effrayé par le reflet du ciel. J'étais ainsi. Il me semblait que je tombais dans le ciel, que je tombais dans la mer. J'ai durci mon cœur. Et puis, à force d'être effrayé par cette impression de chute dans le ciel, je me suis mis à m'y cramponner. C'était mon seul réconfort. La pensée de mon sort fatal m'élevait au-dessus des autres. J'ai résolu de ne faire de grâces à personne. Même si on se moquait de moi, ou si on me regardait en souriant, à cause du costume que je portais, je ne rendrais pas le sourire.

— Est-ce le visage que vous avez montré au général quand vous êtes monté à bord de son vaisseau ?

— Oui.

— Vous avez eu de la chance. Il avait perdu son amour des Indiens. Il pensait qu'ils l'avaient lâché.

— Je le répète, il aurait suffi d'un mot de lui pour me condamner.

— Il se peut que votre attitude l'ait impressionné. Peut-être a-t-il lu son destin dans le vôtre.

— D'abord il ne m'a pas regardé. Et moi, je pensais aux oiseaux au-dessus du rocher qu'ils appelaient le Soldat. Ensuite, il a commencé à lire la lettre, il a versé des pleurs sur son fils, et le chirurgien l'a soutenu. C'est seulement après cela que j'ai senti son regard se porter sur moi.

— Bien sûr, il n'avait que vous à ramener de la Guyane.

— C'est ce qu'on a dit par la suite. Sur le moment, j'ai simplement senti le regard du vieil homme se porter sur mon visage, et je me suis senti à l'aise face à lui.

— J'espérais tirer autre chose de vous, je dois l'avouer. En tant qu'historien, me semble-t-il à présent, je devrais traiter aussi simplement que possible du détail des événements. Je ne devrais présenter que les faits.

Nous contemplons de nouveau les frégates qui planent dans le ciel à la verticale du Soldat et, plus bas, traçant des parcours espacés au-dessus du scintillement de la mer, telles de petites caravelles volantes, les pélicans aux formes gauches, au corps lourd, au gros bec, que n'équilibre aucune longueur de queue.

A cette image se superpose la voix de Fray Simon, qui lit à haute voix tout en écrivant son Histoire.

— « Ainsi, leur joie de la mort au combat du vaillant Don Diego Palomeque de Acuña se trouva bien mouillée par les pleurs que provoqua sur leurs vaisseaux la perte du fils de leur propre général. »

Nous revenons sur Don José : sa physionomie assurée, son beau pourpoint. Il reprend son récit.

— Quand le général se fut un peu rétabli, il ordonna qu'on me conduise à sa cabine et qu'on me donne des vêtements à lui. Ma position à bord du vaisseau changea du même coup. Ceux qui avaient jeté sur moi des regards ironiques cessèrent aussitôt. Même mon nom, ils se mirent à le prononcer autrement. La cabine du général était petite, mais je n'avais jamais vu de tentures aussi riches. Le serviteur qui m'accompagnait ouvrit un coffre rivé au plancher, il en sortit des vêtements et me pria de faire mon choix. La taille du général était plus proche de la mienne. C'était pour moi un soulagement d'enlever le costume du gouverneur. Le beau costume qu'il avait mis pour la bataille. Le sang avait séché dessus, et la boue rouge de San Thomé, de cette nuit du combat, s'était muée en poussière. Il s'en exhalait l'odeur de la mort et de la forêt, de l'eau du fleuve et des vieilles feuilles mouillées, et, plus faible, comme si elle datait d'il y a longtemps, celle de la racine aromatique que plaçait le gouverneur dans son propre coffre pour parfumer ses habits et les préserver des insectes. J'ai plié les vêtements le mieux que j'ai pu et les ai posés sur le couvercle du coffre.

« J'ai mis mon nouveau costume, avec l'aide du serviteur, et j'hésitais à retourner sur le pont quand le général et le chirurgien sont entrés. Ils m'ont fait comprendre que je dormirais dans la cabine. On allait y suspendre un hamac à mon intention. Je serais le valet personnel du général. Celui-ci m'ayant demandé si j'avais des notions de ce service, j'ai répondu que j'avais fait partie de la maisonnée du précédent gouverneur de Trinidad et de la Guyane. Je ne lui ai pas dit que le gouverneur était mon père.

« Mon premier office fut de lui servir à dîner. Son cuisinier étant mort durant la traversée, il mangeait ce qui sortait des cuisines du bord. Un gruau de maïs, ce jour-là. Il y toucha à peine. Plus tard, il se promena avec le chirurgien, et joua avec la tortue. Dans la cabine, le soir, nous ne parlâmes point. Il ne voulait pas être seul. Il voulait avoir ma compagnie, mais il voulait aussi que je reste un étranger. A un moment donné, durant la nuit, il sortit de son hamac en coton. Il avait envie de manger quelque chose. Il consomma un pruneau cuit, qu'il prit dans un tonneau apporté d'Angleterre. Quand il souleva le couvercle, l'aspect du tonneau puis celui du pruneau me déplurent, et je trouvai l'odeur très désagréable. C'était, dit-il, la seule chose qu'il pouvait absorber sans peine, après le mal dont il avait souffert durant la traversée, et il lui en restait fort peu. Il ajouta qu'on lui avait volé les dernières pommes apportées d'Angleterre. Il paraissait d'une grande maigreur sous sa chemise. C'était pitié de le voir.

« Il était vieux, malade et maigre, mais il pouvait se montrer très rude envers les gens, surtout ceux qui le servaient. Il voulait qu'ils sachent qu'il ne les tenait pas en haute estime ; il lui arrivait de crier. Je ne sais pourquoi, il ne se comportait pas ainsi avec moi, ce qui me valut un certain prestige parmi les Anglais du bord. Je dois dire que jamais de ma vie on ne m'avait manifesté un respect comparable, ni à la Nouvelle-Grenade, ni à San Thomé quand je demeurais chez les Berrio. En même temps, je voyais bien que ma chance serait de courte durée, que la situation dans le golfe du général lui-même équivalait presque à celle de son commandant, sur le fleuve.

« C'était un homme condamné. Tout le monde le savait. Le chirurgien, l'équipage, les soldats, et ceux qui lui préparaient ses repas aux cuisines. Il avait perdu beaucoup d'hommes, beaucoup d'amis, beaucoup de nobles. Il avait perdu son fils. Et il avait du sang espagnol sur les mains. Il n'aurait pas dû permettre que cela arrive. Il avait promis au roi d'Angleterre qu'il ne livrerait pas combat aux Espagnols. Cette bataille de San Thomé n'aurait pas dû se produire. Je compris cela par la suite. Sur le moment, ce que je comprenais, c'était qu'il n'avait pas trouvé d'or, et que dès son retour en Angleterre il serait arrêté sur ordre du roi, et ensuite serait exécuté.

« Tel était son avenir, mais en attendant il était le général. Il avait des vaisseaux et des hommes à sa disposition. Il pouvait donner les ordres qu'il voulait. Il pouvait s'adresser en criant à l'équipage et aux serviteurs. Et, naturellement, il restait une possibilité que tout change s'il venait à trouver de l'or. Il survivrait et serait célébré. S'il trouvait l'or qu'il avait prétendu savoir comment trouver, lui seul. Mais l'or n'existait pas. Les gens de San Thomé avaient pris cela pour une plaisanterie quand nous avions appris que les Anglais venaient s'emparer de nos mines d'or.

« Je crois que personne à bord du *Destiny* et des autres vaisseaux ne croyait davantage à la légende de l'or. Et cependant, ils étaient tous là dans le golfe, sous les ordres d'un général dont la vie était plus ou moins terminée. Ils attendaient, oisifs. Tout comme le général. Pour quelques-uns, c'était difficile à admettre. Quelques jours après mon arrivée, deux des vaisseaux du général s'éclipsèrent, mettant cap au nord vers la

Bouche du Dragon et la mer des Caraïbes. Le général feignit de ne rien remarquer.

« Le chirurgien venait dans la cabine trois ou quatre fois par jour. Le général parlait beaucoup avec lui. En fait, il était le seul à qui le général parlait. Il parlait d'attaquer Trinidad et d'exiger une rançon en échange de Port of Spain. Il l'avait fait vingt ans plus tôt, disait-il, rien ne l'empêchait de recommencer. Cette fois-ci, il demanderait vingt mille livres aux Espagnols, et il brûlerait la ville, une rue par jour, jusqu'à ce qu'ils aient payé. Il parlait d'attaquer Cumaná et Puerto Cabello, puis d'établir une base en Floride.

« Au début, je prenais ses propos au sérieux, puis je saisis qu'il n'avait pas la moindre chance, qu'il n'avait nulle part au monde où se cacher ; quelle que fût sa bonne fortune la première ou la deuxième fois dans ces entreprises qu'il préméditait, les vaisseaux venus d'Angleterre le traqueraient indéfiniment. Tout comme les vaisseaux espagnols étaient venus indéfiniment dans notre partie du monde. Alors, je compris qu'il ne parlait ainsi que pour impressionner le chirurgien et même un peu pour m'impressionner, moi. Il me répétait en espagnol ce qu'il venait de dire au chirurgien, puis il ajoutait, presque comme s'il voulait plaisanter : "Qu'en pensez-vous, Don José ?"

« Quand le chirurgien partait, nous laissant seuls dans la cabine, le vieil homme sombrait dans le silence. De jour comme de nuit je sentais qu'il souffrait de la mort de son fils et songeait à la sienne à lui. Une ou deux fois, il a sorti un carnet et s'est assis pour écrire. Mais il n'a pas tracé une ligne. On m'a dit par la suite que c'était le journal qu'il avait tenu depuis son départ d'Angleterre avec ses vaisseaux et ses hommes. Même quand il était très malade, il avait pris des notes dans ce carnet. Mais il n'y avait plus rien écrit depuis que la chaloupe avait apporté les nouvelles de San Thomé.

« Il attendait que son commandant revienne de San Thomé. C'était en vérité tout ce que nous faisions dans le golfe, attendre cet homme défait à l'œil vagabond. Il en parlait plusieurs fois par jour, comme si c'était la seule idée claire qui lui restait à l'esprit.

« Enfin, un beau jour, deux semaines environ après mon arrivée, le vaisseau du commandant a fait son apparition au sud, à la sortie du chenal sur notre gauche. Le bateau sentinelle a envoyé des signaux, l'équipage et les soldats ont crié la nouvelle, et tout le monde a couru attendre sur le pont. Tout le monde, sauf le général. J'étais en train de l'aider à s'apprêter pour aller faire un tour ; mais en apprenant la nouvelle, il a dit qu'il ne se sentait pas en état de sortir. Il ne faisait pas semblant. Il avait changé de figure. Ses traits semblaient rétrécis, vieillis, creusés de rides. Il resterait dans sa cabine, m'a-t-il dit. Mais il voulait que j'aille voir ce qui se passait.

« Je suis sorti. C'était juste avant midi, et les planches du pont brûlaient à travers la semelle de mes nouveaux souliers. Le ciel était plein de grands nuages poussés par le vent, et la mer agitée scintillait. Le vaisseau avançait lentement, la forme et les couleurs de son gréement apparaissaient et s'effaçaient tour à tour. Les oiseaux du Soldat le survolaient de très haut. Quand le vaisseau s'est approché, j'ai vu qu'il arborait deux pavillons blancs. Je ne sais pas ce que cela signifiait.

« Le vaisseau a jeté l'ancre à une petite distance de nous. Une chaloupe a été mise à la mer. Des rameurs y sont descendus par l'échelle de corde. Le commandant s'est montré sur le pont de son bateau, de toute sa haute taille, portant les mêmes vêtements que la dernière fois que je l'avais vu, avec sa canne cirée de fonction dans la main droite. Sans la lâcher, il a descendu l'échelle. Les rameurs l'ont amené vers nous. A cet instant, il était encore le commandant du détachement qui avait remonté le fleuve, mais dès qu'il s'accrocha à notre échelle de coupée et entreprit de gagner le pont du vaisseau, cette autorité lui échappa. Et je songeai à la bizarrerie des choses : quelques semaines auparavant, les hallebardiers anglais à San Thomé avaient failli me pendre, il s'en était fallu de deux ou trois minutes. C'étaient les Noirs qui m'avaient sauvé à cet instant, et ensuite, des semaines durant, cet homme avait tenu mon sort entre ses mains. A présent, je me trouvais sur le vaisseau du général et, avec tous les autres, j'observais le moindre mouvement de ce condamné qui grimpait l'échelle avec son bâton de commandement désormais inutile.

« Il avait beaucoup maigri. Nous n'avions pas grand-chose à manger à bord. Sur le fleuve, il avait sans doute eu moins encore. Sa tenue était sale. Ses mains aussi. Elles étaient encrassées de vieilles souillures, et couvertes d'écorchures, récentes pour certaines, d'autres en voie de cicatrisation. Les mains d'un soldat en campagne sont très rudes, j'imagine, mais je n'y avais jamais songé avant cet instant. L'un de ses yeux était très calme, presque mort ; l'autre, l'œil malade, tressautait follement. Il ne m'a pas regardé. Rien, sur son visage, ne manifestait même qu'il m'eût identifié comme celui qu'il avait habillé avec les vêtements du gouverneur pour l'envoyer au général en tant que prisonnier.

« Il est monté dans la cabine du général. Il connaissait le chemin. Tout le monde le regardait. Le chirurgien l'a suivi, et moi j'ai suivi le chirurgien. La porte du général était ouverte. Il n'y a pas eu de réponse quand le commandant a frappé, mais il est entré, toujours sa canne à la main, en se courbant — un homme de très haute taille, une petite porte — afin de ne pas se cogner la tête. Le général était dans son hamac. Depuis le moment où je l'avais quitté, son état s'était aggravé. Sa chemise était mouillée de sueur. Sa figure était blême autour du creux sombre des orbites et des joues. Il se taisait. Et pourtant, ainsi que je l'avais appris, ces deux hommes âgés étaient des amis de très ancienne date.

« Le commandant a pris la parole. Le vieil homme n'a pas répondu. Le commandant a continué de parler. Je sentais que ses mots n'avaient pas d'importance. Au bout d'un moment, j'ai compris que même le général ne prêtait pas attention à ce qu'il disait. Je crois que tous, dans la cabine, nous attendions l'explosion de l'homme malade allongé dans son hamac. Elle est venue, l'explosion, et elle a duré longtemps. On aurait dit que l'attente, les déceptions et la souffrance vécues depuis de longues semaines, et avant cela de longues années, s'étaient regroupées dans cet instant, comme si c'était celui que le général avait attendu, la seule idée claire qu'il ait eue de ce qu'il avait à faire, après avoir compris qu'il était condamné.

« Le vieux commandant, déjà courbé sous le plafond bas, s'est courbé davantage face aux paroles du général. Le commandant avait tout ruiné, disait-il. Le commandant était venu, aux frais du général, bien des années auparavant, pour rechercher les mines d'or, et il avait affirmé qu'il les avait trouvées. Il y avait à San Thomé trois personnes qui géraient ces mines, a poursuivi le général. Il connaissait même leur nom. Don José connaissait leur nom. Francisco Fashardo avait une mine d'or. Hermano Fruntino avait une mine d'or. Pedro Rodrigo Paraná avait une mine d'or.

« En entendant prononcer mon nom, j'ai levé les yeux et croisé le regard du chirurgien. Il m'a traduit en espagnol ce que venait de dire le général. J'aurais voulu protester que c'était faux, qu'il n'y avait aucune mine d'or à San Thomé, qu'aucun des noms que venait de citer le général n'était exact, que le Paraná était un fleuve et que le mot *hermano* signifiait "frère". Mais le chirurgien m'a regardé fixement, il m'a fait un petit signe de tête et j'ai compris que je devais me taire, qu'il ne fallait pas contredire le général dans sa folie, que sa folie était à présent tout ce qu'il lui restait d'existence, que cette fureur avait procuré une sorte de sursaut de vie à l'homme malade en deuil de son fils.

« Le vieil homme a déversé sans fin sa fureur sur le commandant, cet après-midi-là. Le soleil brillait à travers les rideaux verts. C'était plus que je ne pouvais supporter, la chaleur, la colère du vieil homme, et la douleur de l'officier à demi mort de faim, avec son grand corps, son œil vagabond et la saleté de ses mains et de ses vêtements. Je suis sorti, et dehors, j'ai trouvé tout le monde silencieux et malheureux. Rien de ce qui s'était passé n'était un secret pour quiconque, à bord du *Destiny* ou des autres vaisseaux.

« Pour finir, le commandant est apparu, sans sa canne, et il a gagné sa cabine. Elle se trouvait au-dessus de celle du général. Le général m'a appelé, et je l'ai trouvé tout tremblant dans son hamac, la face livide et creusée, la chemise trempée ; il se plaignait d'avoir froid. "Je suis malade, Don José, très malade", m'a-t-il dit. La canne cirée reposait sur le couvercle du coffre à habits du général. Nous entendions le commandant marcher dans sa cabine, au-dessus, et le général se comportait comme si le moindre bruit, la moindre manifestation de vie du commandant était une insulte.

« Un peu plus tard, juste avant le coucher du soleil, le général a convoqué le commandant et s'est à nouveau déchaîné contre lui.

« Le commandant s'était dépouillé de quelques-uns de ses vêtements. Sa chemise était ouverte. Cette fois-ci, il n'a pas écouté très longtemps. Il a dit quelque chose que je n'ai pas compris, et ensuite il n'a plus tenté d'ouvrir la bouche. Peu après, il est sorti pour remonter dans sa cabine.

« Le général était comme un possédé. Il s'est extirpé de son hamac, il a pris son carnet, il en a tiré quelques feuillets et s'est mis à écrire à la lueur d'une chandelle. C'était la première fois, depuis que j'étais sur le vaisseau, que je le voyais se servir d'une chandelle. On a entendu au-dessus le bruit d'un coup de feu. Le général a fait une grimace. Il faisait sombre, malgré la chandelle. S'il n'avait pas fait sombre, j'aurais dit que le général avait souri. Après le coup de feu, le général a écrit indéfiniment, lui qui n'avait rien noté dans son journal depuis que j'étais affecté à son service.

« Le chirurgien est venu, et ils ont parlé, tous les deux. Puis nous sommes montés dans la cabine supérieure, la cabine du commandant. Il gisait là, sur le plancher, habillé comme il l'était à son arrivée, à nouveau avec tous ses vêtements. Les vêtements que j'avais vus sur lui quand il m'avait mis à bord de la chaloupe, à San Thomé, pour m'envoyer au général, avec en présent la tortue, les papiers et le rouleau de tabac. Le commandant avait le visage contre le sol. Le général l'a retourné, comme s'il tenait à contempler ce que les autres auraient préféré éviter. Nous avons vu l'endroit où le coup de feu avait déchiqueté la chemise et troué les côtes sur son torse maigre. Mais il y avait aussi un couteau, une lame longue et fine. Elle avait pénétré entre les côtes. Qu'était-ce qui avait frappé en premier ? Le couteau ou le coup de feu ? Le coup de feu, je crois.

« La cabine n'a pas tardé à se remplir de monde. Le général voulait que tous puissent voir de leurs yeux, et nul n'aimait ce qu'il voyait. On m'a dit par la suite qu'ils n'aimaient pas l'idée qu'un homme mît fin à ses jours. C'était comme une sentence qu'il aurait prononcée contre lui-même. Mais pour nous qui sommes indiens ou en partie indiens, il vaut mieux se donner la mort soi-même que de vivre dans le déshonneur.

« Des heures durant, cette nuit-là, tel un homme inspiré, un homme qui puiserait l'énergie dans quelque source ou âme inconnue, le général a écrit. Le lendemain, on a enseveli le commandant, sans cérémonie, le corps enveloppé dans un linceul, par décence plutôt que par piété, on l'a jeté dans l'eau du golfe, lui qui avait défilé conformément à la règle derrière les cadavres du fils du général et des autres nobles Anglais morts à San Thomé.

« Cela a marqué la fin. Il n'y avait plus rien à faire là. Les capitaines des autres vaisseaux sont venus trouver le général pour lui demander ce qu'il attendait d'eux. Il a dit qu'il était un homme condamné, très malade et très âgé, un homme qui avait perdu son fils, un homme qui avait été trahi par tous, y compris son plus vieil ami, et qu'ils n'avaient qu'à l'abandonner, car il amenait le malheur à tous ceux qui le suivaient. Lorsque les capitaines ont fait comme il avait dit, nous ont abandonnés, et qu'il n'est plus rien resté là où nous avions pris l'habitude de voir leurs vaisseaux, le général s'est plaint de leur ingratitude. Il s'est plaint à moi, au chirurgien et à d'autres personnes. Mais sans grande conviction. Il ne croyait pas à ce qu'il disait. C'était un homme épuisé, vidé de tout sentiment, qui essayait de jouer avec les sentiments.

« C'était la fin. Et en dépit de tout ce que le général s'était vanté de pouvoir faire, il a décidé très simplement, quand le moment est venu, de prendre le chemin du retour, et de son destin fatal aux mains de son roi.

« Quand le pauvre commandant — un homme habité par

la peur, ainsi qu'il m'apparaît à présent — m'avait habillé à San Thomé, en manière de plaisanterie, avec les vêtements trop grands de Don Palmita, avant de m'expédier en chaloupe sur le fleuve, j'avais trouvé dans ma tête une image, pour mon malheur. Je m'étais senti tomber dans la mer, tomber dans le ciel. Je m'étais concentré sur cette image et j'y avais puisé un réconfort, parce qu'elle représentait un sort si fatal que par rapport à cela, le chagrin, la vie humaine et le monde lui-même n'avaient plus de sens.

« A présent, quelques jours après notre départ du golfe, laissant derrière nous le vide là où notre vaisseau était resté si longtemps à l'ancre, je me suis aperçu que le monde était devenu semblable à cette image dans ma tête. Quelques jours seulement après avoir pris congé de tant de choses qui m'étaient devenues familières, non seulement par les voyages que j'avais faits avec Berrio, mais aussi à travers ce que j'avais entendu raconter par tant de gens : le rocher nommé le Soldat, sur lequel les pélicans à l'aile forte venaient mourir ; le lac de bitume sur l'île de Iere, que les Espagnols avaient baptisée Trinidad ; la haute colline solitaire d'Anaparima, un repère pour tous ceux qui avaient navigué dans le golfe ; le territoire de Guanaganare, le Conquerabo ou Cumucurapo, où le père de mon père avait fondé la cité des Espagnols ; l'île escarpée de Chacachacare et les autres îles et îlots dans la Bouche du Dragon. Des lieux familiers, où les nuages, le ciel et le vent étaient comme ils avaient toujours été, mais désormais dans un monde changé à jamais, pour moi et pour tous les autres.

« Quelques jours après avoir quitté tout cela, je me trouvai dans l'univers de mon vieux rêve, une infinité d'eau et de ciel. Mais je n'éprouvais pas de terreur. Le vaisseau était un petit monde en soi. Les journées à bord suivaient leur rythme. Dans sa cabine, le vieil homme était calme. Il écrivait régulièrement ; il parlait au chirurgien ; il passait un certain temps à m'enseigner l'anglais. Quant aux émotions, il a été très chagriné par la mort de la tortue ; il faisait trop chaud sur le vaisseau, et il n'y avait pas de verdure pour cet animal. Le vieil homme était encore capable d'affronter ce genre d'activité et d'émotion — m'enseigner l'anglais, se tourmenter pour la tortue. Mais la plupart du temps, il donnait l'impression d'un homme qui ne ressentait plus rien, coupé de nous autres, pensais-je en me mettant à sa place, par l'idée d'être condamné.

« La considération qu'il me témoignait n'a jamais cessé. Plus d'une fois, le chirurgien m'a répété ce que d'autres gens me diraient. J'étais un Indien de la Guyane et son serviteur : passablement ordinaire de l'autre côté de l'océan, mais plus précieux à présent, de jour en jour, en tant que spécimen humain. Quand nous serions en Angleterre, les gens me regarderaient et leur opinion du vieil homme s'en trouverait améliorée. Dans son esprit à lui, je serais en quelque sorte un vestige ou une preuve de l'existence du royaume de l'or. Je faisais donc partie de ce qu'il lui restait de vanité, partie de son idée du monde qui subsistait au-delà du désert marin.

« Le jour est enfin venu où nous avons débarqué et pris congé de ce désert. Le soulagement était général. Tout le monde était impatient de fouler la terre ferme, de boire de l'eau pure et de manger des aliments frais. Mais l'autorité du vieil homme en tant que général a connu son terme dès que nous avons touché terre. Dès que nous avons touché terre, il a été le prisonnier du roi. On ne l'a pas chargé de chaînes. Personne ne l'attendait pour s'emparer de lui. Nous sommes allés dans sa demeure, et là, malgré toute l'affliction, il demeurait le maître. Mais chacun savait qu'il était perdu. Chacun attendait le moment où le roi agirait, or le roi n'était pas pressé.

« Pendant des jours après que nous avions débarqué, je sentais le sol bouger sous moi, comme si nous étions encore à bord du vaisseau. Ce qui était étrange, c'est que tout en ayant retrouvé la terre ferme et la sécurité à laquelle j'avais aspiré, tout en ayant le ciel qui me pesait sur la tête et en retrouvant des paysages et des distances limités, j'étais en proie à un état d'esprit assez comparable à celui qui avait été le mien en descendant le cours du fleuve depuis San Thomé jusqu'au *Destiny*. Cela m'avait pris quand j'avais entendu les autres, à bord, parler de l'arrivée. Je n'aimais pas cette idée de l'arrivée. Cela m'angoissait.

« Lorsque nous avons touché terre et que nous avons gagné la demeure du général, une grande mélancolie s'est emparée de moi. Elle me submergeait. Elle coulait dans mes veines comme un fluide glacial. Elle faisait irruption dans mon sommeil. Elle rôdait à l'arrière-plan de tout ce que je faisais. C'était comme un mauvais esprit niché sur mon épaule. Tout comme, sur la chaloupe qui descendait le cours du fleuve, mon rêve d'une chute dans la mer et le ciel m'avait élevé au-dessus des hommes, à présent cette souffrance m'isolait de tout et de tous. J'aspirais à mourir. Dans la chambre qu'on m'avait donnée chez le général, je me nouais un linge autour du front pour ressentir la tension au-dessus de mes yeux, comme si j'étais redevenu un enfant, et je tournais mon visage contre le mur. Je voulais tourner le dos à tout ce qui m'entourait. Je contemplais le mur sans jamais fermer les yeux. C'était comme de contempler le ciel que je voyais dans mon enfance. Je le regardais fixement, et j'aspirais à ne plus rien sentir, à ne plus penser.

« J'entendais parfois de très loin, semblait-il, le général et le chirurgien qui m'appelaient. "Don José, Don José !" Si j'entendais assez nettement cet appel, cela me faisait penser au général et à sa propre perdition, et il arrivait que le vide m'abandonne au bout d'un moment. Dans ce cas, je sentais ma langue devenir pelucheuse et mon haleine très mauvaise. On aurait dit que la souffrance qui m'occupait la tête, le cœur et le ventre se transformait en cette odeur interne.

« Enfin, les messagers du roi sont arrivés. Nous avons quitté la maison pour monter dans un grand et lourd carrosse. Le chirurgien et moi, nous accompagnions le vieil homme. Une autre voiture roulait devant nous, et des soldats à cheval nous suivaient. Le soleil se levait bien plus tôt que je n'en avais l'habitude et se couchait bien plus tard. Dans tous les villages que nous traversions, des gens attendaient pour voir le général. Ils voulaient me voir, moi aussi. Les soldats à cheval ne les laissaient pas venir trop près. Le chirurgien et le général parlaient beaucoup, par moments.

« Nous ne cessions de nous rapprocher de la capitale, et du sort fatal. Un après-midi, nous sommes entrés dans une ville où les maisons étaient disposées comme autour d'une grande place, d'une *plaza*. Tout un côté de la place était occupé par une église immense, avec une tour très haute. Le vieil homme était d'humeur enjouée. "Regarde, Don José. Jamais plus tu ne verras quelque chose d'aussi haut. Aimerais-tu y monter ?" Je croyais qu'il plaisantait, mais il a dit qu'il y avait à l'intérieur la possibilité de monter jusqu'au faîte de la tour. L'idée de grimper si haut m'a donné le tournis, et m'a un peu arraché à mon propre abattement. Cela a fait plaisir au vieil homme, il en a été tout égayé, m'a-t-il semblé.

« Nous devions faire halte ici pour une collation. Mais, en descendant du carrosse, le vieil homme s'est plaint d'un mal de tête. Il s'est heurté à un pilier tandis que les soldats le conduisaient à la chambre, à l'étage, où il était prévu qu'on nous servirait. Il s'est mis à hurler de douleur, et il a fallu le soutenir pour entrer. Il s'est couché tout habillé. Quand on lui a monté son repas, il l'a renvoyé. Il disait que son mal de tête était insupportable et qu'il devenait aveugle. Les soldats et les fonctionnaires étaient inquiets. Le chirurgien lui a préparé quelque chose à boire, et aussitôt après il a confectionné un onguent pour soigner ses meurtrissures. Le général ne cessait pas de geindre. Pour finir, il a dit qu'il voulait dormir. On l'a emmené dans une autre chambre. Ils ont posté un soldat à la porte.

« J'aidais le vieil homme à se dévêtir quand il s'est mis à vomir. Je suis sorti chercher une cuvette. Cela m'a pris un certain temps. A mon retour, je l'ai trouvé à demi nu, qui se traînait sur le sol et mâchonnait les roseaux séchés qu'on y avait répandus. L'onguent que le chirurgien avait appliqué sur les meurtrissures avait provoqué une éruption, qui m'a rappelé les effets des flèches empoisonnées. J'ai appelé le soldat de garde à la porte, et en voyant ce qu'il en était il a appelé à l'aide.

« Le chirurgien avait l'air très préoccupé. Il a dit que l'état du vieil homme serait très ébranlé s'il ne prenait pas un peu de repos. Les officiers du roi ont donc décidé que nous passerions la nuit là où nous étions. Ils ont fait monter dans la chambre le coffre du vieil homme. Quand nous sommes restés seuls, j'ai entrepris de déballer ce qu'il fallait pour la nuit. "Du papier, Don José, du papier", m'a-t-il demandé. Debout, en chemise, il me souriait. Je lui ai donné le papier qu'il voulait, et il s'est assis devant la table pour se mettre à écrire à toute vitesse, comme il l'avait fait dans sa cabine à bord du *Destiny*, après la mort du commandant dans la cabine au-dessus. De temps à autre, il levait les yeux vers moi et souriait. Je lui ai demandé de quoi il était question dans ce qu'il écrivait. "Des mines d'or de San Thomé, m'a-t-il répondu. De quoi d'autre ?"

« Il a continué de griffonner jusqu'au soir. Il a noirci de nombreuses pages. "J'ai mal au poignet, a-t-il dit. Il faut que je m'arrête, Don José." A la nuit tombée, le chirurgien est venu. Il portait son manteau de voyage. Les deux hommes se sont souri. De dessous son manteau, le chirurgien a sorti, enveloppés dans des linges, des morceaux du dîner que le vieil homme avait refusé auparavant. Le vieil homme a donné au chirurgien la lettre ou le document qu'il venait de rédiger. Le chirurgien a plié les feuillets et les a enfouis dans une poche.

« "Il faut que Don José mange avec nous", a dit le vieil homme. Il a allumé une torche, et nous avons pris le repas sur les plats en bois qui se trouvaient dans la chambre. Le vieil homme était de bonne humeur. Jamais je ne l'avais vu de si bonne humeur. C'était comme le jour, à San Thomé, où le commandant avait tenu à ce que l'Indien prisonnier dans la résidence du gouverneur défunt, et moi-même, nous nous mettions à table en sa compagnie pour manger le maïs bouilli, avec les deux cadavres étendus dans la salle voisine, et les trois corps qui gisaient dehors, au soleil, dans les tranchées qu'ils avaient creusées la veille.

« La bonne humeur du général m'a réconforté. Mais je sentais, en même temps, que la mort était proche pour nous tous.

« Sa mort à lui est advenue très peu après, quand nous avons atteint la capitale. La prison était sur le fleuve. Il a voulu que je mette mes plus beaux vêtements pour assister à ce qu'on allait lui faire. J'y ai donc assisté. Après cela, j'ai eu du mal à regagner la chambre. Je me suis tourné face au mur et j'y ai contemplé le ciel.

« Il y avait un noble Anglais qui voulait me prendre dans sa maisonnée. Le vieil homme l'avait su, et trouvait que c'était une bonne idée. Mais ma souffrance était trop forte. Après m'être attaché à Berrio, puis, ce fameux après-midi, à Don Palmita, ensuite au commandant anglais, et enfin au vieil homme, après être passé, dans l'enchaînement des morts, de chacun à son ennemi ; après la traversée de l'océan immense, je sentais que j'allais mourir si je ne pouvais pas être ramené au commencement, au premier monde que j'avais connu.

« Les Anglais se sont bien conduits. Ils auraient pu me garder et me faire porter des plumes. Mais ils ont averti l'ambassadeur d'Espagne. C'était un parent de Don Palmita. L'ambassadeur a pris des dispositions pour m'envoyer en Espagne. Avant mon départ, ils m'ont donné des vêtements anglais, y compris ceux du vieil homme que j'avais déjà portés. En Espagne, je suis allé dans la grande cité de Séville, où les galions couvraient le fleuve, et de là j'ai gagné Carthagène à bord de l'un de ces bateaux. Et maintenant, je suis ici. »

— Vous avez par deux fois traversé l'océan, dit Fray Simon. Vous voici de retour à la Nouvelle-Grenade, dans la ville même où vous êtes né. Vous ne vous êtes pas perdu. Les vaisseaux ont toujours su où ils allaient. Quand vous songez à la grande frayeur que vous inspiraient les océans, qu'en dites-vous à présent ?

— J'y ai beaucoup réfléchi. Et je pense, *padre*, que voici la différence entre nous, qui sommes indiens ou en partie indiens, et des gens comme les Espagnols, les Anglais, les Hollandais ou les Français, des gens qui savent comment aller où ils veulent aller, je pense que le monde est pour eux un endroit plus sûr.

7

UN HOMME NOUVEAU

Quand j'ai commencé à le décrire dans mes livres, le paysage trinidadien que j'avais présent à l'esprit était celui que j'avais connu dans mon enfance et dont j'avais le sentiment de faire partie — les quartiers ouest de Port of Spain ; les collines boisées au nord-ouest ; les plaines de canne à sucre au sud, où les champs bien en ordre venaient au ras des cases, des maisons, des cours nues de villages qui bordaient les routes étroites d'asphalte très noir ; les plantations de cocotiers sur la côte boueuse de l'Atlantique, où les troncs hauts et gris formaient, quand on passait en voiture, un motif continuel de hachures croisées : la géographie simple d'une petite île.

Plus tard, à Londres, ayant entrepris d'écrire un ouvrage historique, j'ai étudié, de longs mois durant, la documentation sur la région. Les documents (dont les plus anciens étaient des copies des originaux conservés à Séville) m'ont ramené au temps de la découverte. Ils m'ont donné à sentir l'existence d'une île indienne aborigène, très peuplée, occupée de ses propres affaires, et presque sans rapport avec ce que j'avais connu. A sentir, plutôt qu'à voir : ces documents anciens contenaient très peu de descriptions convaincantes, et peu de détails concrets. Je me suis alors créé la vision mentale d'un paysage imaginaire autour des aborigènes qui vivaient — sur une terre qui deviendrait la mienne — selon des idées impénétrables pour moi : idée du temps, de la distance, du passé, du monde naturel, de l'existence de l'homme. A ce paysage disparu semblait s'associer un climat différent (de l'ordre des conditions climatiques peu naturelles qui règnent sur la peinture illuminée d'un panorama dans une vitrine de musée).

Le paysage dans lequel j'avais grandi, et dont j'avais le sentiment de faire partie, avait été proprement nettoyé de cet autre passé. Je l'avais toujours su, mais je n'avais jamais pu l'éprouver comme une réalité historique. Dans le tome premier de *Nelson's West Indian History*, par le capitaine Daniel, du ministère de l'Éducation de Trinidad, manuel que nous utilisions dans les petites classes à Port of Spain, il y avait tout au début un court chapitre sur les Indiens caraïbes et les Arawaks. On ne savait peut-être pas grand-chose de ces peuples ; le capitaine Daniel disposait sans doute de peu d'éléments sur lesquels se fonder. Je n'ai aucun souvenir de ce qu'il avait écrit — sinon que les Caraïbes étaient féroces et les Arawaks pleins de douceur — et je ne me souviens même pas des illustrations qu'il avait employées. Parce qu'ils avaient cessé d'exister, et n'avaient pas de réalité, les aborigènes de notre île offraient moins de prise à l'imagination que les peuples encore vivants décrits dans un manuel que nous utilisions en classe de géographie : les Kirghizes dans la pénombre de leurs yourtes noires sur l'immensité de la steppe déserte, les Esquimaux qui entraient à quatre pattes dans leurs chauds igloos faits de blocs de glace, les Africains la nuit derrière leurs palissades, à l'abri des lions et autres fauves en maraude.

La notion d'un passé récent qu'on avait effacé dépassait l'entendement d'un enfant. Plus tard, c'est d'une autre manière que cela devenait difficile à saisir. Dès qu'on essayait d'explorer cette idée, elle se ramifiait. Et plus la compréhension progressait, plus la notion se ramifiait : différents peuples ayant vécu pendant des siècles sur la terre que nous foulions à présent, soumis à nos propres préoccupations ; des peuples différents, avec leur calendrier à eux, leurs hiérarchies, leur idée des liens humains, des types différents de maisons ou de cases, de chemins ou de sentiers, de récoltes, de champs, de végétation (et de saisons), de perspectives, de vitesses, de motifs de voyager, une idée différente des périodes de l'humanité, une idée différente de l'ennemi, de la fraternité, de la sainteté et de ce que les hommes se doivent à eux-mêmes.

Ainsi, laissant de côté la notion primaire de cruauté, celle de tout un passé effacé que nous foulions aux pieds ne tardait pas à prendre un tour presque métaphysique. Il semblait que le monde perdait un peu de sa substance ; la réalité se fluidifiait. Il était plus naturel de lâcher prise, de laisser son esprit retrouver précipitamment une vision quotidienne, au niveau du regard, qui ne percevait que le visible.

A Londres, séparé par de longues années et quelques milliers de kilomètres de cette vision au niveau du regard, et en me plongeant dans mes lectures au British Museum et aux Archives publiques, j'avais plus de facilité à éprouver la vérité de cette autre île, l'île aborigène. A cette distance, vu à revers, pour ainsi dire, le paysage de l'île aborigène devenait fabuleux. Et c'est ce paysage-là — que je décrivais sans le voir réellement — que j'ai plus ou moins recherché ensuite chaque fois que je suis retourné à Trinidad.

Je l'ai surtout retrouvé sur la côte, et parfois dans la vue du golfe et de la côte septentrionale telle qu'on peut l'apercevoir du haut de certaines collines au-dessus de Port of Spain. Il m'est aussi arrivé un jour de le retrouver à l'intérieur des terres, après l'ouverture d'une route au travers des contreforts du Central Range. Le terrain de cette région, trop accidenté pour les champs et les chemins, avait dû demeurer toujours couvert de forêts ou de broussailles. A présent, il était dénudé, sa végétation réduite à une sorte d'herbe grossière, et tous ses creux et ses saillies se trouvaient révélés. Il était comme vierge. C'était un autre paysage ; on aurait dit qu'une bribe du passé venait d'apparaître, encore perceptible.

Sur un terrain semblable, à cet endroit précis peut-être, un noble élizabéthain, accompagné de trente soldats en armure débarqués de son navire, s'était lancé un soir dans une longue marche à la recherche de l'or indien. Les collines, les ravins et les débris végétaux de la forêt tropicale — près d'ici, à l'endroit où les travaux n'avaient plus laissé à présent que de l'herbe — rendaient la marche très pénible. Pour terroriser les Indiens, les intrus jouaient de la trompette et tiraient des coups de mousquet. Les Indiens fuyaient leurs habitations ; dans un village, ils abandonnèrent même sur le feu des aliments en train de cuire (de « bouillir »). Les soldats en firent leur repas. Ils ne trouvèrent pas d'or, même si leur chef crut identifier des scories du minerai au bas d'une poterie indienne. Plus tard — pour compléter cette image romanesque du Nouveau Monde — les soldats crurent entendre dans la forêt des flûtes de guerre indiennes. Toutefois, il ne leur advint aucune anicroche ; au matin, ils reprirent le chemin de la côte et de leur navire.

Ce qu'étaient les aliments dans le village indien, maïs, manioc, patates douces, viande ou poisson, comment ils étaient assaisonnés, dans quel genre d'ustensiles ils cuisaient, quelle forme au juste avaient les foyers et les cases, on l'ignore. Le capitaine Wyatt, qui rédigea un récit de l'expédition, n'était pas sensible à ce genre de détails. Il avait des goûts littéraires prononcés, et sa conception à lui de ce qu'il convenait d'écrire.

Il connaissait par cœur, en partie, *La Tragédie espagnole*, une pièce nouvelle qui se donnait à Londres ; dans le Nouveau Monde, sur le rivage du golfe à Trinidad, ou dans les forêts, il voyait en son général, en lui-même et les soldats (ainsi qu'en l'ennemi espagnol et les Indiens dans la forêt) les personnages d'un roman de chevalerie.

L'expédition elle-même — qui remporta en Angleterre en tant que « minerai d'or » des cargaisons de sable mêlé de marcassite — fut une absurdité ; et le compte rendu de Wyatt était trop emphatique. Il ne fut pas publié. Il sombra dans l'oubli, et avec lui, le récit de la marche de nuit qui, chose frappante, fournit le seul et unique témoignage — les cases, les foyers, les ustensiles, les flûtes de guerre dans la nuit — sur la vie aborigène encore autonome dans l'île. Lorsque fut enfin publié à Londres dans une collection érudite le récit de Wyatt, en 1899, trois cent quatre ans après l'événement, les Indiens aborigènes avaient cessé d'exister depuis près d'un siècle ; et leurs territoires étaient devenus la terre natale d'autres hommes.

Trois cents ans pour que fût déterré le témoignage de Wyatt ; et encore soixante-dix ans de plus pour que fût révélée la terre aborigène, qui avait été cachée sous la broussaille.

Une fois mis à nu, le terrain ne tarda pas à se transformer. Des gens venus des proches ou lointains villages de cultivateurs vinrent le squatter. Il y avait parmi eux beaucoup d'Indiens d'Asie, hindous et musulmans, descendants des travailleurs immigrés du dix-neuvième siècle. Ils dressaient des cases ou cahutes sur de courts pilotis. Les toits en pente étaient en tôle ondulée ; les murs en briques de terre creuses ou en bois, parfois du bois neuf, parfois des planches de récupération, où subsistaient des plaques irrégulières de vieille peinture. Des bananiers poussèrent autour de ces cabanes. Devant les habitations des hindous flottaient des drapeaux ou des banderoles de prière sur de hauts mâts de bambou. On les accrochait après certaines cérémonies religieuses : emblèmes de piété (parfois en rivalité, cabane contre cabane), porte-bonheur.

Loin de la côte, il était difficile de s'accrocher à l'idée de l'aborigène et du fabuleux. L'aspect familier, la géographie coloniale de la petite île où l'on avait grandi était le plus fort.

Ce fut différent lorsque je traversai le golfe pour aller au Venezuela. Géographiquement, Trinidad était un affleurement vénézuélien ; pendant trois siècles, ces deux territoires avaient fait partie de la même province de l'empire espagnol. L'ouvrage historique que j'avais écrit au sujet de Trinidad concernait aussi le Venezuela, dans une certaine mesure. Quand je rédigeai le livre, je n'y étais jamais allé. Je l'ai fait peu après, et la terre que j'ai découverte alors gardait une empreinte de la légende ; aucun souvenir ou connotation personnels ne venaient se mettre en travers de mes perceptions.

L'Orénoque demeurait le fleuve de mon histoire. Même dans la péninsule d'Araya, sur la côte caraïbe — un désert de terre rouge érodée et de brousse, où la route moderne se réduisait simplement à néant à un endroit donné (personne ne m'avait prévenu, et le chauffeur vénézuélien en fut surpris, lui aussi) — je reconnus un peu de l'atmosphère particulière que j'avais espéré trouver.

Vers la fin du seizième siècle, les puits salants d'Araya étaient célèbres, et les navires hollandais, français et anglais étaient sans cesse fourrés ici, illégalement, mais avec l'accord tacite des fonctionnaires espagnols locaux. Les Espagnols firent toutes sortes de suggestions pour mettre fin au trafic du sel d'Araya. Un certain gouverneur voulait empoisonner les puits salants, et il écrivit au roi d'Espagne pour demander du poison. En 1604, pour étudier ces eaux et voir ce qui pouvait se faire, apparut un noble espagnol au nom très fameux : le duc de Medina Sidonia, chargé de cette tâche mineure (parmi d'autres) seize ans après la défaite de la grande Armada espagnole, qu'il avait commandée.

Les pélicans, seul signe de vie, seule communauté à habiter ce désert, volaient et pêchaient en groupes au ras de l'eau. Ils avaient dû voler en formations similaires quatre siècles, ou un millénaire auparavant. Leur forme gauche, préhistorique, leur puissance, leur teinte gris-brun, qui était aussi celle de la mer sans plages, la lumière, les couleurs instables à midi de l'eau, du ciel et de la terre nue, tout cela semblait me ramener au commencement des choses.

En d'autres régions du Venezuela, j'ai trouvé des terres boisées tropicales semblables à celle dont, enfant, j'avais été frappé par les particularités.

Pendant la guerre, après mon huitième anniversaire, nous avions quitté la ville et nous étions installés pour deux ans sur les collines boisées au nord-ouest de Port of Spain. C'était une région d'anciennes plantations de cacao et d'agrumes, à moitié délaissées après diverses maladies des végétaux et la longue crise. A l'époque, je me prenais pour un jeune citadin ; je n'aimais pas l'idée de vivre à la campagne. Mais ce n'était pas le genre de campagne que j'avais connue auparavant, et elle me plut dès que je la vis : les collines vertes et fraîches, les vallées étroites, l'espace, la présence de la forêt et des broussailles.

Les broussailles étaient pleines de surprises, d'objets trouvés, vestiges de la vieille plantation : avocatiers et agrumes, caféiers et coumarous (qui donnent la fève tonka, employée pour parfumer le chocolat), et les cacaoyers qui, malgré la maladie et l'étouffement de la végétation, portaient encore des fruits. Quelque part au milieu des cacaoyers se trouvait la vieille citerne en ciment de la maison de planteur. Elle était hors d'usage, bouchée par une accumulation de terre, de sable et de feuilles mortes ; mais la source d'eau pure qui avait alimenté la citerne coulait encore, même si c'était à présent selon ses propres ruissellements, sur le sable jaune et propre et entre les feuilles mortes. Les *samaans*, plantés autrefois pour abriter du soleil les cacaoyers, étaient maintenant de vieux arbres, des géants ramifiés, eux-mêmes submergés par les végétaux parasites drapés de mousses : pins sauvages, lianes, fougères, plantes grimpantes. Quand on se promenait sous les arbres, on sentait tomber lentement une poussière de mousses sèches et d'autres matières végétales décomposées.

Nous menions une vie déséquilibrée, de privations et d'inconfort ; c'était comme si nous avions campé sur les ruines d'autres occupants ; et nous fûmes heureux de retourner en ville, le moment venu. Mais, en grandissant, je compris que ces mois passés dans les plantations à l'abandon m'avaient fait vivre mon sentiment le plus intense des beautés de la nature. C'était là que s'était fixée dans mon esprit l'idée du paysage tropical parfait.

L'endroit ne tarda pas à se transformer. Nous-mêmes, nous y avions séjourné à un moment de transformation. Nous avions fait partie du changement, et ce changement s'accéléra après notre départ. Des Noirs pauvres, souvent immigrés clandestins des petites îles plus au nord, commencèrent à s'installer dans ce secteur, qui était de notre temps un territoire des *'pagnols*, mulâtres reliés aux anciennes plantations et parlant un patois hispanisant. Ce coin fut envahi, devint bruyant et informe, comme les bidonvilles des collines à l'est de Port of Spain.

C'est ce qui se présenta à moi — d'un seul coup et dans sa totalité — lorsque j'y retournai après mes premières six années passées à l'étranger. La crête des vertes collines, trop escarpée pour être endommagée, était telle que je me la rappelais ; d'un côté de la route, les broussailles subsistaient ; mais de l'autre côté, où il n'y avait plus ni broussailles, ni terres boisées, rien que les baraques, j'étais à présent incapable de retrouver les contours du terrain et de définir où se trouvaient les choses d'avant, pas même l'ancienne maison de planteur, ni les jardins aménagés, ni la citerne au milieu des cacaoyers. La moitié du paysage que j'avais tant aimé survivait encore, miraculeusement, d'un côté de la route ; mais cela ne faisait qu'aiguiser mon souvenir de ce qui avait été effacé. Par la suite, je me gardai d'y retourner. Je répugnais même à m'approcher de la route (elle-même bien changée) qui menait à la vallée.

Et voici qu'au Venezuela, je reconnaissais en de nombreux endroits la végétation et les couleurs de cette vallée trinidadienne. A l'époque, celle du boom pétrolier et foncier dans ce pays, les domaines et plantations étaient laissés à l'abandon ; et je pus redécouvrir l'atmosphère précise des cacaoyères que j'avais connues. Un jour, je roulai pendant des kilomètres au long d'une cacaoyère du même genre. A Trinidad, il n'avait rien existé à cette échelle ; rien non plus qui ressemblât au parfum de vanille — s'exhalant des lianes de vanilliers — qui venait s'ajouter à l'odeur de cacaoyère humide, l'odeur de terre, de feuilles et de moisissures.

Trinidad était un affleurement du continent sud-américain. Le Venezuela faisait partie du continent, tout y était à l'échelle continentale. La géographie qui avait paru autrefois, à Trinidad, logique et homogène — et qui ensuite, à cause de l'accroissement de population, avait fait l'effet d'un étouffement — était ici immensément amplifiée : les Andes grandioses au lieu de notre petite Northern Range, aux contreforts à présent bâtis en continuité sur des dizaines de kilomètres, un échafaudage de cahutes d'immigrés autour de Port of Spain ; l'espace libre des *llanos* vénézuéliennes au lieu de notre plaine de canne à sucre, que l'on pouvait saisir d'un coup d'œil de certaines hauteurs ; le colossal Orénoque aux bras multiples au lieu du chenal unique, du lit étroit de notre Caroni.

Parce que j'en avais parlé dans mon texte, parce que le Venezuela avait eu pour moi, des mois durant, une existence de pays imaginaire, recréé mentalement à partir des documents que je consultais à Londres, il me semblait qu'il m'appartenait un peu. Au fil de voyages répétés, j'y pensai de plus en plus comme si c'était en quelque sorte ma terre natale qui m'était rendue.

Je partais en voiture, pendant toute une semaine d'affilée, longer la côte ou traverser les *llanos*. Lors de mon deuxième ou troisième voyage, je sortis sur l'Orénoque à bord d'un bateau ouvert, à un endroit proche du delta. Ce paysage existait depuis si longtemps dans mon imagination qu'il semblait conserver, pour moi qui le voyais réellement pour la première fois, un caractère quasi conceptuel, un formalisme. Le fleuve était large, il roulait une eau abondante et sans turbulences. Les rives étaient érodées, dénudées : pas de forêt. Nous étions à la saison des pluies. Il y avait un ciel gris et presque noir par endroits, des couches superposées de nuages, mais un éclat presque éblouissant sur les flots tant le cadre était dégagé. La surface du fleuve (boueuse vue de près, et huileuse au long de la berge) était aussi grise que le ciel, et toute lisse.

Le ciel était lourd : la pluie allait encore tomber. Elle survint plus tôt que je ne m'y attendais, dans un mugissement, et le cours du fleuve s'enfla visiblement. De grosses gouttes s'écrasaient sur l'eau comme sur du ciment, et le marinier regagna la rive.

Ce devait être une pluie semblable, par à-coups violents alternant avec une chaleur moite, qui avait tourmenté Raleigh lorsqu'il naviguait sur le fleuve en 1595. Dans les annales de la région, il est le premier à décrire d'une manière moderne — ou du moins, sur un ton qui le rapproche de nous — les inconforts physiques, mineurs et nombreux dont on souffre dans ce genre d'exploration. Avant lui, des Espagnols avaient accompli sur le fleuve des voyages vingt fois plus durs, mais dans leurs rapports rédigés d'un ton neutre jusqu'à l'abstraction, il manque la sensation physique ; il manque le paysage. L'endurance de ces prédécesseurs s'accompagne d'une vision, de perceptions restreintes.

Non loin de là se trouvait un campement pétrolier abandonné. C'était comme une petite ville fantôme. Le taillis qu'on avait naguère coupé et domestiqué repoussait maintenant à toute vitesse (ponctué çà et là de buissons fleuris laissés par le campement) et envahissait les derricks à demi dépouillés, les conduites, les baraques en bois et bungalows à piliers de ciment qui avaient perdu leur toit. Des socles en béton et métal, et un résidu concentré de vieux pétrole, d'un sépia opaque, indiquait l'emplacement des pompes. Des années durant, tant qu'il y avait du pétrole à extraire, les grands bras métalliques de ces pompes avaient dû répéter indéfiniment, jour et nuit, leur mouvement grinçant de bascule, qui s'achevait chaque fois sur un soupir plongeant.

C'était le pétrole qui était apparu comme l'or véritable de la région. Au début, dans les années 20 et 30, beaucoup de gens de Trinidad avaient été recrutés comme ouvriers, artisans ou employés de bureau dans les champs pétrolifères du Venezuela. J'ignore si c'était parce que les Vénézuéliens refusaient simplement de travailler dans des baraquements installés en pleine brousse ; ou si, après tout un siècle de guerres civiles dévastatrices, ils étaient devenus inaptes ; ou encore — ainsi que dans les gisements pétroliers de Trinidad, ou, plus tôt dans le siècle, sur la construction du canal de Panama — les sociétés d'exploitation préféraient avoir affaire à une main-d'œuvre immigrée qu'elles pouvaient mieux contrôler. En tout cas, on avait embauché des Trinidadiens et, dans les champs pétrolifères du Venezuela, nombre d'entre eux trouvèrent leur premier contact avec la liberté et l'argent, leur premier aperçu d'une potentialité.

Jusque-là, le Venezuela avait eu mauvaise réputation à Trinidad, celle d'un pays sud-américain où sévissaient la guerre et la pauvreté, l'anarchie, l'incertitude, les révolutions du jour au lendemain, les dictatures et le sadisme. Des réfugiés affluaient constamment ; la législation de la colonie assurait l'asile politique. A présent, grâce au pétrole, le Venezuela était devenu un pays qui offrait des débouchés. C'était l'idée qu'on s'en faisait dans les annés 40, quand j'étais enfant puis adolescent. Mais déjà, on ne recrutait plus de Trinidadiens. Le Venezuela s'était tourné vers l'Europe pour ses travailleurs immigrés ; des lois interdisaient la venue des gens de Trinidad.

Ils y allaient quand même. Illégalement. Enfant, j'entendais parler de ceux qui passaient ainsi de l'autre côté. Avec l'idée que j'avais de notre géographie coloniale à petite échelle, vue de Port of Spain — selon laquelle le golfe de Paria ne dépassait guère ce que j'en apercevais depuis la ville —, je pensais que les gens qui passaient là-bas illégalement devaient s'embarquer au nord du golfe, juste à l'ouest de Port of Spain, pour une traversée de quelques kilomètres jusqu'au Venezuela. Je les imaginais montant dans leur barques au crépuscule ou à la nuit tombée, et s'aidant de la force des courants pour gagner à la rame la côte vénézuélienne.

Pure imagination. Mais je n'avais jamais demandé comment s'opérait la traversée, et maintenant seulement, une demi-vie plus tard, et longtemps après avoir écrit mon livre, après aussi m'être rendu moi-même au Venezuela, il m'apparaissait que l'itinéraire pour gagner illégalement ce pays devait suivre l'ancienne voie des aborigènes, qu'avaient adoptée au seizième siècle les explorateurs et les négociants : ils descendaient tout au sud du golfe pour remonter ensuite, par ses chenaux complexes, l'immense delta de l'Orénoque, où la surveillance policière était difficile.

Un après-midi, peu après ma brève sortie en bateau sur l'Orénoque, je me retrouvai dans une ville de l'estuaire. Il avait plu ; la rue principale était imbibée, avec de grandes flaques, comme si l'eau du fleuve était remontée à travers la terre ; l'air était chargé d'humidité. « Les terres noyées de l'Orénoque » : ces mots d'un document ancien me revinrent à l'esprit. Derrière les palissades en ciment mouillé, les plantes à fleurs, les buissons et les arbustes que j'avais connus à Trinidad ébauchaient de petites jungles autour des maisons basses.

Tout au long de la rue, ici et là, de façon inattendue dans l'air moite, m'arrivaient des bouffées de lourd curry de viande. Des Indiens de Trinidad s'étaient installés ici ; ils constituaient une part importante de la population.

Jadis, les Indiens aborigènes avaient été les maîtres de ces eaux. Ils avaient disparu ; et leur connaissance des courants et des marées s'était transmise à leurs successeurs. A l'extrême pointe sud-ouest de la longue presqu'île de Trinidad qui pénétrait presque dans l'embouchure du fleuve, il y avait eu un port ou mouillage aborigène nommé Curiapan. Les premiers Espagnols, ainsi que Raleigh et d'autres, connaissaient Curiapan. Il s'y trouvait encore un village de pêcheurs. Mais le nom de Curiapan s'était perdu ; le village portait un nom espagnol : Cedros, les cèdres. Parmi les pêcheurs de Cedros, on comptait beaucoup d'Indiens d'Asie, descendants des populations agricoles de la plaine du Gange. En moins d'un siècle, la géographie avait refaçonné ces Indiens d'Asie de Cedros, leur avait insufflé de vieux instincts aborigènes et donné un savoir de la mer, étranger à leurs ancêtres terriens.

J'avais vu du ciel la complication et l'étendue des eaux et des terres noyées de l'estuaire, et je m'étais émerveillé de tous ceux qui s'étaient aventurés là, jadis, sans aucune carte. Ayant approché le delta — au niveau du sol, en tant que voyageur — depuis l'autre côté du golfe, de l'intérieur d'un pays qui n'avait été pendant longtemps pour moi qu'un lieu imaginé, j'en étais arrivé à une façon de regarder qui combinait le passé légendaire et l'échelle plus petite de ce que j'avais connu en grandissant.

Tout au long de mon enfance, j'avais inscrit dans ma tête la géographie d'une petite île. Mais le golfe que je contemplais alors était beaucoup plus vaste que l'île. Avec ses courants compliqués, encastré entre une île et le delta d'un fleuve continental, le golfe avait toujours fait partie du Nouveau Monde fabuleux. Christophe Colomb y avait trouvé de l'eau salée et de l'eau douce, sans jamais comprendre pourquoi, puisqu'il se croyait entre deux îles. Le golfe avait porté d'autres noms, désormais chargés de mystère : Golfo de las Ballenas, le golfe des Baleines, et — comme un nom qui remonterait au commencement — Golfo Triste.

A présent, j'étais capable, sans me laisser dérouter, de superposer à ce que je voyais la carte dressée par Raleigh en 1595. Sa carte était à l'envers. Le sud était en haut de la page : c'était plus parlant ainsi, pour un homme qui se trouvait face à l'Orénoque. Quand on regarde la carte, on distingue ce qui était réel et ce qu'il imaginait — cela se voit au tracé conventionnel : il est difficile, sur une carte, de tricher ou d'inventer tout à fait.

En général, quand je faisais ces voyages au Venezuela, j'allais d'abord passer quelques jours à Trinidad. De là, dans un avion à l'atmosphère plus locale, j'avais une heure de vol au-dessus du golfe et de la côte caraïbe du Venezuela pour atteindre Maiquetía, l'aéroport de Caracas.

C'est lors d'un de ces vols, dans un avion vénézuélien, voici une quinzaine d'années, que je fis la connaissance de Manuel Sorzano.

Il était assis près du hublot. J'occupais la place voisine. Bien qu'il fût monté à bord à peine trois minutes avant moi, il avait l'air très installé quand je l'ai vu. Il avait un certain nombre de paquets à ses pieds, au mépris des règlements, et quelques autres dans le casier au-dessus. Signe qu'il avait fait des achats à Trinidad, chose inhabituelle. A cette époque, celle du boom pétrolier, où l'argent coulait à flots sur les deux rives du golfe, la circulation des marchandises se faisait en général dans l'autre sens, à partir de Caracas, de ses gratte-ciel et de ses centres commerciaux rutilants.

De petite taille, le teint basané, il devait avoir une bonne cinquantaine d'années. Le visage rasé de près était large et ridé, avec une expression fermée qui recelait une trace d'agressivité. De prime abord, pendant que je rangeais mes propres affaires, je vis en lui le Vénézuélien intégral, produit d'un mélange racial qui avait commencé avec l'établissement des Espagnols, quelqu'un qui ne connaissait rien d'autre que son paysage d'origine, son langage limité et son propre mode de vie, et qui était coupé de tout le reste.

Dans un second temps, je perçus un détail de style inattendu chez cet homme d'âge mûr : ses cheveux frisés étaient noués sur la nuque, en une petite natte serrée de deux ou trois centimètres de long. Cela faisait un peu pirate, lui donnant un air du dix-huitième siècle. Et je pensai que, même si je n'avais pas d'abord consciemment repéré la natte, elle avait pu affecter ma première analyse de son visage, et me faire croire à une agressivité qui n'avait peut-être aucune réalité. Pourtant, si : la natte faisait partie de tout un côté un peu trop frimeur du personnage : sous les manchettes boutonnées de sa chemise, je découvrais à présent de lourds bracelets en or ou plaqué or, composés de grosses pièces de monnaie.

Que remportait-il au Venezuela ? J'aperçus des disques 33 tours, dans un sac en plastique ; et, dans un cabas en raphia tressé, des bouteilles sans étiquettes et des bocaux de pickles indiens. Ces pickles avaient l'air faits à la maison. M'étais-je donc trompé sur son compte ? S'agissait-il finalement d'un Indien d'Asie originaire de Trinidad, dont je pourrais percevoir intuitivement le cheminement mental, et non de l'étranger, du Vénézuélien pour qui je l'avais pris ? J'examinai son aspect. Il était inaccoutumé. Cet homme pouvait être l'un ou l'autre, selon l'idée qu'on s'en faisait.

— Vous êtes de Trinidad ? lui demandai-je.

— Non, du Venezuela, riposta-t-il d'un ton ferme.

Pourtant, l'accent était celui de Trinidad.

Nous avions décollé, et quelques minutes après nous survolions à basse altitude le golfe, tellement plus grand que je ne l'avais cru trente ou quarante ans auparavant, une petite mer, où pendant un certain laps de temps le rivage était invisible d'un côté comme de l'autre. Les flots avaient différentes nuances de vert olive, en bandes larges, distinctes, irrégulières, frangées parfois d'une écume blanche ou jaune : l'Orénoque et l'Atlantique en éternel conflit, poussée contraire de puissantes masses d'eau.

— Où habitez-vous au Venezuela ?

— Un peu partout. Mon travail il me promène à tous côtés. En ce moment, je suis à Ciudad Guayana. Mais je connais partout. Barquisimeto, Tucupita, Maracaïbo, Ciudad Bolívar. Même Margarita, un bout de temps.

Il semblait se délecter de la sonorité des toponymes : comme si le fait de prononcer les noms donnait un droit sur les lieux.

— Ciudad Bolívar, remarquai-je, se nommait autrefois Angostura. C'est là qu'on a commencé à fabriquer le bitter.

Je trouvais ce détail romanesque, et pensais qu'il l'inspirerait. Il n'y prêta aucune attention. Je laissai tomber ; je ne fis aucun effort pour lui parler d'autre chose.

Puis nous eûmes à remplir nos cartes de débarquement.

— Il faut que vous m'aidez un petit peu, dit-il. Je n'ai pas mes lunettes.

Il sortit son passeport. Un passeport vénézuélien, marron rouge, qu'il manipulait avec le plus grand soin (comme je manipulais mon propre passeport britannique, craignant toujours de le perdre, quand j'étais en voyage, et d'avoir bien du mal, dans cette éventualité, à expliquer mon cas au représentant de l'autorité à qui j'aurais affaire). Il me le passa, et je vis sa photo ainsi que son nom, Manuel Sorzano. J'avais rencontré le nom Sorzano dans les annales vénézuéliennes de la fin du dix-huitième siècle. C'était donc un bon et solide patronyme vénézuélien ; mais peut-être le Venezuela était-il plein de Sorzano. En face de « profession », on lisait *carpintero*, menuisier.

Il reprit son passeport et le rangea. Il fallait le renouveler tous les ans, me dit-il. Il voyageait beaucoup. L'année d'avant, un nouveau passeport coûtait trente-cinq bolívares, trente-cinq « B », cette année, il faudrait payer soixante-quinze B. Deux B étaient l'équivalent d'un dollar. Il se trompait là-dessus : le dollar valait moins de la moitié de ce qu'il avançait ; et je trouvai bizarre, de la part d'un homme qui voyageait beaucoup et portait de lourds bracelets d'or, qu'il ignorât cette donnée de base concernant la devise vénézuélienne.

Ensuite, comme pour me remercier d'avoir rempli son formulaire de débarquement sans poser de questions embarrassantes, il me montra les nouveaux disques que contenait le sac en plastique. C'étaient des enregistrements de chants religieux hindis. Certains étaient interprétés par un groupe de Trinidad, d'autres par Dropati, une chanteuse du Surinam, l'ancienne Guyane hollandaise.

C'était là sa manière de me dire qu'il était un Indien de Trinidad, tout en m'avertissant de ne pas chercher à en savoir plus long. Ainsi, une fois de plus, son aspect se modifia subtilement ; il devint ce qui m'avait été donné à comprendre. Pourtant, même s'il n'était pas l'étranger que j'avais cru, il demeurait étrange à mes yeux, éloigné de moi, à cause de ses pieux besoins, que je n'éprouvais pas, et de son idée altérée (difficile à imaginer) des dieux anciens de l'Inde, et des rites qui leur étaient dus.

Quand le steward nous offrit une collation, Manuel Sorzano n'en voulut pas. Il ne consommait pas de viande, m'expliqua-t-il, et ne buvait pas d'alcool. J'en fus surpris. Je n'aurais pas pensé qu'il était ce genre d'hindou. D'ailleurs, je ne le crus pas vraiment. Je lui trouvais les traits de l'Indien alcoolique de Trinidad — les lèvres molles, tombantes, les joues affaissées, les yeux agressifs, larmoyants. Mais il me vint alors à l'esprit qu'il s'imposait peut-être une pénitence ; peut-être avait-il fait un vœu religieux. Peut-être l'abstinence dont il faisait étalage était-elle liée aux rituels funéraires célébrés pour un membre de sa famille. Peut-être était-il retourné à Trinidad pour ce motif.

En tout cas, le rhum de Trinidad n'avait pas de secrets pour lui. Il avait espéré rapporter du rhum blanc au Venezuela, me dit-il, mais il avait eu « la tête si chaude » ces derniers jours qu'il avait oublié d'en acheter. Il n'y avait rien de tel que le rhum blanc de Trinidad pour soigner un rhume.

— Vous en calez un peu sur votre crâne — ses doigts mimèrent un geste délicat de « calage », et j'eus un aperçu plus complet de son bracelet de pièces d'or — et vous en tamponnez un peu sur votre front, c'est tout, le lendemain matin plus de rhume.

Le golfe était à présent hors de vue. Nous avions pour un certain temps la côte vénézuélienne qui défilait en dessous de nous, dessinée comme sur une vaste carte, la terre en vert flou, des longueurs de plages blanches, rousses ou bistrées, des traînées boueuses à l'embouchure des petites rivières. De même que les satellites de l'espace nous montrent une planète apparemment intacte, où les métropoles sont réduites à une simple tache, de même, du haut de cet avion de l'Aeropostal, la mer des Antilles apparaissait encore comme un site tout neuf.

Dans la première partie de sa vie, à Trinidad (il ne me confia pas le nom qu'il portait là-bas, mais ce devait être un patronyme du sous-continent asiatique), il avait eu quatre enfants. Au Venezuela, en tant que Manuel Sorzano, il en avait neuf, qui portaient tous des prénoms vénézuéliens.

— C'était pareil que tirer des bouts de papier d'un chapeau. Un c'est Antonio, un autre Pedro. La première fille c'est Dolorès. La mère, elle adore ce prénom.

Qui était la mère des neuf enfants ? Une Indienne, me dit-il. Il voulait dire une Indienne d'Asie.

— ... Elle parle seulement indien.

Le hindi avait cessé d'être pratiqué à Trinidad ou en Guyane, cela signifiait donc que la mère des enfants de Manuel Sorzano venait du Surinam, le pays de Dropati, celle qui chantait en hindi.

— Je parle seulement espagnol à la maison, poursuivit

Manuel Sorzano, les petits aussi ils parlent seulement espagnol.

Une nouvelle terre, un nouveau nom, une nouvelle identité, un nouveau mode de vie familial, et même de nouvelles langues (le hindi du Surinam devait différer de celui qu'il avait pu entendre parler à Trinidad) : sa vie aurait dû être pleine de tensions, mais il donnait l'impression d'exister de manière aussi intuitive qu'il l'avait toujours fait, de se débrouiller, de survivre, sans se sentir perdu ou suspendu dans le vide.

Mais tout comme on pouvait s'étonner que lui qui voyageait tant, à l'en croire, il ignorât l'équivalence en dollar de la devise vénézuélienne, il était étonnant aussi, chez un homme qui manifestait ce besoin paysan de ce qu'après un siècle d'éloignement il avait pu survivre en lui de la religion pratiquée en Inde, du concept difficile des divinités, des habitudes alimentaires et de la musique, et des ferveurs, il était étonnant de sa part d'ignorer que la langue parlée par la mère de ses neuf enfants était le hindi, et non pas l'« indien ». Mais, au fond, ce n'était peut-être pas si étonnant que cela : vivant de manière intuitive, il était habité par ce qui avait subsisté de sa culture ancestrale. Il ne pouvait pas prendre de recul par rapport à cela, pour s'en faire une idée ; il ne pouvait pas en acquérir une connaissance externe ; et cette subsistance mourrait avec lui. Il n'aurait aucun moyen de la transmettre à ses enfants. Ils portaient des prénoms vénézuéliens et ne parlaient que l'espagnol. Ces Sorzano-là seraient bien différents ; ils seraient sans ambiguïtés ; ils incarneraient l'étranger vénézuélien pour qui j'avais d'abord pris leur père.

J'avais envie d'examiner son bracelet de pièces d'or. Il l'enleva pour me le montrer. Les pièces étaient des souverains d'époque victorienne. Ouvrant sa chemise, il m'en montra d'autres : il portait aussi un lourd collier en or, auquel était suspendue en pendentif une grosse monnaie.

Il avait trouvé de l'or au Venezuela : un magot. Il l'avait trouvé de longues années auparavant, peu de temps après son arrivée dans le pays, lorsqu'il travaillait à la fois comme menuisier et journalier au sein d'une équipe de vingt-cinq manœuvres qui jetaient bas un vieil édifice au centre de Caracas. Cela faisait partie de la grande entreprise de démolition et de reconstruction de la vieille ville — une reconstruction assortie de voies express — déclenchée par le pétrole. A l'intérieur d'une pièce, au fond d'un trou dans le mur en briques de terre, deux de ses compagnons et lui avaient trouvé le magot, une grande quantité de souverains semblables à ceux de son bracelet, et beaucoup de pièces comme celle qu'il portait maintenant en pendentif. Cette monnaie avait été frappée en 1824. Elle était grosse, d'intention historique, la proclamation d'une certitude, pour commémorer un événement de 1818 : le premier Congrès de l'État sud-américain indépendant que s'était efforcé d'instaurer Simon Bolívar. Ce n'était pas une date que j'avais présente à l'esprit ; cette monnaie était le premier gage que je voyais de la grandeur de son ambition.

D'après la date des souverains anglais, il semblait qu'on avait dû cacher le magot dans les années 1860. Ainsi, une trentaine d'années après que la monnaie avait été frappée, pour marquer la fin d'un ancien empire, de l'ordre ancien, et célébrer le nouveau, il avait déjà fallu la cacher. Au Venezuela et ailleurs en Amérique du Sud, la destruction de l'empire espagnol avait été suivie par un siècle de désordre. En 1869, l'écrivain anglais Charles Kingsley, un grand naturaliste, qui passait l'hiver à Trinidad, nota qu'aucun navire ne remontait l'Orénoque ; que seul un bateau pouilleux faisait la liaison entre Port of Spain et La Guaira, le port d'accès à Caracas ; et qu'après toutes ces années de conflit, la sécurité des hommes et des biens n'était pas assurée dans la capitale du Venezuela.

Ceux qui enfouissaient leur trésor à l'époque de la chute de l'empire romain ne pouvaient soupçonner les détours de l'Histoire, les grandes migrations futures qui amèneraient un jour des gens inconnus d'eux, étrangers même à leur imagination, à découvrir le trésor mis de côté pour des jours meilleurs ; de même, ces habitants du vieux Caracas qui avaient, en une période sombre, amassé (par pillage, vraisemblablement) un trésor secret de souverains et de monnaies commémoratives, ne pouvaient soupçonner les détours de l'Histoire qui amèneraient Manuel Sorzano, dont les ancêtres, en 1860, n'avaient pas encore quitté l'Inde, à découvrir leur or.

— Avec ça j'ai pu acheter ma maison. Je n'ai plus besoin de me laisser commander toute la journée.

Je commençais à me demander si ce coup de chance — son espoir de la préserver ou de la voir se reproduire — n'avait pas un lien avec son abstinence actuelle, conséquence éventuelle d'un vœu religieux (marqué peut-être, dans un jardinet de Trinidad ou du Venezuela, par des drapeaux de prière).

Du bout du pouce, je palpai à nouveau la monnaie qui commémorait le Congrès d'Angostura. Comme elle était neuve encore, avec toute l'acuité du relief des lettres de sa légende orgueilleuse...

Étrange coïncidence, l'année où elle avait été frappée, 1824, était précisément celle où, dans cette même ville d'Angostura, sur l'Orénoque, le Dr Siegert avait commencé à fabriquer son bitter aromatique. Quelques années après, le chaos vénézuélien, balayant les promesses du Congrès, avait poussé le Dr Siegert à gagner Trinidad, de l'autre côté du golfe, avec sa formule secrète. En tant que colonie anglaise, Trinidad était un havre de paix et de possibilités commerciales ; en même temps, extension géographique du Venezuela, l'île fournissait toutes les plantes et les fruits tropicaux qui entraient dans la formule du Dr Siegert. La ville d'Angostura fut rebaptisée en hommage à Bolívar ; et désormais, le nom d'Angostura survivrait dans le monde non pas grâce au Congrès que commémorait la monnaie, mais grâce au bitter, fabriqué ailleurs.

Je soulevai une fois de plus le collier, pour soupeser l'or, avant de le lui rendre.

— Moi, je serais inquiet de me promener avec ça, remarquai-je.

Il inclina légèrement la tête, et se passa la chaîne au cou avec le geste preste et exercé d'un prêtre qui revêt une étole rituelle. Il tapota à deux ou trois reprises les touffes clairsemées de poils grisonnants sur la peau fripée de son torse de vieil homme, pour remettre le pendentif en place sous son maillot de corps ; puis il reboutonna sa chemise.

— C'est seulement comme un souvenir pour moi. Plus en sûreté ici qu'à la banque. Si je l'apporte à la banque, ils me mettent en prison. C'est ça qui est arrivé aux deux autres gars qui étaient avec moi. Des Noirs, pas venus des îles, mais d'un coin qui s'appelle le Barlovento. Il y a plein d'anciennes plantations là-bas, et plein de Noirs vénézuéliens.

C'était l'une des régions au Venezuela où j'avais retrouvé la végétation de la petite vallée de cacaoyers de mon enfance. J'avais été surpris par les vieux baraquements des plantations et les gens à la peau très noire (dont bon nombre travaillaient en ville, à présent). Mais c'était aussi au Barlovento — cela signifiait « dessus du vent », et c'était pour moi un mot de la Caraïbe — que j'avais un jour longé en voiture pendant des kilomètres une plantation de cacaoyers à l'abandon, ombragée de grands arbres, dans un parfum de vanille.

— Dès que ces copains noirs ils voient les pièces, ils veulent les fourrer dans leurs poches et partir en courant. Je leur dis non, qu'ils vont se faire prendre. D'abord ils m'écoutent, mais après, ils croient que je veux les priver de quelque chose. Alors, ils se bourrent les poches et ils se sauvent. Je reste tout seul, je prends mon temps. Je déloge encore quelques briques, j'espère trouver un peu plus, et même je trouve un peu plus. Tout doucement je mets ça dans ma gamelle. Trois bols émaillés, l'un sur l'autre, dans un cadre en métal, avec une poignée sur le dessus. Je remplis tout, avec le riz, le pain et le reste qui empêchent les pièces de faire du bruit, et je garde l'œil dessus pendant que je continue à travailler dans une autre pièce, avec d'autres gars, jusqu'à l'heure de s'arrêter. Quand je m'en vais avec ma gamelle, on dirait un homme qui marche sur des œufs, tellement j'ai peur de tomber. Le soir, je porte les pièces autre part. Le lendemain matin, je retourne au boulot, tout tranquillement, sans histoire, et ce jour-là on casse la chambre où nous avons trouvé le trésor. Je continue tout simplement à faire mon travail, et ça ne rate pas, l'après-midi on voit arriver cinq ou six agents de la Guardia Nacional. Ils se mettent à courir à travers tout le chantier comme des fourmis folles. Ils disent pas pourquoi ils sont là, mais moi je sais, ils cherchent une chambre qui est déjà démolie. C'était à cause des copains noirs. Vous ne croirez jamais ce qu'ils ont fait. Ils se sentent importants, avec tout cet or, et ils portent les pièces dans une des plus grosses banques de Caracas, où les hommes, ils sont tous en costume impeccable. Imaginez un peu. Des nègres de Barlovento, habillés comme ils s'habillent, et leur accent, ils se pointent dans cette grande banque toute climatisée et ils disent qu'ils ont des pièces d'or. Évidemment, les gens de la banque, ils appellent la Guardia, et les copains, on les met en prison et on les bat, et ils perdent tout.

— Il arrive que la Guardia soit plutôt violente, paraît-il.

— Ben, oui, dit Manuel qui sembla alors changer de camp. Ils ont affaire à des tas de gens violents. Et si on veut répondre comme un homme, il faut encaisser ce qui vient après.

Après un petit silence, il reprit :

— Mon fils Antonio, il est dans la Guardia. Depuis tout petit, il voulait être dans la Guardia.

— L'uniforme, l'arme, la Jeep...

— Et le logement. Oubliez pas le logement. Il peut être très bien. Antonio a toujours été exigeant pour ces choses-là. Je me rappelle un incident qui est arrivé, ça fait déjà un moment. C'était à Puerto La Cruz. Je travaillais là-bas dans un hôtel. Un samedi après-midi, j'emmène les enfants et leur mère en voiture. Il y avait une espèce de fête sur le front de mer. Tout d'un coup, j'entends une sirène, et voilà la Jeep de la Guardia Nacional qui commence à me pousser hors de la route. Quand je m'arrête, un des agents bondit dans la voiture, un revolver à la main. Dès qu'il voit la mère et les enfants, cet homme —

qui était prêt à frapper avec la crosse de son arme — devient tout honteux et confus. « *Disculpe, disculpe, señora* », qu'il dit. Pardon, pardon, madame. Et il redescend de la voiture aussi vite. Pendant des semaines, Antonio, il fait une espèce de jeu avec ça. Il cavalcade dans la cour et la maison, en faisant semblant qu'il a un pistolet, et il dit « *Disculpe, disculpe, señora* ».

Nous survolions à présent la côte de plus près. Manuel Sorzano regardait par le hublot, me montrant son profil à la petite natte.

— Le garçon, il occupe beaucoup ma tête ces temps-ci. Il a un peu des ennuis.

— Celui qui est dans la Guardia ?

— Oui. Antonio. Je veux pas dire ennuis « ennuis ». Mais c'est sérieux. Et c'est pas quelque chose où je peux l'aider. Ça fait deux ans ou par là, il se met en ménage avec une jeune fille. La première femme que je lui vois. Il a un peu honte là-dessus, mais après un temps il veut me mettre au courant, et je vais les voir. C'était dans une ville sur l'Orénoque. La fille, elle était toute jeunette et petite, le type vénézuélien avec la peau claire. Quinze ou seize ans environ, j'ai pensé. Elle était pleine de respect en ma présence et elle disait trop rien, et moi j'avais trop de pudeur pour la regarder bien, je vous avoue. Quand le moment est venu pour moi de m'en aller, elle vient m'embrasser sur la joue et je pose la main sur son épaule. Non, pas son épaule. Le haut du bras. Ça m'a fait une surprise. Le bras était pas mou du tout. C'était dur comme chez un homme, elle qui était si petite. Je me rappelle de ça mieux que de tout le reste, et j'y repense tout le long du chemin du retour, je me dis : « Quel genre de vie ils lui ont fait mener, à cette pauvre petite fille ? Quel genre de dur travail ils ont demandé à cette enfant ? » Quand j'arrive à la maison, la mère elle me demande : « Comment tu trouves la petite ? Elle est bien, la petite ? » La petite fiancée, elle voulait dire. Je réponds oui. Elle demande « Quel genre ? » « Le genre "*Pagnol*" ». J'ai pas voulu lui en raconter plus.

« Et puis, la chose habituelle est arrivée. Je dis habituelle, mais c'est pas habituel quand ça vous arrive à vous. Un jour, Antonio était sur une affaire de meurtre. Il lui a fallu aller dans une *estancia* loin de la ville. Un élevage de bétail. Des étrangers. Antonio, il déteste cet endroit. Ils bâtissent des grandes étables en béton, et avec toute la terre qu'il y a, et la chaleur, ils gardent le bétail entassé dedans, et ils le nourrissent avec de la fiente de poule et de la mélasse. Forcé que ça pousse au meurtre. Antonio aurait dû rester parti toute la journée, mais quelque chose se passe et il revient de bonne heure l'après-midi.

« Je dois vous dire à présent qu'il y avait en ville la boutique d'un Syrien. Le patron, il habite au-dessus, mais il a aussi une petite *quinta*, une maison avec un bout de terre, en lisière de la ville. Sur le chemin du retour, Antonio voit sa petite fiancée qui sort de la *quinta* avec le Syrien. Il est "basourdi" quand il voit ça. Comme si quelqu'un lui avait fait tomber un sac de farine sur la tête.

« Il pouvait pas supporter de rentrer chez lui. Il est allé au poste, il a passé deux, trois heures là-bas. Puis il est rentré à la maison. La petite était là. Elle était dans la cour. Dans une petite cabane, au sol cimenté, avec des fougères dans des corbeilles suspendues et des plantes en pot. Un joli endroit avec de la fraîcheur, où elle fait sa lessive, et aussi où ils vont quelquefois s'asseoir pour prendre le frais. Elle s'occupait des plantes. Il lui dit rien. Il s'arrête simplement au milieu de la cour, en plein soleil, et il la regarde, rien que la figure, pas ce qu'elle est en train de faire. Et elle, dès qu'elle le voit, elle a su qu'elle a un problème.

« Elle abandonne les plantes et elle entre dans la maison, à la cuisine. Lui aussi il y va, il s'assoit et maintenant il regarde la table. Elle sort de la cuisine. Il se lève, il tire son revolver et il la suit. Il la suit d'une pièce à l'autre, de la cuisine au salon à la chambre à la galerie, dans l'attente du moment où son doigt va appuyer sur la détente. Elle n'essaie pas de s'enfuir de la maison, grâce à Dieu. Sans ça, le doigt, il aurait appuyé. Et puis, elle arrête de se promener. Il s'approche d'elle et elle se met à crier : "Tu sais pas comment ces Syriens, ils aiment profiter des petites filles ? Pourquoi tu vas pas le tuer ?"

« Lui, les mots l'entaillent comme un couteau. "Profiter", "petites filles" — les mots le taillent en miettes. Il devient tout triste et idiot. Il peut pas supporter de la tuer, il le sait bien. Il va dans la petite chambre et il se couche sur le lit, sans ôter son uniforme. La fenêtre ouverte, le demi-rideau bouge à peine. Il fait encore chaud. Il se sent très calme, et il s'endort tout de suite. La nuit est presque venue quand il se réveille, il a l'impression de remonter de très loin. Il reste allongé, le voisin fait frire du poisson, il respire l'odeur, il se sent très calme, il entend les petits bruits des maisons tout autour. Les bruits, on dirait qu'ils viennent de loin. A mesure qu'il se réveille un peu plus, il sait qu'il se sent calme parce qu'il n'a pas besoin de gâcher sa vie ni celle de personne d'autre. Il n'a pas besoin de rien faire.

« Il fait tout noir quand il se lève. Il fait tout noir dans la maison. Il voit seulement les lumières des voisins. Dans la cour, il fait noir, dans la cabane, il fait noir, avec les fougères dans les corbeilles suspendues, et les plantes, et les fauteuils sur le ciment. Personne à la cuisine pour préparer à manger, personne dehors. Il est tout seul dans la maison. La petite, elle n'est pas là. Elle est partie. Il se met à tourner en rond à travers la maison. Il n'allume pas la lumière. Il marche dans le noir.

« Il va aux toilettes. Puis il sort dans la cour toute obscure. Il se promène un peu. Puis il se redresse, il tire sur son uniforme, il tapote le revolver dans son étui. Il monte dans sa voiture et il va dans le centre de la ville, jusqu'au grand jardin public au bord du fleuve.

« Le fleuve longe un côté du parc. La boutique du Syrien est dans une rue de l'autre côté. Il y a un trottoir couvert, bordé par des piliers en béton avec plein d'affiches les unes au-dessus des autres sur les piliers. C'est une boutique en longueur, il y a deux grandes portes, mais ce soir une des portes est fermée. Quand il entre, Antonio, il voit le Syrien à l'autre bout du comptoir, debout comme un policier devant les rayons couverts de ses rouleaux de mauvaise étoffe. Planté sous la loupiote qui pend au plafond, il bavarde et il rit avec les gens qu'il est en train d'escroquer.

« Antonio, il le regarde rire et il se dit : "Vas-y, ris tant que tu peux. T'auras bientôt fini de rire." Il vérifie la présence de son revolver sur sa hanche. Sans le sortir, parce que cette fois-ci il va pas attendre qu'il tire tout seul. Cette fois-ci, quand il le sortira, il s'en servira. La porte ouverte dans le dos, il commence à avancer dans la boutique. Le Syrien se retourne, et en voyant l'uniforme de la Guardia il montre un peu de respect.

« Dans sa tête, Antonio se met à parler au Syrien : "Bon. Tu montres du respect. Mais ça ne suffit pas, le respect. C'est la peur que je veux voir dans tes yeux. Je veux voir tes yeux quand tu vas commencer à supplier. A ce moment-là, moi, je te réglerai ton compte."

« Le Syrien, il reconnaît Antonio. Il n'a pas l'air ému. Il n'a pas l'air effrayé. Il a l'air fâché. Il jette un regard de haine à Antonio. Antonio est dérouté. On dirait que le Syrien ne comprend pas la gravité de la situation. Mais les clients dans la boutique, eux, ils comprennent. Ils arrêtent de parler, ils s'écartent pour laisser passer Antonio. Il s'approche du comptoir, et le Syrien le regarde maintenant d'un air de mépris. Tout ce temps, il n'a pas bougé, le Syrien.

« Et voilà qu'il arrive une drôle de chose. Dans sa tête, Antonio arrête de parler au Syrien, et il se met à se parler à lui-même. “Pourquoi il me méprise, celui-là ? On lui a raconté quelque chose. Je ne peux pas lui régler son compte alors qu'il a le cœur plein de mépris pour moi. La petite, elle lui a raconté quelque chose, pour qu'il ait contre moi ce pouvoir-là. Qu'est-ce qu'elle lui a raconté ?” Des tas de trucs intimes lui passent par la tête. Il se vide de ses forces, et il a presque froid, planté là au milieu de la boutique. Il est pris d'une envie de pleurer. Le Syrien lui lance “Oui, Pepe ?”, il l'appelle Pepe pour l'insulter, devant les autres, malgré son uniforme. Et Antonio, il peut seulement tourner les talons et s'en aller.

« Il passe les jours suivants sans savoir trop comment. Il m'envoie un message, pour me demander de venir le voir. Je le trouve dans un état, je vous dis pas, la maison aussi, elle est dans un état. Je la vois seulement pour la deuxième fois, la maison. La première fois, il l'avait tellement bien arrangée pour m'accueillir. La petite, elle avait mis ce qu'elle avait de plus beau, et elle était pleine de respect. A présent, elle est plus là, et tout ce que je regarde me fait penser à elle. La petite cabane dans la cour, avec les plantes et les fougères, ça me fait penser à elle. On s'était assis là au frais pour prendre le thé.

« Alors, quand Antonio il me raconte son histoire, je me ressens un peu comme il se ressent. Il pense qu'il va être obligé de quitter la Guardia, il me dit, il est trop en purée par en dedans pour faire un travail pareil, maintenant. Il se met à pleurer. Je sais pas quoi lui dire. Même si la petite, elle me manque et si je me ressens un peu comme il se ressent, j'ai pas l'expérience qu'il faut pour lui parler. Je peux pas lui dire comment il faut faire pour qu'on l'aime ou qu'on reste avec lui.

« Moi, j'ai grandi au bon vieux temps, les habitudes étaient différentes. C'étaient les vieux qui veillaient à ces choses-là à votre place. Quand j'ai eu vingt-deux ans — c'était la guerre, et je travaillais sur la base américaine à Cumuto — mon père, il m'a dit comme ça un vendredi quand je suis rentré à la maison pour le week-end : “Tu commences à te faire trop vieux. Il est grand temps de te marier. J'ai l'œil sur une ou deux jeunes filles pour toi. Je vais aller parler à leur famille.” Et voilà. J'étais un gros bras sur la base, je travaillais avec les Américains et tout, mais j'étais pas de force à dire non à mon père. J'ai pas eu le temps de faire ouf que je me suis retrouvé avec une femme et des enfants qui ont commencé à arriver. On aurait dit que ça m'était tombé dessus comme ça, quelque chose qu'on m'avait donné tout fait. J'avais rien demandé.

« Et on pourrait dire que c'est un peu pareil, ce qui s'est passé quand je me suis taillé de là-bas et que j'ai débarqué ici. Je menais un peu une vie de fugitif, à Maturín, et je prenais mes repas avec une famille indienne. Jamais j'ai fait du baratin à la jeune fille. Je lui parlais pratiquement pas. Je sais pas trop comment, je me suis installé chez ces gens-là, et après elle est venue s'installer avec moi, et tout le monde était d'accord, personne a fait de commentaires. Et je dois vous dire que je n'avais jamais touché à la jeune fille avant le moment où on a vécu ensemble.

« Ce qu'il y a de drôle, quand les enfants ont commencé à grandir, c'est que je me suis pas tant inquiété pour les garçons que pour les filles. On peut rien arranger pour elles, ici, et elles veulent pas de ces choses à l'ancienne mode. Elles veulent suivre la manière moderne, faire leur choix à elles, et vous savez comme elles sont idiotes, les filles. Un coup de baratin, et ça leur fait tourner la tête. Et une fois qu'une fille se retrouve avec un enfant, elle peut pas retourner en arrière. Bien ou mal, elle a ce qu'elle a, et sa vie suivra ce chemin-là. Mais pour Dolorès et la suivante, ça s'est bien passé. Elles avaient la bonne tournure, les propositions n'ont pas manqué, elles ont pu faire la sélection et elles se sont casées. Les autres filles aussi, je sais que ça ira parce qu'elles ont reçu le bon exemple.

« Pour les garçons, c'était une autre affaire. Les filles, elles avaient qu'à rester bien tranquilles et attendre. Les garçons, il faut qu'ils se mettent en chasse. Il faut qu'ils deviennent des hommes à la manière nouvelle, et ils savent pas trop comment s'y prendre. Ils peuvent pas suivre mon exemple. Ils se contentent de copier les gens du dehors sans comprendre vraiment ce que ça signifie. Et c'est super dur pour eux, parce qu'ils gardent tout le temps la pudeur à l'ancienne mode qu'ils ont hérité de moi.

« Ç'a été plus facile pour Antonio d'entrer dans la Guardia que de se trouver cette petite, et pendant longtemps il n'a même pas osé m'en parler. C'était pas de la dissimulation. C'était pas la petite qui l'inquiétait. C'était juste de la pudeur. Il avait l'impression qu'il me manquerait de respect, qu'il aurait l'air d'entrer en compétition avec moi.

« Et quand il a fini par me parler, et que je suis allé les voir, moi aussi la pudeur m'a empêché de regarder en face la petite fiancée, et Antonio, il avait tellement honte de son côté qu'il faisait semblant de la connaître à peine. La seule à pas avoir honte, c'était la petite. Et après, je réfléchis que tout ce que je sais d'elle, c'est ce que j'ai vu, que c'est en vérité une inconnue, et qu'Antonio non plus, il en sait guère plus long à son sujet. Et à présent qu'on parle tous les deux dans sa maison, j'ai l'impression que ça fait partie du problème où il s'est fourré.

« On parle toute la journée, on parle jusque tard dans la nuit. On parle, on parle. On répète les mêmes choses dix fois, vingt fois et puis on repart de zéro, dans l'état où il est.

« Je lui dis que Dieu était près de lui ce jour-là, quand il n'a pas appuyé sur la détente, et après, quand il est ressorti de la boutique du Syrien. Je lui dis qu'il la connaît pas vraiment, la petite, et qu'il ne peut pas parler de honte et de déshonneur. Il a fait une erreur avec elle, voilà tout. La prochaine fois, il ne fera plus la même erreur. La petite, elle a sans doute déjà fait ses erreurs à elle, et le Syrien aussi. Tout ceux qui vont se chercher un petit ami ou une petite amie parmi des inconnus font forcément des erreurs. Et ce que je crois, c'est qu'à la fin, ce qui est réellement pour vous, vous l'aurez.

« Je lui dis : "Je n'ai jamais eu dans ma vie le genre de plaisirs que vous recherchez, toi et ceux de ta génération. Toi, tu vis à la manière moderne, et j'avoue que je t'envie un peu, pour la liberté qu'elle donne. Mais si tu veux avoir droit à ces plaisirs-là, il faut payer le prix. Les autres aussi, ils veulent leur plaisir et leur liberté. Tu peux pas les en empêcher. Tu peux pas te mettre à juger si c'est honnête ou pas honnête. Une fois que tu commences à rechercher ce plaisir, il faut que tu oublies cette idée d'honnête ou pas honnête."

« On reste comme ça assis dans le noir, dans la cabane avec les corbeilles de fougères et les plantes, à parler indéfiniment, et je me creuse la tête pour trouver des choses à lui dire, des choses vraies ou à moitié vraies.

« Il y a tout le temps des gens qui passent dans la rue. Pareil que des ombres découpées sur la lumière des autres maisons. Je me doute que plus d'un doit être à présent au courant de l'histoire, ils savent que l'agent de la Guardia Nacional et son papa sont là à causer de la petite fiancée et du Syrien. Quand les gens, ils savent, moi je le devine. Ils veulent pas regarder, ils marchent comme s'ils évitaient de faire le moindre bruit. Ils font comme si c'était une maison de malade. Personne se moque. Ce caractère chez les gens d'ici, je l'ai jamais connu ni eu lieu de m'en méfier, et là je les apprécie et je les respecte.

« A mesure qu'on parle tous les deux et que la fatigue grandit chez Antonio, je sens qu'il commence à se calmer. Mais il continue à craquer par moments, à répéter qu'il va être obligé de quitter la Guardia. A présent, j'y crois plus trop, mais en même temps, justement parce que je prends son chagrin très au sérieux, et qu'il est plus calme, et que les voisins ont de la compassion pour lui et qu'il le sait, il risque de vouloir faire son cinéma, commettre un acte spectaculaire. Je sens que c'est le moment le plus dangereux de tous.

« Je lui dis "Je vais réciter des prières pour toi." L'idée m'est venue tout d'un coup. Et à peine je l'ai dit, je vois que c'est juste ce qu'il fallait. Il sait que je pense à des prières spéciales. Il y connaît pas trop grand-chose de ces prières, mais il sait qu'elles comptent beaucoup pour sa mère, et que pour moi aussi c'est très important.

« Je lui dis "Je voudrais que tu me promettes de rien faire avant que j'aie récité ces prières pour toi."

« Il répond pas, mais je sens que c'est d'accord. Et j'ai la tête soulagée d'un poids. »

Les prières spéciales auxquelles faisait allusion Manuel Sorzano étaient des extraits des Écritures hindoues. Elles exigeaient la présence d'un pandit pour psalmodier en sanskrit (ou du moins ce qui passait pour du sanskrit en cette lointaine région du monde), assis face à un autel bas, fait de terre décorée, surmonté d'un jeune bananier, et où l'on ferait brûler du sucre et du beurre clarifié sur un foyer de pitchpin aromatique : antiques symboles de fertilité et de sacrifice. Il était impossible de le faire au Venezuela ; Manuel Sorzano avait donc été obligé de retourner à Trinidad où, dans une première partie de sa vie, il avait porté un autre nom désormais passé sous silence. C'était de cette cérémonie qu'il revenait, l'esprit purifié de frais, ne touchant plus à la viande ni à l'alcool, avec son cabas-souvenir en raphia bourré de bocaux de pickles au limon, à la mangue, et de sauce pimentée ; avec, aussi, ses disques de chants religieux en hindi.

— J'espère qu'il n'y a pas des méchantes nouvelles pour m'accueillir à mon retour, reprit-il. Vous pouvez pas savoir, j'ai tellement fort l'impression que je vais payer, à présent, pour toute la chance que j'ai eue ici.

De plus en plus proches au-dessous de nous, la mer venteuse, grise et blanche, les pâtés d'immeubles, les longues pistes de l'aéroport sur l'étroite bande de terrain plat entre mer et montagnes, le sol rouge écorché, les escouades d'engins jaunes de travaux publics pour évacuer la terre, les multiples petits avions blancs d'Aeropostal et Avensa, les lignes intérieures vénézuéliennes, les grands avions à réaction d'une demi-douzaine de compagnies internationales auprès du long bâtiment de l'aérogare : le Venezuela du plein essor, à l'époque où, à Caracas (qu'on rejoignait par de longs tunnels creusés sous ces montagnes), dans les centres commerciaux de luxe, une chemise pouvait coûter cent dollars, alors qu'à New York, payer une chemise cinquante dollars paraissait exorbitant.

Nous prîmes des files d'attente différentes pour l'entrée dans le pays. En tant que Vénézuélien, il ne tarda pas à passer. Il m'attendit, assez repérable avec sa natte et son cabas-souvenir en raphia.

L'employé au service d'immigration, quand j'arrivai devant lui, me secoua sous le nez ma carte de débarquement. Au moment où il allait m'adresser la parole, un collègue l'appela ; il lui répondit tout en écrivant distraitement quelque chose sur mon formulaire, le tamponna, tamponna mon passeport, me fit signe de passer et quitta son guichet.

Manuel Sorzano me fit un signe du menton et me demanda :

— Il a marqué quoi sur votre carte ?

Je regardai. J'avais omis de mentionner le métier que j'exerçais, ce qui n'était pas tout à fait un oubli : à l'époque, les écrivains étaient des gens suspects ; des guérilleros avaient abusé du titre. Sur la ligne « profession » restée en blanc, l'employé distrait avait écrit « *Ejecutivo* », cadre supérieur.

— Vous voyez pourquoi c'est un grand pays ? dit Manuel Sorzano. Ici, tel que vous vous montrez, vous êtes traité. On vous respecte autant que vous vous respectez, ni plus ni moins. Il n'y a qu'ici.

Un agent de la Guardia nous regardait. Manuel Sorzano s'en était aperçu, et il avait très légèrement changé de comportement, pour montrer qu'il était des deux côtés par rapport aux autorités : un signe de connivence amicale avec l'uniforme, en même temps qu'un ploiement discret de l'épaule pour lui manifester sa déférence.

— Mais vous devriez faire un peu attention, reprit-il en arrivant à la douane. Nous avons quelques guérilleros, ici. Antonio, deux ou trois fois, il s'est trouvé à échanger des coups de feu avec eux. Un gars, il avait marqué sur sa carte d'identité *Director Ejecutivo*, PDG, quoi. Vantardise, hein. Ça s'est su, et voilà qu'un beau matin les guérilleros arrivent en voiture et s'emparent de lui au moment où il montait dans le bus pour aller au boulot. Un *colectiva*, un de ces petits bus privés où on peut pas se tenir debout. Tout le monde est tellement occupé à gagner sa place en évitant de se cogner la tête, personne a rien remarqué. Quand ils se sont aperçus qu'il a pas une grande société derrière lui pour payer la rançon, ils l'ont abattu. Dans ce pays, il faut savoir où on met les pieds.

8

DANS LE GOLFE DE DÉSOLATION

HISTOIRE NON ÉCRITE

A une époque, je pensais que je devrais essayer d'écrire une pièce ou le scénario d'un film — un film aurait été préférable — à propos du golfe. Je voyais cela découpé en trois parties : Christophe Colomb en 1498, Raleigh en 1618, et Francisco Miranda, le révolutionnaire vénézuélien, en 1806 : trois obsessionnels, loin de la prime jeunesse, chacun avec sa vision à lui du Nouveau Monde, chacun parvenu à ce qui aurait dû être un moment d'accomplissement, mais en réalité proche du terme de leur parcours, dans le golfe de Désolation. Trois histoires distinctes, des gens différents, un style vestimentaire qui évolue, mais les épisodes se seraient enchaînés l'un à partir de l'autre, comme dans un feuilleton.

Raleigh en 1618, un vieil homme malade, lorsqu'il attendait dans le golfe des nouvelles des mines d'or qu'il n'avait jamais vues et auxquelles il ne croyait plus, était dans une situation comparable à Christophe Colomb en 1498, qui se plaignait, dans son journal de bord, de sa mauvaise vue, de sa mauvaise santé et de sa malchance, plaidant d'avance pour obtenir la compassion de ses souverains. Tandis qu'il taillait sa route au long des anfractuosités de ce golfe étrange, aux eaux tantôt salées, tantôt douces, il naviguait, à ses propres yeux, entre l'île qu'il avait baptisée La Trinité et une autre île (en réalité le continent sud-américain) qu'il appelait Terre de Grâce. Les noms de lieux, il les offrait comme des prières, en s'exagérant les merveilles de ce qu'il voyait. Il avait déjà presque renoncé à son rêve du Nouveau Monde ; il savait que les choses avaient très mal tourné dans la petite colonie espagnole qu'il avait laissée derrière lui, sur l'île d'Haïti. Et, à la fin de ce troisième voyage, c'est chargé de chaînes qu'il rentrerait en Espagne. Tout comme Raleigh, en 1618, lorsqu'il n'y eut plus rien à attendre, repartit vers la Tour de Londres et vers l'exécution.

On trouve le même genre de folie et de chimères — suivies par la reddition — dans la dernière partie de la vie de Francisco Miranda, le révolutionnaire vénézuélien qui précéda Bolívar. On connaît moins bien Miranda que Colomb ou Raleigh. Sa carrière est tout aussi fabuleuse et originale, mais (pour une raison que nous verrons plus tard) il n'est pas devenu un mythe historique, et il est donc nécessaire, ici, de retracer son parcours.

En 1806, Miranda a cinquante-six ans. Il a quitté le Venezuela depuis trente-cinq ans. Il en a passé plus de vingt aux États-Unis, en Angleterre et en France à tenter de vendre l'idée d'une libération de l'Amérique colonisée par l'Espagne. Techniquement, c'est un déserteur de l'armée espagnole. Ce qui signifie qu'il s'est coupé de la fortune familiale qu'il possède au Venezuela ; il a subsisté de sa seule astuce. La révolution sud-américaine — et sa place potentielle de dirigeant de cette révolution — en est venue à constituer son seul bien. En 1805, la panique le prend, à l'idée que les Français, sous Napoléon, pourraient s'emparer du continent sud-américain et qu'il n'aurait plus de révolution à mener. Il quitte l'Angleterre et part pour les États-Unis. Grâce à l'argent d'un négociant (disposé à spéculer sur la révolution), Miranda achète un petit vaisseau, recrute deux cents mercenaires et décide d'envahir l'Amérique du Sud.

C'est un long voyage, cap au sud. Il se querelle avec le capitaine, il se querelle avec ses recrues, et l'invasion est un désastre. C'est une simple escarmouche d'une quarantaine de minutes, contrée par un vaisseau espagnol qui capture les deux goélettes non armées, chargées de débarquer cinquante-huit des envahisseurs. Miranda, dont le dernier combat remonte à vingt-cinq ans auparavant, tourne bride et prend la fuite à bord de son propre navire.

Il est secouru par les autorités britanniques implantées à la Barbade et à Trinidad. Ses recrues américaines, sans solde et au bord de la mutinerie, sont remises au pas ; il recrute d'autres hommes chez les Français de Trinidad ; et il entreprend une nouvelle invasion. A l'instar de Colomb et de Raleigh, il a un sens de l'Histoire. Il lance une proclamation : « Le golfe que Christophe Colomb découvrit et honora de sa présence va maintenant être témoin de l'action illustre de nos vaillants efforts. »

Ses proclamations sont d'un autre style lorsque, jouissant

cette fois-ci à couvert du soutien naval des Britanniques, il débarque au Venezuela sans rencontrer d'opposition. Les fonctionnaires du pays qui ne dénonceront pas leur allégeance envers les autorités espagnoles, déclare-t-il, seront traités en ennemis. Son idée de la révolution n'est pas plus compliquée que cela. Personne ne vient à lui ; les gens le fuient.

Il ne fait aucune tentative pour obtenir, au moyen d'une rançon, d'un marchandage ou d'une action quelconque la libération des cinquante-huit hommes qu'il avait perdus la première fois. Dix d'entre eux sont pendus et écartelés, leur tête fichée au bout d'une pique, leurs restes brûlés en holocauste. Les autres sont tous enfermés dans d'abominables prisons. Miranda n'en parle jamais, jamais il n'exprime de regrets à leur égard. C'étaient des mercenaires, des parieurs. Si l'invasion avait réussi, ils auraient récolté un généreux butin. En l'occurrence, ils ont perdu ; on ne leur doit rien.

Il ne dispose pas des forces — ou de l'adresse, ou de l'assurance — qu'il faudrait pour gagner l'intérieur des terres. Au bout de dix jours, il rembarque. Quelques semaines durant, il attend, hésitant, à proximité des côtes vénézuéliennes. Le soutien naval britannique, qui n'a jamais reçu d'autorisation officielle, lui est finalement retiré ; et Miranda n'a plus qu'à regagner Trinidad.

Pendant toute une année, après cela, Miranda reste à Trinidad, où il est comme un naufragé.

Jusqu'à neuf ans plus tôt, Trinidad faisait partie du Venezuela et de l'empire espagnol. A présent, c'est un territoire britannique. La plus grande partie du territoire est occupée par la forêt, mais c'est une forêt déserte : la population aborigène a pratiquement disparu. Vingt ans auparavant, sur le site de l'ancienne agglomération portuaire indienne de Cumucurapo, les Espagnols avaient fondé une petite ville de style espagnol, au plan régulier de rues rectilignes se coupant à la perpendiculaire. A l'écart de la place principale, la plupart des lots sont vides et abandonnés à la nature. Au bout de la ville inachevée, bordées sur trois côtés par les collines et la forêt qu'elles rejoignent, se trouvent les plantations — postérieures à la ville — aménagées sur des terres livrées à la brousse pendant deux siècles, après la disparition du peuple aborigène.

Les planteurs sont des réfugiés d'Haïti et des autres îles francophones plus au nord. Ce ne sont pas tous des Blancs. Il y a parmi eux beaucoup de mulâtres et de Noirs, nommés, dans le langage de caste de l'époque, « les hommes libres de couleur », on ne les appelle pas nègres. Une proportion inhabituelle des esclaves de Trinidad sont des « nègres nouveaux », récemment amenés d'Afrique.

A présent, l'île vit de ces plantations, et pour elles ; en dehors de cela, il n'existe pratiquement rien. Les déplacements sont contrôlés. Pas de vagabonds, pas de population flottante et libre. Il n'y a pas de place ici pour un homme de la métropole, tel que Miranda. Sans doute a-t-il connu, au long de l'année, dans l'attente d'une issue et à la merci du gouvernement britannique, des moments où il s'est senti prisonnier, et demandé s'il en sortirait jamais, s'il repartirait jamais de cette île qui a jadis fait partie de son pays natal, pour retourner à Londres, à son foyer, auprès de sa famille.

Au bout d'une longue année d'oisiveté forcée, il finit en effet par y retourner. C'est ici que l'histoire devrait s'achever, lorsqu'il s'échappe de ce qui fut un morceau de sa terre natale. Il y aurait là une certaine ironie. Mais il ne lui est pas permis de faire sa sortie sur une extinction des feux. Il est trop connu, il s'agite depuis trop longtemps, il a trop discouru. Un autre sort lui est réservé.

Trois ans plus tard, la vraie révolution est déclenchée au Venezuela par Bolívar et d'autres. Ils rappellent Miranda. Ils pensent qu'ils ont besoin de lui. Miranda est le Sud-Américain ou Hispano-Américain le plus célèbre de son temps ; il connaît des gens importants en Angleterre et aux États-Unis. Les révolutionnaires croient aussi qu'ils ont besoin de ses talents militaires : parmi les Sud-Américains, il a la réputation de n'être surpassé dans ce domaine que par Napoléon. (Onze ans durant, il a été capitaine dans l'armée espagnole, en Espagne, en Afrique du Nord et aux Indes Occidentales. Brièvement, avant de déserter et de gagner les États-Unis, il est passé colonel. Mais en arrivant en France, il a encouragé les Français à croire qu'il a commandé en tant que général dans la guerre d'Indépendance américaine ; et, dans les premiers temps de la Révolution française, il a servi pendant sept mois avec le grade de général dans l'armée révolutionnaire, jusqu'à son arrestation pour incompétence.)

Ainsi, de façon inattendue, après la déroute et l'oisiveté subies trois ans plus tôt, voici un triomphe complet de Miranda. Il débarque au Venezuela pour une révolution taillée d'avance (qu'il prédit depuis vingt ans), et il est accueilli solennellement comme le chef et le héros. Pendant un certain temps, tout va bien. La révolution vénézuélienne triomphe, et Miranda, au rang de général, assure ses victoires — bien que les combats menés par lui soient particulièrement sanglants, et que le révolutionnaire qui prône la liberté du citoyen révèle ici un aspect brutal et excessivement autoritaire de ses procédés. Cette brutalité est l'une des choses qui amènent certains à mettre la révolution en question.

Miranda avait vingt et un ans quand il a quitté le Venezuela, et en 1810-1811, cela fait près de quarante ans qu'il est parti. Et de même que, durant ce laps de temps, il a endossé bien des rôles successifs — un amoureux de la liberté parmi les Américains ; un noble mexicain et un comte auprès des grands à la cour de Catherine II de Russie ; un dirigeant en exil chez les Britanniques, un homme capable d'ouvrir tout un continent aux marchandises britanniques — de même, dans ses constructions mentales, le Venezuela et l'Amérique du Sud ont été régulièrement réadaptés aux fantasmes des penseurs européens de la fin du dix-huitième siècle. Les peuples du continent méritent ce qu'on peut rêver de mieux. Les Blancs comme les Indiens sont dignes de la république de Platon. Puis, dans une version ultérieure de cet échafaudage, Blancs et Indiens réunis sont mystérieusement devenus des Incas, dotés de toute la pureté et la noblesse attribuées à ce peuple par les philosophes.

Mais le Venezuela où se retrouve à présent Miranda ne correspond pas du tout à cette idée. Il ressemblerait plutôt à l'île de Trinidad d'où Miranda a eu la chance de pouvoir s'échapper voilà trois ans. Le Venezuela est une colonie dans le Nouveau Monde, qui vit des plantations esclavagistes, et présente toutes les divisions de ce genre de sociétés : les Espagnols d'Espagne, qui sont les fonctionnaires ; les Espagnols créoles qui ne font pas partie de l'aristocratie ; les mulâtres ; les Noirs des plantations ; les Indiens aborigènes. Ce genre de société ne tient ensemble que sous l'effet d'une forte autorité exercée de l'extérieur. Quand cette autorité disparaît, les gens peuvent avoir l'impression qu'ils commencent à sombrer. La liberté pour un groupe humain peut signifier l'esclavage ou l'oppression pour un autre groupe.

Ainsi, à mesure qu'elle progresse, la révolution vénézuélienne aggrave chacune des divisions de race et de caste dans le pays, propage toutes les formes de peur et de jalousie ; et du coup, elle commence à échouer. Les gens ordinaires du pays passent peu à peu dans l'autre camp, celui de l'ancienne autorité, et de la hiérarchie, de la loi et de la religion qu'ils connaissent.

Miranda appelle les esclaves à se joindre à lui. Ils n'écoutent pas ; en fait, tandis que rétrécit le secteur aux mains des révolutionnaires, les esclaves du Barlovento se rebellent, et l'on pourrait croire à un moment donné qu'ils vont s'emparer de Caracas, la capitale. Et voici qu'en échange de la paix, ou tout au moins afin de gagner du temps, certains de ceux-là même qui ont fait venir Miranda de Londres pour prendre la tête de leur révolution décident de le livrer aux Espagnols. Une nuit, ils viennent le réveiller pour le conduire dans le cachot d'une forteresse côtière.

C'est ici que tout s'achève pour Miranda : c'est le sort qu'il a redouté depuis le jour de sa désertion, près de trente ans plus tôt. Cette peur n'a fait que croître tout au long de sa vie de révolutionnaire. Il craint les prisons espagnoles comme seul peut les craindre un ex-officier espagnol ; il craint la cruauté et l'esprit vengeur, mêlant la loi et la religion, des châtiments espagnols, comme seul peut les craindre un homme qui les a lui-même infligés. Au cours des récentes guerres vénézuéliennes, il a fait pendre des hommes ; il a fait empaler des têtes.

Il a maintenant soixante-deux ans. Il lui reste quatre années à vivre. Il les passera toutes en prison ; une partie de ce temps, il sera chargé de chaînes. Il ne reverra plus ni Londres, ni sa famille. Il passera de sa prison au Venezuela à la geôle de Porto Rico, puis aux cachots de Cadix. Les cachots de Cadix sont abominables. Mais quand le gouverneur militaire de Porto Rico, qui a honorablement traité Miranda tout au long, vient lui annoncer que l'ordre est arrivé de le conduire à Cadix, Miranda le serre sur son cœur pour le remercier. Comme s'il était heureux, en fin de compte, de se débarrasser de trente ans de fantasmes — le fantasme d'une immense république sud-américaine de Colombie, s'étendant depuis la source du Mississippi (toutes les terres à l'ouest du fleuve) et sur toute la longueur du continent jusqu'au cap Horn, le fantasme des Incas dignes de la république de Platon, fantasmes qui (telles les idées de Christophe Colomb sur le Nouveau Monde, et celles de Raleigh) comportaient aussi le rêve d'exercer une fabuleuse autorité personnelle.

Tout au long de sa vie d'adulte, Miranda prit grand soin de ses papiers. Il gardait tout ce qui lui paraissait important, parfois même des invitations imprimées. Il en prit l'habitude en tant que voyageur, l'un des premiers Sud-Américains à parcourir le vaste monde ; par la suite, il continua de le faire par sens de l'Histoire et de son destin personnel. S'il n'est pas mieux connu aujourd'hui, ce n'est pas seulement parce qu'il a accompli trop peu de choses, ni qu'il manque à la révolution sud-américaine l'intérêt universel des trois grandes révolutions — l'américaine, la française et l'haïtienne — qui l'avaient précédée. C'est aussi parce que le jour où il fut trahi, on le sépara de ses papiers — les soixante-trois volumes in-folio, reliés en cuir, qu'il avait apportés d'Angleterre deux ans auparavant — et que ces archives furent égarées pendant plus d'un siècle. Quand on les retrouva, la révolution sud-américaine avait régressé, son histoire s'était durcie et, ainsi qu'il en fut des cadavres à Pompéi, à la place qu'aurait dû occuper Miranda, il ne restait qu'un vide.

Pour les Vénézuéliens, Miranda est le Précurseur, celui qui précéda Bolívar. Et quand je me plongeai dans mes premières lectures à son sujet et commençai à consulter ses documents, moi aussi, à ma manière à moi, je le perçus comme un précurseur. Je vis en lui un colonial des tout premiers temps, un homme qui avait un sentiment d'incomplétude, doté de bien peu d'atouts sur lesquels s'appuyer dans son pays et d'une idée du vaste monde extérieur, un homme qui, lorsqu'il se lança dans ce vaste monde, fut obligé de se réinventer. Je projetai sur lui quelques-unes de mes premières instigations (et de celles d'autres personnes que je connaissais).

Je pense aujourd'hui que, m'étant laissé entraîner par une notion personnelle de la filiation, j'avais trop négligé les évidences. L'idée d'incomplétude coloniale a un sens, et l'on ne peut sous-estimer la passion de Miranda pour sa cause politique. Mais en même temps, de bout en bout et dès son départ de chez lui, il fut une sorte d'escroc. C'était trop facile : il était le premier Sud-Américain cultivé (et souvent le premier Sud-Américain tout court) que rencontraient les gens du monde extérieur, et il s'aperçut qu'il pouvait leur raconter n'importe quoi à propos de sa propre personne et du pays d'où il venait. Il pouvait, par exemple, raconter au président de Yale, au cours d'une conversation sur la littérature mexicaine, qu'il avait fait son droit à l'université de Mexico.

Tel est l'homme — d'un certain âge, trente-cinq ans après son départ d'Amérique du Sud — que nous allons voir arriver dans le golfe en 1806. Et il est nécessaire à présent de faire un retour en arrière pour comprendre un peu mieux Miranda l'escroc.

Il est né à Caracas en 1750. Son père, originaire des îles Canaries, était un négociant en lin. Autrement dit, ni un vrai Espagnol d'Espagne, ni quelqu'un qui fût accepté par l'aristocratie créole. Mais un homme riche, assez riche pour payer huit mille pesos — une grosse somme — le brevet de capitaine de son fils dans l'armée espagnole ; assez riche aussi pour charger un notaire, en Espagne, de dresser un arbre généalogique des Miranda, prouvant leur pure ascendance et leur noblesse castillanes depuis des générations.

C'est afin de prendre ses fonctions d'officier que le jeune Miranda part pour l'Espagne en 1771. Dans ce pays, il s'enthousiasme pour les monuments, le vin, les prostituées ; il note tout en détail. Pour couvrir une partie de ses frais (c'est peut-être l'idée de son négociant de père), il a apporté quatre cent cinquante livres de fèves de cacao, récoltées sans aucun doute dans les plantations esclavagistes des vallées au nord de Caracas. Il en obtient cent quinze pesos. Pour donner une idée des excès dépensiers de la vie métropolitaine qu'espère adopter Miranda, cette somme correspond à ce qu'il paie pour un mouchoir de soie et un parapluie, de soie également. Et ce ne sont là que deux articles d'une longue liste de coûteux accessoires vestimentaires dont il fait l'acquisition dès son arrivée.

Un an plus tard, il reçoit son brevet. Il ne cesse de se quereller avec tout le monde. C'est sa nature ; il est à la fois trop sûr de lui et — en tant que Vénézuélien et insulaire des Canaries — trop facile à rouler. Enfin, les années passent ; son service l'amène durant un certain temps en Afrique du Nord. Tandis qu'il s'adapte à la vie militaire — il fait par deux fois au moins de la prison pour insubordination — son assurance commence à se manifester de diverses autres manières. Un jour, sur le champ de manœuvre, il frappe un soldat à la tête avec son épée et porte atteinte à son acuité auditive ; ensuite, il fait jeter l'homme au cachot, le fait mettre nu et rouer de coups. Il commence aussi à voler dans la caisse du régiment. La pratique n'a rien d'inhabituel parmi les officiers qui ont acheté leur brevet et s'efforcent, par divers moyens, de récupérer leurs fonds. S'ensuivent des plaintes, des enquêtes qui traînent, de creuses excuses écrites — pour l'essentiel, le reste de la vie militaire de Miranda se déroulera sur ce modèle.

La guerre d'Indépendance américaine a éclaté. Miranda souhaite ardemment y prendre part, et il y parvient. Il est présent avec les forces espagnoles au siège de Pensacola. Après la reddition des Britanniques dominés en nombre, Miranda s'offre quelques acquisitions. Il achète trois esclaves noirs et une grande quantité de livres de valeur. Il achète les esclaves un par un, sur deux semaines, et garde les trois reçus dans ses papiers ; les reçus sont la preuve de son titre de propriété. Il mentionne aussi qu'un prisonnier britannique lui a fait don d'un nègre nommé Brown. Les quatre esclaves seront emmenés en contrebande (sans aucun doute sur un navire militaire espagnol) à Cuba ou quelque autre territoire hispanique et vendus à profit. Cette guerre offre ce genre de petits bénéfices aux officiers espagnols.

Ce n'est pas tout. Le gouverneur de Cuba échafaude un plan. Miranda, nommé colonel, sera envoyé à l'île britannique de la Jamaïque pour organiser un échange de prisonniers britanniques et espagnols. La mission est avouable ; mais par ailleurs, après s'être arrangé avec les autorités britanniques, il se procurera deux navires à la Jamaïque, les chargera de nègres, de porcelaine et de toile anglaise, et regagnera Cuba. Là, le tout (y compris les navires : un coup de maître) sera revendu. Miranda sera déposé dans le port de Batanabo avec son innocent bagage personnel (dont les nombreux livres de valeur achetés à la Jamaïque) ; les navires de contrebande et leur cargaison contourneront l'île pour gagner La Havane. C'est Miranda qui prendra tous les risques. Le gouverneur de Cuba, commanditaire de l'expédition, ne se salira pas les mains.

La fraude en question est énorme, difficile à tenir secrète, et certains officiers espagnols en sont outragés. A peine Miranda a-t-il quitté Batanabo, avec ses six malles chargées sur trois charrettes, qu'il est arrêté et malmené très délibérément par les officiers des impôts. On ne lui témoigne aucun respect de son uniforme ni de son passeport officiel. Ses excuses sont ingénieuses, comme toujours, mais ne servent à rien. Les fonctionnaires sont implacables ; même le gouverneur est réduit à l'impuissance. L'affaire, étirée sur douze mois, arrive devant le roi d'Espagne, et les nouvelles qui reviennent sont si mauvaises que Miranda décide de s'enfuir. Avec l'aide du gouverneur, il trouve une couchette sur un sloop américain et s'éclipse aux États-Unis. Il fait bien. Selon la décision du roi d'Espagne, six mois plus tard, Miranda doit être déchu de son brevet et il est condamné à dix ans de service de garnison à Oran, en Afrique du Nord.

Entre-temps, Miranda a fait son chemin aux États-Unis et fréquente les gens les plus haut placés du pays. Le gouverneur de Cuba a joué le jeu honnêtement ; il lui a donné une lettre pour le ministre espagnol auprès des États-Unis, qui a mis tout son zèle à lui présenter des personnes éminentes. Pour la première fois de sa vie, Miranda se voit qui inspire de l'intérêt en tant que Sud-Américain et homme cultivé, en tant que citoyen à part entière ; personne, en 1783 aux États-Unis, ne doit avoir la moindre idée ni le moindre souci de ce qu'est un insulaire des Canaries ou un créole du Venezuela. Et il révèle de subtils talents de manœuvrier mondain ; on dirait qu'il s'est toujours entraîné pour ce moment précis. Lors d'une réception, il annonce que son modèle militaire est le général Wolfe. Comme par hasard — et naturellement nul n'est plus surpris que Miranda — l'interlocuteur à qui il adresse cette déclaration connaît des amis haut placés du général. Miranda est mis en rapport avec ces amis, qui le mettent en rapport avec d'autres. Et ainsi de suite pendant un an et demi.

A un moment donné, la rumeur commence à circuler que l'objectif caressé par Miranda, ou sa cause à long terme, n'est autre qu'une indépendance à l'américaine pour l'Amérique espagnole. Cette rumeur ajoute à sa dignité ; il ne la dément pas. Ainsi, quand on apprend que Miranda est en fait un déserteur de l'armée espagnole, cela ne lui nuit en rien. Quand il quitte les États-Unis pour l'Angleterre, il emporte une lettre d'introduction auprès du secrétaire au Trésor, à Whitehall. Il est allé très vite. Dix-huit mois tout juste auparavant, dans la cité coloniale de La Havane, il était un contrebandier et un déserteur ; à présent, à Londres, le voici déjà devenu une sorte de négociateur de la cause sud-américaine. Et une vingtaine d'années plus tard, les Vénézuéliens, poussés par la vanité et l'exagération coloniales, rajouteront encore à l'éclat du séjour de Miranda aux États-Unis : ils feront de lui un général dans la guerre d'Indépendance, au coude à coude avec La Fayette et Washington.

Les voyages de Miranda se poursuivent, d'année en année : c'est presque devenu sa carrière. Il y a toujours quelqu'un de disposé à financer le libérateur putatif. Quant à la passion, sa vie est constamment ponctuée de scènes brutales avec des femmes de chambre, des servantes, des prostituées. Il y a aussi des querelles permanentes avec les domestiques. Ils semblent souvent flairer le caractère frauduleux du personnage ou sa situation de dépendance matérielle et lui, fort de sa conception colonio-vénézuélienne de l'autorité, les maltraite fréquemment. Au niveau supérieur, les introductions continuent de se multiplier toujours plus avant. Plus Miranda est loin de chez lui, plus cela se passe aisément.

En Russie, il devient colonel à nouveau, et comte mexicain. La Grande Catherine en personne s'inquiète du traitement que pourrait lui infliger l'Inquisition s'il tombait entre les mains des Espagnols. Quand il l'informe que l'ambassadeur espagnol lui conteste le droit de s'intituler colonel, elle le nomme colonel de l'armée russe. Elle lui donne de l'argent ;

les ambassades russes en Europe lui seront toujours ouvertes, lui dit-elle.

A présent, la réputation de Miranda se nourrit d'elle-même ; ses échecs ne comptent plus. Lorsqu'il retourne en Angleterre, il entame de sérieuses négociations avec le gouvernement britannique. Ces négociations traînent pendant des années, sans aboutir à rien. Mais quand il débarque en France, les Français le font général de leur armée révolutionnaire. Cela se termine par un désastre militaire au siège de Maastricht, par son emprisonnement et son procès. En Angleterre, ce n'est pas un problème ; en fait, il y retourne comme général en toute légitimité. Ensuite, des années durant, jusqu'à ce qu'il atteigne cinquante-cinq ans, les projets britanniques pour l'invasion ou la libération de l'Amérique du Sud se développent, se rétractent et se développent à nouveau autour du général Miranda. On ira jusqu'à échafauder, à un moment donné, un plan de conquête du continent avec dix mille cipayes indiens.

Au long de toutes ces années d'attente et de déceptions, Miranda tient bon. Il mûrit ; il perfectionne son éducation. L'expérience, la connaissance du monde et la fréquentation des grands hommes l'ont fait évoluer loin du capitaine contrebandier qu'il était vingt ans plus tôt. Il se comporte en chef d'un gouvernement potentiel. Au début, il aurait pu tenir des propos moralistes sur les promesses rompues des ministres qui l'ont tenu en haleine. Mais il a compris à présent que les hommes sont liés par l'intérêt et il sait ce qu'il a à offrir. Sans lui, une invasion britannique se heurterait à la résistance du peuple de l'Amérique espagnole. On a besoin de quelqu'un comme lui. Et c'est seulement quand il craint que son rôle ne lui échappe, quand il se voit sans utilité, gagné par la vieillesse à Londres, qu'il entreprend son absurde débarquement avec un unique vaisseau.

Tel est l'homme qui arrive dans le golfe en 1806, après l'échec de sa première invasion. Il devrait être ridicule, mais ce n'est pas le cas. Une nouvelle invasion interviendra bientôt, appuyée, cette fois, par la flotte britannique de la Caraïbe. Les généraux et amiraux sont tous partisans de Miranda. Ils convoitent les grandes plantations d'Amérique du Sud que leur assurera la victoire de Miranda.

Un navire de guerre britannique l'amène de la Barbade à Port of Spain. Il s'agit en partie de le protéger contre une mutinerie des mercenaires américains à bord de son propre vaisseau, le *Leander*. Ceux-ci n'ont pas été payés de toute l'année, et ils n'ont aucune confiance dans le commandement de Miranda.

Il est accueilli sur le môle par le gouverneur de Trinidad, le général Hislop. Hislop est un homme à bout de nerfs. Il a quarante ans et son étoile s'éteint. Sa dernière prestation militaire remonte à vingt ans, à Gibraltar. Il a passé dix ans aux Antilles, affecté à des postes semi-administratifs, et il boit trop. Cela fait trois ans qu'il est gouverneur de Trinidad, et il déteste l'île et ceux qui la peuplent.

Hislop vient d'affronter ce qui lui est apparu comme une rébellion d'esclaves. Il a eu peur, et maintenant il est inquiet quant à la légalité des mesures qui ont été prises alors — les pendaisons et les mutilations — et de ce qui a été commis en son nom depuis qu'il est gouverneur. Il sent qu'on peut contester tout ce qu'il a fait ou couvert, car, depuis la conquête britannique, aucun système de droit n'a été établi. Personne ne sait si c'est la loi espagnole ou la loi anglaise qui est applicable, et il n'y a là aucun juriste capable de fournir des conseils sur l'un ou l'autre système.

Miranda ne dispose d'aucun pouvoir. Il vit des subventions de négociants londoniens et à présent new-yorkais, et de fonds incertains du gouvernement britannique. Il dépend du soutien britannique pour sa seconde invasion. Hislop est le représentant du pouvoir britannique. Mais lorsqu'ils se trouvent face à face, c'est Hislop qui est le quémandeur, Miranda qui a quelque chose à accorder. Miranda s'en rend compte, et il sait que la requête, quand elle viendra, sera de cet ordre : « Général, si le moment venu vous avez en Amérique du Sud de la place pour un militaire, je vous en prie, n'hésitez pas à faire appel à moi. »

Ils traversent en calèche la misérable petite ville. Loin de la place principale, aux alentours du port, beaucoup des terrains à bâtir sont déserts et envahis par la végétation. Les rues de la cité édifiée par les Espagnols ont maintenant reçu des noms anglais, de têtes couronnées et de militaires : King, Queen, Prince, Duke, George, Charlotte, Frederick, St Vincent, Abercromby. C'est la saison des pluies, la terre battue des rues est transformée en boue, il fait chaud et moite.

La résidence officielle, où Miranda doit séjourner en tant qu'hôte du gouverneur, se trouve au nord, au pied des collines.

Les deux hommes parlent de la force d'invasion.

— Nous ne pouvons vous donner aucun détachement de

notre armée, bien entendu. Mais les Américains à bord de votre vaisseau seront obligés de vous accompagner. Quelques-uns d'entre eux prétendent qu'ils vont rester ici, mais je leur ferai savoir qu'ils ne sont autorisés à séjourner ici que parce qu'ils font partie de vos troupes. J'ai identifié le meneur chez les Américains.

— Biggs.

— C'est cela. Nous pouvons nous charger de Biggs. Les autorités espagnoles, c'est une autre affaire. Elles ont fait courir le bruit que l'île reviendra à l'Espagne quand il y aura la paix. Ce qui signifie que pas un Espagnol, ici, ne se portera volontaire. Elles ont aussi répandu la rumeur que vous comptez libérer tous les esclaves. C'est pour décourager les volontaires français. Rouvray dispose d'environ cent quatre-vingt-dix volontaires. Ils exigeront votre parole que vous garantirez le droit de propriété sur les esclaves. Tout se ramène à cela dans cette partie du monde, vous ne l'ignorez pas. La terre et les esclaves. En tant que gouverneur de cette île, il y a des moments où j'ai l'impression de n'être qu'un geôlier au service des planteurs.

— J'ai demandé qu'on m'envoie du courrier ici.

— Vous en avez un bon paquet. On vous a fait suivre certaines lettres de Tortola, d'autres du poste des îles Sous-le-Vent. Et M. Turnbull m'a envoyé pour vous des caisses de prospectus et d'échantillons. Vous êtes censé les distribuer quand vous aurez débarqué au Venezuela. Avec vos recommandations. Certaines personnes se font une idée très sommaire des opérations militaires.

La résidence officielle aurait besoin de travaux. Hislop présente des excuses. Il explique que le Trésor de l'île est à sec. Le précédent administrateur avait une conception très fastueuse du train de vie que devaient mener sa famille et lui, ainsi que ses secrétaires. Il n'est resté que six mois, mais il a laissé un trou dans les finances. Après cela sont venus les frais pour les fortifications, dont certaines sont à présent abandonnées. Il a fallu acheter à crédit aux marchands d'esclaves les quelques ouvriers nègres qui sont maintenant employés sur le domaine de la résidence officielle — tachés de boue, dans leurs guenilles de toile brune, la tenue courante des esclaves : en traversant la ville, Miranda a remarqué les Noirs ainsi vêtus.

— Ce ne sont pas des menuisiers ni des artisans compétents, poursuit Hislop. Un menuisier aurait coûté cent livres. Ceux-ci en valaient soixante. Et ce sont des nègres nouveaux.

Ils arrivent d'Afrique. Bons à rien sinon aux champs, en équipe, et ils ne savent ni l'anglais ni le français. Il paraît qu'on mettra un terme à la traite l'année prochaine, aussi les trafiquants importent-ils actuellement autant de nègres qu'ils peuvent. Cela en soi crée des problèmes. Si vous restez assez longtemps ici, vous vous surprendrez à ne plus penser à autre chose. Les nègres et la terre.

« Vous ne serez pas étonné, général, d'être très demandé ici. Miss McLurie souhaite faire votre connaissance. C'est l'une de nos dames. Elle est arrivée en 1802 et souffre du manque de vie mondaine. Elle porte une transparence. C'est elle qui appelle cela ainsi. On voit sa poitrine au travers. Apparemment, c'est la dernière mode. Elle souhaite recueillir de votre propre bouche des informations sur Lady Hester Stanhope et la Grande Catherine. Ces histoires vous ont précédé. Il en va ainsi pour les gens célèbres, et vous êtes l'homme le plus célèbre qui ait séjourné ici. Avant votre venue, je suppose que notre visiteur le plus connu était le commodore Samuel Hood. Le second de Nelson à la bataille du Nil.

— J'ai rencontré Hood avant qu'il vienne ici, dit Miranda.

— Il y a aussi Be'nard qui veut vous voir. Il s'est montré très pressant toute la semaine. (Hislop prononce le nom français à l'anglaise, quelque chose comme « Bennarde ».) C'est un planteur, grâce à Gourville, dont il a épousé la fille. Il se trouve ainsi parent par alliance du baron de Montalembert. Be'nard ne vous laisse pas l'occasion de l'oublier. Le baron est l'un de nos plus gros planteurs. Il sera bon de le mettre de votre côté. Il est venu de Saint-Domingue voici cinq ou six ans. Son domaine est à deux pas d'ici. Peu après son arrivée, il a perdu cent vingt de ses nègres, empoisonnés. C'est une histoire célèbre. Je suis sûr que Be'nard vous la racontera. Il va nous rendre visite incessamment.

— Bernard. J'ai connu un Bernard à Paris. Il est ensuite venu à Londres. J'ai envoyé un Bernard ici, d'Angleterre, il y a sept ans. Pour me tenir au courant de la situation. Il est parti et je n'ai jamais plus eu de nouvelles. Pas un mot. S'agirait-il du même homme ? Inquiet de mon arrivée ? Ou convaincu que je peux faire quelque chose pour lui ? Qu'en pensez-vous, général ?

— Général Miranda, vous m'interrogiez à l'instant au sujet de votre courrier. Il vous attend dans votre chambre. Mais il y a une autre lettre. Elle a été jetée dans la guérite de la sentinelle hier matin. C'est une lettre anonyme. Il se peut qu'elle soit insultante à mon égard. C'est ce que j'ai eu à supporter ici. Je ne suis pas sûr que la notion d'honneur s'applique en l'occurrence, mais je vous remets cette lettre par principe d'honneur. Je vous demande de la traiter de même. Vous-même avez été en butte à la calomnie et à la persécution, général. On se trouve aisément diffamé en un tel endroit.

Les deux hommes se séparent. Le dîner est prévu à trois heures. Miranda gagne la partie de la maison où il va loger, son quartier général à partir de maintenant. Il aperçoit les sacoches qui contiennent le courrier venu de Tortola et des îles Sous-le-Vent. Ainsi que le pli douteux, la lettre anonyme dont lui a parlé Hislop.

La chambre est située à l'arrière de la maison. Dehors, l'herbe et les arbres sont mouillés par la pluie récente. Une colline s'élève non loin. L'air est humide, et l'odeur même de pluie, de terre et de feuilles mortes fait revivre aux narines de Miranda celle des cacaoyères dans les vallées au nord de Caracas, et lui rappelle les sacs de fèves de cacao dont son père l'avait muni à bord du *Prins Frederik* en 1771, afin d'en tirer de l'argent à Cadix.

La chambre est pleine de petits lézards jaunâtres ; leurs excréments sont partout. Le lit est surmonté d'un baldaquin à rideau de mousseline, pour le protéger de la poussière, de la sciure de bois produite par les termites et autres excréments de lézards. Le rideau est taché, ses plis et froissures grisâtres de vieille poussière ; il pend mollement dans l'air humide.

Dehors, il y a une certaine animation, des bruits de voix. Les esclaves ne se parlent pas en espagnol, ni en français ni en anglais, mais dans une langue africaine.

Miranda commence à façonner une lettre dans sa tête : « Ma chère Sally, pour moi c'est un peu comme un retour à la maison, au bout de trente-cinq ans. C'est tout à fait stupéfiant : je reconnais l'odeur de la saison des pluies. Bientôt, je suppose, l'averse et le vent amèneront le parfum des vanilliers. J'ai le sentiment de connaître intimement cet endroit. Il est mien. Il est dans mon esprit. Mais il est aujourd'hui plein d'étrangers. Je n'aime pas cette sensation. J'éprouve un grand décalage. Si je ne pensais pas à toi, je serais tout à fait perdu. »

Il ouvre la sacoche de Tortola et bientôt, parmi les lettres officielles, écrites par des secrétaires, il repère l'écriture large, irrégulière et gauche, qu'il cherchait.

« 27, Grafton Street, Fitzroy Square, Londres. Le quinze avril. Mon toujours très cher Général. Je saisi cette occasion de vous écrire mon cher Monsieur car tandis que c'ai la nuit et les deux bébés se sont endormi j'ai l'impression de parler à mon cher Ami lui-même et d'antandre sa voix. Leander a rangé son tambour, son épée et son fusil, nous avons eu une fette forraine dans la rue, et il fait un grand vacarme mon cher Monsieur en anonçant Mamy je vais à la guerre me batre pour le général... »

« *Querida*, pense Miranda, ébauchant sa réponse, *Querida*, ma chère Sally, j'adore chacun de tes mots estropiés et chacune de tes fautes d'orthographe. Ces mots que tu as écrits voici quatre mois me parviennent aujourd'hui avec le son de ta voix. Je revois ma demeure, la bibliothèque et les livres. Je crois que sans toi, ma chère Sally, la tête me tournerait ici, dans cet endroit que je ne connais plus, et que je m'efforce de ne pas voir ou démêler trop nettement, cet endroit où les nègres parlent une langue africaine, et où je respire encore l'odeur des cacaoyères tout autour... »

« Leander endormi est l'image de mon cher Monsieur. Mon oncle du Yorkshire saijourne avec nous pour nous tenir compagnie et pour avoir des comandes de portraits à Londres. Il fait posé Leander dans la bibliothèque du Général, sachez que j'y allume le feu dans la cheminée une fois par semaine tout l'hiver et l'été, et mon oncle fait son portrait mais il ne reste pas tranquille un seul instant. Et je suis fort fière car tout le monde dit qu'il a l'Esprit de deux fois son âge. Mon cher Monsieur j'est suivis toutes vos Instructions et je me propose maintenant de vous donner la Livraison réguliaire de nouvelles comme M. Rutherford a dis que je devais faire pour vous tenir en bon courage dans toutes vos circonstances éprouvantes. Je parle tous les soirs dans ma tête à mon cher Général, mais je ne ressois pas des nouvelles chaque jour.

« Mon cher Monsieur votre deuxième fils et le mien Francisco est né le vingt-sept de février. Tout au long de ce jour-là m'ai pensées furent avec vous et votre péril sur les Hautes Mers. Vous souétiez que ce fils portât votre prénom, Francisco et Leander ont tout deux été baptisé comme convenu le vingt-troisième mars. M. Rutherford est venu le matin avec M. Longchamp et ils nous on conduit en carrosse à Saint-Patrick sur Soho Square. M. Longchamp a répondu pour les deux bébé. Le père Gaffey a mal écrit le nom de M. Longchamps dans le Registre et il lui a fallu le gratter afin de l'effasser les deux fois. Je donne ici la copie du Certificat de Baptesme de Francisco que m'a remis le père Gaffey pour mon cher Monsieur c'est tout en Lattin aussi le Général devra me pardonner les airreurs. *Die 23a Martii 1806 baptisatus fuit Franciscus filius Francisci Miranda et Sarae Andrews. Natus die 27a Februarii praecedentis. Patrinis fuit Joannes Michael Jean du Longchamp. Per Daniel Gaffey.*

« Au retour à Grafton Street M. Rutherford m'a dis que le baptesme catholique romain avait fait levé le sourcil à plus d'un parmi certaines personnes que nous connaissons bien disant que vous tenez un langage mais que dans le tréfond de votre cœur vous êtes un autre. Mais moi j'ai demeuré en paix au sujet des intentions de mon cher Général, j'ai pensé très fort à lui et à ses périls ce jour-là et le lendemain où comme convenu je connaissais qu'après le baptesme de nos fils mon Général ferait juré à ses officiers de servir le peuple d'Amérique du Sud et son nouveau Drapeau. Je pense à ce Drapeau mon cher Monsieur les heures que j'ai passé à le confectionner ici à Grafton Street quelquefois étalé sur le sol de la bibliothèque après avoir attaché Leander au pié de la table pour l'empêcher de venir trop près... »

« Sarah, jamais je ne trouverai le courage de te l'avouer. Le drapeau si plein de toi fut perdu cinq semaines après que tu m'as écrit cela, quand le *Bee* et le *Bacchus* furent pris avec toute la troupe de débarquement. J'avais attendu le douze mars pour le sortir de ma malle et le montrer aux hommes à bord du *Leander*. Je pensais bien que Francisco serait né à ce moment-là. Je sais maintenant qu'il était âgé de quinze jours. Le *Bee* et le *Bacchus* étaient tous deux des sloops non armés. Les autres vaisseaux que nous attendions tout au long n'ont jamais apparu. Après cette longue traversée, avec ces brutes d'Américains indisciplinés et insolents, il me fallait tenter de débarquer. Je ne pouvais pas tourner bride ainsi sans rien faire. Les Espagnols vont déshonorer ce drapeau. Ils vont inventer Dieu sait quel moyen... »

« Premier mai 1806. J'attend des nouvelles de mon cher Monsieur et j'essaye de deviner ce que savent les autres gens. M. Holland le marchand d'estempes a fait demandé à mon oncle un Portrait du Général, et mon oncle a passé toute la matinée à la petite table de la bibliothèque à en dessiner un de mon cher Monsieur de Profile avec sa longue nate blanche dans son dos nouée au bout par un petit ruban et avec sa cravate de soie sous le menton, tout de Profile, fort sérieux et sévère, et mon oncle dit que sur l'estempe le graveur montrera des nuages et une couronne au-dessus de la tette du Général.

J'ai pensé que c'était un bon signe, car ainsi que le dit mon oncle M. Holland veut vendre ses estempes et il sait quand on peut attendre de bonnes nouvelles. Mais M. Turnbull est venu alors et il s'est avancé dans la maison d'une manière qu'il n'auré pas osé si mon Général avait été ici. Planté debout dans la bibliothèque et de s'exclamer quand payerat-on ces Volumes, ils valent des Mille et des Cent, les libraires et les relieurs envoyent leurs factures à la compagnie Turnbull and Forbes, jamais je n'aye autorisé cela. Il parcourait la maison comme si je n'était pas là, fini les saluts et les ma noble dame, Leander et Francisco et leur mère ne sont plus guère estimé à présent que vous êtes absent. Mon cher Monsieur ce sont tous des serpents près à mordre la main qui les a nourris toute ma vie j'encouragerai Leander et Francisco à guetté leur perfidie. J'était fort malade après son départ et mon cœur s'ai presque brisé. Maittez-vous à l'abri de leur pouvoir mon cher Monsieur, je prie chaque nuit dans le silence de la maison pour que vous obtenez bientôt ce qui vous reviens et pour que cette couronne soit posé sur votre teste. »

Une agitation survint à l'extérieur. Des hommes parlaient tous à la fois, on entendit résonner un piétinement spasmodique, des bruits de harnais, d'autres voix, des cris, puis un lent et lourd fracas.

Miranda fut arraché au son de la voix de Sarah, au flux muet de sa propre réponse, à la pensée et aux images de sa bibliothèque, de ses fils endormis, de la nuit londonienne, du silence de sa demeure.

Il faisait plus sombre dans la chambre qu'il ne s'en était aperçu, comme si le temps avait dérivé avec ses songeries et si la nuit approchait ici aussi. Ce n'était que le climat de la saison des pluies dans le delta et sur le golfe : un récent déluge à peine terminé, prolongé par des restes de crachin, une autre averse diluvienne qui se préparait.

Il alla à la fenêtre. Selon le style local, elle était équipée d'un contrevent à jalousie, articulé en haut sur des charnières (pour mieux protéger de la pluie) et tenu ouvert par une baguette. L'eau gouttait des côtés obliques du contrevent. La peinture s'était écaillée depuis longtemps, le bois était teinté de gris par les intempéries ; le rebord de la fenêtre avait commencé à pourrir.

A l'arrière de la maison, le terrain était livré à la boue, aux gravats et aux broussailles, comme un abattis en forêt. D'un côté — près de la petite cabane indépendante du cuisinier, planches détrempées, grises sous les vestiges de chaux blanche, fumée qui sortait par l'ouverture des fenêtres noircies : le dîner du gouverneur et de son hôte se préparait — les vieilles cendres de cuisine s'entassaient en monticules.

Juste en face, dans la boue, on avait dételé la mule d'une carriole. Mal distribuée, la charge de gravats avait glissé, rompant l'avant du véhicule, et les brancards s'étaient enfoncés dans la boue.

Autour de la mule et de la carriole, les trois ou quatre Noirs couverts de boue discutaient dans une langue que Miranda entendait pour la première fois. Sans doute une langue africaine, pensa-t-il.

Si les hommes avaient parlé l'anglais, le français ou l'espagnol, Miranda n'aurait pas fait attention à eux comme ce fut le cas. Il n'aurait vu que des nègres qu'il n'aurait pas été capable de reconnaître plus tard. Mais cette étrange langue rien qu'à eux, et l'univers interne, inaccessible, qu'elle impliquait l'amenèrent à examiner leur visage.

Eux aussi remarquèrent sa présence, presque au même moment, le vieil homme à longue natte blanche sur la nuque, apparu à l'abri du contrevent incliné, sur le fond obscur de la fenêtre. Pendant un instant, dans l'attente d'ils ne savaient quoi, ils restèrent immobiles à le regarder, et durant ce laps de temps ce fut comme si, dans leur désarroi — ces gens ne semblaient avoir aucune idée de ce qu'ils faisaient ni pourquoi ils le faisaient, ni même d'où ils se trouvaient —, Miranda reconnaissait un peu de son propre égarement, arraché qu'il était à Londres, à sa demeure, à sa femme et à la panique de celle-ci, pour tout à coup se concentrer sur ce coin de broussailles et ces hommes.

Il remarqua combien ils étaient frêles. C'était étrange pour des hommes dont on escomptait un labeur manuel, mais la force physique du travailleur employé dans les plantations (et l'usage fut le même dans celles du Venezuela) ne fut amenée à se développer que dans les générations ultérieures issues de ce genre de souches. Beaucoup d'Africains, à leur arrivée, étaient aussi frêles que ces hommes-ci. On prévoyait la mort d'un certain nombre d'entre eux dès la première année, causée par l'eau, la nourriture, les insectes différents de ceux qu'ils avaient connus. Sur les plantations bien assises, on avait des méthodes pour « acclimater » les nouveaux arrivants et leur permettre de survivre aux périls de la première année. Ces Africains employés à la résidence officielle avaient l'air négligés. Dans les yeux creusés et rouges de l'un d'eux, il était aisé de diagnostiquer les signes d'une fièvre de la saison des pluies. Il était condamné, ainsi peut-être que l'un de ses compagnons.

Cette idée d'une issue fatale, d'un autre genre de vie, qui vint à Miranda tandis qu'il scrutait les yeux des Africains, rétablit une distance entre lui et ces hommes, et le rendit à lui-même et à son cadre : l'averse diluvienne qui approchait, le rebord humide et pourrissant de la fenêtre, désagréablement incrusté, dans les parties décomposées du bois, d'excréments blanc et noir de lézards ; il voyait à présent ceux-ci s'activer tout autour de lui, de petits animaux d'un jaune pâle, presque translucides, semblables à des crocodiles miniatures, mais dotés d'énormes yeux sans paupières.

Dans un coin de la chambre, il découvrit les trois nouvelles caisses en bois, semblables à des coffres de marin, contenant les échantillons de Turnbull and Forbes dont avait parlé le général Hislop. Elles portaient des inscriptions dont le style de caractères — la finesse des lignes horizontales, l'épaisseur des verticales — rappelait les enseignes et pancartes londoniennes : *Brig.-Gen. Thos. Hislop, Headquarters, Trinidad. For General Miranda. From Turnbull and Forbes, London.*

Il ne reprit pas pour la relire la lettre de Sarah. Il disposait d'une heure environ avant le dîner, le temps de se pencher sur d'autres correspondances. La pluie battante et mugissante qui ne tarda pas à venir fouetter le sol, les arbres et le toit, favorisa sa concentration.

Peu après que la pluie eut cessé, un domestique vint l'avertir qu'il avait une visite.

Il sortit sous la galerie. Il reconnut son visiteur ; c'était bien le Bernard qu'il avait vu pour la dernière fois sept ans plus tôt, à Londres. Une calèche éclaboussée de boue, aux mains d'un cocher noir trempé, était arrêtée dans l'allée. Bien que la pluie eût cessé, il y coulait des torrents d'une eau jaune descendue des collines alentour, avec un gargouillis de toutes parts.

A première vue, la calèche faisait bon effet ; mais, à mieux regarder, Miranda remarqua que la capote, qu'on avait remontée, était fendillée et usée à l'endroit des plis, que la caisse portait des marques et des égratignures, et que les armoiries, sur la portière basse, étaient peintes grossièrement. Le cocher trempé portait des chaussures de péon, sortes d'espadrilles à la semelle de cuir très mince revêtue de sangles de coton pour le bout du pied et le talon. La sangle du talon avait depuis longtemps été rabattue par le pied du cocher.

La galerie était mouillée, le moindre souffle d'air faisait frissonner. Les rafales de pluie avaient pénétré sur trois côtés.

Miranda ne fit pas entrer Bernard. Ils restèrent tous deux debout sous la galerie.

— Mon général, commença Bernard.

Miranda se taisait.

— Je n'ai jamais écrit. Je sais.

— Les lettres sont en si grand nombre, dit Miranda. Vous n'avez vraiment jamais écrit ? Vous êtes sûr ?

— Je remettais cela au lendemain, indéfiniment. Année après année. Ensuite, c'était trop tard. Le gouverneur Hislop a dû vous dire que je me suis marié. Mon épouse est la fille du chevalier de Gourville. Dupont Duvivier de Gourville. C'est un parent du baron de Montalembert. Il n'est pas de meilleure parenté dans la contrée. Jamais je n'aurais cru cela possible pour ma personne. Je fus obligé de laisser de côté le souci de la révolution. A vous qui connaissez la vie, je crois que je peux présenter cette explication. Je ne prétendrai pas que c'est une excuse.

— J'ai entendu parler du baron, dit Miranda. Il est arrivé ici en 1801 avec cent cinquante nègres, et une centaine d'entre eux ont péri d'un coup.

— Cent vingt. Le premier mois. Après qu'il eut tout perdu à Saint-Domingue et à la Martinique. Mais il est sans amertume. Il est simplement reparti de rien. Mon général, je ne voudrais pas vous déranger plus longuement. Il m'a semblé que c'était mon devoir de vous rendre cette visite, de vous voir dès que possible pour m'expliquer. Le temps fait évoluer les choses, mon général. C'est vrai qu'à un moment donné, j'avais délaissé le souci de la révolution, mais ces derniers mois je vous ai servi par des moyens que vous ignorez. Je crois qu'il est important que vous le sachiez. Bien entendu, les Français de l'élite, ici, sont au courant de nos anciennes relations, et j'ai pu leur assurer — surtout à ceux qui se sont portés volontaires pour votre nouvelle expédition — que nous n'avons jamais eu de différend politique. Amis et ennemis ont colporté ici toutes sortes d'histoires sur votre compte, mon général. Elles ne concernaient pas toujours la cour de la Grande Catherine. Il s'agissait parfois de la Révolution française. Vous avez été général de l'armée révolutionnaire. Mais j'ai toujours affirmé à tous que vous honorerez les droits de propriété sur la terre et les nègres, qu'il n'y a rien à craindre. Les gens s'inquiètent de ce genre de choses, ici, et vous ne pouvez pas leur en vouloir, après ce qui s'est passé récemment. Vous trouverez, j'espère, que j'ai bien agi ?

— Vous avez bien agi.

— A présent, il faut que je me sauve.

— C'est votre calèche ?

— Celle de mon épouse. Ce sont les armes des Gourville que vous voyez sur la portière. Un travail grossier, mais cela a été peint par un nègre né et élevé à la Martinique, et à qui l'on a donné — le croirait-on ? — une formation de pâtissier.

— Pâtissier ! Que ne fait-on pas faire aux gens au jour d'aujourd'hui !

Bernard commença à descendre les marches. Miranda (se rappelant toujours, avec une trace de honte, comment, vingt-cinq ans plus tôt, à Cadix, huit *fanegas*, soit quatre cent cinquante livres de cacao vénézuélien avaient été converties en un mouchoir et un parapluie de soie) remarqua le soin, malgré toute cette pluie, que le gendre du chevalier avait apporté à sa toilette pour la circonstance : la culotte jaune pâle, la chemise blanche à jabot, la veste de soie bleue. Avant d'arriver au bas des larges marches de bois à demi pourri (déjà le cocher s'apprêtait, il secouait les rênes pour en faire tomber l'eau), il se retourna pour regarder Miranda. Celui-ci comprit qu'était venu le moment qu'il avait cru attendre en vain, s'interrogeant sur le but de la visite.

— Mon général, dit Bernard. Le secrétaire du Conseil est mort la semaine dernière. Monsieur le gouverneur Hislop vous en a-t-il parlé ? Cela signifie que son poste est libre. Le salaire est minime. En un mois, ce n'est pas de quoi s'offrir à dîner à Londres. Mais localement, il représente une certaine dignité. Cela m'importerait, d'occuper une place en mon nom propre. Vous me comprendrez. Vous vous sentirez en mesure, j'espère, de me recommander pour son obtention.

— Je sais ce qu'il veut, dit Hislop au dîner. Vous n'avez pas besoin de me le dire. Jusqu'à présent, j'ai feint de ne pas entendre les messages qui me parvenaient. Restons-en là. A présent, buvons un peu de vin, afin de célébrer votre retour chez vous. Car c'est bien de cela qu'il s'agit : vous rentrez chez vous après trente-cinq ans. Et cela se confirmera, j'espère, de façon durable.

— Pas de vin pour moi, dit Miranda. Simplement de l'eau avec du sucre. Je n'ai rien pris d'autre depuis des années. C'est ce que nous buvions à Caracas, quand j'étais petit.

— Ce sont pratiquement les seules denrées qui ne nous font pas défaut ici. Mais l'eau sucrée n'est pas le genre d'usage que les rumeurs vous attribuent.

— C'est une chose curieuse, ces rumeurs. Je suis moi-même au départ de quelques-unes, ou tout au moins je les ai encouragées. A présent, c'est comme si elles concernaient quelqu'un d'autre. Quand j'allai en Espagne en 1771, le vin était l'une des choses que je souhaitais connaître grâce à mes voyages. L'une des choses qui inspiraient les vers des poètes. Le vin d'Europe, pas le trouble breuvage de messe que nous avions à Caracas. Je rêvais beaucoup au vin, à bord du *Prins Frederik*. J'imaginais un nectar. A peine débarqué à Cadix, je me suis mis à prendre des notes sur chaque vin que je dégustais, tout comme je prenais des notes sur les femmes, les églises, les tableaux. Je ne sais pas dans quelle mesure c'était pour mon propre journal que je jouais ce jeu. Que je jouais à l'homme cultivé. J'avais vingt et un ans.

— Ainsi, le gendre du chevalier est venu dans sa calèche. La célèbre calèche. Avec ses armoiries d'enseigne de boutiquier. J'espère qu'il s'est montré amical.

— Je n'en sais rien. Il m'a menacé. Il a dit que j'avais un passé de révolutionnaire. Qu'il en savait plus long, sur ce passé, que quiconque dans cette île, et qu'il serait facile de faire entendre à certaines personnes que leurs biens n'étaient pas en sécurité auprès de moi.

— Il a raison, malheureusement, convint Hislop. Cela pourrait vous faire beaucoup de tort. Les Espagnols, eux aussi, ont fait courir des bruits. Les Espagnols d'ici ont déjà décidé de s'abstenir, et si l'on ne met pas fin à ces racontars, vos volontaires français risquent également de vous lâcher. Ce sont des réfugiés des îles, des aristocrates désargentés, et ils se lancent dans cette affaire pour acquérir des biens. De la terre et des nègres. Pour remettre leur fortune à flot. Nous le savons tous. J'aimerais qu'il en soit autrement, mais dans cette partie du monde tout se ramène à la terre et aux nègres, ainsi que je vous le disais. Il nous faut prendre au sérieux la menace de Be'nard. Je trouverai moyen de lui faire savoir que vous m'avez parlé en sa faveur et que je suis d'accord pour qu'il obtienne le poste de secrétaire, mais que je ne procéderai pas à la nomination avant un mois. Cela devrait l'empêcher de nuire et vous laisser le temps nécessaire. Ah, la calèche ! Be'nard croira qu'elle a fait la blague une fois de plus.

— La somme que je lui ai donnée en l'envoyant ici, en 1799, était en réalité bien au-dessus de mes moyens. Et pourtant, quand je l'ai vu ce matin, j'ai dû feindre la raideur à son égard. C'était étrange. Je ne ne ressentais aucune animosité envers lui. Et tout à la fin, quand il descendait les marches et que j'ai remarqué avec quel soin il s'était vêtu, il m'a inspiré un élan du cœur. Il paraissait si vulnérable... Il aurait été si facile de montrer qu'il bluffait, de me moquer de la calèche et du nègre aux pieds nus qui servait de cocher. Mais justement parce que c'était si facile, je ne l'ai pas fait. Il y a toujours quelque chose de pathétique chez quelqu'un qui se trouve dans ce genre de situation. Complètement à découvert. J'avais l'impression de me voir moi-même en plus jeune.

« Moi aussi, j'arborais des armoiries à une certaine époque. C'est impératif pour être nommé officier dans un régiment espagnol. Il existe en Espagne des spécialistes de ces choses-là. Mon père avait fait appel à un certain Zazo y Ortega. La méthode de Zazo était simple. Il rattacha les Miranda de Caracas et des Canaries aux Miranda implantés en Vieille-Castille au douzième siècle. Et j'avais beau savoir avec précision qui j'étais, être fier de mon père et encore plus de notre fortune, cela ne m'empêcha pas de croire passionnément, lorsque je montai à bord du *Prins Frederik* à La Guaira, que j'étais un autre et que je me rendais en Espagne pour revendiquer mon héritage légitime, dont faisaient partie les armoiries. Le *Prins Frederik* était une frégate suédoise. C'était un vaisseau intégralement étranger. Cela m'aida à éprouver le sentiment d'une transformation complète. Des années durant, je vécus ainsi, sachant qui j'étais tout en me prenant pour quelqu'un d'autre. Je menais de front dans ma tête ces deux idées différentes de moi-même, et j'allais jusqu'à dessiner les armes des Miranda sur les livres coûteux que j'achetais.

« Je vais vous avouer quelque chose d'encore plus absurde. A vingt-cinq ans — deux semaines à peine après mon vingt-cinquième anniversaire — j'écrivis au roi d'Espagne pour solliciter de recevoir la croix pourpre de l'Ordre de Santiago. C'est un ordre de grand prestige. Le roi en personne charge une commission d'examiner la noblesse de votre ascendance. Le peintre Velazquez avait soixante ans lorsqu'il accéda à cet ordre, et il était au faîte de sa renommée. Je savais qui nous étions, d'où nous étions sortis à Caracas et aux Canaries. Je savais exactement comment Zazo avait procédé pour me créer cette généalogie. Mais très sérieusement, je croyais aussi dans une autre partie de ma tête qu'il avait, en fait, mis au jour la vérité, et que j'étais à la hauteur de l'enquête royale. Je pensais qu'il y avait en moi quelque chose de merveilleux, et j'avais la conviction que le roi saurait le découvrir. J'avais vingt-cinq ans et j'étais capitaine au régiment de la Princesse, en Afrique.

« Par la suite, j'eus honte de toute cette histoire. Je me réjouis de ne recevoir du roi aucune espèce de réponse. Cela m'était même sorti de la mémoire, jusqu'à l'autre jour. Et rétrospectivement, je peux juger calmement de l'affaire. Il n'empêche que je reste en mesure de saisir la logique du jeune homme que j'étais, et de comprendre pourquoi il se comporta comme il le fit. Il m'en est revenu quelque chose lorsque j'ai vu Bernard descendre les marches, sur le point de mouiller ses souliers délicats et de tacher sa très coûteuse veste de soie avec l'eau sale qui s'égouttait de la vieille capote de la calèche.

— Il est aisé de juger rétrospectivement le passé, dit Hislop. Plus malaisé d'être clairvoyant en ce qui concerne l'heure présente. Nous ne savons pas toujours ce que nous sommes en train de faire. Il nous arrive de nous laisser simplement entraîner.

— Vous m'effrayez, général. Je sais, bien sûr, qu'il est étrange d'entreprendre une campagne de libération avec ces aristocratiques aventuriers français qui n'aspirent à rien d'autre qu'obtenir de la terre et des nègres. Mais cela, c'est si l'on regarde les choses de l'extérieur. Moi, je connais la logique de mes actes. Je sais comment je suis arrivé ici. Vous le savez aussi. Vous et moi, nous savons quels rebondissements successifs ont fini par m'amener au point actuel.

— C'était à moi que je pensais. Je ne voulais pas vous prendre en défaut. Je suis un militaire. Ce fut mon ambition depuis l'enfance. J'ai servi activement pour la dernière fois à Gibraltar. Il y a vingt ans de cela. Je suis encalminé dans ces eaux depuis dix ans. A mes propres yeux, je suis encore un militaire, je crois toujours à mon avenir. Mais en vérité je ne sais plus ce que je fais là. On vous installe dans un lieu nommé résidence officielle et on vous appelle monsieur le gouverneur, mais en fait on n'est qu'un geôlier au service de ces planteurs. Je préférerais bien être à vos côtés. Voilà, mon général. J'ai enfin dit ce que je ruminais depuis de longs mois. J'attendais avec impatience de vous voir. Ces quatre derniers mois, j'ai étudié l'espagnol. J'ai fait une heure par jour d'espagnol, et depuis un an ou deux je rêve d'une société élégante, aux demeures raffinées, aux parquets cirés, aux belles dames espagnoles, où je pourrais un jour pratiquer cette langue. Il y a longtemps que je n'ai livré combat. Mais je pourrais faire partie de votre état-major. Je pourrais arrondir les angles entre vous et nos amiraux et généraux. J'en connais bon nombre. Je connais leur caractère. Je saurais quels mots employer. L'emploi du mot convenable compte beaucoup auprès des militaires. Cela pourrait vous être précieux.

L'obscurité revint, avec la pluie qui s'abattit à nouveau sur le sol, dehors, et sur le toit, et rendit difficile toute conversation tant que dura le premier assaut de l'averse.

— C'est ce genre de climat qui peut vous jeter bas, reprit Hislop. Vous transformer en banquet pour les crabes bleus, comme on dit par ici. Enfilez une veste et vous êtes en sueur. Otez-là et vous frissonnez. Après dix ans de séjour dans ce pays, ma santé s'est détériorée. Je rêve d'un jour de juin en Angleterre. Mais pour se retrouver en Angleterre au mois de juin, il faut toute une organisation. Il faut être à Tortola, aux îles Vierges, dès le mois de mars, pour les escorteurs. Je ne voudrais pas débarquer en Angleterre en novembre.

— Caracas vous réussira mieux. Là-bas, les saisons n'importent pas.

— Général !

— La vallée de Caracas passe pour le pays de l'éternel printemps. Les fleurs ont des nuances plus vives et les fruits sont plus sucrés et plus gros.

Miranda montra la lettre anonyme dont Hislop lui avait dit qu'elle avait été jetée dans la guérite d'une sentinelle. Le sceau restait intact. Il mit le pli de côté et dit :

— J'ai pensé qu'il vaudrait mieux la lire en votre présence. Mais pas tout de suite. Un peu plus tard.

— Général ! répéta Hislop, ému.

Les domestiques commencèrent à servir le dîner, en foulant de leurs pieds nus le plancher massif ; ils apportaient avec eux une odeur de pluie et de moisissures végétales, de fumée de bois et de charbon de bois, qui provenait de la cuisine dans la cabane que Miranda avait remarquée.

— Je ne vous offre pas un banquet, général. Ici, nous vivons un peu comme sur un navire. Nous avons vingt mille nègres qui travaillent dans les plantations, de cinq heures du matin à six heures du soir. Pourtant, ce sont les denrées alimentaires qui manquent le plus. Tout ce qu'ils produisent, dans les plantations, c'est le cacao, la canne à sucre et le café. Les nègres emploient leurs loisirs à cultiver quelques tubercules, du manioc, des ignames, des patates douces. Mais ils n'ont pas le droit d'en vendre. Les péons — les *'pagnols*, comme on les appelle ici — apportent parfois un peu de gibier de la forêt, et les nègres libres vendent quelques volailles quand ils en ont. Mais nous sommes presque toujours guettés par la famine.

Nous ne consommons à peu près que du fumé ou du salé importé dans des caisses du Canada ou des États-Unis. Du bœuf, des maquereaux, du saumon, de la morue, des harengs. Même le tabac, nous le recevons en caisse. Le sel donne au beurre une teinte orangée-rouge, et il coûte six shillings la livre. Personne ne songe par ici à baratter la crème.

— Vous n'avez pas à vous excuser, général. Je connais cette alimentation. Je suis chez moi, souvenez-vous. Que se passe-t-il dans votre domaine ? Ces hommes ont-ils une idée de ce qu'ils font ?

— J'en doute. Vous qui êtes un militaire, vous devez savoir que si l'on ne comprend pas ce qu'est en train de faire un groupe d'hommes, c'est parce qu'ils ne le savent pas eux-mêmes. Ils font simplement comme on leur a dit. Nous essayons de façonner la pente du terrain pour l'écarter des collines, afin de détourner les eaux de ruissellement. En même temps, nous creusons des fossés de drainage, en tapissant le fond de pierraille. Ces travaux auraient dû être accomplis depuis des années, quand ils ont converti cette maison en résidence officielle. On creuse un fossé, on y enfouit la pierraille, puis on le comble. C'est pour éviter les eaux stagnantes. Dès que l'eau stagne, ici, les moustiques pullulent. Quand il y a des moustiques, c'est invivable. J'ai dit au *commandeur* de l'équipe ce qu'il fallait faire, et il prétend qu'il le sait, mais en réalité il ne comprend pas pourquoi je lui demande d'enfouir des pierres. Les gens des plantations en auraient une idée, mais ces nègres nouveaux ne connaissent rien à rien. Je crois même qu'ils ignorent qu'ils sont en train de travailler, de se livrer à ce qu'on nomme le travail. Ils s'imaginent sans doute qu'il s'agit d'une punition. Ces nègres croient qu'ils passent la journée en enfer. Littéralement. Le saviez-vous ? Un étrange enfer, où peu importe ce qu'ils font ou ce qu'on leur fait. Quand le soleil se couche, le monde véritable commence pour eux. A cet instant, tout change. Dès que la nuit est tombée, et vous savez que sous cette latitude la nuit est là en cinq minutes, l'équilibre se rétablit à leurs yeux. Nous devenons des fantômes. Ils deviennent des rois, des reines, des dauphins et des juges. Ils portent la couronne et brandissent le fouet. Voilà ce que leur racontent leurs sorciers. Et c'est ce qu'ils croient. Peu importe ce qu'on leur inflige ou les efforts qu'on fait pour les mater. Ils croient que la nuit, le pouvoir leur appartient. C'est l'une des choses qu'a révélées une investigation que nous avons menée au début de l'année. On vit dans un endroit pendant dix ans, on se figure qu'on le connaît, et puis on découvre que tout ce temps, on était sur des sables mouvants.

— Au Venezuela, nous avons toujours su que les nègres aimaient à se déguiser et à jouer entre eux. C'étaient les rois de la moquerie. Je ne me souviens pas que l'idée soit jamais venue à quelqu'un d'enquêter là-dessus.

— Nous y avons été obligés. Je ne sais pas si l'on vous en a parlé, à la Barbade, mais en décembre dernier nous avons passé un mauvais moment, ici. Nous avons frôlé de près une rébellion à grande échelle. Ils étaient tous dans le coup, dit Hislop en désignant du menton les domestiques. Tous les nègres y ont pris part, qu'ils aient appartenu à des Blancs ou à des gens de couleur. Cela se préparait depuis des années, sous notre nez, et nous l'ignorions. Un jour, ils allaient tuer tous les Blancs. Puis, quand il n'y aurait plus qu'une couleur — c'est ce qu'ils ont déclaré lors de l'investigation — ils iraient à l'église pour communier et ensuite ils mangeraient du porc et danseraient. En trois ans, leurs réflexions ne les avaient pas menés plus loin. Ils allaient manger du porc, danser et vivre heureux le reste de leurs jours. On peut appeler cela un jeu, seulement ils avaient l'intention de massacrer des gens et de mettre le feu aux maisons et aux champs. Avant, je ne regardais jamais un Noir. Vous savez ce que je veux dire. Je n'en ai pas plus envie maintenant, mais je me surprends sans cesse à le faire. Et je ne sais pas trop ce que je vois. Quoi qu'il en soit, d'ici un mois ou deux tout cela va changer. Ces hommes que vous avez vus dehors iront aux galères et aux travaux publics, et d'autres gens viendront travailler ici sur le domaine. Personne ne le sait encore. Il nous faut préserver le secret. Nous faisons venir des Chinois.

— De Chine ?

— Pas exactement. Des Indes orientales, de Calcutta. Mais ils seront les premiers Chinois dans cette partie du monde. Vous n'imaginez pas le spectacle de désolation autour de la résidence quand je suis arrivé ici voici trois ans. J'ai pensé qu'il nous faudrait un jardin botanique. Ils en ont dans les autres îles. Ce n'est pas dans la compétence des nègres, et d'ailleurs cela ne plairait guère aux planteurs. Ils ne veulent pas que les esclaves soient employés à des travaux d'agriculture autre part que dans les plantations. J'ai écrit à Londres au sujet des Chinois, et les rouages se sont lentement mis en mouvement. L'ensemble a pris près de deux ans. La Compagnie des Indes orientales a recruté les Chinois à Calcutta. Vous ne serez pas ici quand ils arriveront, et je dois dire que cela ne m'intéresse plus guère. *Mi cama aquí...*

— Général !

— Permettez-moi d'exercer mon espagnol. *Mi cama aquí...*

— Mon lit, ici... Vous avez un excellent accent.

— ... *no ha sido...*

— ... n'a pas été...

— ... *una de rosas.*

— ... un lit de roses. « Ici, je n'ai pas dormi sur un lit de roses. » Vous n'avez pas dormi sur un lit de roses.

— Absolument. J'espérais aussi que les Chinois cultiveraient des légumes. Les nègres ne savent pas vraiment le faire, et les planteurs ne leur permettent pas de vendre ce qu'ils font pousser. Ils disent qu'après ce qui est arrivé en Haïti, ils ne veulent pas que leurs nègres se mettent à avoir des idées. Mais je crois personnellement qu'ils veulent simplement leur serrer la vis, et qu'ils ne savent plus où s'arrêter. En trois ans, ici, j'ai vu se manifester plus de turpitude humaine que durant tout le reste de ma vie.

— Turpitude, articula Miranda. Je connais le mot. Mais je n'ai jamais entendu personne l'employer dans la conversation.

— C'est sans doute parce que j'ai passé trois ans à façonner cette phrase. Je me la répète sans cesse dans ma tête. Cela me réconforte. Les aristocrates français qui se sont regroupés ici ont contaminé tout le monde. Vous êtes allé en France, vous avez été général de l'armée française. Je ne vous apprends rien que vous ne sachiez déjà. L'aristocratie française ne donne rien de bon, général. Je ne comprends pas ces gens. Ils ne se sentent riches que si tout le monde autour d'eux va en guenilles. Ils ne se sentent en sécurité et distingués que si tous les autres sont dégradés. Je comprends maintenant pourquoi ils ont eu la révolution en France. Ensuite ils ont eu la même révolution en Haïti, mais en bien plus néfaste. Et voici qu'ils ont failli en avoir une ici. Et moi, ils m'y ont impliqué. (Hislop se frappa la poitrine, et répéta ce geste comme pour scander ses paroles.) Il m'a fallu faire appel à la troupe en pleine nuit pour aller ramasser les meneurs un peu partout. Si un procès a lieu, ce sera à moi d'assumer la responsabilité. A moi et à moi seul. C'est ce que s'imaginent Gourville, Montalembert, Luzette et les autres. Ils s'imaginent qu'ils vont tout simplement se tenir à l'écart, comme cela s'est passé pour Picton.

« Mais je n'ai pas l'intention qu'il en soit ainsi. Je suis un militaire. Je suis responsable de la défense de ce territoire et de l'ordre public. J'ignore tout de la gestion et de l'entretien des nègres. Je ne suis pas censé y connaître quelque chose. Garrow, l'avocat londonien, l'a bien fait ressortir lors du procès de Picton. J'en ai la transcription intégrale. Je l'ai étudiée. Tout représentant de l'autorité qui outrepasse la loi, a dit Garrow, est responsable de ses actes. Ainsi, les planteurs membres du Conseil, le geôlier et tous les autres ont à prendre leur part. Ils n'apprécient pas mes propos, mais j'ai manifesté clairement ma position. Si vous restez ici assez longtemps, général, vous constaterez que je ne jouis pas d'une grande popularité dans l'île.

— Un procès doit-il avoir lieu ? demanda Miranda.

— Qui saurait le dire ? C'est bien possible. Les nouvelles de Londres sont assez bizarres.

— Porterait-il sur des faits nombreux ? Est-ce allé très loin ?

— Trois pendaisons. Les têtes exposées au bout d'une pique, les corps suspendus à des chaînes sur la grand-place.

— Des corps de pirates pendaient à des gibets sur les deux rives de la Tamise, jusqu'à mi-chemin de Londres.

— Beaucoup de gens ont été mutilés. C'est l'usage, dans les îles.

— Comment les mutile-t-on ?

— On leur coupe les oreilles. Je l'ai vu faire ailleurs. Dans certaines des toutes petites îles, on tranche le nez, mais ici ils s'en tiennent aux oreilles.

— Je n'ai jamais vu cela au Venezuela. Quoique je ne puisse me fier maintenant à ma mémoire. Mais si un châtiment est coutumier, il est coutumier. Vous vous alarmez par trop, général. Une rébellion est une rébellion.

— C'est ce que je me dis dans mes moments d'optimisme. D'ailleurs, Lord Castlereagh, le secrétaire d'État aux Colonies, a mandé son approbation. Il savait, a-t-il déclaré, qu'il convenait de surveiller de près cette catégorie de la population. Mais, si un procès a lieu, que vaudra cette approbation ? Si l'on me prie de citer la loi à laquelle je me conformais lorsqu'on a administré cent coups de fouet à ces hommes et qu'on leur a coupé les oreilles, je serai bien incapable de le faire. Tout ce que je pourrais dire, c'est que j'ai suivi le Conseil et les planteurs, et que le personnel de la prison semblait savoir quelle conduite il avait à tenir. Jamais je ne me suis référé aux lois. Je ne sais même pas quelle est la législation qui s'applique, ici. C'était un territoire espagnol jusqu'à il y a neuf ans. Il risque d'être rendu à l'Espagne à la fin de la guerre, ou cédé aux Français en échange d'autre chose, autre part. Personne ne sait. Si vous me dites que nous devrions respecter les lois espagnoles, je ne vois pas qui, ici, pourrait me dire en quoi elles consistent. Les ouvrages de droit et les hommes de loi sont tous de l'autre côté du golfe. Un gouverneur militaire ne peut que suivre l'avis des citoyens responsables. C'est ce que fit Tom Picton, et j'ai agi de même, à mon tour. Or, vous connaissez l'acte dressé contre Picton. Trente-sept chefs d'inculpation. Exécutions sans procès, emprisonnements sous des prétextes fallacieux, tortures, captifs brûlés vifs. La caution fixée à quarante mille livres. Un homme ruiné, sa vie détruite ces trois dernières années.

— Il y a trop longtemps que vous séjournez ici, général. Vos nerfs sont trop éprouvés. Votre cas n'est pas comparable à celui de Picton. Sa réputation était désastreuse. Et la plupart de ces inculpations concernaient le régiment. Les autres ont été rejetées. Il subsistait une certaine accusation d'avoir employé la torture contre une jeune mulâtresse pour une affaire de menu larcin. Mais ils se préparent à la rejeter aussi.

— Ne vous a-t-on donc rien dit à la Barbade, mon général ? Le procès s'est achevé fin février, par-devant Lord Ellenborough. Le général Picton a été jugé coupable.

— Il fut un temps où j'aurais été ravi de cette nouvelle. J'estimais que Picton m'avait fait beaucoup de mal et que j'avais un compte à régler avec lui. Mais je ne vois plus les choses ainsi. On risque de perdre beaucoup de temps à régler ses comptes. D'oublier les vraies priorités. Picton fera appel, bien entendu.

— Il fera appel. Mais il est ruiné. Et les planteurs qui s'installaient dans la prison pour faire administrer la torture, et trouver des moyens de brûler les gens tout vifs, eux, ils sont libres. Ce n'est pas Picton qui a bâti la prison. Elle était là quand il est arrivé, avec le geôlier, les chambres de torture, les chambres d'étuve spéciales. Ce sont les planteurs qui l'avaient édifiée. Ils ont payé le geôlier pour administrer la torture ou le fouet. Pour la torture de la jeune mulâtresse, le planteur qui était à l'époque le magistrat principal versa au geôlier soixante *reales* soit environ six dollars et soixante cents. Personne n'a intenté de procès à ce planteur, ni aux autres. Ils n'ont pas eu à fournir une caution de quarante mille livres. Ils n'ont de loyauté qu'envers eux-mêmes, ces aristocrates français. Si vous restez assez longtemps ici, votre tête commence à vous lâcher. Vous perdez confiance. Vous ne savez plus où vous en êtes.

« Permettez-moi de vous raconter. Nous avons subi ici une menace d'invasion, l'an dernier. Il s'agissait d'abord des Français. Puis des Espagnols. Gravina, l'amiral espagnol, est apparu dans les eaux du golfe avec toute une force. Je n'ai pas besoin de vous dire à quel point notre effectif militaire est modeste, et combien nous sommes vulnérables à un assaut prolongé. Il est évident que nous ne pouvons défendre l'île tout entière — deux ou trois cents *miles* de côtes, parfois très difficiles, et d'ailleurs une bonne partie du territoire est inhabitée —, j'ai donc pensé que nous devrions décider au Conseil de ce que nous allions nous efforcer de défendre. J'estimais que, du point de vue stratégique, il valait mieux défendre le port militaire de Chaguaramas. C'est une superficie réduite, et sa protection est relativement aisée. Si l'on défend les vaisseaux, ils seront là pour combattre le lendemain. Les planteurs ont dit non, le devoir de notre effectif militaire, selon eux, était de défendre les biens.

« Or, général, vous avez suivi les débats, en Angleterre, concernant l'esclavage et la traite. Et, inutile de vous le préciser, quand les planteurs parlent des "biens", du "libre transfert des biens" et de la "liberté d'approvisionnement", ils trouvent simplement un moyen de ne pas dire "les nègres" ou "les esclaves". Il ne s'agit même pas de la terre. Pour la plupart, ils ont eu la terre pour rien quand ils ont débarqué. Dans l'intérêt du développement de l'île, les Espagnols offraient aux nouveaux venus soixante arpents par tête d'esclave qu'ils amenaient. Un colon blanc se voyait accorder d'office trente-deux arpents, un homme libre de couleur en obtenait seize. Beaucoup de ceux qui sont venus ici se mettre à l'abri de la législation espagnole fuyaient les dettes qu'ils avaient ailleurs, sous d'autres drapeaux. Beaucoup des nègres qu'ils ont amenés étaient hypothéqués jusqu'aux yeux.

« Ainsi ces aristocrates réfugiés affirmaient, en fait, que pendant que se livrait une grande guerre, mon devoir de gouverneur était de leur éviter de perdre leurs nègres. Et ils avaient de puissants amis à Londres. Après avoir dépensé soixante-quinze mille livres à fortifier le port de Chaguaramas, il m'a donc fallu m'arrêter et songer à fortifier la ville et les plantations qui l'entourent. Voilà pourquoi le Trésor est vide, mes domestiques et mes soldats en guenilles. J'ai envisagé d'enrôler une compagnie de gardes nègres, fidèles et bien disposés, cela va sans dire. Les planteurs ont protesté qu'ils ne voulaient pas perdre leurs nègres. "Nous les estimerons à leur juste prix, ai-je dit. Vous serez dédommagés s'ils sont tués ou abîmés." Ils ont rétorqué qu'après Haïti, ils ne voulaient pas que l'on confie des armes à leurs nègres. "Très bien, alors, prêtez-m'en au moins quelques-uns pour travailler à ce fort que nous construisons sur la colline à l'ouest de la ville." Ils ont dit qu'ils ne pouvaient pas se passer de leurs services. Voilà, où cela nous menait-il ? A quoi cela servait-il donc de faire quoi que ce fût ?

— Vous avez quand même construit votre fort ?

— Il le fallait. C'était mon devoir de gouverneur. J'ai employé des nègres qui appartenaient à des gens de couleur. Cela n'a pas plu du tout aux gens de couleur, et les Blancs les ont nargués. A présent, bien entendu, depuis qu'on a appris la condamnation de Picton, certains de ces hommes de couleur veulent s'en prendre à moi. Il y en a un, déjà, qui réclame en justice à Picton quarante mille livres pour arrestation arbitraire. J'attends qu'il m'arrive quelque chose du même genre. Nuit et jour, je passe en revue dans mon esprit les actes qui ont été commis de mon temps. Je m'accuse, je me défends. C'est comme une maladie. Ces nègres à qui on a coupé les oreilles en décembre et janvier derniers, on leur a aussi infligé cent coups de fouet. Sous le règne des Espagnols, le maximum était de vingt-cinq. Picton a fait monter ce chiffre à trente-neuf, sous l'influence des Français. Pourquoi ai-je laissé ces planteurs me convaincre qu'il fallait aller jusqu'à cent ? Après une cinquantaine de coups, l'homme est à moitié mort.

— Général, général ! Une infraction interne n'a rien à voir avec la rébellion contre l'État. Vous vous tourmentez inutilement.

— Croyez-vous ? L'un de ceux à qui on a coupé les oreilles était un homme libre de couleur. Les planteurs étaient très remontés contre lui. D'après eux, il n'y avait rien de plus dangereux qu'un homme libre de couleur qui s'associait avec les nègres. Ils ont décidé qu'il fallait le remettre en esclavage. Ils lui ont coupé les oreilles et l'ont vendu hors du territoire. C'est ainsi qu'ils font, dans les îles. En tant que châtiment, cela vaut presque la pendaison, car la vie de cet homme ne vaut plus d'être vécue après cela. Comment ont-ils pu traiter ainsi un homme libre ? J'aurais dû exiger d'eux qu'ils me montrent le texte des lois auxquelles ils se référaient. L'enquêteur ne manquera pas de m'interroger à ce sujet. Le droit anglais ne tolérerait pas cela, réduire un homme libre en esclavage, lui couper les oreilles et le brader à l'extérieur, à quelqu'un qui l'épuisera au labeur jusqu'à ce que mort s'ensuive. Que faire d'autre d'un nègre aux oreilles coupées ? On ne peut pas le revendre.

« Et moi, cette affaire m'était réellement sortie de l'esprit jusqu'au jour où nous avons reçu la nouvelle, au sujet de Picton. A présent, j'y pense cinq fois, six fois, dix fois, douze fois par jour. Lorsque mon tour viendra et qu'on m'interrogera au sujet de cet homme, tout ce que j'aurai à répondre, c'est que lors de l'investigation en décembre dernier, les planteurs m'ont jeté dans un état d'inquiétude intégrale et m'ont affirmé qu'il convenait d'agir ainsi. Certes, je me dis aussi que le malheureux n'est plus en mesure de contacter des hommes de loi à Londres. Il ne survivra pas longtemps. Vous voyez, général ! Après avoir commis cet acte illicite contre cet homme, ou permis qu'on le fasse, voici que je souhaite sa mort. Il faut que je me libère de cet endroit, général. Ici, je me sens sombrer. Je sens que je ne sais plus quel chemin je dois suivre. Je vous ai dit tout à l'heure qu'il est facile de voir clair dans le passé. Ma vie, jusqu'à il y a dix ans, m'apparaît tout à fait clairement. Mais à présent, tout se brouille. Je ne sais plus pourquoi j'agis comme je le fais. La notion d'obéissance à mes supérieurs légitimes n'est plus une réponse. C'est selon ces principes-là que j'ai été éduqué, en tant que soldat.

— Ce n'est pas l'affaire Picton qui vous tracasse. Je crois que c'est le climat. Je crois que c'est l'inaction. Vous le dites vous-même, cela fait trop longtemps que vous faites le geôlier. Vous combattez des fantômes.

— Général. Je ne vous ai pas tout dit. Il existe une affaire qui est absolument l'équivalent du cas de torture de Picton. C'est arrivé voici trois ans et demi, pratiquement la semaine de mon arrivée. Le magistrat principal, un planteur, se présenta ici tard dans l'après-midi. On était encore en train de décharger mes malles des charrettes. Il était dans tous ses états, le magistrat. On venait de découvrir, m'annonça-t-il, qu'un mulâtre libre avait été en rapport avec un sorcier nègre. Le mulâtre harcelait une négresse, une servante, pour qu'elle couche avec lui. Elle l'avait envoyé promener. Il lui avait alors tendu la main en marque de simple amitié. Elle avait serré cette main, et lui, il en avait profité pour lui égratigner la paume du bout de l'ongle. Aussitôt, elle avait été saisie de convulsions, sa main et son bras s'étaient mis à enfler. Elle avait poussé des hurlements, et une grande peur s'était emparée des autres nègres, dans la rue. Les nègres d'ici redoutent toujours le poison. Certains d'entre eux avaient couru chercher un *alguacil*, qui était venu pour conduire le mulâtre en prison. La vieille prison, celle du temps de Picton, avec les chambres d'étuve pour la torture ; nous l'avons démolie il y a deux ans.

« Sitôt qu'il le put, le magistrat se rendit à la prison, afin d'enquêter. Le mulâtre nia absolument avoir empoisonné la femme. C'était seulement un philtre d'amour qu'il lui avait frotté sur la paume. Il le tenait d'un vieux nègre d'une plantation. Le philtre, à base de graisse, de mercure et de rognures d'ongle, avait déjà rendu deux autres femmes folles d'amour pour lui. Cette fois-ci, admit-il, il avait sans doute forcé la dose. Le nègre qui lui avait préparé le philtre l'avait averti que c'était le danger. L'histoire n'amusa pas le magistrat. Il ordonna au geôlier de conduire le mulâtre sous les combles, pour y subir la torture. C'était là, bizarrement, qu'on mettait les prisonniers blancs. Il y avait un matelot italien. Il vit tout de ses yeux. La torture pratiquée en ce lieu était le "piquet", traditionnel dans les régiments de cavalerie. On attache une jambe en arrière, disons la jambe droite attachée au bras gauche, afin de transformer le supplicié en poids mort, et on le suspend par le poignet gauche de manière à ce que son orteil puisse juste s'appuyer sur la pointe d'un piquet acéré.

« Sous la torture, le mulâtre donna la formule de l'antidote. Du rhum et de l'*assa fœtida*, si je ne me trompe. Naturellement, cela ne réussit pas — il est stupéfiant que le magistrat ait pu croire qu'il existait un antidote. La femme restait enflée, et continuait de hurler, répandant la terreur autour d'elle. Le vieux Vallot, le geôlier français, suspendit à nouveau le mulâtre, qui cette fois-ci perdit connaissance et resta longtemps prostré dans une mare de sueur glacée. En revenant à lui, il modifia son histoire au sujet du nègre d'une plantation. Il avait obtenu le philtre, dit-il, des mains d'un sorcier nègre qui avait été banni de l'île. Je sais aujourd'hui qu'à peine un planteur entend-il parler de sorcellerie, il est saisi de panique. Je l'ignorais, alors. C'était ma première semaine ici. Le magistrat insista : il fallait tout de suite débarrasser l'île du mulâtre. Il voulait que cet homme soit banni séance tenante.

« Et cela s'est fait simplement comme ça, ici même. Sans papiers ni rien. Je n'ai pas vraiment oublié l'affaire. Mais ce que je me suis surtout rappelé, c'est le philtre d'amour et l'*assa fœtida* avec du rhum, pas le sorcier. Et aujourd'hui il m'a fallu aller chercher cela dans ma mémoire, tous les détails de la conversation que j'eus ce jour-là avec le magistrat. Car, depuis la condamnation de Picton, ils ont tous reparu — le mulâtre, et même le matelot italien. Ils se sont débrouillés pour parvenir jusqu'à Londres, pour trouver des gens qui leur procurent un logement et prennent en charge leurs frais, et pour être mis en contact avec des avocats. Et tous ceux qui ont favorisé les poursuites contre Picton sont maintenant dans leur camp.

« Les hommes libres de couleur en font un enjeu passionnel. Ils sont six mille, dans l'île. Ils peuvent collecter des fonds. Ce qui me bouleverse, c'est que j'ai toujours été un ami des gens de couleur, tout comme Tom Picton le fut avant moi. Il s'est toujours élevé contre leur humiliation légale, en dépit de ce qu'on raconte. Il a expédié de nombreuses lettres à Londres à ce sujet. Car c'est cette humiliation légale que visent à obtenir les gens qui parlent, ainsi que vous l'entendrez, de l'urgence d'instituer ici la législation et une constitution britanniques ainsi qu'un gouvernement représentatif. On fait ici un emploi particulier des mots ; ce que signifie ce discours, c'est que ces gens veulent constituer à eux tout seuls leur propre Conseil législatif et exécutif, et édicter leurs lois à eux.

« Je vais vous expliquer ce que seront certaines de ces lois. Ils veulent empêcher les gens de couleur de posséder des nègres. C'est de la pure malveillance. Rendez illégal pour un homme de couleur la propriété des nègres et vous le ruinez d'un coup. Il ne lui sera plus possible de gérer une plantation ni de subvenir à ses besoins en un lieu comme celui-ci. Les gens ne se débrouillent tout seuls que grâce à leurs nègres. Nous n'avons pas de main-d'œuvre libre. La seule chose respectable que puisse faire un homme de couleur, s'il ne possède pas de nègres, c'est de devenir un *alguacil* au service du Conseil, une sorte de garde à tout faire. Comme du temps des Espagnols. Il surveille les bassins du port, les chantiers en ville où travaillent des nègres, et guette ceux qui violeraient le couvre-feu. Il lui arrive de donner un coup de main à la prison. Il n'est pas autorisé à posséder des nègres, à juste titre. Cela entraînerait toutes sortes d'abus, enlèvements, disparitions de nouveaux arrivants et ainsi de suite. Quoi qu'il en soit, nous n'avons ici que six *alguaciles*. C'est tout ce que peut se permettre le Trésor. Et les hommes libres de couleur sont six mille. S'il devient illégal pour un homme de couleur d'avoir des nègres, il sera obligé de vendre au meilleur prix ceux qu'il possède, sinon ils lui seront confisqués. Dans un cas comme dans l'autre, il y a ici des gens qui vont en tirer un bon profit. Dans l'île, la moitié au moins des nègres appartient à des gens de couleur. Nous parlons donc de grosses sommes d'argent. Et de beaucoup plus encore si, comme il est presque certain, la traite s'arrête l'an prochain et si "l'approvisionnement", comme disent nos amis, devient exclusivement local.

« Les du Castellet, les Montignac et autres Montalembert ont une autre idée en tête. Ils veulent empêcher les gens de couleur d'acquérir une maison. C'est un article de loi vétuste des îles françaises. Où veulent-ils qu'habitent les gens de couleur ? Et quelle est leur définition d'une maison ? S'agit-il de la demeure sur une plantation, ou d'une maison en ville ? Je vais vous le dire : il s'agira de ce qu'ils voudront. Cela deviendra un simple procédé de persécution. Vous privez les gens de leur moyen de subsistance. Vous pillez leur petit capital, puis vous les dégradez.

« Il y a encore autre chose. C'est tellement affreux que vous n'en entendrez pas parler tant que vous serez ici. Les Français ne vous en diront rien, et cela inspire trop de crainte et de honte aux gens de couleur pour qu'ils abordent la question. Les planteurs blancs sont en train de leur faire savoir, discrètement, que dès qu'aura été promulguée ici une législation britannique, ils seront, eux, les gens de couleur, passibles du fouet pour tout écart de conduite. Pour le moment, on ne fouette que les nègres. Ainsi, rien ne distinguera plus de ceux-ci les gens de couleur, qui sont actuellement des hommes libres et des propriétaires. Ils n'auront plus ni argent, ni ressources, et nombre d'entre eux retomberont à coup sûr en esclavage. Et tout cela se fera au nom de la loi, des droits du citoyen, et de la clémence d'une constitution britannique.

« Ils savent que j'y suis opposé. Aussi ont-ils noirci ma réputation à Londres et un peu partout dans les îles. Je suis un picoleur, un ivrogne, trop porté sur les plaisirs de la table à la résidence officielle, bon à rien dès après le repas. Un manque de dignité rédhibitoire pour un gouverneur. Les plaisirs de la table ! Du beurre salé rougeâtre, pas de légumes, et cette nourriture de voyage en mer...

« Vous allez comprendre à présent que je ne pouvais pas commettre d'erreur plus grave que de laisser couper les oreilles à ce malheureux. Un homme libre, réduit en esclavage et traité comme le pire des nègres. En réalité, c'est le traitement que veulent infliger les Français à tous les hommes libres de couleur. Ils m'ont contaminé, au moment de l'investigation. Ils m'ont parlé de la Martinique et d'Haïti. Ils m'ont affirmé qu'il fallait brûler les nègres quand ils plongeaient les mains trop profondément dans la sorcellerie et la magie. Quelqu'un m'a raconté qu'un ami à lui, à la Martinique, avait été obligé de brûler quatre de ses nègres. Ils m'ont dit qu'un homme libre de couleur qui prenait l'habitude de fréquenter les nègres devenait très dangereux. Ils m'ont convaincu du besoin de châtier cet homme très durement. Après tous les témoignages durant l'investigation, après avoir entendu ces gens d'allure banale parler très paisiblement d'en assassiner d'autres, comme si c'était le prolongement de leur comédie nocturne de rois et de reines, j'eus la vision de l'île et de la ville devenues la proie des flammes. Je ne demandai pas à connaître les lois qu'on appliquait. Jamais je n'allai voir cet homme, ni le traitement qu'on lui infligeait en prison, jamais je ne m'enquis de la manière dont on l'avait vendu à l'extérieur de l'île. Je me demande à présent s'il me serait seulement revenu en mémoire, sans la nouvelle de la condamnation de Picton. La turpitude, mon général. La turpitude dans laquelle j'ai baigné ces trois dernières années !

— Ces gens sont les volontaires dont je dispose, dit Miranda. Je n'en ai pas d'autres.

— Vos volontaires. Pas vos maîtres. J'ai appris, en tant que militaire, les vertus de l'obéissance à mes supérieurs légitimes. Jamais — en tant que militaire — je n'ai commis un acte illégal, répréhensible ou indiscipliné. La plupart des militaires peuvent en dire autant. Je suis particulièrement ulcéré à la perspective de me voir fustiger en public comme un oppresseur. Et surtout l'oppresseur d'une catégorie de personnes que j'ai jugé de mon devoir de protéger. Si une investigation, une enquête ou un procès ont lieu, je ne saurai pas me défendre. Pour me défendre, il me faudrait me ranger aux côtés de ceux qui sont infâmes à mes yeux. Après la condamnation de Picton, les gens de couleur ont dit qu'ils voulaient m'avoir pour faire un exemple. Ce n'est pas agréable à entendre. Et j'ai lieu de croire que les Français eux-mêmes n'hésitent pas à les encourager, pour m'abattre. Je ne vois plus clair en aucun domaine, mon général. Je suis dans le brouillard.

— Certes, vous n'avez pas dormi sur un lit de roses. *Claro que su cama no ha sido una de rosas, como ha dicho.*

— Je crois que j'ai besoin de prendre un nouveau départ.

— Caracas vous en offrira l'occasion.

— Général !

— Mais vous serez dans le même camp que les volontaires français.

— Ce sera secondaire. Je jouirai de la clarté de votre propre dessein, je jouirai de votre clairvoyance.

— Lisons un peu cette lettre jetée dans la guérite de votre sentinelle. Elle pourrait provenir de l'un de vos amis mulâtres, pensez-vous ? Je vous en prie, général. Autorisez-moi cette plaisanterie. La lettre n'est pas en français. C'est de l'espagnol. Une écriture d'écrivain public. Elle respecte donc au moins les formes. Je vais la parcourir en diagonale. Peut-être n'y a-t-il rien du tout. Ce sont peut-être simplement des insultes courantes. Cela commence poliment. Trop poliment, c'est mauvais signe. Et voilà, cela devient vite très véhément. Je reconnais le style de certains manifestes officiels espagnols. La lettre provient des autorités espagnoles. C'est très grave. Elle me promet le sort de Tupac Amaru. Tupac Amaru était le nom inca que s'était donné le chef d'une très importante insurrection indienne au Pérou, en 1780. Il fut atrocement supplicié quand on s'empara de lui. On lui coupa la langue, puis, alors qu'il vivait encore, on le fit écarteler par quatre chevaux qui tiraient chacun de son côté. Les quatre morceaux du corps déchiqueté furent enfermés dans quatre boîtes en cuir préparées à cette intention et expédiées en divers lieux du Pérou. Il n'y eut pas un officier de l'armée espagnole qui n'apprît le sort réservé à Tupac Amaru. A l'époque, j'étais à la Jamaïque, avec mes galons tout neufs de colonel, pour négocier face aux Britanniques un échange de prisonniers. Penser qu'on ait pu faire confectionner quatre boîtes en cuir pour y mettre le corps d'un homme qui était encore en vie m'émut particulièrement. Je crois que j'avais cette pensée quelque part à l'esprit quand je résolus de déserter, deux ans plus tard. Pendant que je séjournais aux États-Unis, un nouveau soulèvement eut lieu. Un autre homme prit le nom de Tupac Amaru, et fut exécuté de la même manière abominable. Mais permettez-moi de relire la lettre plus attentivement.

« Monsieur,

« La liberté est le mot de passe de notre époque, dans tous les continents. En tant qu'Espagnols, sur une terre qui est la nôtre depuis des temps immémoriaux, nous avons des aspirations qui ressemblent aux vôtres. Nous tenons à vous faire connaître, avec tout le respect dû à un distingué compatriote, le sort qui nous a été réservé par vos protecteurs britanniques depuis leur conquête de notre île. Picton, le premier gouverneur militaire britannique, qui se trouve maintenant à Londres pour y expier ses crimes, s'efforça simplement de trancher la tête à la présence espagnole. Il expulsa presque tous ceux, parmi les Espagnols, qui étaient hommes de culture, de bonne souche et de compétence professionnelle. Votre hôte le bon vivant, Hislop, se gardera de vous raconter comment il a traité le restant de vos compatriotes, les péons, tenanciers de buvettes, marins et chasseurs, charbonniers, colporteurs de suif et de viande de cheval séchée, des gens simples comme ceux dont vous avez sans doute souvenir dans votre enfance, des gens qui ne connaissent pas l'usage des belles paroles et qui n'ont pour toute protection, dans l'humiliation qu'ils subissent aujourd'hui, que leur foi et leur orgueil. Hislop — ce lâche qui n'a pas osé toucher aux Français de bonne famille, allant jusqu'à privilégier leurs nègres, exemptés même de la corvée — Hislop a rendu obligatoire pour tous les Espagnols le service dans la milice. Cela implique cent dollars de frais pour l'uniforme et l'équipement. C'est Hislop en personne qui a fixé le montant. Très peu d'entre nous peuvent payer cette somme, la plupart seront donc obligés de quitter l'île ou de fuir dans la haute forêt, abandonnant dans les deux cas au Trésor de Hislop le peu de biens qu'ils possédaient. Ainsi, en moins de dix ans d'autorité britannique, nous sommes devenus des fugitifs et des hors-la-loi dans notre propre pays, et notre langue est considérée comme un parler de domestiques.

« Et vous voici venu chez nous. Des deux côtés du golfe, nous avons fait connaissance avec les prospectus de vos commanditaires de Londres, Turnbull et Forbes. Ils proposent maintes marchandises modernes à leur juste prix, mais vous ne sauriez être étonné qu'aux yeux de certains d'entre nous, vous n'apparaissiez guère comme un libérateur et un militant de la liberté, mais plutôt un homme de Caracas resté fidèle à ses origines, et revenu en tant qu'agent d'une entreprise commerciale britannique qui cherche à réduire à l'état de péons le peuple du continent, ainsi qu'il est advenu du peuple en maintes contrées d'Asie, et ainsi qu'il est advenu ici.

« Depuis la conquête britannique, Picton et vous avez à vous deux utilisé le langage de la liberté et de la révolution pour séduire un grand nombre de braves gens et leur faire oublier la crainte de Dieu, les sentiments humains et les devoirs non moins sacrés de la religion et de la société. Vous les avez attirés dans cette île, votre base de subversion, et vous les avez coincés ici comme on met en cage des bêtes sauvages, afin de les lâcher selon votre bon plaisir sur une population innocente. Ces gens abusés étaient prêts à tout vous donner, à vous et à votre cause. Vous ne leur avez rien offert. Votre révolution n'est jamais venue, parce qu'elle n'a pas de base et ne trouve aucun écho dans l'âme des hommes de bonne volonté, parce qu'elle a dégénéré en une entreprise personnelle et dénuée de toute noblesse. Et lorsque ces cœurs fiers d'Espagnols, découvrant leur erreur, se sont révoltés contre votre trahison et celle de Picton, on a trouvé des moyens pour les réduire au silence. Songez à Juan Mansanares, qui parlait si haut et se vantait si fort pendant quelque temps dans les buvettes de la ville, les poches bourrées d'argent anglais : mort mystérieusement à l'âge de trente-six ans ; le vieux Manuel Gual, d'abord caché par Picton, puis cruellement empoisonné avec des pilules d'opium mêlé de verre pilé ; son ami José España, poussé par le désespoir à retraverser le golfe, trahi dans son propre foyer, décapité, son beau corps écartelé, sa tête exhibée dans une cage en fer à la porte de Caracas, dans le port de La Guaira ; Andrés de España, qui a moisi pendant des années ici au fond de l'infâme prison ; Juan Caro et Antonio Vallecilla, morts tous les deux, sans qu'on sache où ils sont enterrés. Songez à ces hommes, et à tous les autres dont Picton et vous, vous avez rongé l'existence et la foi passionnée mois après mois, année après année, et étonnez-vous d'éprouver si peu d'émoi à fouler cette terre souillée de sang. Étonnez-vous de n'avoir jamais envisagé que vous pourriez connaître un sort semblable au leur, et qu'à vous aussi, cette île usurpée pourrait devenir votre prison et votre tombeau.

« Quelque appui que vous promette Hislop, sa parole ne vaut rien. C'est un soldat ; il place son honneur dans l'obéissance. Aujourd'hui, il vous régalera ; sa réputation d'hôte fastueux n'est plus à faire. Demain, il vous tournera le dos, s'il en a reçu l'ordre. Vous risquez de découvrir à vos dépens, comme nous, qu'il possède des griffes. L'heure de la justice va sonner pour les cinquante-huit hommes que vous abandonnâtes devant la côte. Pour vous aussi, l'heure de la justice va sonner. Vous êtes plus seul et plus exposé ici, sur ce qui était votre terre natale, que jamais vous ne le fûtes à Londres. Il a été fait six copies de cette missive. Il vous en parviendra au moins une, et vous songerez à TUPAC AMARU. »

— Général, général ! s'écria Hislop. Je n'aurais pas dû vous montrer cette lettre dès le premier jour. Vous voici perturbé.

— C'est vrai. Je connais la haine propre aux Espagnols, mais pour moi c'est toujours un choc de la retrouver sur mon chemin. Cette missive exhale la haine. Vous parliez tout à l'heure de la haine que les gens d'ici vous ont amené à éprouver envers cet homme libre de couleur dont ils voulaient faire couper les oreilles. Ils vous l'ont fait voir. Ils vous ont dit qu'il croyait en ses pouvoirs occultes. Ils vous ont montré le diable au fond de ses yeux. Du coup, vous n'avez pas ressenti seulement le besoin de punir l'homme, mais aussi de détruire ce qu'il y avait en lui. La haine des Espagnols est de cette sorte. Elle n'est jamais loin, et il s'y mêle des notions de foi, de vérité et de justice distributive. Si vous administrez le châtiment, vous êtes dans votre bon droit. Vous agissez à la place de Dieu.

« Je la connais, cette haine, parce qu'elle existe aussi en moi, au bout de tant d'années. Je l'ai moi-même pratiquée, et les choses que j'ai faites sont en partie responsables de cette lettre, je le sais. Haine contre haine. J'ai prononcé, à propos de l'Espagne et des Espagnols, des paroles que j'aurais dû m'interdire. Des paroles sottes, blessantes. Je sais comment les blesser. Quand je quittai Caracas en 1771, l'Espagne était pour moi le centre du monde. L'Histoire, la culture, l'élégance. Les États-Unis n'existaient pas — les colonies américaines étaient plus pauvres que nous — et la Révolution française n'aurait lieu que vingt ans plus tard. J'ai honte de vous avouer quelle fortune je gaspillai en vêtements durant mon premier mois de séjour à Cadix. Il me fallut quelques années pour m'apercevoir que mes idées sur l'Espagne et sur la position qu'elle occupait dans le monde étaient exagérées. Lorsque je désertai l'armée espagnole et que je partis pour les États-Unis en 1783, à la fin de la guerre, je me trouvai pour la première fois en mesure d'exprimer les sentiments qui m'étaient venus au sujet de l'Espagne. Et, de fait, cela ne me nuisit en rien. Je m'en rendis compte. Puis il y eut l'exécution du second Tupac Amaru. J'en fus plus affecté que les Américains qui m'entouraient. Je me mis à tenir des propos que j'aurais dû taire. Un soir, le président de Yale me le reprocha. Les Espagnols, selon lui, avaient un plus grand respect de la loi que je ne le prétendais. Je dis que je connaissais le légalisme espagnol : j'étais diplômé en droit de l'université de Mexico. Cette invention m'était venue tout d'un coup. J'affirmai cela sans broncher, et il fut réduit au silence.

« Ce fut bien pls quand j'allai en Russie. Je me sentais si loin de tout que peu importait, pensais-je, ce que je pouvais raconter au sujet de l'Espagne ou de ma propre personne. Je fis plein usage de cette liberté, vous pouvez me croire. L'impératrice et ses nobles russes manifestaient un tel intérêt, ils se montraient tellement protecteurs ! J'étais ébloui. Il me semblait que j'étais fait pour cette existence. Jamais je ne m'étais senti autant en sécurité. Je parlai de l'Espagne en des termes de nature à leur faire plaisir, je racontai des histoires affreuses sur l'Inquisition, la superstition, l'ignorance et la décadence espagnole, des histoires affreuses sur le roi d'Espagne et son fils, le prince des Asturies.

« J'étais très demandé. Un soir, dans une réception à Saint-Pétersbourg, un élégant gentilhomme à qui je n'avais pas été présenté traversa le salon pour venir à moi sitôt qu'il m'aperçut. Je souris et saluai, m'apprêtant à entendre son français de Russe, à le trouver, malgré la gêne de la langue, plein d'amitié et d'intérêt à mon égard et aussi empressé à m'inviter chez lui que tant d'autres nobles russes avant lui. Ce ne fut pas du français qui tomba de la bouche de ce gentilhomme, mais de l'espagnol, l'espagnol d'Espagne ; le ton et les tournures étaient ceux dont on userait avec un domestique. C'était le chargé d'affaires espagnol, Macanaz. Il exigeait que je produise — quasiment sur-le-champ — les lettres patentes qui faisaient de moi un colonel et un comte. C'était ainsi que je me présentais en Russie. Cela ne nuisait à personne, et faisait plaisir aux Russes. Son mépris m'atterra. C'était le mépris de l'Espagnol d'Espagne, bien né, envers le Sud-Américain. Je me sentis minable, pris la main dans le sac. C'était comme de me trouver renvoyé dans le Venezuela de vingt ans plus tôt. Je me préparais à répondre que j'avais servi quelque temps dans le régiment de la Princesse et que j'avais le grade de colonel au moment où j'avais quitté l'armée. Mais, au dernier moment, je changeai d'avis, et les plus grossières obscénités des trottoirs de Caracas coulèrent de ma bouche. En d'autres lieux, il n'aurait eu qu'à tirer son épée. Mais dans ce salon, il lui fallut digérer l'insulte. Bien entendu, il n'oublia pas cet affront. Il écrivit à l'ambassadeur, et l'ambassadeur à son tour écrivit à d'autres personnes à mon sujet. Je repensai à cet incident tout récemment, quand le *Bee* et le *Bacchus* furent pris. C'était très étrange. Je dirigeais un débarquement, dont je parlais depuis des années, et là, rejoint par le souvenir de ce lointain salon de Saint-Pétersbourg, je songeai "Et voici qu'à présent tu t'es mis à leur portée."

— Que va-t-il advenir de ces hommes ? demanda Hislop.

— Aucun doute là-dessus. Les Espagnols ne plaisanteront pas. Les officiers, Donohue, Powell et les autres seront exécutés. Les hommes de troupe seront tous emprisonnés. Je les en ai toujours avertis. Dites-moi — il s'agit ici d'un détail de la lettre —, pourquoi, à votre avis, tous les agents que j'ai expédiés ici m'ont-ils trahi, ou ont-ils mal tourné ? Vous êtes au courant pour Bernard. Il y en a eu d'autres.

— Ils se sont lassés d'attendre. Ils ont perdu la foi. Comme Picton. Malgré les racontars, ce n'est pas pour acquérir des terres qu'il était venu ici. Il n'a jamais désiré être planteur. C'est un militaire ; en venant ici, il espérait se battre. On promettait de grandes choses en Amérique du Sud, mais en Europe les alliances n'ont cessé de changer et la politique n'a cessé de changer à Londres. L'invasion s'est trouvée continuellement retardée. On ne peut pas demander à quelqu'un d'attendre indéfiniment. Tout le monde n'a pas votre fermeté, général.

— Fermeté, je ne sais pas... Je n'ai peut-être jamais eu d'alternative. Il ne s'est pas offert de solution de rechange. Personne ne m'a jamais proposé une idée de rechange.

— Nul n'y aurait songé, général.

— Il fut une époque où je disais du mal de Picton, à Londres. Je pensais qu'il détruisait mes agents ainsi que les révolutionnaires venus de l'autre côté du golfe. Je me trompais. Le vieux Manuel Gual et les autres qui se sont fait assassiner ici l'ont été par un Vénézuélien que je connais ; c'est Caracas qui l'a recruté et lui a procuré les fameuses pilules au verre pilé. Le seul de mes hommes qui a été expulsé par Picton et renvoyé en Europe s'est révélé un imposteur. Une erreur de jugement de ma part, là aussi. Il était capable de m'expédier une missive spirituelle au sujet de la piètre fiabilité des révolutionnaires français, et d'écrire pratiquement le même jour au roi d'Espagne une lettre pleurnicharde pour implorer son pardon. A peine avait-il posé les yeux sur lui que Picton l'a expulsé. J'étais en fureur quand je l'ai appris, et pourtant, en l'occurrence, il m'a rendu service.

« J'avais en réalité une autre raison de me répandre contre Picton. Mais je ne pouvais l'avouer à quiconque. En 1798, sans savoir quoi que ce soit de moi, ni de mon passé, ni de tout le travail que j'avais fait pour la révolution, il écrivit à Londres à mon sujet. Il disait que je pourrais être utile, mais qu'il ne fallait pas trop me faire de confidences. Les termes qu'il employait était bien pires. Je n'ai jamais pu les oublier. Ils me furent rapportés par mon ami Rutherfurd. Ils m'ont beaucoup nui auprès des ministres. Je les sais par cœur : "Il se trouve en ce moment à Londres un indigène de Caracas qui pourrait être d'une certaine utilité dans l'affaire, non qu'il possède une grande connaissance du pays, ni aucunes relations importantes, étant le fils d'un boutiquier de la ville..." C'était presque trente ans après que je fus parti de chez moi. J'avais accompli un travail énorme, établi ma cause et ma réputation, pris des risques infinis. Il négligeait tout cela, lui qui n'avait rien fait.

— Il se contentait de répéter les bruits que les gens de Caracas avaient fait courir à son intention, pour vous atteindre.

— Je le sais bien. Je le savais, quand c'est arrivé. Et ces choses-là ne me tracassent plus du tout. Mais à l'époque, je n'ai pas pu lui pardonner. Je le dénigrais constamment. Au point que lorsque le ministère, à Londres, a décidé de le remplacer par des préfets et d'ouvrir une enquête sur son compte, on m'en a informé comme d'une bonne nouvelle, et on m'a demandé de déléguer un des miens avec les nouveaux préfets. J'ai pensé qu'il fallait envoyer un des hommes les plus fiables que je connaissais, pour reconstituer mon crédit. Je ne pouvais faire un plus mauvais choix. Bernard, comme vous le savez, était venu ici et ne m'avait jamais écrit un mot. Cet envoyé, lui, écrivait sans cesse. Il se nommait Pedro Vargas. Toutes les deux ou trois semaines, quand les vaisseaux apportaient le courrier de la Barbade ou du poste des îles Sous-le-Vent, les gens de Whitehall me faisaient livrer des liasses de lettres provenant du bureau du préfet principal, de la part de mon envoyé Pedro Vargas. C'était un tissu de mensonges. J'aurais dû le déceler. La langue n'était que rhétorique, dans le style des manifestes espagnols. Vargas en usait à merveille. J'étais un messie, un sauveur. Tous m'attendaient, au Venezuela et à la Nouvelle Grenade, prêts à faire don de leur vie et de leurs biens dans l'intérêt de la cause.

« L'une des lettres me fit perdre la tête. Vargas disait qu'il l'écrivait dans un état d'exaltation. Pour diverses raisons, le moment d'agir était indéniablement venu. Nous ne devions plus attendre. Au besoin, il fallait qu'à nous deux tout seuls nous donnions le départ à la révolution. Dès que nous aurions débarqué, en n'importe quel point de la côte, les gens afflueraient sous notre bannière. Je portai la lettre aux ministres. Je leur montrai ce que m'écrivait le préfet Vargas — je l'ornai indûment de ce titre. Je faillis me compromettre, par cette exagération de son rang. J'étais disposé, déclarai-je aux ministres, à renoncer à la pension que je touchais du gouvernement britannique s'ils me donnaient un vaisseau avec un équipement et m'autorisaient à aller à Trinidad lever un détachement parmi les troupes noires qui s'y trouvaient. Heureusement, ils refusèrent. Je me demande s'ils en savaient plus long que moi au sujet de Vargas. Imaginez-vous ce qui serait arrivé si je m'étais présenté ici en demandant qu'on mette à ma disposition des troupes noires pour envahir le continent ? Vous avez à peine assez d'hommes pour défendre cette petite ville. Et les planteurs ne m'auraient pas donné leurs nègres. Il ne me serait resté qu'à regagner Londres et solliciter le rétablissement de ma pension.

« J'ai découvert par la suite que Vargas n'avait même pas brodé sur quelque menu incident ou une rumeur locale. Il avait simplement écrit cette lettre pour donner à ses rapports un peu de variété. Il s'était incorporé à l'entourage du préfet principal dans le rôle d'une sorte de secrétaire et expert en matière de législation espagnole. Il s'installait dans la résidence du préfet — sous ce même toit — pour m'écrire tous les deux ou trois jours un conte de fées. Je lui versais une allocation, dix shillings par jour. Il en recevait beaucoup plus du préfet. Il avait été révolutionnaire à un moment donné. Il avait fait partie d'une conspiration à la Nouvelle Grenade, s'était exposé à de réels dangers et avait souffert. Mais ce qui comptait pour lui, désormais, c'était de toucher régulièrement cet argent du préfet.

— C'est le témoignage de Vargas, observa Hislop, qui a fait condamner Picton à son procès en février. J'ai lu la transcription. On a fait appel à Vargas en tant qu'expert légiste espagnol. Il était seul en Angleterre — c'est à peine croyable — à détenir les ouvrages de droit hispanique requis. Il a déclaré qu'il existait de très anciennes lois espagnoles qui autorisaient la torture, mais aucun texte moderne. Et voilà. C'est étrange qu'on ait écarté toutes les accusations les plus graves d'avoir fait pendre ou brûler des hommes, et que cette affaire de menu larcin ait causé la perte de Picton. Pour avoir signé l'ordre de soumettre à la torture la jeune mulâtresse, que lui présentait le très respectable magistrat, Picton est jugé mais le magistrat n'encourt aucune poursuite. Et très étrange aussi que la perte de Picton ait été causée par votre envoyé qui vous a trahi. Il a maintenant rendu possibles toutes ces accusations contre moi. Le mulâtre et son philtre d'amour, lors de ma première semaine ici. Chaque nuit, dans ma tête, j'élabore ma défense devant les magistrats du King's Bench. Je me demande qui je pourrai citer comme témoin, et comment je vais prouver que les Espagnols pratiquent bien la torture. Puis je songe que je gâche ma vie à me tourmenter à propos d'une affaire avec laquelle je n'ai presque rien eu à voir.

— Même quand j'étais en fureur contre Picton, dit Miranda, je ne voulais pas qu'on le détruise ainsi. Il mépriserait le mensonge et nous mépriserait d'y avoir recours. Assurément, je ne voulais pas qu'il fût détruit après tant d'années par quelqu'un comme Pedro Vargas.

« Ma chère Sally, Tout va bien. Vous voyez, vous vous inquiétez trop. Avec l'aide d'Hislop, nous avons circonvenu les Américains du *Leander*. Il leur arrive encore de se saouler et de faire du tapage, mais la discipline s'améliore de jour en jour. Nous leur faisons faire quotidiennement l'exercice ainsi qu'aux Français à la caserne locale. Le comte Loppinot de Lafresillière ayant catégoriquement refusé de servir sous les ordres d'un Américain, nous avons décidé qu'il était préférable de ne pas mélanger les deux groupes. Cette fois-ci, nous allons former une petite armada de dix vaisseaux. Pour la flotte, les Britanniques fournissent une aide en sous-main, et je puis jauger la force du soutien dont je dispose à Londres rien qu'à l'attitude de personnes telles que l'amiral Cochrane, le général Maitland et Hislop, ici. Ces hommes me courtisent. Je lis du respect dans leurs yeux. Ils persistent à croire que je suis celui qui peut faire quelque chose pour eux, et j'en rends grâce à Dieu. Hislop pense que je peux lui fournir un bon poste, et quant à Maitland et Cochrane (son immense cupidité le rend facile à manipuler), ils comptent sur moi, le moment venu, pour leur attribuer de vastes domaines sur le continent.

« Vous avez tort, *querida*, de penser que ces gens sont des serpents prêts à mordre. Dans ma jeunesse, j'avais coutume de me plaindre ainsi. J'avais tort. Il ne faut pas que vous encouragiez Leander et Francisco à attendre plus que de raison de la part d'autrui. Il ne faut pas leur parler de serpents prêts à mordre. Ces hommes, Cochrane, Maitland, Hislop, n'ont aucun devoir de loyauté envers moi. C'est un intérêt mutuel qui nous rapproche. Lorsque l'intérêt ne sera plus là, nous nous séparerons. Il n'y aura ni immoralité, ni déloyauté à nous séparer. Si vous n'adoptez pas ce point de vue, *querida*, vous allez vous ronger les sangs. Vous passerez votre temps dans un état de frénésie mentale à condamner tout le monde sauf vous-même, et les gens commenceront à se demander ce qu'il y a en vous qui leur déplaît. C'est un trait de caractère dont je vous ai déjà parlé. Je crois qu'il apparaît surtout clairement dans votre attitude à l'égard de certains membres de votre famille.

« Quant à Turnbull, il est mon plus vieil ami. Nous nous sommes rencontrés voici plus de trente ans à Gibraltar, lorsqu'il était un jeune intendant et moi un capitaine, et notre amitié ne s'est jamais rompue depuis. Quoi qu'il arrive maintenant, il aura du respect pour moi après, et j'en aurai pour lui. Je ne retrouverai plus des gens tels que Turnbull et Rutherfurd. Le temps de ce genre d'amitiés est passé. Si Turnbull s'impatiente à mon propos, je m'impatiente aussi moi-même. Un ami n'a pas à toujours surveiller ses paroles. Ne le suspectez pas. Ne vous rendez pas malheureuse à cause de lui. Si je vous écris ces lignes, c'est simplement, vous le savez bien, parce que votre nervosité m'inquiète.

« Ma lettre-feuilleton, ou lettre-journal ne s'interrompt jamais. Dans ma tête, je vous parle continuellement. Je vous rends compte de tout, parfois des choses insignifiantes, parce que j'aime votre amour. Vous êtes presque devenue mon esprit gardien. Mais je ne mettrai pas par écrit tout ce dont je parle.

« Nous sommes sur le point de prendre le départ. Les vaisseaux sont prêts. Je ne serai pas à bord du *Leander*. Je naviguerai sur le H.M.S. *Lily*. C'est une idée de Cochrane : si le combat a lieu, il pense que les Espagnols s'attaqueront au *Leander*, qui bat pavillon américain et dont on sait qu'il m'appartient. Les hommes sont aussi prêts qu'il peuvent l'être. Mais — ceci, je ne l'écrirais pas, et je ne voudrais pas que quiconque l'apprenne — je n'ai pas le moral.

« On a jeté hier dans la guérite de la sentinelle une deuxième missive espagnole (et un peu plus tard, Bernard m'a fait porter une copie de cette même lettre, qui avait été déposée dans la salle du Conseil). Il s'agit cette fois de la grande messe d'action de grâce qui a été célébrée dans la basilique de Caracas pour la capture du *Bee* et du *Bacchus*, et des sentences prononcées à Puerto Cabello contre les cinquante-huit hommes. Il y a seize jours, on les a tous conduits, enchaînés par les chevilles, dans la cour de la prison et fait agenouiller pour écouter la sentence qui les frappait. Les dix officiers seraient pendus. Tous les autres étaient condamnés à huit ou dix ans d'emprisonnement aux travaux forcés. Ils dormiront sur des lits de pierre, avec des briques pour oreillers, et porteront des chaînes de vingt-cinq livres. Les dix exécutions ont eu lieu voici sept jours. Je me doute que les Espagnols ont dû accélérer le processus en justice afin que toutes ces nouvelles me parviennent avant cette deuxième tentative.

« J'aimerais que les détails soient exagérés. Mais je sais qu'il n'en est rien. Le gibet était devant la porte de la prison. On y a amené les dix hommes, en robe et bonnet blancs, fers aux pieds. Après avoir précipité dans le vide chacun des hommes, le bourreau, un nègre, s'est laissé glisser le long de la corde pour s'asseoir sur les épaules du pendu. Ensuite, on a décapité les corps et on les a coupés en quartiers. Ceux-ci ont été entassés tous ensemble avec les uniformes et les armes des défunts, recouverts par les lambeaux de mon drapeau colombien, et on y a mis le feu. Je savais qu'ils allaient trouver un moyen spécial de déshonorer le drapeau que vous aviez confectionné à Grafton Street, Sally. Mais cela, je ne vous le dirai pas.

« L'atmosphère de l'Inquisition, ma révolution traitée comme une hérésie... Cela me mine, davantage que je ne l'aurais cru. Si j'ai su moi-même, à un moment donné, comment leur faire du mal, ils savent encore, eux, comment me perturber. L'une des premières pensées qui me soit venues à la lecture de cette lettre, c'est que j'ai eu raison de faire baptiser les garçons. Quand j'avais quelque trente-cinq ans, après une quinzaine d'années à l'étranger, alors que je séjournais aux États-Unis puis en Russie, tout le cadre de ma jeunesse au Venezuela me paraissait très loin de moi, il me paraissait appartenir à une autre vie. Je croyais avoir presque tout oublié. Aujourd'hui, c'est comme si je n'étais jamais parti, comme si 1771, c'était l'an dernier. »

« Mon cher Monsieur, Nous sommes dans tous nos états ici. Mon oncle vient de raporter six tirages de votre Portrait de chez M. Holland le marchand d'estampes. Mon oncle dit que le graveur aurai du travailler mieux mais ces gens ont trop à faire alors ils baclent sans essayer de comprendre l'euvre qu'ils copie, ils n'ont pas fini un travail qu'ils cherche le suivant. Le tableau montre la Couronne dans les Nuées au-dessus de votre teste et mon oncle dit que c'ait du mauvais travail cette couronne, mal dessinée mais les gens n'y font pas attension. Il dit que le tableau est dans vitrine de M. Holland et que les gens s'arrette pour regarder la couronne et s'émerveiller alors peut-être que M. Holland connait son travaille. Mais la malhonnetteté de ces commersants de Londres mon cher Monsieur ils ne rendent pas homage à mon oncle pour le portrait qu'il a fait sur la petite table dans la Bibliothèque. Ils disent qu'il a été exécuté d'après nature par leur artiste auprès de la Marine à la Barbade mon Oncle dit qu'ils font toujours ainsi. Sous votre portrait ils ont gravé le nom des vaisseaux de votre petite flotte Mon cher Monsieur. Quelle flotte mon cher Général jamais je n'aurai pensé. Nous attendons tous les jours de bonnes nouvelles. Quels jolis noms ont vos vaisseaux Lily Attentive Bulldog Trimmer Mastiff. Je ne saurai vous dire combien Leander est fou de joie qu'un vaisseau porte son nom, il tire son bateau jouet sur son socle en bois à travers toute la maison et il crie Mamy je vais prendre mon vaisseau pour rejoindre le Général. Quand je lui explique que l'océan est très vaste et que son bateau n'irait pas bien loin il dit Mamy je vais acheté un vaisseau plus grand pour aller me battre pour le Général. Il lit son livre très bien et il promet de ne pas ennuyé petit frère qui dort en ce moment et qui est aussi joli que votre portrait Mon très cher Général à moi. C'est pour eux le temps le plus heureux Monsieur. »

« Oh ! Sarah ! C'est plus que l'océan qui nous sépare. Nous sommes séparés par le temps, par trois ou quatre mois. Vous parlez des choses d'ici telles qu'elles étaient voici quatre mois, et ce que je vous écris aujourd'hui, vous le lirez dans deux mois. J'ignore ce qui se sera passé d'ici là. C'est un échec, Sarah. Toute l'entreprise a échoué. Vous aviez raison. Les gens de Londres m'ont lâché au dernier moment. Ils m'ont retiré leur soutien. Et je suis de retour à Trinidad.

« Je ne suis plus à la résidence officielle. Officiellement, je n'occupe ici aucune position. Je n'ai pas de quartier général. Je suis un particulier, et tant que je séjournerai ici il me faut renoncer à toute tentative de faire la révolution sur le continent. Le matin de mon arrivée, je suis allé voir Hislop. Il n'a pas pu feindre de ne pas me connaître, mais il s'est comporté comme s'il ignorait tout de ce qui m'avait occupé. Quand je lui ai demandé la permission de rester, il m'a dit qu'il était hors de son pouvoir de me l'accorder. Il m'a dit que les négociants voulaient m'empêcher de débarquer. Ils lui avaient adressé une pétition. Selon eux, ils avaient été empêchés à cause de moi de tout commerce avec le continent pendant six mois, et ils couraient à la ruine pour rien du tout. La pétition allait ce matin même être soumise au débat du Conseil. Hislop pensait que je devrais assister à la séance. Je suppose que c'était une suggestion amicale de sa part. Si je n'y étais pas allé, Bernard n'aurait peut-être pas pris la parole en ma faveur comme il l'a fait, et si Bernard n'avait pas pris la parole, l'issue du vote m'aurait été contraire. Hislop aurait manifesté tous ses regrets, naturellement, mais j'aurais été obligé de partir. Dieu seul sait où je me trouverais à l'heure qu'il est.

« Dire qu'au début, tout paraissait si bien se présenter, Sally ! Ah, ces heureux débuts ! J'en ai tant connus... Comme ils vous encouragent, et en même temps comme ils vous perturbent ! Nous avons navigué sans encombre jusque devant la ville de Coro. Nous avons fait feu sur le fort. Il y a eu quelques tirs de riposte puis les troupes espagnoles se sont retirées. Nous avons débarqué et pénétré dans la ville sans difficulté. Trois blessés, c'est tout. Puis nous nous sommes aperçus qu'il n'y avait pas lieu de crier victoire. Nous étions entrés dans une ville déserte. Pas une âme. Les agents vénézuéliens de Trinidad avaient bien fait leur travail. Ils connaissaient nos forces, savaient exactement où nous comptions débarquer, et ils savaient aussi que les Britanniques ne nous appuieraient que depuis la mer.

« J'avais cru pendant des années — et des gens tels que Gual, Caro et Vargas m'avaient encouragé à le croire — que dès mon débarquement les gens allaient affluer sous mon drapeau. Or, personne n'est venu. J'ai pensé qu'ils avaient subi les menaces des autorités, et qu'il fallait affronter la situation à la manière espagnole ou vénézuélienne. Cet aspect de mon personnage a pris le dessus. M'étant montré à la tête d'une telle force navale, il m'a semblé qu'il fallait élever la voix. J'ai fait une proclamation. J'ai annoncé que l'autorité espagnole ne s'exerçait plus, que tous les fonctionnaires n'avaient qu'à se présenter pour faire acte de loyauté, faute de quoi ils en souffriraient les conséquences, et que tous les hommes valides devaient s'enrôler sous mon drapeau. C'était une erreur. Personne ne s'est présenté, et c'est mon autorité à moi auprès de mes troupes qui s'est encore affaiblie. J'ai envoyé de petits détachements dans les villages alentour pour rassurer les gens. J'ai constaté que les Espagnols m'avaient devancé. Ils savaient comment il fallait livrer cette guerre. Depuis de longues semaines, les prêtres avaient prêché contre moi. Quiconque m'apporterait son aide serait excommunié. L'évêque de Mérida m'avait proclamé hérétique.

« Durant les dix jours qui suivirent, les Espagnols qui s'étaient retirés de Coro nous ont pris en surveillance, à quinze cents contre les quatre cents que nous étions. Pas question pour nous d'engager le combat, ni de faire marche sur Caracas en franchissant les collines. La tension a commencé à se manifester dans les rangs de nos volontaires. L'indiscipline a fait son apparition. Un jour, il s'est produit un incident entre les deux groupes, les Français et les Américains. Trois blessés de plus, un cuisinier tué. J'en ai été très alarmé. J'ai pensé qu'il était temps de rebrousser chemin, de regagner la côte. Nous ne disposions d'aucune charrette, évidemment, pour transporter les blessés et les malades, ni de chevaux ou de mules. Il nous a fallu employer des litières, en changeant de porteurs toutes les demi-heures environ. Cela ralentissait notre marche. J'avais le sentiment d'être tombé dans le piège espagnol. A chaque instant, les Espagnols risquaient de nous assaillir. Je menais rude vie aux porteurs de litières. A un moment donné, j'ai menacé de faire feu moi-même sur quelques-uns d'entre eux. Ils ne m'ont pas pardonné. Je ne suis plus logé à la résidence officielle, et maintenant on me crie des insultes dans la rue.

« Tard, un soir, nous avons rembarqué. Je ne savais plus que faire. J'avais attendu ce moment durant tant d'années... J'ai écrit au gouverneur britannique de la Jamaïque pour demander de l'aide. C'était idiot. Il ne pouvait évidemment pas m'envoyer de renforts. J'ai attendu six semaines cette réponse, tandis que nos provisions s'épuisaient, nous avions très peu à manger, les hommes tombaient malades et l'esprit de mutinerie les gagnait. Puis j'ai reçu un message de l'amiral Cochrane, pour me dire qu'il ne pouvait plus me soutenir. Londres l'interdisait. L'appui qu'il m'apportait devait se limiter à la protection contre les forces navales de l'adversaire, à empêcher tout débarquement de secours ennemis et à assurer mon propre rembarquement. Bref, c'était fini. Jusque-là, j'avais vu en Cochrane un avaricieux, donc facile à manipuler. A présent, le style de sa lettre, extrêmement précise et chargée de sens, comme des instructions données sur le champ de bataille, me donnait une idée des aptitudes qui avaient fait de lui un amiral, et d'un pouvoir qui n'avait jamais été mien.

« C'est dans cet état d'esprit qu'après avoir pendant cinq semaines, cap à l'est, lutté contre le vent, un vent semblable à celui de mon infortune, j'ai regagné Trinidad avec mes troupes défaites et, le jour même, ai dû faire bon visage face à Hislop puis — comme si j'étais encore celui qu'une seule marche séparait du pouvoir — assister au Conseil où les négociants de contrebande débattaient de mon avenir.

« Cochrane persiste à m'honorer, d'une certaine manière. Il a pris des dispositions pour que je loge chez le lieutenant Briarly, de la Royal Navy. Jusqu'à présent, Briarly se montre correct. Il vit sur un plus grand pied que Hislop, mais, en tant que l'officier de marine le plus gradé dans la place, il faut dire qu'il est à la tête d'une sorte de gouvernement parallèle. Il fait respecter ici les Lois maritimes. Son poste de commandement, au port, est une simple coque dématée, mais quand il est à bord il se trouve en dehors de la juridiction de Hislop. Tel est le pouvoir de cette Marine. Les Lois maritimes traitent du commerce. Ce qui signifie que Briarly est un peu officier des douanes. Autrement dit, il partage avec les négociants de contrebande et les capitaines des vaisseaux, et offre sa protection aux autres. Il ramasse une fortune. Il sait à un shilling près combien il vaut, et me l'a déjà fait comprendre. Je sais que cette demeure de Port of Spain où je suis hébergé vaut dix mille dollars (il ne cesse de répéter qu'elle trouverait preneur du jour au lendemain), et je sais qu'il possède en outre un vaste domaine rural d'une valeur de quinze mille livres, avec onze mules et trente-trois nègres. Il passe son temps à écrire le nom de ces trente-trois esclaves sur de petits bouts de papier et à noter des chiffres en face, comme s'il voulait continuellement faire le compte de ses nègres et l'addition de leur valeur marchande.

« Les Espagnols et les Vénézuéliens d'ici, négociants ou péons, continuent de me siffler quand je passe. Ils l'ont fait le matin de mon arrivée. J'aurais pensé que depuis, cela se serait arrêté. Leur manière de le faire me prend toujours par surprise. Ils ne me regardent pas, si bien que lorsque commencent les sifflements, je ne sais pas d'où ils proviennent. C'est un son terrible. Il couvrirait la musique d'une fanfare militaire.

« Un homme vaincu est obligé d'admettre la critique, et j'ai cru d'abord qu'ils se moquaient de moi parce que j'avais échoué. Puis j'ai pensé que ce pouvait être dû aux mécontents américains du *Leander*, qui font sans cesse du tapage dans les rues et me harcèlent pour avoir l'argent que je ne possède pas. On a aussi colporté d'horribles histoires au sujet de notre retraite vers la côte et des menaces que j'ai proférées contre les porteurs de litière. Ensuite, j'ai imaginé qu'ils me sifflaient simplement parce que j'étais en vie, alors que tant d'hommes sont morts. Je sais à présent que, pratiquement dès le jour où nous avons fait voile sur Coro, les agents vénézuéliens qui sont ici ont commencé à répandre la nouvelle des exécutions à Puerto Cabello, des hommes pendus et brûlés en robe et bonnet blancs, des chaînes de vingt-cinq livres aux pieds des survivants, sans oublier les lits de pierre et les oreillers de brique. Alors, j'ai eu le sentiment que c'était très simple. J'ai eu le sentiment de les avoir trahis par mon échec. En échouant, je les avais exposés au ridicule, en tant que Sud-Américains.

« C'était une erreur complète. C'est de la vanité de ma part de raisonner ainsi. Je présuppose que ces gens voient en moi leur libérateur, celui qui leur rendra leur dignité. Je présuppose qu'ils me considèrent comme je me considère moi-même et n'ai pas cessé de le faire ces vingt dernières années. C'est le contraire qui est vrai. Aux yeux des péons, ici, je suis un hérétique et un traître. Ils sont contents que j'aie été vaincu et que les hommes du *Leander* aillent en guenilles. Les agents vénézuéliens ont veillé à faire connaître la condamnation portée contre moi par l'évêque de Mérida. Je suis un athée, un monstre, un ennemi de la religion, à la tête d'une bande de canailles des États-Unis et des îles pour attaquer mon propre pays.

« Jamais depuis vingt ans, ni aux États-Unis, ni en Angleterre ni ailleurs en Europe, je n'ai eu à me défendre contre cette accusation, et je ne sais pas comment m'y prendre ici. J'ignore comment le cours compliqué de ma vie a pu aboutir à ce qu'on me jette à la figure cette image distordue de mon personnage. Cela m'a causé une grande détresse, Sally, autant que la défaite, l'humiliation et l'oisiveté qu'il me faut supporter ici. Je ne me sens plus seulement très loin, je commence à avoir l'impression de perdre le contact avec la réalité.

« Je ne sais comment dire aux péons d'ici ce que sait le monde entier, leur dire que depuis que j'ai quitté l'armée espagnole, je n'ai eu d'autre emploi et d'autre idée que ceux de l'indépendance sud-américaine. C'est ainsi que je me définis moi-même dans le testament que j'ai rédigé juste avant mon départ de Londres. Vous vous en souvenez, il y est dit que je n'ai connu aucun peuple, nulle part, qui soit aussi digne d'accéder à une sage et juste liberté. Quel moyen puis-je trouver de le leur faire comprendre ici ? Aux termes de ce même testament, les six mille ouvrages sur lesquels vous veillez à Grafton Street iront à l'université de Caracas lorsque la liberté viendra, et ces livres, je les lègue en mémoire des valeurs littéraires et chrétiennes que m'a enseignées l'université. Mes deux fils ont tous deux été baptisés avant que j'aie posé le pied sur ma terre natale, et, tout au long du voyage vers le sud à bord du *Leander*, je ne suis jamais resté sur le pont le dimanche lorsque le capitaine Lewis donnait lecture des prières. Les Espagnols se sont emparés de tous les aspects accidentels de ma vie, des propos inconsidérés que j'ai tenus aux États-Unis et en Russie lorsque je découvrais la saveur de la liberté, et du fait que j'ai maintenant besoin de tous les volontaires que je peux trouver, oui, les Espagnols se sont emparés de ces aspects accidentels pour créer une image de moi que je ne reconnais pas. Je sais que j'ai suivi une voie toute droite, et j'ai en tête une conception très claire de mon objectif. Mais je n'ai aucun moyen de me faire clairement comprendre par ces gens. Qui pis est, chacune de mes démarches, désormais, vient confirmer l'idée qu'ils se sont faite de moi. J'ai écrit à Londres pour demander quatre mille hommes. Rouvray est parti chargé de ma requête. Cela ne manquera pas d'ajouter à l'image du traître et de l'athée.

« Briarly, tout en comptant et recomptant ses nègres et en arrondissant son magot, a commencé à percevoir la solitude, le manque d'amis, l'égarement, le flottement dont je souffre ici. Jusqu'à présent, il s'est montré correct à mon égard, il m'a traité comme le collègue et l'ami de son amiral. Mais voici que je pressens un certain changement, ce qui pourrait signifier que les ministres, à Londres, ont chargé Cochrane de s'occuper de tâches plus urgentes. La bande de voyous que sont les *midshipmen* au service de Briarly m'inquiète. Ils ont été corrompus par leur fonction de jeunes sous-officiers, de persécuteurs des marins ordinaires et de gendarmes des Lois maritimes, et se délectent à pourchasser et malmener les gens sans méfiance. Ils ne touchent pas aux nègres, qui jouiraient de la protection de leurs maîtres. Mais ils peuvent faire passer un mauvais moment aux petits Blancs et aux hommes libres de couleur. L'autre jour, au vu et au su de tous, ils ont poursuivi un Anglais à travers plusieurs arrière-cours de la ville. D'après eux, c'était un espion. Il s'est réfugié dans la cour d'une maison et ils y sont entrés sur ses talons. Ils ont tiré le malheureux de dessous le lit dans la cabane d'un nègre au fond de la cour — ils trouvaient formidablement comique qu'il se soit caché là — et pour compléter la farce, ils l'ont couvert de goudron et de plumes, sans que les *alguaciles* de Hislop puissent intervenir.

« J'ai déjà évoqué mes doutes au sujet de Briarly. Il a changé d'attitude envers moi. J'en suis sûr à présent.

« — J'ai rencontré Biggs, l'Américain, l'homme du *Leander*, m'a-t-il dit hier au dîner. Il ne vous porte pas vraiment dans son cœur. Cela fait six mois que vous ne l'avez pas payé, ni qui que ce soit d'autre. Il m'a raconté tout un tas d'autres choses. Il dit qu'il va écrire un livre au sujet de toute votre entreprise.

« — Je sais. Je m'accommoderai de ce qui viendra, je n'ai pas le choix.

« — Permettez-moi d'être brutal. Chaque fois que vous avez été mis à l'épreuve en tant que militaire, vous avez trahi les espoirs des gens : comment cela se fait-il ?

« — J'ai accompli du bon travail en Afrique du Nord. A Melilla. Mais c'était il y a trente ans.

« — Précisément. Je songeais au siège de Maastricht, où vous vous étiez débrouillé pour avoir un commandement chez les Français.

« — Un procès a eu lieu à Paris. J'ai été blanchi de toutes les accusations. Biggs aurait dû vous en fairer part.

« — Et Puerto Cabello en avril, et ce qui vient d'arriver.

« — On peut dire que j'ai eu de la malchance, je suppose.

« — La chance est avec moi.

« Comme il arrive parfois quand je me trouve dans un rapport inégal face à un homme en place envers qui je n'éprouve pas de respect, je me suis mis à exagérer l'aspect de ma personnalité qui était le plus opposé à la sienne. Certains peuvent y voir de l'ironie, mais c'est en réalité une forme de malaise. Je m'amollis, je fais étalage de ma culture :

« — Selon Cicéron, la chance est l'une des quatre qualités d'un homme d'armes couronné de succès.

« — Quelles sont les trois autres ?

« — Le talent, la science militaire et le prestige. Ces mots ont un sens très large.

« — Ne croyez-vous pas que cela se serait passé autrement à Coro si vous aviez eu à vos côtés un homme qui eût la chance avec lui ? Un homme qui aurait cru à sa chance n'aurait pas été autant sur la défensive. Il aurait pu vous montrer un moyen de vous débarrasser des forces espagnoles qui vous tenaient en surveillance, de les coincer entre vous et les vaisseaux, puis de marcher sur Caracas.

« — Je n'avais aucune confiance en mes hommes. Ils commençaient à se bagarrer entre eux.

« — Comment allez-vous leur payer leur dû ? Et régler le maître du *Trimmer* ? Il va vous faire un procès. Il dit que vous lui avez loué son vaisseau à la Barbade. Pourquoi ne vendez-vous pas le *Leander* ? Vous en tirerez un bon prix. Vous pourrez payer tout le monde si vous le vendez bien.

« — Qui l'achèterait ?

« — Moi. Ce n'est pas de la charité. C'est un marché. Je ferai remettre le vaisseau en état, à Antigua ou à la Barbade, de manière qu'il réponde aux critères de l'Amirauté, et je le revendrai à la Marine. La Marine a besoin de vaisseaux. Je sais exactement ce qu'il leur faut.

« Il n'en a pas dit plus long, et à présent, dans une certaine mesure, je vis dans l'attente de sa décision. Il le sait, et depuis quelques jours il n'a plus fait allusion au *Leander*. Je suis mal à l'aise, parce que cela semble trop facile, et que j'ignore au juste ce que me prépare le lieutenant Briarly.

« Aujourd'hui, je l'ai découvert.

« Au dîner, il m'a dit brusquement. "Avant que vous vendiez, je crois qu'il serait bon que le *Leander* fasse une dernière expédition sous pavillon américain. Il s'agirait de remonter le fleuve jusqu'à Angostura. C'est là que vous auriez dû aller tout de suite. Le fleuve est étroit, la ville mal protégée. Je connais l'endroit. En bon officier de marine, j'ai pour premier réflexe, quand je regarde une ville depuis un fleuve ou la mer, de me demander 'Quel serait le meilleur moyen pour attaquer cette place ?' C'est pour moi un exercice mental. En outre, les capitaines des vaisseaux vénézuéliens me tiennent continuellement informé. Je sais exactement ce qu'il faut faire devant

Angostura. Une heure de feu nourri par de bons artilleurs de la *Navy* aurait raison des quartiers militaires et des maigres fortifications dont ils disposent. Dès lors, nous pourrions nous déplacer à notre gré en amont ou en aval, et vous couvrir. Nous pourrions tenir la ville longtemps. Vous n'auriez qu'à débarquer et proclamer votre république. Si ça marche, vous restez. Sinon, en cinq jours vous êtes de retour ici."

« Je sais que c'est un acte de piraterie qu'il me propose là. C'est l'idée qu'il se fait de moi et de ma cause. C'est l'idée qu'ont répandue les Vénézuéliens, et c'est exactement conforme aux propos que tenaient au début certains des hommes du *Leander*. Et moi, bien entendu, je me trouverais complètement en son pouvoir. Il pourrait me retirer l'appui de ses forces, il pourrait me livrer aux Espagnols, il pourrait faire n'importe quoi. Mais quel affront ! Quel affront !

« Deux jours plus tard. Rien ne s'est dit entre-temps. Soudain :

« — Avez-vous réfléchi ?

« — Angostura est mieux fortifiée que vous ne le croyez. Une force d'attaque qui approcherait en remontant le fleuve serait très vulnérable.

« — Votre réponse est donc négative ?

« — Malheureusement.

« Il était saisi de rage, glacial :

« — Le "commandeur", de mon domaine, ici, se plaint de vous. Vous en avez pris trop à votre aise avec les mules et les nègres. Au grand préjudice du domaine. Le "commandeur" dit qu'il n'est plus en mesure d'assurer convenablement son travail.

« — C'est vous qui m'avez offert d'en disposer. Je me suis occupé de transférer dans un entrepôt des choses qui étaient à bord du *Leander*. Vous le savez.

« — J'ai donné mon autorisation pour une journée. Pas pour toute une semaine. Je crois qu'il est grand temps que vous partiez d'ici. A la vérité, j'ai préparé une lettre à l'amiral Cochrane pour l'avertir que votre résidence prolongée en ce lieu est en train de compromettre mes rapports avec les Espagnols et d'autres. En ces circonstances, vous comprendrez que je me vois obligé de décliner votre offre du *Leander*. Je crois qu'il faut que vous partiez dès que possible.

« J'ai décampé le lendemain matin. J'étais soulagé de quitter cette maison. Mais j'avais des regrets pour le *Leander*. Il m'avait encouragé à croire que l'affaire était pratiquement conclue.

« Je suis allé à l'hôtel McKay. Il est à côté de la caserne, où j'avais entraîné mes troupes pendant quatre semaines environ. Au rez-de-chaussée, il y a une taverne avec une table de billard pour les commis des négociants. A l'étage, quatre ou cinq chambres qui donnent sur le terrain de manœuvres.

« McKay est venu ici juste après la conquête britannique. Il avait entendu dire que l'île était déserte et qu'on distribuait la terre gratuitement. A son arrivée, il s'est aperçu qu'en effet, on distribuait gratuitement la terre, mais seulement par vastes superficies et à des gens qui étaient en mesure d'amener un "atelier" de nègres en nombre suffisant. Il a demandé un jour au magistrat principal, en manière de plaisanterie : "Imaginons que j'entreprenne de défricher cinq arpents de forêt pour mon propre compte, qu'arrivera-t-il ? "La geôle de Vallot, lui a répondu le magistrat sur le même ton, et le châtiment des nègres, trente-neuf coups de fouet." Vallot était celui qui tenait la prison, à l'époque, un Français de la Martinique, qui incarnait la terreur aux yeux des nègres. C'est une histoire de tavernier, à la manière dont la raconte à présent McKay, et naturellement il ne s'en sort pas mal grâce à la table de billard et aux chambres d'usage douteux à l'étage ; il a quelques nègres à lui. A propos du billard : d'après McKay, toute table paie une taxe, et l'argent va directement à Hislop, cela est censé faire partie de ses appointements officiels de gouverneur.

« Je te raconte cette histoire de McKay, Sally. Ce que je ne te raconterai pas, c'est mon état d'esprit. Le fait est que je ne sais plus comment agir sur aucun point — pas même en ce qui concerne les hommes du *Leander* — et je ne vois pas ce que je pourrais faire. Il ne me reste qu'à attendre de recevoir des nouvelles de Rouvray à Londres. Cela prendra au moins trois mois. Je sais attendre. C'est la seule chose que j'ai apprise au long de ces dernières vingt années. Ce que j'ignore, c'est comment cela va se passer pour moi, ici. Je me trouve parmi des gens qui ne savent pas trop qui je suis. Ils ont leurs idées à eux. Là où va la déférence d'un Hislop ou d'un Cochrane, ils sont assez disposés à abonder dans le même sens, mais si cette déférence vient à faire défaut, ils ne savent plus quelle valeur m'attribuer. Je ne ressemble à aucun de ceux qu'ils connaissent.

« C'est étrange, mais jamais je ne me suis trouvé dans une telle situation. A Caracas, j'étais fils d'un homme riche et important. Tout enfant, j'avais déjà un renom. J'ai grandi en me sentant célèbre. Plus tard, en Espagne, j'étais un colonial prodigue, puis je suis devenu capitaine au régiment de la Princesse. Sans doute ai-je un peu pataugé lorsque j'ai quitté l'armée espagnole pour aller aux États-Unis. Il me fallait trouver mon chemin, et j'étais sans cesse obligé d'improviser. Mais à la fin de mon séjour là-bas, je m'étais façonné une personnalité que reconnaissaient les gens bien placés. En Angleterre, en France, en Russie, je me suis fait connaître par la cause politique à laquelle je me consacrais. C'est une cause très spéciale. J'ai toujours été quelqu'un. Tandis qu'ici, si près de chez moi, je ne lis dans le regard des gens aucun signe qu'ils me reconnaissent, et j'ai l'impression de perdre des morceaux de moi-même.

« Et voilà qu'après tous ces tourments, Sally, je n'ai pas été obligé de séjourner à l'hôtel. J'ai été sauvé. Les gens de McKay étaient en train de monter mes malles lorsque Bernard est arrivé. Il a escaladé en courant, chaussé de ses lourdes bottes, les marches de bois brut de l'escalier. Vêtu de sa tenue de travail de planteur, il avait une allure toute différente de ce jour où je l'avais vu pour la dernière fois, sous la galerie, à la résidence officielle. Il arborait alors ses habits londoniens.

« Bernard m'a dit qu'il venait d'apprendre le comportement de Briarly, et qu'il venait me chercher pour m'emmener dans son habitation, à la plantation. Il fallait redescendre mes malles, il s'est chargé de donner les ordres. Il parlait avec beaucoup d'autorité. Nous allions partir tout de suite. Je serais confortablement installé dans son habitation. On s'occuperait de moi. Je n'avais pas à me tourmenter au sujet de Briarly. Je n'avais rien perdu dans l'escarmouche. Personne ne portait dans son cœur Briarly, ni la bande de voyous de ses *midshipmen*. Le plus étonnant, c'était que j'eusse résisté si longtemps chez cet homme.

« Il était venu dans sa calèche, aux armoiries des Gourville. Aujourd'hui, je n'avais plus envie d'en remarquer le mauvais état, plus envie d'observer les espadrilles du cocher. J'appréciais la classe. Je m'étais senti tellement déchu — pendant une bonne partie du temps que j'avais passé chez Briarly, je m'en rendais compte à présent — que le respect que j'ai lu dans les yeux de McKay et même des jeunes joueurs de billard du rez-de-chaussée, ces commis souffreteux, m'a fait l'effet d'un baume.

« Le domaine de Bernard était dans l'une des vallées au nord de la ville. Il nous fallait donc traverser celle-ci, de part en part. C'était comme une démonstration publique de ma valeur, dans les rues où les Américains du *Leander* continuaient de se livrer au désordre, et où les Espagnols et les

Vénézuéliens pensaient encore parfois à me siffler. Et je savais que d'autres gens aussi (quoi qu'en dise Bernard) avaient commencé à se poser des questions sur mon compte.

« C'était un geste de pure amitié de la part de Bernard. Il n'y a plus rien que je puisse faire pour lui. Je n'aurais jamais attendu de sa part une telle amitié, et je me suis dit que mon instinct avait eu raison de me retenir de le rudoyer quand il était venu me voir à la résidence officielle. Il m'était apparu légèrement pathétique : Il avait apporté tant de soin à sa toilette ! Il m'avait alors inspiré un élan du cœur. Ce genre de sentiment est souvent réciproque et, tandis que nous roulions, il m'est venu à l'esprit que simultanément, six mois plus tôt, alors que je jouissais ici d'une position incontestée, que j'avais mon quartier général à la résidence officielle (peu éloignée de là où nous passions en calèche à cet instant) et que mon autorité outrepassait celle de Hislop, Bernard m'avait peut-être lui aussi trouvé pathétique.

« Sortis de la ville, nous nous sommes engagés sur la route de la vallée, étroite et sinueuse. Au bout d'un *mile* environ, nous avons commencé à traverser un nouveau domaine. C'était celui de Bernard, ou peut-être des Gourville. Le cacao et le café étaient cultivés côte à côte, sous l'ombrage de jeunes arbres, pas plus de quinze ans sans doute, *samaans* et *immortelles*, en pleine floraison, qui s'élevaient au-dessus des cacaoyers. Les fleurs jaune et rouge des *immortelles*, tombées à terre, ressemblaient à des touches de peinture de couleur vive. Les lourdes cabosses de cacao, de toutes les teintes du vert au jaune, du rouge au violet, poussaient à même les jeunes troncs et branchages noirs, accrochés à une tige épaisse et courte.

« J'ai retrouvé la même senteur de terre humide et de feuilles mortes que dans les cacaoyères des vallées au nord de Caracas. Mais sans l'arôme de vanille. Au lieu de cela, une odeur âcre de fruits en fermentation, qui s'est accentuée à mesure que nous approchions de la demeure : une odeur comparable à celle de barriques ou de cuves de vin en voie de maturation.

« Bernard était tellement habitué à cette odeur, m'a-t-il dit, qu'il la remarquait à peine. Ce que je sentais, pensait-il, c'était la fève tonka, un fruit acide, charnu, employé pour rehausser le parfum du cacao et lui donner du corps. Puis il a rectifié : non, il savait à présent ce que je sentais ; on avait mis à "suer" les fèves de cacao dans le hangar. Il m'a conduit au hangar à cacao pour me montrer. Les fèves de cacao sont logées dans une pulpe à l'intérieur de la cabosse. Quand on ouvre la cabosse, il faut faire suer ou fermenter les fèves et la pulpe pendant une semaine environ, jusqu'à ce que la pulpe pourrisse. C'est la fermentation qui donne son goût à la fève ; et c'est pour cette raison qu'on attribue parfois au chocolat un léger effet narcotique. Dans mon enfance, j'entendais dire que certaines populations de l'intérieur de la brousse buvaient leur cacao froid et amer.

« — J'ai toujours cru que je connaissais tout de la fève de cacao, ai-je observé. Et je suis sûr que c'était vrai, autrefois. Je savais qu'on lui faisait subir toute une série d'opérations, comme pour nombre d'aliments anciens. Mais j'avais oublié le processus de fermentation. Quand j'ai quitté La Guaira en 1771, mon père m'a muni de huit *fanegas* de fèves de cacao.

« — Cela fait une grande quantité de fèves, a dit Bernard. Dans une cabosse de cacao, il y a surtout de la pulpe.

« — Les fèves représentaient une forme complémentaire de monnaie, dans le cas où tout le reste me ferait défaut. Cela ne m'avait posé aucun problème. Des charrettes avaient transporté le cacao depuis l'entrepôt de mon père jusqu'à La Guaira. Les hommes d'équipage l'avaient mis dans la cale du *Prins Frederik*, et Anino, notre agent, l'avait pris en charge à Cadix et m'avait envoyé l'argent quelque temps après. En réalité, je ne crois pas avoir ni vu ni humé une seule de ces fèves.

« A quelque distance du hangar à cacao, j'ai vu une scène étrange. Une douzaine de femmes ou de jeunes filles se déplaçaient très lentement, et en silence, en pliant à peine les genoux, sur quatre plates-formes surélevées. Il y avait trois femmes par plate-forme. Sur le côté de chacune se trouvait un toit de bardeaux en pente, qui semblait en être tombé. Les fèves de cacao, après fermentation complète, sont mises à sécher sur ces plates-formes. Il leur faut plusieurs jours. Au moindre signe de pluie, on hisse les "toits tombés" au-dessus des plates-formes ; les fèves pourriraient si elles étaient mouillées. De temps à autre, il faut les retourner. C'était à cette occupation que se livraient les douze jeunes femmes. Elles étaient en train de "danser" le cacao, avec des mouvements lents, les orteils qui appuyaient sur le tas de fèves. "Danser" — c'est le terme qu'on emploie ici, m'a dit Bernard. A la fin de la danse, au bout de quelques jours, les fèves séchées seraient légèrement luisantes. Les femmes ne se déplaçaient pas toutes dans la même direction, et leur lenteur, leurs différentes postures sur les plates-formes surélevées, leur concentration apparente à chacune suggéraient en effet une danse étrange, mesurée.

« L'une des jeunes filles boîtait. J'ai interrogé Bernard à son sujet.

« — Marie Bonavita, m'a-t-il dit. C'était l'une de leurs reines quand ils préparaient la rébellion, l'an dernier. La nuit, elle était reine. Elle prenait l'une des mules de la plantation et la montait pour se rendre à leur lieu d'assemblée. Une fois arrivée là-bas, on ne lui permettait pas de marcher. On la portait partout. Ses courtisans arboraient des sabres de bois peints en bleu et jaune. Son roi était Samson, un charretier de la plantation de Luzette. Il avait son propre uniforme, à revers bleus. Une fois, elle a fait cuire une grosse miche de pain ici, dans notre four, et elle en a donné un morceau à chacun des membres de sa suite. Chacun l'a payé six sous. Les gens ont été très choqués quand ils ont entendu parler de cette parodie de communion.

« — Marie Bonavita. Marie de la Bonne Vie, Marie la Pure.

« — Elle a été nommée ainsi par ma femme, qui l'a toujours choyée. Lorsqu'ils auraient tué tout le monde, elle allait être l'une des reines des nègres. C'est ce qu'a révélé l'investigation. Nombre de ces filles étaient dans le coup. La plupart en ont été quittes pour une bonne correction. Vingt-cinq coups de fouet. Marie Bonavita en a reçu un peu plus, et elle est obligée de porter à la cheville droite cet anneau de fer de dix livres. Le forgeron l'a fabriqué exprès pour elle. Elle est rentrée dans le droit chemin, à présent. Elle n'est pas dangereuse. Elle s'est calmée. Elle s'enquiert toujours de ma femme.

« — Pendant combien de temps lui faudra-t-il porter cet anneau ?

"— Toute la vie." »

« Mon toujours cher Général, Vos reproches reçu avec gratitude, vos bonnes paroles sur l'amitié m'ont été droit au cœur. M. Turnbull est consterné de vos nouvelles, après de si grands espoirs et il ait venu ici s'asseoir dans la Petite Bibliothèque pour passer une demi-heure tranquille a-t-il dit et penser à son cher vieil Ami au loin. Il a exprimé son Chagrin et son Regret pour les propos désagréable qu'il avait tenu en ma Présence. Il m'a dit qu'entre-temps il avait étudié l'affaire et qu'il y avait seulement trois Comptes de libraires non réglés Dulau, White, Evans, et il les a averti que s'ils se montraient trop exigeants envers le Général M leurs marchandises leur seraient retourné sans Remerciements. Il a dit que tout Espoir n'était pas perdu, toutes les Villes productives d'Angleterre étaient disposées à envoyé des approvisionnements à mon cher G. pour une nouvelle tentative. Mais cette fois avec une troupe adéquate d'hommes surs. Il faut donc que mon Gén. aie patience.

« Aussi bien M. Turnbull que le Colonel Rutherfurd suivent de près la politique des nouveaux ministres ici. Mon Gén. peut s'imaginé les allées et venues, et d'après M. Rutherfurd le fait d'être sur place comme l'est mon cher Monsieur et tout près à l'action c'est plus de moitié de la bataille. M. Turnbull envoye par un messager le premier de chaque mois cinquante livres de l'argent que vous lui avez confié je n'ai jamais besoin de demander. C'était Mélancolique mon cher Monsieur le vieil homme aux cheveux gris fâché contre le Gén. quand tout allait bien et qui maintenant se désole de l'infortune advenue à mon cher Monsieur. Le Colonel Rutherfurd est venu avec le Colonel Williamson en chaise de poste, grande sensation dans Grafton Street, Leander a cru que c'était son Père qui rentrait à la maison car il en rêve continuellement et il été fou de Joie. Il ne quittait pas des yeux le Colonel Williamson et le colonel a dit qu'il était ému de retrouver la figure et le comportement de mon Gén. dans chaque geste des garçons. Mes fils m'apporte une grande Conciliation en l'absence de mon cher Monsieur qui doit apprendre à trouver Patience comme nous le faisons ici. »

« Après tant de semaines, Bernard se montre toujours amical et protecteur. Sa plantation est comme un territoire privé, les gens du *Leander* et les autres sont obligés de se tenir à distance. Ici, personne ne me siffle. Je suis sans nouvelles de Rouvray à Londres. J'ignore quel tour a pris là-bas la nouvelle politique. Je suis disposé à attendre. C'est un art que j'ai appris, mais j'ai moins à faire ici qu'en aucune autre phase de ma vie, et il est dur de rester oisif au milieu de toute l'activité de la plantation. Bernard est sur ses pieds du matin à la nuit tombée.

« L'épouse de Bernard dîne parfois avec nous. Elle souffre d'une maladie des os, Bernard n'a pas dit de quoi il s'agit, peut-être que personne ne le sait. Elle bouge avec difficulté, et c'est une épreuve pour elle de s'asseoir en compagnie d'un inconnu et de faire la conversation. Elle a un joli visage de jeune femme sur un corps âgé et lourd. Bernard est tout à sa dévotion. Ils n'ont pas d'enfant. Il adore la servir et s'occuper d'elle. Il aime tout d'elle — son nom, sa plantation, sa fragilité, son français désuet. Quand j'avais fait la connaissance de Bernard, à Paris, c'était un boute-feu. C'est pourquoi je l'avais jugé bon pour mon dessein. Jamais je ne me le serais imaginé comme un tendre. La tendresse que j'ai vue en lui doit avoir été éveillée par cette dame.

« Je n'ai vu dans l'habitation aucun membre de la famille de la dame. Ni des personnes comme le baron de Montalembert. Ce qu'on raconte ici, c'est que ces gens titrés ont tourné la tête à Bernard et qu'à l'époque du mariage, il n'a pas exigé tout ce qu'il aurait pu obtenir. Il paraît que chez les Gourville, il est une sorte de subalterne, à peine plus que l'intendant de la plantation de son épouse. Cela rend mal compte de la position qu'il occupe, mais il y a pourtant du vrai dans cette histoire.

« Les gens qui m'en parlent sont ceux à qui m'a présenté Bernard. Sans doute les prend-il pour ses amis. Je ne crois pas qu'ils perçoivent l'effet qu'ils me font lorsqu'ils me racontent ces choses. Je ne peux me le dissimuler, et je voudrais bien que l'idée ne m'en soit pas venue, mais de par mon association avec Bernard je me trouve relégué au deuxième rang des gens d'ici. Cette appréciation n'est pas seulement la mienne. C'est leur façon à eux de se percevoir. Ils se situent d'instinct au deuxième rang. De leur point de vue, Hislop, Cochrane et même Briarly sont détenteurs d'autorité, des hommes haut placés, hors d'atteinte. Ils colportent des histoires à donner la chair de poule au sujet de Briarly et Cochrane, d'absurdes ragots sur la gloutonnerie de Hislop, et croient se montrer d'une grande franchise et pleins d'esprit critique. Mais, en réalité, ils ne mettent jamais en question l'autorité de ces hommes.

« Ceux à qui ils essayent de nuire sont des gens comme eux. Dès qu'ils vous tiennent en tête à tête — et vous venez de faire leur connaissance — ils se mettent à vous dire des horreurs sur leurs amis. L'accueil qu'ils me font me met donc mal à l'aise, à présent. Ils sont si chaleureux quand on vous les présente ! Et puis on a vite fait d'en découvrir le revers. Lorsqu'ils m'offrent leur amitié, j'ai l'impression que c'est pour eux non seulement un moyen de m'annexer, mais aussi de m'attirer plus bas, et quand ils semblent sympathiser avec mes infortunes, ils s'expriment comme de bonnes gens bien convenables qui n'ont jamais cherché à s'élever au-dessus d'eux-mêmes.

« Je sens qu'ils vont bientôt commencer à raconter des histoires sur mon propre compte. Parfois, quand je suis avec eux, j'ai du mal à me rappeler qu'à mon arrivée ici, quand je logeais à la résidence officielle, je considérais Hislop comme un petit administrateur local.

« J'ai été hors d'atteinte, en virée dans la campagne, mais à mon retour je ne trouve toujours pas de nouvelles de Londres. C'était une tournée de visites de plantations appartenant à des Anglais, en compagnie du colonel Downie, de Miss McLurie et de quelques autres. Cela m'a fait du bien de m'éloigner un peu. C'était une idée de Downie — il caresse l'espoir de servir dans mon armée quand le moment viendra, et l'intérêt qu'il manifeste me donne l'impression que la situation à Londres n'est peut-être pas aussi désespérée qu'il m'arrive de le penser. Les Anglais sont ici des immigrés de très fraîche date, et plusieurs des nouveaux domaines où nous sommes allés étaient encore presque à l'état brut. Un dimanche après-midi, dans une plantation, tout l'"atelier" était rassemblé devant la maison, en vêtements propres de lin écru, pour chanter des cantiques en anglais. Naturellement, je n'ai pu manifester aucun intérêt, ce qui n'a pas plu.

« A bord du *Leander*, en venant des États-Unis vers le sud, je m'appliquais à ne pas me montrer trop souvent aux hommes, pour la discipline. Sur cette petite île, on voit sans cesse les mêmes gens. C'est comme d'être sur un bateau, et à mi-chemin de notre tournée je me suis mis à penser que je me montrais ici trop souvent, que l'on commençait à me connaître un peu trop. J'ai senti que ma réputation se dégradait, et que les gens me critiquaient déjà, comme ils critiquent leurs amis.

« Au terme du voyage, lors d'un dîner chez Miss McLurie, le colonel Downie m'a offert le journal de bord qu'il avait tenu au long de notre parcours. Le geste m'a touché — si grande était la mélancolie qui m'avait gagné vers la fin de la tournée, sans que je puisse jamais manifester quoi que ce soit — mais, sitôt que j'ai ouvert le livre grossièrement relié, j'ai constaté que ce journal était l'œuvre d'un homme ignare. J'ai vu que j'avais été leurré par les bonnes manières et l'élocution de Downie, ayant ici trop peu de Britannique de qualité à qui le comparer.

« J'ai levé les yeux. Miss McLurie (vêtue de sa fameuse "transparence", qui montrait parfaitement ses seins) attendait l'occasion de croiser mon regard. "Vous savez, bien sûr, qu'il n'est pas colonel", m'a-t-elle dit. Je l'ignorais ; je m'étais attaché à lui parce qu'il faisait luire de nouveau mes propres espoirs. J'avais cru depuis le début que Miss McLurie et lui étaient amis intimes. Et elle m'a parlé ainsi alors qu'il était encore présent parmi les convives, à l'autre bout de la table.

« Je l'ai interrogé par la suite. Miss McLurie avait dit vrai : il n'était pas colonel. Il s'était attribué ce grade après sa venue dans les îles ; il avait des ambitions militaires et cherchait une ouverture quelque part. Je lui ai fait observer qu'il m'avait induit en erreur, et que cela aurait pu avoir de fâcheuses conséquences. J'avais assez souffert à cause des hommes du *Leander*, qui s'étaient figuré que l'enrôlement dans mes troupes n'impliquait pas autre chose que leurs rations et le pillage. Mon aventure connaîtrait sûrement des passages plus que difficiles. Après mes revers récents, il me fallait des hommes dotés non seulement d'expérience militaire, mais d'une chance avérée dans leur passé : il aurait dû le savoir.

« La tête basse, il m'exprima sa contrition. Mais il ne pensait pas avoir fait pire que d'autres personnes que je fréquentais, et personne ne les critiquait. On savait bien, par exemple, qu'Archibald Gloster, le procureur général de l'île — un autre que je rencontre sans cesse sous divers toits — n'était pas un homme de loi. Il avait simplement acheté une licence d'avoué au secrétaire du Conseil, à l'époque de Picton, le premier gouverneur britannique.

« Bernard me confirma plus tard cette information au sujet de Gloster. Cela n'avait rien d'un secret que le procureur général n'était pas un homme de loi. Et il y avait plus, me dit Bernard. Une histoire découverte durant l'investigation concernant la révolte d'esclaves qui avait failli se produire.

« Gloster avait un serviteur personnel, un nommé Scipion. On donne souvent ici à ses nègres les noms antiques les plus connus — Hercule, Hector, Cupidon, César, Pompée, Agrippa, Caton, Scipion. La nuit — c'était au cours des mois de préparatifs de la rébellion —, le Scipion de Gloster s'éclipsait de son logis au fond de la cour de la maison de Gloster en ville, pour se rendre à cinq ou six *miles* de là, dans le village de Carénage, en bordure de mer. Le nègre qu'ils appelaient le roi Édouard tenait sa cour à Carénage, et l'allégeance nocturne de Scipion l'attachait au "convoi" ou régiment du roi Édouard. Les courtisans d'Édouard portaient des sabres de bois peints en blanc et vert.

« Lorsque Scipion avait rallié le régiment, le roi Édouard lui avait fait présent d'un sabre et d'un titre : Sire Saint Jean. Tous ceux qui entraient dans un régiment recevaient un titre qu'ils devaient porter la nuit. Non, avait protesté Scipion, il ne voulait pas être Sire Saint Jean. Cela ne signifiait rien. Il voulait être procureur général, comme son maître. Mais Édouard avait dit que ce titre ne convenait pas à un courtisan de son régiment. Pour finir, ils décidèrent que Scipion serait clerc et secrétaire — l'emploi qu'exerce à présent Bernard dans la réalité —

et la nuit, à Carénage, tandis que les dauphins, dauphines, princes et princesses du roi Édouard buvaient du rhum blanc, chantaient, dansaient et consommaient des mets préparés pour la fête dans les diverses cuisines des plantations durant la journée, Scipion s'installait à la lumière d'un flambeau pour tourner les pages de l'un des ouvrages de lois de Gloster, puis feignait d'écrire pendant une dizaine ou une quinzaine de minutes. Néanmoins, en tant que secrétaire, il exerçait une fonction assez grave : il devint l'un des organisateurs de la rébellion. Il fut l'un de ceux qui reçurent cent coups de fouet et eurent les oreilles coupées.

« Après m'avoir conté cette histoire, Bernard ajouta : "Il y a quelqu'un là dehors qui m'étudie en ce moment. Et vous aussi, il y a quelqu'un qui vous étudie, j'en ai la certitude. A une époque, je pensais que c'était inoffensif. Mais, après ce qui a failli nous arriver à tous, ces moqueries font un effet sinistre."

« Ainsi, le monde rétrécit autour de moi tandis que se poursuit mon attente, Sally. Je n'ai plus envie de sortir. Il y a bien peu à trouver dans les sorties. J'ai déjà entendu tout ce que ces gens ont à dire. A mesure que le monde qui m'entoure se fait plus petit, j'ai l'impression de m'étioler avec lui. J'espère ne pas avoir encore à attendre trop longtemps, et j'espère que l'attente se trouvera justifiée. Je ne parviens pas à me cramponner à de grandes idées dans cet environnement. A présent, mon instinct, ma passion me poussent à partir, tout comme à Caracas en 1770, voici trente-sept ans. On dirait qu'après toute une vie, j'ai accompli un voyage en boucle qui m'a ramené à mon point de départ — quoique je ne me souvienne pas que Caracas ait été d'une petitesse comparable à celle d'ici. Ce n'est pas la faute des gens. Les négociants ne fréquentent que leurs pareils dans la toute petite ville, et les hommes comme Bernard sont ligotés à leur plantation. Mais c'est lui, maintenant, en revenant en calèche de ses séances du Conseil, qui nous ramène des nouvelles du vaste monde, à sa femme et à moi.

« A un bout de la galerie sur le devant de la maison se trouve une véranda en saillie, abritée de jalousies sur trois côtés. Par les journées de forte chaleur, la femme de Bernard se déplace de sa chambre pour venir y chercher un peu d'air, et elle fait asseoir une jeune fille auprès d'elle. Tout en lisant et en écrivant sous la galerie — décorée sur toute la longueur du mur intérieur d'un motif simple, aux teintes vives, de fleurs et de rubans en volutes, probablement l'œuvre du pâtissier qui a exécuté les armoiries sur la portière de la calèche —, j'entends parfois la femme de Bernard parler à celle qui lui tient compagnie.

« Je perçois des intonations plutôt que des mots, les intonations d'une personne allongée sur le dos. En fait, elle s'efforce de trouver le sommeil en se berçant de ses propres paroles, et sa compagne prononce quelques mots à intervalles réguliers pour montrer qu'elle est toujours là. Ses mots à elle sont distincts, car elle est assise, et ces jeunes filles — elles sont plusieurs alternativement — se montrent étonnamment affectueuses. Elles ne disent pas toujours "madame". C'est parfois "mamselle", "mama", "doudou", "ma mie", "mon enfant", "ma petite". C'est assez étrange et apaisant, et lorsqu'il fait très chaud, dans l'odeur de barrique de vin des fèves de cacao mises à suer, je me laisse aller à écouter le rythme des paroles en regardant les cassiques huppés à la longue queue tresser la poche étirée de leurs nids en forme de chaussettes, dans le branchage des *samaans* ou des *immortelles*. La jeune fille s'endort souvent avant sa maîtresse.

« C'est pratiquement la seule société dont dispose l'épouse de Bernard, me suis-je dit un jour.

« Chaque soir, avant la tombée de la nuit, vers six heures ou juste avant, Bernard va fermer les écuries des mules. Il ne veut pas que les nègres les enfourchent pour partir vagabonder, comme ils le faisaient avant. Et malgré cette précaution il a souvent l'impression que, dehors, tout n'est pas dans l'ordre. Ce n'est qu'une impression, mais cela finit par le pousser à ressortir pour jeter un coup d'œil aux écuries et aux logis des nègres. "Ils sont si nombreux, m'a-t-il dit plus d'une fois, et nous, nous ne sommes que deux."

« Le matin, il se lève de très bonne heure, pour contrôler la cour de l'habitation, les logis des nègres, les magasins et la cuisine, et pour ouvrir les écuries. Après le thé du matin — à l'habitation, on prend trois repas : le thé, le petit déjeuner et le dîner — il lui faut répartir le travail dans les hangars à cacao et les cacaoyères, et après le petit déjeuner il va vérifier où en sont ces travaux ; il est souvent obligé de montrer la manière de faire chaque chose, car certains de ceux qui, hier, se sont très convenablement acquittés d'une tâche vont déclarer aujourd'hui qu'ils ont oublié comment on s'y prend. Les Africains qui sont arrivés récemment, les "nègres nouveaux", comme on les appelle ici, posent en particulier ce genre de problèmes. Ils se figurent que s'ils exécutent mal leur travail suffisamment souvent, ils n'auront plus à l'accomplir, et pourront peut-être même se faire renvoyer chez eux.

« Bernard se trouve donc aussi ligoté à sa plantation que n'importe quel esclave. S'il n'avait pas son poste de secrétaire au Conseil, il serait tout à fait emmuré ici.

« Après les troubles récents, il ne peut rien considérer comme acquis. Chaque matin, quand il fait sa ronde, il espère ne pas trouver un cadavre, empoisonnement ou suicide. Depuis que je séjourne ici, plusieurs nègres ont été empoisonnés ou se sont suicidés dans des plantations voisines. Un certain nombre de suicides se sont produits au domaine de la Chancellerie, une autre plantation qui appartient à une femme, Rose de Gannes de la Chancellerie, marquise de Chaurras. Pour se donner la mort, ils mangent de la terre durant des jours d'affilée. Ce sont plutôt les nègres nouveaux que les créoles qui ont cette pratique, et leurs suicides arrivent par séries. Ils s'encouragent les uns les autres.

« Lorsqu'il se produit ce genre d'incident, ou que la nouvelle en parvient à Bernard, je le lis sur son visage. Il n'aime pas en parler. Il préférerait le cacher à sa femme, mais il sait qu'elle l'apprendra de la bouche de ses jeunes esclaves lorsqu'elles viendront lui tenir compagnie à l'ombre des jalousies dans la véranda. Peut-être même s'est-il passé quelque chose ici au cours de ces derniers mois. Dans ce cas, Bernard ne voudrait pas que je le sache. Quand j'entends causer les femmes entre elles, je ne perçois que "mama" ou "madame", ou ce genre de petits noms, et le rythme de leur patois. Peut-être, sans le savoir, les ai-je entendues commenter un décès dans l'un des petits logis.

« Je n'ai pas mémoire qu'il en ait été ainsi au Venezuela. Était-ce parce que je vivais en ville ? Quand je rendais visite à des amis dans leur plantation ou leur domaine, la vie paraissait détendue dans ces endroits. Il me semblait aller de soi qu'ils suivaient leurs règles et leurs coutumes à eux ; tout établissement avait ses propres règles. Ce souvenir ne date pas d'hier, il est vrai, et peut-être à présent percevrais-je différemment certaines choses.

« Il y a vingt ans, lorsque j'étais en Russie, je suis allé passer une heure dans des bains publics. C'était à Moscou, en 1787, au début de l'été. Un Russe dont j'avais fait la connaissance m'avait dit que je devrais essayer. C'était l'une des choses à découvrir pour un visiteur. Sur place, j'ai constaté que, du secteur réservé aux hommes, on pouvait voir les femmes. Elles étaient complètement nues et l'on distinguait sur leur corps les marques de lacérations et de coups de fouet. Le gardien m'autorisa à me promener au milieu d'elles. Personne ne me prêta attention. Ma présence ne les dérangeait pas. Je ne pouvais pas ne pas réagir intérieurement à cette indifférence et aux meurtrissures sur les corps. Je ne crois pas que mon ami russe en avait la même perception. Je n'ai rien dit, et me suis laissé aller très vite à oublier ce que j'avais vu.

« Nul ne peut jamais déchiffrer les regards, affirme Bernard. Il n'y a pas moyen de savoir qui a commencé à manger de la terre ou qui a mis de côté une réserve de poison. Voici quelques années, dans la plantation de Dominique Dert, à la lisière occidentale de la ville, l'empoisonneur n'était autre que le "commandeur" en personne. Il avait conçu pour son maître un attachement exclusif. D'après Bernard, cela arrive souvent chez les serviteurs de confiance d'un domaine. Dès qu'il trouvait qu'un de ses pareils nouait des liens trop étroits avec Dert, le "commandeur", l'empoisonnait. Quand il fut découvert, il rassembla l'"atelier" — comme s'il était encore "commandeur", — et il fit, paraît-il, un vrai discours devant tous les esclaves réunis. Il s'abandonna à son exaltation. A leur insu, leur dit-il, depuis des mois il était en mesure de tous les empoisonner. Puis il s'adressa directement à Dert. "J'aurais pu n'importe quand vous empoisonner tous vos nègres. En une nuit, j'aurais pu vous ruiner." Ce discours représentait le grand moment de sa vie. On aurait dit qu'il n'avait vécu que dans cette attente. Le maître, l'"atelier", la plantation, c'était tout son univers. Rien n'existait en dehors. Quelques jours plus tard, il s'administra une dose de son propre poison.

« Sur la plantation de St Hilaire Begorrat, dans l'une des vallées à l'ouest, c'était l'infirmière qui était l'empoisonneuse. Une affaire célèbre, m'a dit Bernard. L'un des premiers immigrés de la Martinique, Begorrat est un peu l'équivalent de ce que nous appelions jadis au Venezuela les marquis du cacao et du tabac. Sinon que Begorrat est largement plus cultivé qu'ils n'étaient.

« A l'époque des cent vingt empoisonnements chez Montalembert, il y en eut aussi quelques-uns chez Begorrat. Cela ne plut pas du tout au vieux marquis du cacao. Il y vit un manque de respect. Montalembert était un nouveau venu. Tandis que lui, Begorrat, était le planteur vétéran. C'était lui qui avait établi les bonnes règles du lieu, et même certaines des institutions. Tout le monde s'en référait à lui pour les questions des plantations.

« Il feignit une grande colère. Il fit aligner tout le personnel de son domaine, exhiba sous leurs yeux l'un des cadavres et déclara qu'il était déterminé à découvrir qui était l'auteur des empoisonnements. Le médecin de la plantation ouvrit les entrailles de ce corps, et Begorrat et lui se mirent à les inspecter très soigneusement.

« C'en était trop pour l'empoisonneuse, qui était l'infirmière. Elle se nommait Thisbé. Elle rompit les rangs et s'enfuit à travers les cacaoyères jusqu'à la plantation voisine où elle demanda l'asile. D'après Bernard, c'est ce qui se pratique dans certaines contrées d'Afrique : les gens d'un village peuvent trouver asile dans un autre village des environs. Elle fut restituée à son maître. Begorrat fit nouer des filins à ses pouces et la fit suspendre par là jusqu'à ce qu'elle livrât le nom d'une vingtaine d'empoisonneurs et de sorciers qui opéraient sur d'autres plantations.

« Qu'il y en eût tant parut effrayant. Le jour même, on se saisit de tous et on les conduisit en ville dans la prison de Vallot. On les tint à l'écart les uns des autres. Ils furent enchaînés ou mis au fers et certains furent soumis à la torture, enfermés dans les chambres d'étuve sous le toit. Quelques-uns portaient tant de chaînes qu'ils ne pouvaient bouger. Plusieurs de ceux qui étaient dans les chambres d'étuve perdirent vite la raison. On les nourrissait de bananes-plantains et d'eau et dans les trois semaines suivantes, ils furent interrogés sans relâche dans la prison par Begorrat et une commission de planteurs. Thisbé fut torturée à maintes reprises. Quand vint l'heure du procès, les planteurs se conformèrent aux formes espagnoles. Les prisonniers jugés être des empoisonneurs et des sorciers furent lourdement enchaînés et on les fit agenouiller pour entendre la sentence. Plusieurs furent pendus et décapités. On baptisa d'abord ceux qui étaient des nègres nouveaux ; aux yeux de l'Église, les Africains sont de petits enfants et peuvent recevoir le baptême sans catéchisme. Un homme fut brûlé vif. Thisbé fut pendue et décapitée. Son corps fut brûlé et l'on exposa sa tête, fichée au bout d'une pique, dans la plantation de Begorrat.

« Begorrat raconte l'histoire de Thisbé sur le ton d'un récit souvent répété. La pique en haut de laquelle on avait planté la tête de Thisbé est toujours là, face aux logis des nègres, presque à l'endroit exact où l'on avait disséqué le cadavre.

« "Il n'y a plus rien dessus, à présent, a-t-il ajouté en souriant. Mais ils ont constamment la pique sous les yeux et savent ce qu'ils voient. C'est magie contre magie. Je le dis souvent à Bernard. C'est le seul moyen. Ici, c'est ma magie contre la leur."

« Il m'a raconté cette histoire dans la petite grotte qu'il a aménagée au flanc de la colline, et son favori du moment — d'après Bernard, il en a plusieurs — se roulait par terre à force de rire chaque fois que Begorrat souriait. Il souriait souvent. Il souriait particulièrement lorsqu'il a évoqué le moment où ils avaient ouvert le corps et feint de l'examiner attentivement, comme les Romains lisaient dans les entrailles d'un animal sacrifié, et aussi lorsqu'il a dit que c'était sa magie contre la leur.

« Ses lèvres sont molles, mais sa parole est précise, mordante et spirituelle. Le vieux marquis est beaucoup plus cultivé que la plupart des personnes d'ici, et il le sait. Les gens qui en réfèrent à lui vous disent dans son dos qu'au moment où il a débarqué ici, venant de la Martinique il y a bien des années, il était ruiné. Tous les nègres qu'il avait amenés avec lui étaient hypothéqués à la Martinique ; par conséquent, le grand morceau de vallée que lui a alloué gratuitement l'administration espagnole, seize arpents par tête d'esclave — la terre qui est aujourd'hui son petit royaume — fut acquise frauduleusement. Je suis sûr qu'il connaît ces rumeurs. Je ne crois pas que cela le gêne le moins du monde. Il a le regard calculateur, pétillant de gaieté. Il a l'air d'un homme qui sait qu'il peut se permettre de rire.

« Ce n'est pas seulement la pique où était fichée la tête de Thisbé qui subsiste encore chez Begorrat. Vallot, le vieux geôlier, s'y trouve aussi. C'est lui qui a torturé Thisbé et beaucoup d'autres. Il voudrait aller aux États-Unis, en Louisiane. Il a des relations là-bas, dit-il, et il y trouverait du travail. Ici, il n'y a pas d'emploi pour un homme libre. Mais Hislop ne lui accorde pas de passeport. C'est aussi Vallot qui avait torturé l'homme libre de couleur lorsque Hislop venait à peine de prendre ici ses fonctions de gouverneur — ce mulâtre qui avait employé un philtre d'amour pour obtenir que la négresse couche avec lui, et avait réveillé la peur du poison et de la sorcellerie. C'est l'affaire qui n'a cessé de tourmenter Hislop depuis la condamnation de Picton, l'an dernier. Les hommes libres de couleur ont collecté des fonds pour prendre un avocat de Red Lion Square à Londres, et ils se battent pour obtenir justice. Si l'affaire éclate, Hislop a résolu de faire en sorte que la responsabilité pèse sur Vallot, en tant que fonctionnaire ayant outrepassé ses devoirs.

« Vallot est un Français de la Martinique, un homme d'âge mûr au visage terreux. Il est venu ici au temps des Espagnols et a tenu la prison pendant treize ans. Cela fait à présent quelques années qu'il est sans emploi. Les autochtones ont décidé de se débarrasser de lui au moment de l'arrestation de Picton. Il a épuisé ses économies et dépend de la charité de Begorrat. Nourri de rations d'esclave, il vit dans une case de nègre parmi les semblables de ceux qu'il fouettait et mutilait. On dirait qu'ils acceptent sa présence. Et lui, curieusement, il n'a aucun sentiment d'humiliation ni de danger. D'après Bernard, personne de chez Begorrat ne risque de l'empoisonner. Le poison est une arme qu'on emploie seulement pour atteindre le maître. Celui qui a toutes les chances d'être empoisonné, c'est le favori actuel de Begorrat, et tout le monde le sait.

« Vallot ne sait rien de moi — il ne sait pas grand-chose de quoi que ce soit d'extérieur à l'île. On lui avait dit que j'étais général, et il avait revêtu un habit tout à fait présentable (peut-être gagé jadis par un prisonnier, ou offert en guise de paiement) pour venir me raconter son histoire, et solliciter ma compassion et mon aide. Il m'a longuement parlé de la maladie de sa femme. Elle porte un nom ravissant : Rose-Banière. A l'en croire, elle servait de ses propres mains tous les prisonniers payants et leur préparait même du café le matin. Il dit qu'elle passait la journée à descendre et monter les trois étages. A présent, elle est vieille et malade, à peine capable de s'occuper d'elle-même et de la pièce unique de leur case.

« Et tout au long, le vieux Begorrat, en culotte de soie et souliers à boucles, au fond de cette fraîche vallée qui constitue son royaume, souriait de ses lèvres molles au récit des épreuves de Vallot, et son favori se tordait de rire par terre dans la grotte.

« De grandes révolutions se sont produites des deux côtés de l'Atlantique. Il se livre en Europe une guerre qui changera encore davantage la face du monde. De grands amiraux et généraux, des inventions nouvelles ne cessent de modifier la nature et l'échelle de la guerre. Même la récente invention de M. Shrapnel finira par faire partie de tout ce changement ; quand on l'aura adoptée, il faudra élaborer de nouvelles tactiques sur le champ de bataille. Mais ici, c'est comme si nous étions sur une autre planète, ou dans une autre ère. Ici, ils ont leurs héros, leurs histoires, leurs événements mythiques et leurs lieux à eux : les chambres d'étuve dans la prison de Vallot, la destitution de Picton, le dernier discours du "commandeur" à son "atelier", les empoisonnements chez Montalembert, la dissection du corps chez Begorrat, la fuite de Thisbé à travers les cacaoyères en quête d'un asile, sa tête au bout d'une pique. Ici, ils lient une catégorie différente d'événements au temps qui passe ; on croirait presque qu'à l'instar des nations indiennes du continent, ils ont un autre calendrier.

« Je m'étiole, Sally. Assis sous la galerie de la maison de Bernard, je regarde les longs nids de paille des cassiques huppés qui pendent aux branches des *samaans* et des *immortelles*, j'entends les femmes causer dans la pièce abritée de jalousies, je rédige des essais au sujet de la libération de l'Amérique du Sud, pour une publication future, et je vous écris cette lettre-journal.

« Hier, dans cette lettre, j'ai fait allusion à Shrapnel. Son nom m'est simplement venu à l'esprit en écrivant, l'un des cent noms londoniens que j'ai en tête. Vous devez vous en souvenir, il m'avait écrit voici quatre ans à Grafton Street pour me parler de son invention et me convier à une démonstration sur le terrain, quelque part. Il est étrange de me trouver où je suis et de songer au moment où je lisais la lettre de Shrapnel dans la bibliothèque, chez nous, et où je prenais des dispositions avec diverses personnes pour aller assister à sa démonstration. On dirait presque que cela n'est jamais vraiment arrivé, ou que c'est arrivé à quelqu'un d'autre. J'ai l'impression — tout comme Vallot — qu'il n'y a pas de place pour moi, ici. Je n'ai pas de fonction. Je perds le contact avec moi-même, et même avec mes ambitions.

« Il y a juste une semaine que j'ai fait la connaissance de Vallot. Aujourd'hui — le croiriez-vous ? —, à son retour de la séance du Conseil, Bernard m'a apporté la lettre d'un matelot suédois interné en ville dans la nouvelle prison. La vieille geôle a été démolie voici quatre ans sur décision du Conseil, afin d'empêcher quiconque de voir de ses yeux ce qu'étaient réellement les dispositifs de Vallot. Il faut beaucoup insister pour obtenir simplement qu'on vous montre où elle se dressait. Le Suédois est emprisonné pour désordre sur la voie publique — ce qui signifie ivresse. On estime ici que les matelots ivres — ou "déguisés" — nuisent à la discipline dans l'île. "Déguisé" est le mot local. Les *alguaciles* touchent une petite prime pour chaque matelot déguisé qu'ils ramassent, et ils y mettent beaucoup de zèle.

« Le Suédois dit que n'ayant pas de quoi payer sa pension en prison, il est au pain et à l'eau. Il fait appel à moi en tant qu'ami de la liberté pour venir à son secours. C'est relativement facile. Mais sa lettre me rappelle aussi le jour, voici trente-six ans, où je montai à bord de la frégate suédoise, le *Prins Frederik*, à La Guaira, et me sentis libre pour la première fois. Il m'avait fallu réunir tant d'autorisations et de certificats, de l'Église et autres, avant de pouvoir partir du Venezuela ! J'avais connu des mois de petits tracas et de contretemps, malgré les relations de mon père, et je n'eus pas l'impression de prendre le départ avant d'être réellement à bord du *Prins Frederik*. Il m'est aisé à présent de revivre ce moment : les collines, derrière la petite ville de La Guaira, ressemblaient à celles que je vois ici, et je peux prêter cette odeur de barrique de vin, toujours présente dans l'habitation de Bernard, aux huit *fanegas* de fèves de cacao dans la cale de la frégate.

« Et aujourd'hui, aujourd'hui, Sally, après tant de mois, je reçois des lettres de vous et d'autres qui me disent clairement ce que j'ai toujours éprouvé dans la moelle de mes os : que j'ai perdu mon temps ici. On me disait qu'être sur place, c'était la moitié de la bataille, et qu'il fallait me montrer patient. A présent vous m'écrivez, Rutherfurd m'écrit, Turnbull m'écrit, et quelques autres encore, que je devrais regagner Londres le plus tôt possible. La situation a changé, les idées ont évolué. On prépare une immense opération militaire sous les ordres d'un grand commandant, pour prendre le continent sud-américain avant que les Français ne s'en emparent. C'est l'idée même que j'ai soumise depuis des années aux ministres britanniques. Voici qu'elle est adoptée, et moi qui me trouve si loin ! Toutes les lettres vont dans le même sens (et elles datent déjà d'il y a deux mois) : si je ne suis pas à Londres au stade des préparatifs, il risque de ne pas y avoir de place pour moi dans ce qui sera finalement décidé.

« Je suis donc en passe de perdre le bénéfice de toute une vie d'efforts passionnés. Oh, Sally, je suis resté ici à m'étioler ; je me suis montré trop souvent à ces gens. A Londres aussi, je m'étiolais ; là-bas, je ne me montrais pas. On pourrait penser qu'un homme porte en lui sa personnalité, son âme. Mais ici — comme un prisonnier, j'imagine — j'en suis venu à me sentir à l'écart du monde et de moi-même. Cela peut me prendre du temps de redevenir ce que j'étais, et je risque de découvrir que j'ai changé.

« Aujourd'hui, Bernard, en tant que secrétaire du Conseil, a ramené des nouvelles de Hislop pour *Mister* Miranda. Hislop dit qu'il n'est pas disposé à lui donner un passeport. S'il le faisait, pense-t-il, il pourrait s'exposer à des critiques et peut-être à des poursuites légales à cause du différend de Mr Miranda avec les hommes du *Leander*, qui réclament leur solde, et le maître du *Trimmer*, qui veut être réglé pour la location de son sloop. Selon lui, il y a aussi une directive de lord Castlereagh, le secrétaire d'État aux Affaires étrangères, selon laquelle rien qui puisse constituer un soutien officiel britannique ne doit être accordé à Mr Miranda.

« "Ce sont les propos qu'il tient, m'a dit Bernard. C'est ce qui figurera sur le compte rendu de séance. Mais en réalité, il veut vous parler. Il soupçonne que quelque chose couve à Londres et il voudrait savoir ce que vous pouvez faire pour lui. Je crois que vous devriez aller le voir. Il ne peut pas vraiment vous retenir ici, mais il peut vous contraindre à attendre de longs mois. Un courrier pour consulter Londres : six semaines. Encore six semaines pour la réponse. Six semaines de plus pour la lettre demandant certains éclaircissements, et ainsi de suite. Le temps est précieux pour vous. Hislop est en mesure d'influer sur cet élément, et peut-être aurez-vous l'idée de quelque proposition à lui faire."

« C'est le dernier service que m'a rendu Bernard, faciliter ma négociation avec Hislop. J'ai commencé à avoir l'impression de prendre le départ, et de m'évader, la chance avec moi, tout comme j'en avais eu le sentiment trente-six ans plus tôt, le jour où, après avoir enfin obtenu toutes mes autorisations et mes certificats, j'avais pu m'embarquer sur le *Prins Frederik* à La Guaira.

« Bernard, que j'avais envoyé ici quelques années auparavant, quand c'était lui qui dépendait de ma protection, Bernard restait. Il ne partirait jamais. Il n'avait nulle part ailleurs où aller. J'ai alors éprouvé à son égard tout ce que j'avais éprouvé la première fois que je l'avais revu, vêtu de ses soieries londoniennes, à la résidence officielle. J'ai perçu à nouveau tout ce qu'il avait de pathétique, toute son anxiété, et la fragilité de l'existence qu'il s'était créée avec son épouse.

« Après le dîner, debout côte à côte sous la galerie, nous contemplions la vallée étroite. C'était le paysage qu'il aurait toujours sous les yeux ou qu'il pleurerait, si sa situation venait à changer.

« Sa main s'appuyait sur la rampe de la galerie. J'ai posé ma main sur la sienne et lui ai dit : "Je ne sais pas ce qu'il serait advenu de moi dans cette île si vous n'étiez pas venu me rendre cette visite, voici un an, à la résidence officielle."

« Il a tourné la tête vers moi, m'a regardé. Ses yeux se sont emplis de larmes. "J'espère que tout ira bien pour vous, mon général, s'est-il écrié. Je suis sûr qu'il en sera ainsi."

« Hislop ne refusera pas ma proposition, Sally. J'ai à lui offrir quelque chose qui n'a rien de négligeable. Je retrouve déjà les chemins à suivre dans le monde, et Leander reverra peut-être son papa avant que vous ne lisiez cette lettre. »

Là où il y avait naguère, sur les terrains de la résidence, des Africains qui parlaient entre eux une langue africaine, on voyait à présent des Chinois. C'étaient de petits hommes rabougris au visage osseux. Ils portaient un chapeau de paille conique et une longue natte noire dans le dos. Leurs bras hâlés étaient noueux et paraissaient d'une grande maigreur sous les manches courtes et très larges de leur tunique de couleur crème. Leur pantalon flottant, d'une étoffe de même teinte, s'arrêtait sous le genou. Ils avaient l'air très vieux ; leurs yeux semblaient bouffis et vulnérables.

Quelques minutes après que le domestique fut rentré pour annoncer Miranda, Hislop parut sous la galerie. Et c'est là, debout, qu'ils eurent un entretien. Une année de pluie et de soleil avait noirci davantage le plancher de pin, rongé un peu plus avant le bois tendre entre les saillies du bois dur.

— J'ai reçu votre lettre, Mr Miranda, commença Hislop, mais vous comprendrez que ma situation n'est pas facile. Be'-nard a dû vous parler de la directive de lord Castlereagh.

— Les directives des ministres sont sujettes à des variations, répliqua Miranda, car elles ne restent pas toujours opportunes. Lord Castlereagh vous a mandé ses félicitations quant à la manière dont vous avez su répondre à la conspiration des esclaves. Mais cela n'a pas empêché les hommes libres de couleur de s'agiter, depuis un an, au sujet de l'un des leurs à qui l'on a coupé les oreilles. Il s'agit potentiellement d'une affaire grave, et je crois que vous pourrez le constater si elle va beaucoup plus loin, lord Castlereagh prendra ses distances avec les méthodes adoptées à l'époque. En fait, je voudrais vous parler de questions de légalité. Ce que j'ai à dire ne manquera pas de vous intéresser.

— C'est ce que vous laissiez entendre dans votre lettre.

— J'ai fait campagne contre Picton lorsqu'il était gouverneur ici et, dans une certaine mesure, je suis responsable de sa destitution. Après cela, j'ai expédié ici un agent à moi, Pedro Vargas. Il n'a pas respecté ses obligations envers moi. Les rapports qu'il m'a adressés étaient un tissu de mensonges dangereux et d'inepties. Il s'est mis au service du préfet qui dirigeait l'enquête sur les agissements de Picton. Il fut présenté comme expert en matière de loi espagnole et, comme tel, devint l'un des accusateurs de Picton. C'est son témoignage, au procès, qui a fait condamner Picton. La loi espagnole, selon lui, n'autorisait pas la torture d'hommes libres. C'est absurde, nous le savons tous. Mais Vargas était seul à Londres à détenir un exemplaire des ouvrages de droit espagnol requis, et en temps de guerre il n'était pas facile de trouver un autre expert dans ce domaine.

— J'ai passé bien des nuits à me demander comment je pourrais prouver devant un tribunal londonien que les Espagnols pratiquent la torture.

— Vargas fut jadis un homme courageux. Il prit part à une dangereuse conspiration à la Nouvelle Grenade. Il fut emprisonné et torturé. Il parvint par la suite à gagner l'Angleterre. C'était en 1799. A son arrivée, il fit appel à mon aide. Il m'écrivit une longue lettre pleine des détails circonstanciés des tortures qu'il avait subies. Cette lettre, produite devant les juges, détruirait la déposition qu'il a faite lors du procès de Picton. Les charges contre Picton disparaîtraient. Et il en irait de même des accusations que veulent porter contre vous les hommes libres de couleur au sujet du mulâtre qui avait eu recours à un philtre d'amour et été torturé par Vallot.

— Jamais vous ne me l'avez dit. Voici un an, sous ce même toit, nous avons parlé de cette affaire.

— J'avais oublié. Cela m'est seulement revenu il y a quelques semaines, quand un matelot m'a écrit de la prison où il était enfermé ici. Dans mon état d'oisiveté, je me suis mis à repenser à tous les appels au secours et les lettres implorantes que j'ai pu recevoir au long de ma vie. Je ne pense pas me souvenir du nom des gens en question. J'ai déjà oublié celui du Suédois. Et, mis à part le détail de ses tortures, je ne crois pas que la lettre de Vargas valait grand-chose. Elle devait être pleine de rhétorique, comme les inepties qu'il m'écrivait d'ici. Il y a une autre raison. Nous tous, exilés politiques qui sommes en rapport avec le gouvernement, nous avons des noms de code que nous employons dans nos correspondances. Le nom de code de Vargas était « Oribé ». Il avait ainsi signé cette lettre, et c'est ainsi que je m'en souvenais. Mon nom de code, vous le savez, est Mr George Martin.

— Vous avez cette lettre dans vos papiers à Londres ?

— Les papiers accumulés pendant trente-cinq ans... Ils emplissent trente cartons et deux grands portefeuilles en cuir. Je sais vaguement où chercher. Ce serait impossible à trouver pour qui que ce soit d'autre. L'appel de Picton viendra bientôt devant le tribunal.

— Il pourrait être utile que vous soyez sur place auparavant.

— Il se prépare des choses importantes, général. Une

grande armée, commandée par le général Wellesley. Vous en avez une idée, je crois. Si je n'arrive pas à temps à Londres, il n'y aura peut-être pas place pour moi dans les plans qu'on élabore en ce moment. Et dans ce cas je n'aurais pas besoin de me constituer un état-major. Si je me constituais un état-major, j'aurais besoin de quelqu'un qui parle un peu l'espagnol et qui sache se comporter face aux militaires britanniques au plus haut niveau. Je sais fort bien que vous n'avez pas trouvé ici un lit de roses.

— Général !

— En ce qui concerne le gouvernement espagnol, il apprendra simplement que je m'en vais, que j'abandonne mon entreprise, laissant derrière moi mon vaisseau et mes réserves, pour regagner Londres. Lord Castlereagh n'en éprouvera aucun embarras. D'autant que le succès, vous le savez, général, efface bien des choses. Bien entendu, puisque je retourne à Londres, je n'ai plus besoin de mon vaisseau. Il peut être vendu ou converti à quelque usage. Cela représente un profit tangible. Vous serez mon agent en la matière. Vous me rendrez ce service. Je ne doute pas qu'entre vous, Briarly, le maître du *Trimmer* et les Américains revendicatifs du *Leander*, les affaires peuvent s'arranger.

— On peut faire quelque chose. A propos de Briarly, je dois vous dire, je pense, que je l'ai mis en prison pour un petit moment.

— Ah, vraiment ?

— Il s'est plaint de la puanteur et de la crasse. J'ai traité sa plainte dans toutes les bonnes règles. Je l'ai transmise au prévôt. C'est lui qui a la responsabilité de la prison. Il perçoit une partie des frais de pension. Le prévôt a déclaré que la prison est aussi propre que peut l'être un établissement de ce genre. Elle est nettoyée quotidiennement. J'ai fait parvenir cette réponse en prison à Briarly. Je crois que ce séjour ne lui fait pas de mal. Il était devenu franchement impossible. Il a saisi le vaisseau qui amenait les Chinois de Calcutta. Ce vaisseau appartient à la Compagnie des Indes Orientales, mais Briarly prétendait avoir constaté je ne sais quelle irrégularité. La dispute continue à ce sujet. Personne ne sait trop qui doit payer pour le vaisseau et les Chinois. Les caisses du Trésor ici sont tout à fait vides. Nous ne savons pas si nous sommes censés payer nous-mêmes la Compagnie, ou si c'est le gouvernement à Londres. Tant que ce point n'est pas éclairci, nous ne disposons d'aucun vaisseau pour renvoyer les Chinois. Ils n'ont pas donné satisfaction. A mon avis, lorsque Londres a mandé aux gens de la Compagnie des Indes Orientales à Calcutta de nous envoyer des Chinois, ils sont tout simplement allés écumer les premières fumeries d'opium qu'ils ont trouvées. Je ne crois pas que ces hommes aient jamais planté un arbre à Calcutta, ni cultivé un légume ni biné une mauvaise herbe. Ce sont des citadins. Et personne à Londres ni à Calcutta n'a pensé aux femmes. Ces Chinois ne voudraient jamais d'une négresse. Et il n'y a pas une mulâtresse libre qui voudrait d'un Chinois. En conséquence, ils deviennent fous, tout simplement, depuis un an qu'ils sont ici. Ils sont ici depuis aussi longtemps que vous, mon général. Ils ne peuvent pas supporter qu'on les regarde comme des bêtes curieuses, et il y a encore des gens qui veulent venir voir de quoi ils ont l'air. Ils n'ont tenu que grâce à l'opium. Beaucoup sont morts. Je veux réexpédier le reste le plus vite possible.

— Six ou sept mois de voyage de retour. Autant pour venir. Plus d'un an ici. Je me demande quels souvenirs les survivants vont ramener à Calcutta de cette portion de leur vie. Sauront-ils seulement où ils seront allés ? Quelle fixité dans leurs yeux !

— Ils se sont attroupés pour vous regarder. C'est, je crois, à cause de la longue natte blanche que vous portez. C'est inhabituel, ici. Elle est plus longue qu'on ne la porte dans la Marine, et vous êtes plus âgé que la plupart des officiers de Marine. Sans doute vous prennent-ils pour l'un des leurs, venu pour les ramener chez eux. On vous délivrera votre passeport, mon général. Le *British Queen* appareille pour Tortola la troisième semaine d'octobre. Cela vous laisse le temps de régler vos affaires ici. A Tortola, vous rejoindrez le convoi pour l'Angleterre. Il partira à la mi-novembre. Le vaisseau amiral sera l'*Alexandra*. Je pense qu'on vous trouvera une cabine à bord. Vous serez à Londres avant la fin de l'année.

Les Chinois contemplaient en silence les deux hommes plongés dans leur conversation, et quand Miranda se mit à descendre les marches de la galerie, ils se rapprochèrent un peu pour mieux l'examiner.

— Qui pourra les croire à Calcutta, dit Miranda, lorsqu'ils raconteront leur histoire ? Y croiront-ils eux-mêmes, après qu'un peu de temps aura passé ?

— Général. Il me reste à vivre peu d'années d'activité. Elles n'en ont que plus d'importance à mes yeux. Mon objectif principal, naturellement, est d'être honorablement employé, mais sans que cela nuise à mon intérêt personnel. Général, je crois que nous devrions nous comprendre. Ce sera un privilège de servir dans l'armée auprès de vous, mais j'admettrais mal d'occuper un rang inférieur à celui de général de division. Ce n'est pas par gloriole, je vous l'assure. C'est plutôt par souci des autres. J'ai certaines obligations, et ne serais pas capable, à ce stade d'une vie où j'ai eu plus que ma part d'épreuves et d'espoirs trompés, d'accepter de bon cœur quoi que ce soit de moins que ce que j'ai mentionné.

— Général, inutile d'en dire plus.

Nous sautons six ans. Le chaos règne au Venezuela, terre de sang versé et de vengeance après trois années de révolution, et Miranda est prisonnier des Espagnols, dans la forteresse d'El Morro, à Porto Rico. Il attend de faire sa dernière traversée de l'Atlantique, vers l'Espagne et les cachots de La Carraca, à Cadix. C'est à Cadix que le *Prins Frederik* l'avait amené en 1771. Ce fut la première ville d'Europe sur laquelle il posa les yeux. Ce fut là qu'il acheta son mouchoir et son parapluie de soie, et c'est là, parfois enchaîné, qu'il passera les trois dernières années de sa vie.

Le grand débarquement britannique en Amérique du Sud espagnole n'avait finalement pas eu lieu. Pourtant, on s'y préparait sérieusement lorsque Miranda rentra à Londres de Trinidad. Le général Wellesley (qui devint deux ans plus tard le duc de Wellington) mettait sur pied en Irlande une importante force d'invasion. Miranda, en tant que Sud-Américain dont la présence aurait légitimé l'offensive britannique, aurait tenu un rôle important dans son armée. Mais, comme cela arriva si souvent à Miranda, il fallut changer d'idée, presque à la dernière minute. Les Français occupèrent l'Espagne, qui devint tout d'un coup l'alliée de la Grande-Bretagne dans la guerre contre Napoléon ; et au lieu d'aller envahir l'Amérique du Sud espagnole, l'armée britannique déjà levée partit livrer une guerre de libération dans la péninsule Ibérique.

Miranda avait cinquante-huit ans et les cheveux blancs. On aurait pu croire qu'après tant d'années d'attente, il ne lui restait désormais plus rien à faire. Mais, deux ans plus tard, voici que le Venezuela se déclara indépendant de l'Espagne. Simon Bolívar, alors âgé de vingt-sept ans, vint à Londres chercher un appui pour son pays, et Miranda repartit avec lui au Venezuela.

Sans doute crut-il qu'il allait trouver en arrivant une révolution déjà accomplie. Il débarqua dans un pays en proie à autant de divisions que de groupes raciaux et de castes, à une guerre civile qui allait au-delà de ce que pouvait maîtriser un homme unique, et bien au-delà des capacités militaires de Miranda. Au bout de vingt mois, la première phase de cette guerre s'acheva. Pour le moment, la révolution était vaincue ; dans les prisons, la vengeance s'exerçait sur les prisonniers républicains ; et Miranda — en homme qui s'était élancé au-devant du sort auquel il avait échappé plus d'une fois — était lui-même emprisonné, trahi, livré aux Espagnols, ses vieux ennemis, par celui qui l'avait fait venir de Londres, et qui était allé un jour prendre le thé chez lui, à Grafton Street.

Il resta enfermé pendant cinq mois dans la prison de La Guaira, d'où le *Prins Frederik* avait appareillé en 1771. Puis on le transféra dans le fort de San Felipe à Puerto Cabello, où, en 1806, dix des officiers du *Bacchus* et du *Bee*, vêtus de robes et de bonnets blancs, avaient été pendus, découpés en morceaux et brûlés avec leurs uniformes et leurs armes, et aussi le propre drapeau sud-américain de Miranda. Cinq mois plus tard, on l'emmena à Porto Rico, à la forteresse d'El Morro, où treize hommes du *Bacchus* et du *Bee* étaient restés enfermés durant un certain temps, chargés de chaînes de vingt-cinq livres, avec des lits de pierre et des oreillers de brique.

C'est là, où il attend d'être conduit en Espagne, que Miranda est à présent autorisé à recevoir les visites d'un Vénézuélien, Andrés Level de Goda. Agé de trente-six ans, Level exerce la profession d'avocat. Trente-huit ans plus tard, lorsque ces passions, pour la plupart, se seront réduites en poussière, et que sera pratiquement effacée la réputation de Miranda, Level donnera dans ses Mémoires le seul témoignage (hormis les inscriptions d'usage sur les registres de prison) sur Miranda en captivité.

Level est issu d'une famille créole de propriétaires terriens, possédant (du moins jusqu'à la révolution) des plantations de canne à sucre et de cacao sur la rive vénézuélienne du golfe. Il souhaite pour le Venezuela le maintien des liens avec l'Espagne. Il pense que la révolution au service de laquelle on a convoqué Miranda a été déclenchée par des aristocrates locaux — des gens de deuxième ordre, selon ses vues — dans le but d'assouvir des rancunes personnelles et d'assurer leur propre situation, et qu'elle ne jouissait d'aucun soutien populaire. Un Venezuela coupé de l'Espagne sera livré sans fin à la guerre civile, estime Level : on compte dans le pays trop de factions, de castes et de haines.

Politiquement, Level et Miranda ont appartenu aux camps opposés. Mais, à Porto Rico, ils trouvent une sorte de terrain d'entente. Trahi par la révolution, Miranda a maintenant dépassé le stade de la politique. Quant à Level, les troubles au Venezuela et en Espagne ont fait de lui un homme errant qui a perdu sa fortune. Pour le moment, il ne peut retourner au Venezuela : la révolution s'est rallumée et il figure sur la liste des proscrits. A Porto Rico, il dépend de la générosité du gouverneur militaire, Meléndez, qui est un ami à lui. Les deux hommes, Miranda et Level, se rencontrent donc aussi dans une sorte de déchéance partagée.

Souvent, l'après-midi, Level se rend à la forteresse d'El Morro pour retrouver Miranda dans sa cellule, et ils causent ensemble tandis que celui-ci prend sa tasse de thé quotidienne. Le chef de la garde spéciale affectée à Miranda laisse ouverte la porte de la cellule quand les deux hommes sont tête à tête.

L'admiration de Level pour Miranda va grandissant : l'éloquence, l'autorité, la voix, la présence physique du vieil homme, la connaissance des êtres humains, des livres et des grands événements.

Meléndez, le gouverneur militaire, déploie tous les égards possibles envers son prisonnier. Il lui fait apporter ses repas d'une taverne à l'extérieur. Il s'arrange même pour lui procurer de l'argent (garanti par des fonds déposés à Londres) des mains d'un fonctionnaire de l'île britannique de Saint-Martin, qui n'est qu'à quelques heures de voile.

Miranda s'intéressant aux nouvelles d'Espagne, Meléndez lui fait passer les journaux de Cadix dès qu'il les reçoit. Miranda peut y lire les articles sur la guerre qui se livre là-bas contre les Français. Il est informé des batailles et de la réputation croissante du duc de Wellington et du général Picton, l'ancien gouverneur de Trinidad. Sans doute le vieil homme souffre-t-il, en songeant à sa propre chute, mais il ne manifeste aucune émotion en présence de Level ou de Meléndez.

Il a une façon à lui de boire son thé. Il presse un demi-citron dans la tasse, et tout en absorbant ce mélange, il grignote l'écorce du citron, en prenant soin (presque comme s'il faisait la course avec lui-même) de terminer simultanément la boisson et l'écorce.

— Pourquoi me dévisagez-vous ainsi ? demande-t-il un jour à Level. Vous me rappelez les Chinois à Trinidad. Ils croyaient que j'étais venu les chercher pour les ramener chez eux. Hislop vous l'a-t-il raconté ?

Level saisit la référence. Il a exercé pendant quelque temps à Trinidad la fonction d'expert en matière de droit espagnol auprès du gouverneur Hislop.

— Je ne vous dévisage pas, mon général, dit Level. Je regarde, simplement, pour me souvenir. J'étais en train de penser qu'un jour, je pourrais raconter que le général Miranda transformait son thé en citronnade.

— C'est ainsi que faisait mon père, par les chauds après-midi, à Caracas. Je me suis mis à l'imiter quand je suis revenu.

— Lorsque je suis en votre compagnie, je songe à toutes les contrées où vous êtes allé, à tous les gens que vous avez vus, et j'ai un début de sentiment d'être moi-même un peu entré dans l'Histoire. C'est un sentiment si précieux que j'ai peine à le préserver. Mon général, cela fait quelque temps déjà que je voudrais vous interroger là-dessus... Je sais que je devrais m'en abstenir. Mais, d'autre part, je ne me pardonnerais pas plus tard de ne pas l'avoir fait. Je voudrais vous interroger au sujet de la Grande Catherine. Si vous trouvez ma question déplacée, pardonnez-moi, je vous en prie. Si vous la trouvez trop indiscrète, s'il vous plaît, considérez qu'elle n'a jamais été formulée.

— C'est l'une des rumeurs que j'ai moi-même encouragées, j'ai presque été le premier à la répandre ; j'avais la trentaine, c'était après que j'eus quitté l'armée espagnole. Comme bien des étourderies que j'ai commises à cette époque, elle a resurgi plus tard et m'a fait grand tort. Elle m'a exposé à toutes sortes de jalousies. Pas de la manière que vous pourriez croire. Les Vénézuéliens se sont délectés de cette histoire. Ce n'était pas pour moi qu'ils la trouvaient flatteuse. C'était pour eux. Certains d'entre eux se sont comportés comme si je les avais lésés. Ils avaient le sentiment que j'avais fait mauvais usage de quelque chose qui leur appartenait. Je m'étais interposé entre eux et les bras de l'impératrice. Puis leur réaction s'est étendue à ma carrière tout entière. Tout ce que j'avais pu faire à travers le monde, je ne l'avais accompli, selon ce point de vue, que dans la mesure où je leur ressemblais, à eux qui me critiquaient. Que ce fût en Russie, en Angleterre, en France ou aux États-Unis, mes succès ne devaient rien à ma personne. S'ils avaient été à ma place, ils en auraient fait autant que moi. Je n'avais rien mis en jeu de moi-même, je n'avais pris aucun risque, ma volonté à moi n'entrait pas en ligne de compte. Et cette attitude est allée encore plus loin. C'étaient eux qui avaient œuvré pour moi. Moi, je n'avais rien fait. Je n'étais rien.

« A Trinidad, j'ai raconté à Hislop — j'ignore s'il vous l'a répété — le tort que m'avait causé Picton en 1798, presque trente ans après mon départ du Venezuela. Il avait écrit aux ministres, à Londres, que malgré l'importance que je me donnais, je n'étais rien, le fils d'un boutiquier de Caracas. Naturellement, il tenait cette information de Caracas, et dans tous les échos je décelais la voix du Vénézuélien qui estimait que j'avais souillé les bras de l'impératrice et gâché ce qui lui revenait, à lui, de plein droit.

« Un phénomène similaire s'est reproduit lors de mon retour. C'était Bolívar qui m'avait fait revenir, vous le savez, et je devais loger chez lui à Caracas, puisque, au bout de quarante ans, je n'y avais plus de maison à moi. Je ne m'y suis pas rendu tout de suite. Il me semblait que je devais respecter les formes et montrer mon respect pour la révolution. A peine débarqué à La Guaira, j'ai écrit à Roscio, le secrétaire d'État aux Affaires étrangères de la junte, pour demander l'autorisation de gagner Caracas. Sa réponse fut insultante et extraordinaire. Je ne devais pas oublier, me déclarait-il, que j'étais plus redevable à mon pays que quiconque, car j'avais joui de privilèges inouïs et passé de longues années à l'étranger, auprès de la cour des souverains européens. Ce qui revenait à dire que durant mes quarante années d'exil, j'avais en réalité exploité mon pays, vécu aux dépens du patrimoine national, et qu'il était temps que je rembourse un peu de ma dette. Je l'ai compris immédiatement, bien qu'il fût question de la révolution, c'était la vieille jalousie au sujet de la Grande Catherine qui travaillait Roscio. Cette histoire m'a fait beaucoup de mal. Je n'aurais jamais dû aller à Caracas après avoir reçu cette lettre. J'aurais dû deviner qu'on m'avait trompé sur la situation. J'aurais dû rester à La Guaira et retourner à Curaçao à bord du H.M.S. *Avon*. J'aurais dû les faire attendre, toute une année s'il le fallait. Voilà la tactique que j'aurais dû adopter.

— Notre haine, mon général, observe Level. Notre haine. Elle n'a rien de commun avec la haine qui existe ailleurs.

— Ce sont les dégâts que l'empire espagnol a opérés chez nous. Il nous a maintenus dans l'arriération, nous offrant peu de latitude d'action. Il ne nous a laissé aucun moyen de faire nos preuves en tant qu'hommes. Jamais il ne nous a donné la foi en l'accomplissement humain. Il nous a seulement fait croire à la chance, à la naissance, à l'influence, au vol et à l'obtention de brevets du roi. Il nous a fait ramper devant l'autorité tout en nous en moquant. Il nous a fait croire que toutes les petites gens ne valaient rien. Ce fut cause d'une bonne part des stupidités que j'ai commises au début. Il m'a fallu dix ans pour comprendre qu'il en allait autrement ailleurs.

— Il fut un temps, dit Level, où je croyais que cette jalousie dont vous parliez à l'instant était inoffensive, comme la jalousie d'un épicier à l'égard de celui qui vient ouvrir boutique à côté de la sienne. Après la révolution, cette jalousie s'est muée en haine. Nous avons tous cédé à cette haine. A présent, les hommes ne se tiennent pas tranquilles tant qu'ils n'ont pas vu la couleur des os de l'adversaire. Je n'aurais jamais cru que cela se produirait. Je pensais que les gens auraient trop peur. Je me souviens des premiers révolutionnaires, Gual, España, vers la fin des années 1790. Ils envoyaient des émissaires dans nos plantations pour tâcher de nous intéresser à leur cause. Ils allaient fonder une république, disaient-ils, et le drapeau porterait quatre couleurs, pour chacune des races. Blanc, bleu pour les nègres, jaune pour les sang-mêlés, rouge pour les Indiens. Les quatre couleurs symboliseraient aussi les quatre objectifs de la république. Liberté, égalité, sécurité, propriété. La propriété pour le Blanc, la liberté pour le nègre, l'égalité pour le mulâtre, la sécurité pour tous. Ils allaient tout donner à tous. Comment feraient-ils ? Quand on leur posait la question, ils étaient incapables de répondre. Ils n'y avaient pas réfléchi. Ils n'avaient pensé qu'au drapeau et à ses couleurs. Parfois, ils se fâchaient. « Vous êtes un *Americano*. Vous devriez être un homme fier. Comment pouvez-vous parler de façon aussi basse ? Votre pays ne vous tient-il pas à cœur ? » « C'est de votre part une erreur, répliquais-je, de présenter les choses ainsi. Vous ne pouvez pas me dire que mon pays, c'est votre drapeau. Quand vous promettez l'indépendance, la question à poser, c'est "Qui va nous gouverner ?" C'est la question que tout le monde posera, et c'est là qu'éclatera la guerre. » Et, de fait, cela s'est passé exactement de cette manière. Maintenant que nous sommes enfoncés dans cette guerre des quatre couleurs, je ne vois pas comment elle pourrait s'arrêter. Il y aura toujours quelqu'un qui poursuivra la victoire finale, et quelqu'un d'autre qui poursuivra sa revanche.

— Personne, à mon avis, dit Miranda, n'est capable de mettre au point une constitution pour un pays comme le Venezuela. C'est l'héritage que nous laissent les Espagnols. Ces gens auxquels vous faites allusion, Gual, España et les autres, ils eurent trop à endurer pour avoir les idées plus claires. Je peux aussi vous l'avouer, à présent, la constitution que j'avais moi-même élaborée pour le Venezuela était absurde. Pourtant, j'y avais consacré beaucoup de temps. Elle était à moitié romaine, à moitié britannique. Je ne prévoyais pas des consuls, mais des administrateurs que je nommais « Incas ». Une touche de couleur locale, voyez-vous. Je m'étais persuadé moi-même que je croyais en ma constitution, mais je savais en même temps que je l'avais conçue pour impressionner les gens à l'étranger. Peut-être y a-t-il quelque part un génie qui pourrait nous donner une constitution. Mais ce n'est sûrement pas un Vénézuélien, car nul Vénézuélien ne trouvera jamais le calme nécessaire pour gérer la situation avec sagesse, et ce ne peut être non plus un homme de l'extérieur, car jamais il ne comprendrait rien à nos divisions et nos passions.

— Au long de vos écrits de tant d'années qui concernent le Venezuela et l'Amérique du Sud, vous avez simplifié les choses, mon général. Vous avez parlé des Incas et des Blancs. Vous avez parlé d'un peuple digne de la république de Platon. Vous avez toujours laissé de côté deux des couleurs. Vous avez laissé de côté les nègres et les mulâtres. Est-ce parce que vous étiez au loin ?

— Non. Si je l'ai fait, c'est qu'intellectuellement, c'était plus commode pour moi. La plupart de mes idées sur la liberté me sont venues de conversations et de lectures que j'ai eues à l'étranger. Le pays que je recréais mentalement ressemblait donc de plus en plus à ceux dont il y était question. Il n'y avait pas de nègres dans les textes de Tom Paine ou de Rousseau. Et quand j'essayais de suivre leur voie, j'avais du mal à intégrer les nègres. Je savais qu'ils existaient, bien entendu. Mais, pour moi, ils étaient accessoires à la vérité que je visais. Dans la phase de l'écriture, il m'a semblé qu'il fallait les laisser de côté. A cause de la vie que j'ai menée, perpétuellement dans le pays des autres, j'ai toujours été capable d'entretenir dans ma tête au moins deux conceptions différentes d'un même sujet. Deux conceptions de mon pays, deux ou trois conceptions de ma propre personne. Cela m'a coûté cher. Vous ne devriez pas m'en faire reproche à présent.

« J'ai fait la connaissance de William Wilberforce en Angleterre, à mon retour de Trinidad. Il m'a inspiré une grande admiration. J'ai vu en lui un philanthrope, un défenseur des opprimés. Je savais qu'il voulait me parler de l'esclavage des nègres, mais la première fois que j'ai dîné avec lui à Kensington, nous en sommes vite venus à causer de l'Inquisition, ce qui a entraîné un grand débat sur la question de la liberté pour l'Amérique du Sud. J'éprouvais le besoin de lui faire comprendre quelles humiliations avait dû endurer un homme tel que mon père. Et le pauvre Manuel Gual, dont nous parlions à l'instant — après trente-trois ans d'armée, seulement capitaine du bataillon des Vétérans, le pauvre Gual, parce que les grades supérieurs étaient réservés aux Espagnols d'Espagne. Quelle soumission constante, humiliante en toutes choses, était exigée de nous ! La soumission à l'Église, la soumission au roi et à ses représentants, l'humiliation qui nous semblait entraver nos pas. J'éprouvais le besoin de faire comprendre ces choses à Wilberforce — elles ne sont pas facile à expliquer — et il me semblait que d'aborder avec lui la question des nègres aurait gâté l'intérêt qu'il nous portait. Cela aurait aussi apporté un élément de confusion dans ce que j'avais à lui dire de l'Amérique du Sud. Je savais combien comptait pour Wilberforce l'émancipation des esclaves, et j'ai manifesté clairement que je partageais ses vues sans restriction. Mais j'avais le sentiment qu'il parlait d'autres contrées. J'avais le sentiment que ma préoccupation était tout autre. Je n'étais pas le seul à voir les choses ainsi. Vous n'ignorez pas à quel point Hislop était impatient de quitter Trinidad et de servir la cause sud-américaine.

« Puis, des mois plus tard, en me souvenant de cette conversation, je me suis demandé ce que Wilberforce, cet homme remarquable, aurait pensé s'il avait su qu'après le siège de Pensacola, j'avais sans me poser de question acheté trois nègres pour spéculer, et que, quelques années plus tard, j'avais dû quitter l'armée espagnole parce que j'avais tenté de faire passer en fraude deux cargaisons de nègres de la Jamaïque à Cuba.

— La rumeur en a circulé, observe Level.

— Elle était fondée. Mais elle n'exprime aucune part de vérité à mon sujet. Cela se passait au tout début, il y a trente ans. Je me lançais. Le monde que je trouvais était ainsi. J'ai vécu toute une vie depuis lors. C'est de cette vie ultérieure que j'ai à répondre. Je n'avais pas le sentiment d'avoir trompé Wilberforce. Même si, le jour où je lui ai présenté Bolívar et les autres, et où il s'est montré si aimable, se félicitant de la chance qu'il avait de se trouver à Londres pour la circonstance, je me demande aussi ce qu'il aurait pensé s'il avait su que ma peur des prisons espagnoles et de l'Inquisition — ainsi qu'une bonne partie des vues politiques que je lui ai exposées — avaient leur origine dans cette histoire de contrebande. J'aurais été expédié pour dix ans à Oran, en Afrique du Nord, si je n'avais pas déserté.

« Pendant de nombreuses années, après ma désertion, je visitais les prisons partout où j'allais. C'est l'une des choses que ne manquent pas de faire les voyageurs en Europe. Mais c'était aussi pour me mettre moi-même à l'épreuve. La prison de Copenhague était la pire. Il y avait des prisonniers enchaînés. Parmi eux, certains n'étaient là que pour dettes. Des mois passaient sans qu'on enlève les excréments des latrines. Ma peur fut telle que j'écrivis aux autorités à ce sujet. Et me voici ici. Je suppose donc que le compte est réglé une fois pour toutes.

— Nous avons longuement parlé, Hislop et moi, dit Level, de votre séjour à Trinidad. Pour ma part, quand j'étais là-bas, j'avais l'impression de me trouver au Venezuela. Ne vous a-t-il jamais semblé entrevoir alors ce qui vous attendait de l'autre côté du golfe ?

— Là encore, je l'ai deviné sans le deviner. Il y a eu deux moments où je l'ai perçu très clairement. Le premier, c'était le jour même de mon arrivée, après Puerto Cabello, l'affaire du *Bacchus* et du *Bee*. Mon retour chez moi, pourrait-on dire. J'ai entendu des nègres parler en langue africaine, dehors, devant la résidence, et je suis allé à la fenêtre. Tous, nous étions surpris, égarés momentanément. C'était le milieu du jour, mais il pleuvait et il faisait sombre. Les nègres m'ont regardé comme s'ils voyaient un fantôme — mes cheveux blancs, ma longue natte. Je l'ai lu dans leurs yeux. Je me suis senti très loin du monde. Le second moment s'est présenté deux ou trois mois environ après mon retour de l'aventure du débarquement à Coro. Un nommé Downie, une certaine Miss McLurie et quelques autres m'ont emmené faire un petit voyage dans l'île. L'un des endroits que nous avons visités était une réserve d'Indiens. Il y avait quelques emplacements de ce genre où les Espagnols avaient relégué les survivants du peuple indien. De petites missions, des clairières dans la forêt, avec les Indiens logés dans des huttes en palmes et le prêtre dans une petite maison de bois, et l'église, parfois bâtie en adobe. Tout cela extrêmement fruste et déprimant. Les Indiens étaient devenus alcooliques. Miss McLurie, Downie et les autres Anglais de notre groupe ont été pris en mon nom d'une grande colère en visitant cette mission. A leurs yeux, le prêtre espagnol était une canaille, il exploitait les Indiens, main-d'œuvre fort peu coûteuse, les employait à couper des cèdres et à les débiter à la scie et, pour augmenter son bénéfice à leurs dépens, leur vendait du rhum. Mes compagnons voulaient que je fasse un scandale. Ils voulaient que j'insulte le prêtre. J'ai d'abord trouvé leur souci étrange, puis je me suis rendu compte qu'ils traitaient les Indiens comme mon propre peuple. L'île m'est apparue brièvement comme si je la voyais de loin, j'ai eu le sentiment que je m'y étais enfermé dans un piège et que je n'en partirais jamais. Mais ensuite, j'ai chassé cette idée de ma tête.

— Vous avez enduré de mauvais moments à Trinidad. Je le sais. J'ai parlé aux gens. Vous auriez pu connaître votre fin là-bas. Dans ce pays exigu, les gens étaient si occupés de leurs propres haines qu'ils n'avaient presque plus de temps à vous consacrer. Si vous étiez resté un an de plus, vous étiez exposé à perdre le peu de protecteurs que vous aviez. Ce qui est stupéfiant, c'est qu'après avoir eu la chance d'en sortir, vous ayez si vite décidé de tout risquer à nouveau et de revenir. J'ignore ce qu'a pu vous dire Bolívar sur l'état de notre pays. Je ne pense pas qu'il vous ait informé du fait que les royalistes tenaient à la fois l'Est et l'Ouest.

— J'avais l'impression d'entendre mes propres paroles dans sa bouche. Il m'a donné à croire que mes prophéties s'étaient réalisées. Quelles difficultés j'ai eues, à obtenir l'autorisation de quitter l'Angleterre ! Ce fut presque aussi difficile que de partir du Venezuela la première fois. Bien plus difficile encore que de quitter Trinidad. Les ministres s'y refusaient. Ils ne voulaient pas que leurs alliés espagnols à Cadix puissent penser qu'ils encourageaient le démembrement de l'empire espagnol. Pour finir, nous avons conclu un compromis. Je partirais d'Angleterre à bord d'un vaisseau de guerre et ils fermeraient les yeux, en quelque sorte. Mais, pour sauver les apparences, ils ont exigé que Bolívar et moi nous voyagions séparément sur deux vaisseaux. Bolívar est donc parti le premier, chargé de mes papiers. Si je vous en parle, c'est pour vous montrer que ma confiance en lui et en sa famille était totale. L'année précédente, j'avais fait superbement relier mes papiers par Dulau. Soixante-trois volumes dans trois coffres neufs, avec une plaque en cuivre gravées de mes initiales sur chaque coffre.

— Si vous aviez su que, pour finir, le pays tout entier se dresserait contre vous, seriez-vous venu ?

— Après trente années, je n'aurais pas pu rester au loin. Il fallait que j'aille jusqu'au bout. Fût-ce jusqu'à ce moment dont vous parlez. Il fallait que je voie mettre sens dessus dessous toutes mes idées, pour ainsi dire. C'est même devenu une sorte de soulagement, à la fin. Des années durant, j'avais répété qu'il me suffirait de débarquer sur la côte vénézuélienne avec une force de deux cents hommes, ou moins, pour que le peuple tout entier vienne se ranger sous mon drapeau de la liberté. Cela ne s'est pas passé ainsi pour moi. Cela s'est passé ainsi pour l'autre, le brutal officier de marine que les autorités royalistes ont envoyé contre moi. La chance lui a souri. Il a débarqué avec une vingtaine de matelots et tout le monde est accouru à lui. En douze semaines, il nous a écrasés. Tout lui réussissait. Les Indiens l'ont rejoint. Les mulâtres, les *pardos*, les gens de couleur, étaient avec lui. Les mulâtres se sont battus comme des diables à Valencia. Même après la reddition des Blancs, ils ont continué de se battre. J'avais cinq mille hommes. Les mulâtres ont continué de se battre alors qu'il n'en restait que cinq cents. Pour eux, comme vous dites, la question posée par la révolution était « Qui va nous gouverner ? ». C'était simple, ils ne voulaient pas être gouvernés par les gens de mon camp. Il m'a fallu lancer deux assauts contre Valencia. Ce petit siège a fait huit cents morts, et quinze cents blessés. Je me suis souvenu, trop tard, de ce que Hislop m'avait dit des hommes libres de couleur de l'autre côté du golfe — et jamais l'idée ne m'avait effleuré que je pourrais avoir affaire à eux.

« Par la suite, quand la situation est devenue difficile, j'ai pensé que je devrais enrôler des nègres dans mon armée. Je leur ai offert la liberté en échange de dix ans de service. J'ignore ce qu'en aurait pensé Wilberforce — ceci se passait juste un an après nos conversations à Londres. Mais, à ce stade, tout allait me nuire. L'offre d'enrôler des nègres ne me procura aucun bon soldat, et me valut l'hostilité générale. Par vengeance, les royalistes de Curiepe tournèrent contre moi les nègres de leurs plantations. Ils les firent marcher sur Caracas pour se livrer au pillage et incendier la ville.

« Ce fut la fin. J'étais complètement encerclé. Quand Bolívar a perdu Puerto Cabello, nous nous sommes retrouvés sans aucunes ressources. Les miens me désertaient de jour en jour. Je ne pouvais compter sur personne. Je ne pouvais plus poursuivre la guerre. Au début, des gens comme Roscio voulaient me tenir à l'écart de leur révolution. A présent, ils l'abandonnaient entre mes seules mains. Chacun concentrait sur moi sa rancœur, sa peur ou sa haine — républicain, royaliste, et les quatre couleurs. J'ai compris à ce moment-là ce que vous disiez tout à l'heure, que cette guerre ne pouvait être gagnée ; j'ai compris que si, Dieu sait comment, la révolution pouvait être reconstituée et s'il nous était donné de tout reprendre au départ, tout le processus se reproduirait, de manière presque identique. Au cours de cette dernière phase, j'ai découvert qu'au long de toutes mes années à l'étranger, je ne parlais que pour moi, que la révolution à laquelle j'œuvrais n'aurait abouti que si tous les Vénézuéliens m'avaient ressemblé, issus d'une famille semblable à la mienne, et avaient connu une carrière comparable. C'était ce qu'avaient toujours dit les Espagnols, que ma révolution était une entreprise personnelle.

« Ce fut une sorte de délivrance de le savoir. Je n'y serais pas parvenu si j'étais resté à Londres, ou si j'avais abandonné la guerre à mi-chemin. Je me serais trouvé harcelé par l'illusion que j'aurais pu faire quelque chose, qu'en dépit des quatre couleurs, des marquis du cacao et du tabac et de tout le reste, que j'ai toujours connu, des particularités du Venezuela, les idées que j'avais conçues auraient pu trouver leur confirmation. Peut-être les philosophes avaient-ils raison. Peut-être gisait-il, sous toutes les données accessoires qui caractérisent les individus — la naissance, la personnalité, la géographie, l'Histoire — quelque chose de plus vrai. C'est ce que j'avais toujours éprouvé pour mon propre compte. Peut-être tous les hommes, si on leur accordait une liberté judicieuse ou rationnelle, deviendraient-ils dignes de la république de Platon.

« Je n'avais plus à présent de convictions inabouties ni d'appréhensions. Je savais que j'avais poussé la tentative aussi loin qu'elle pouvait aller. Le moment inconcevable vint lorsque je m'aperçus que je n'avais plus de camp, qu'hormis les personnes à ma charge, je n'avais plus personne avec moi. Dès lors, seule la maisonnée de Grafton Street a habité mes pensées. Le territoire dont j'avais le contrôle ou, au moins, celui où j'étais en sécurité rétrécissait de jour en jour. Il s'est bientôt trouvé réduit à la ville de Caracas et à la route de montagne jusqu'à la côte, jusqu'à La Guaira. Quelques *miles* carrés. Rendez-vous compte ! Moi qui, deux ou trois ans après avoir déserté, me présentais aux gouvernements étrangers comme le maître potentiel du sort d'un territoire qui, commençant à la source du Mississippi, couvrirait toute la superficie à l'ouest du fleuve, pour descendre jusqu'au cap Horn.

« Un vaisseau de guerre britannique m'attendait à La Guaira pour me conduire dans l'île britannique de Curaçao. Je m'y suis fait précéder par mes trois coffres de papiers aux soins d'un partisan loyal. Pour le cas où ils seraient saisis, j'ai pris la précaution de ne pas m'adresser ces coffres à moi-même, mais à une compagnie britannique de l'île. J'ai fait de même pour les vingt-deux mille pesos d'argent et douze cents onces d'or que j'ai prélevés dans le Trésor de Caracas. C'est avec un plaisir pervers que j'ai fini par assumer le personnage que m'attribuaient mes ennemis. J'avais le sentiment que ces fonds m'étaient dus, en échange de tout ce que j'avais fait pour mon pays, et des quarante années au long desquelles j'avais été privé de ma fortune familiale. Mais, comme vous le savez, je ne suis pas parvenu à monter à bord du H.M.S. *Sapphire*. Il a fait voile sur Curaçao avec mes biens à son bord. D'après mes informations, la compagnie à laquelle ils étaient adressés a confisqué les fonds, bien contente de récupérer cette fraction de l'avance qu'elle avait consentie par mon entremise au gouvernement révolutionnaire de Caracas. Ainsi, ce compte-là se trouve réglé une fois pour toutes, lui aussi. »

Miranda fait signe à quelqu'un, à l'extérieur de la cellule. Le capitaine Lara, chef de la garde spéciale, vient se poster près de la porte ouverte, et Level de Goda comprend qu'il est temps de prendre congé.

Plus tard, ce soir-là, alors que la ville avait plongé dans le sommeil, Level fut réveillé par Meléndez, le gouverneur militaire, chez qui il résidait. Le commandant était en tenue, il portait sa tunique d'officier et tenait la canne cirée, insigne de son rang.

— Il fait très chaud, Andrés, lui dit-il. Habillez-vous et venez faire un tour avec moi au bord de la mer.

Ils marchèrent un peu le long du quai et firent halte près d'un appontement. Les lumières des navires se reflétaient dans l'eau du port et les mâts barraient le ciel de lignes sombres. Une brise nocture soufflait de la mer. Un vaisseau mettait à la voile pour appareiller. Une petite embarcation se balançait près des marches de l'appontement. Elle n'était pas vide : deux rameurs et deux soldats s'y trouvaient. Les soldats débarquèrent et se mirent au garde-à-vous sur l'escalier. Sur le quai apparurent alors le capitaine Lara et Miranda, se tenant par le bras. Derrière eux venait un Noir, la tête chargée d'une petite malle en bois. Level reconnut le Noir : il appartenait à l'auberge qui fournissait depuis cinq mois les repas de Miranda.

— Le vaisseau attend, mon général, dit Meléndez. Il ne nous reste plus qu'à nous faire nos adieux. Le lieutenant Ibáñez a donné sa parole qu'aucune contrainte ne vous serait infligée durant la traversée jusqu'à Cadix.

— Pas de chaînes ? demanda Miranda.

— Vous serez traité avec tous les égards.

— Je rends grâce à Dieu de regagner l'Europe. Commandant, je n'oublierai jamais les bontés que vous avez eues pour moi.

Il donna l'accolade à Meléndez puis, avant que les soldats ne le fassent passer à bord du canot, il étreignit Level. Level garda de cette étreinte le souvenir de l'étreinte d'un ami.

Level rédigea ses mémoires — et dédia à Miranda ce petit discours d'adieu — trente-huit ans plus tard, alors qu'il avait soixante-douze ans. C'était en 1851, et, comme le disait Level, la révolution ou guerre civile vénézuélienne se poursuivait encore, après quarante et un ans, et rien n'indiquait qu'elle ne durerait pas quarante et un ans de plus. Ces mémoires auraient pu compter parmi les victimes de la guerre. Jamais ils ne furent complètement achevés et, peut-être aussi à cause des positions politiques de Level, ils ne furent publiés qu'en 1933, et seulement dans une revue érudite du Venezuela.

Level avait dû apprendre que Miranda avait succombé dans sa prison de Cadix, une trentaine de mois après son départ de Porto Rico. Sans doute avait-il ignoré combien Miranda avait connu une mort pénible, après avoir souffert durant quatre mois de tous les maux, de crises violentes, du typhus, et vers la fin d'hémorragies par la bouche. Il fut enterré sans cérémonie, emporté de l'infirmerie de la prison sur le matelas et dans les draps de son lit de mort, vêtu des hardes qu'il portait au moment de son décès, et inhumé avec le tout. Les hommes qui s'en étaient chargés revinrent ensuite chercher le reste de ses vêtements et de ses possessions qu'ils brûlèrent. Bientôt, nul ne se souvint plus de l'emplacement de sa tombe.

Le second fils de Miranda, Francisco, avait sept ans lorsque Miranda était à Porto Rico. Peut-être Level ignorait-il que, devenu adulte, ce Francisco qui portait le nom de son père quitta Londres pour aller combattre dans les guerres civiles d'Amérique du Sud. Il fut exécuté en Colombie en 1831 (l'année d'après la mort de Bolívar), à l'âge de vingt-cinq ans, à l'occasion de l'une des nombreuses purges de la guerre.

Level se rappela, avec beaucoup de délicatesse, le souci qu'avait Miranda d'une certaine dame de Londres, à qui il aurait voulu envoyer de l'argent, devant se contenter, par l'intermédiaire de Meléndez, de lui expédier une lettre traitant de questions domestiques. Level ignora sans doute qu'en 1847, quatre ans avant qu'il n'entreprît d'écrire ses mémoires, Sarah était morte dans la demeure de Grafton Street. Elle avait soixante-treize ans. Cela faisait alors quarante-huit ans qu'elle habitait au même endroit, et les trente-sept dernières années, elle les avait passées sans son mari. Selon le recensement de 1841, on comptait alors deux servantes dans la maison, et on peut imaginer que la bibliothèque de Miranda — dont la valeur, en 1807, avait été estimée à neuf mille livres, sans décompter cinq mille livres de dettes envers les libraires — lui, assura un revenu suffisant pour la fin de ses jours.

Sans doute s'éteignit-elle lentement. A l'époque de sa mort, on se souvenait à peine du nom de Miranda, jadis un homme si important et si actif à Londres. Ses trois coffres de papiers personnels semblaient perdus ; et, tout comme pour les cadavres de Pompéi, il ne subsistait qu'un vide là où Miranda aurait dû figurer dans les comptes rendus historiques. Sarah disparut avec lui. La date de son décès, et même le fait qu'elle était demeurée jusqu'au bout à Grafton Street, ne furent découverts qu'en 1980 par un chercheur attaché à l'ambassade du Venezuela.

On retrouva les papiers de Miranda plus de cent ans après sa mort. Dans la deuxième décennie de ce siècle, un érudit américain, William Robertson, eut l'idée que (même si l'argent et l'or avaient été confisqués) les papiers pouvaient avoir été envoyés de Curaçao à Londres, au ministre britannique concerné ; et que, par conséquent, ils pouvaient avoir été incorporés aux archives de ce ministre. Le ministre concerné était en 1812 lord Bathurst, secrétaire d'État à la Guerre et aux Colonies. En 1922, les soixante-trois volumes des papiers de Miranda furent identifiés par Robertson dans la bibliothèque Bathurst de Cirencester, dans le Gloucestershire. Peut-être deux ou trois grains de poussière vénézuélienne y adhéraient-ils encore, souvenir des deux voyages de trois heures qu'ils avaient accomplis, plus d'un siècle auparavant, sur le chemin reliant Caracas à La Guaira. Les papiers furent acquis par le gouvernement vénézuélien, avant d'accomplir leur dernier voyage pour revenir à Caracas.

Les premiers volumes, lourdement révisés, au prix de nombreuses coupes ou omissions, furent publiés à Caracas en 1924. Les derniers parurent à La Havane en 1950, pour le bicentenaire de la naissance de Miranda. Ces volumes de La Havane, où les papiers sont présentés tels que les avait laissés Miranda, mêlant l'éphémère à des éléments plus formels, sans vernis ni ingérence éditoriale, semblent encore tout chauds de la vie de cet homme.

9

RETOUR

Le premier pays d'Afrique noire où je me rendis était en Afrique de l'Est. J'avais trente et quelques années. Vaguement affecté à l'université locale, j'habitais un petit bungalow sur les terrains paysagés d'une cité résidentielle gouvernementale aux lisières de la ville. La plupart des gens logés là étaient des expatriés — des Britanniques en majorité, avec quelques Américains — qui travaillaient à des titres divers pour le gouvernement. Certains étaient directement employés par lui ; d'autres (moi, par exemple) avaient été chargés de missions par des fondations ou des agences de coopération étrangères.

Le pays était indépendant depuis peu et passait pour révolutionnaire, mais la cité conservait une atmosphère coloniale. Elle me faisait penser à celles où logeaient les expatriés sur les champs pétrolifères de Trinidad, et sans doute avait-elle été créée vers la même époque, c'est-à-dire l'entre-deux-guerres.

Les bungalows et appartements, ici comme là-bas, étaient très modestes. C'était le cadre — les hectares de terrain paysagé — qui les distinguait, leur donnait un caractère d'isolement et de privilège. On semblait s'être appliqué à débarrasser le sol de toute broussaille fortuite. Il n'y avait aucune clôture dans le périmètre de la cité, pas de détritus visibles, nulle ferraille, nul bout de terrain vague manifeste. Les espaces libres entre les maisons étaient plantés de gazon. Chaque arbre ou arbuste, si commun qu'il fût à l'extérieur, cocotier, cassier, flamboyant, hibiscus, revêtait dans cette enceinte défrichée une beauté autre, exotique.

La notion de privilège — ou de protection : c'est presque la même chose — n'était pas erronée. Cette cité résidentielle est-africaine constituait une sorte de petit État-providence dans l'État. Il y avait tout un aspect de l'existence dont nous n'avions pas à nous soucier. Un service particulier de l'administration avait la charge des appartements et des bungalows. Il veillait aux travaux d'entretien, réparations et remplacements, et recevait les plaintes. Et quoique cela ne fût pas inclus dans le contrat officiel, presque tous les arrivants se voyaient vite doté d'un domestique, un boy rompu aux mœurs de la cité.

Au début, j'étais mal à l'aise à l'égard de ces domestiques. La notion en soi m'embarrassait : le serviteur africain en Afrique de l'Est — encore partiellement une terre de colons, et de safaris — suscitait trop d'associations d'idées avec des livres et des films. Mais je m'aperçus bientôt que la plupart des habitants de la cité, y compris les domestiques, menaient une vie peu naturelle. Chacun avait trouvé ici un code — par certains côtés aussi formaliste que celui d'un collège d'Oxford — qui ne pouvait exister à l'extérieur. L'idée me vint, au bout d'un certain temps, qu'il avait toujours dû en être ainsi, même à l'époque coloniale.

Comme la cité résidentielle était en bordure de la ville et qu'il n'y avait ni autobus ni taxis, j'étais obligé d'avoir une voiture. Et comme je ne savais pas conduire, ou ne me faisais pas confiance au volant, j'étais obligé d'avoir un chauffeur. Il m'aurait paru raisonnable d'avoir un seul homme pour conduire ma voiture, me faire la cuisine et s'occuper du bungalow, mais dans la cité ce n'était pas de mise. Il me fallait un chauffeur professionnel.

Tout de suite après le petit déjeuner, le boy arrivait, respectable et tiré à quatre épingles, pli impeccable au pantalon, chemise propre et chaussures étincelantes, et il s'enquérait du programme de la journée. Le plus souvent, je n'avais pas de sortie prévue. Je travaillais chez moi. Il allait donc s'asseoir dans la cuisine pour attendre, levant les yeux, au début, chaque fois que je passais devant la porte ouverte, puis les baissant consciencieusement. Par la suite, il prit l'habitude d'apporter dans sa cuisine des bandes dessinées, des revues, puis de vrais livres ; il écrivait des lettres. Il m'arrivait, le matin, de le renvoyer chez lui pour la journée, et voilà que quelques heures plus tard je voulais sortir. La vie dans la cité, avec tous ses privilèges, avait ses complications.

Le domestique et le chauffeur m'avaient été procurés par Moses Lubero, le boy d'un jeune couple d'Anglais qui habitaient à proximité. Lubero était un homme lourd et lent, aux yeux brillants qui roulaient dans l'orbite. Je le voyais parfois suspendre sur l'étendage des vêtements de bébé, les pinces à linge dans la bouche. Des vêtements de bébé ! Lubero tenait un rôle d'une autre importance. Il passait pour avoir le contrôle des boys de la cité. Quand il était dehors et entendait ou voyait venir ma voiture, il accomplissait une lente rotation de la tête et un roulement d'yeux encore plus lent pour examiner la voiture, le chauffeur et ma propre personne. On aurait dit que les muscles de son cou ne fonctionnaient pas normalement ; mais c'était peut-être simplement sa manière à lui de nous faire savoir qu'il surveillait ce qui se passait.

Il portait la tenue blanche classique des boys : une chemise à manches courtes et un short. De loin, cela lui donnait une allure de gros garçon. Dès qu'on s'approchait, son apparence changeait : le gros garçon n'avait rien d'un adolescent. C'était un homme d'âge mûr qui avait beaucoup vécu ; des marques profondes se creusaient de la pommette au coin de la bouche, et des rides de froncement de sourcils lui barraient le front. Le ventre proéminent — qui tirait sur la ceinture de son short blanc — ne suggérait pas la mollesse. Il proclamait la force, l'autorité, le sentiment de son importance. De tout près, on ne lui trouvait pas une expression chaleureuse ; il avait l'air d'exercer une autorité tribale. Son nom de famille indiquait qu'il venait du centre du continent ; un grand-père ou un ancêtre plus lointain avait dû descendre sur la côte à la suite d'un négociant arabe ou indien et s'y était échoué.

Détenir le contrôle sur les boys de la cité représentait un pouvoir. Le travail était mieux payé que les emplois comparables en ville, et chaque bungalow ou appartement avait ses *quarters* — les « quartiers » des employés de maison — soigneusement aménagés ; bien des gens de la ville auraient apprécié d'y loger. Il existait aussi, étant donné les fréquents déménagements et emménagements d'expatriés, tout un système de négoce des biens abandonnés. Le contrôle des boys s'exerçait aussi de diverses autres manières. Ce fut Lubero qui s'occupa de tout quand mon propre domestique acheta une vieille bicyclette déglinguée (grâce à un prêt obtenu par l'intermédiaire de Lubero, et il acquit en même temps les lunettes de soleil en plastique à monture blanche — trop petites pour lui — assorties à sa nouvelle élégance cycliste).

Le pays vivait sous un régime de tyrannie. Mais à l'époque, cela gênait peu de gens. L'Afrique commençait à peine à accéder à l'indépendance, et le président avait la réputation d'un homme de bien qui n'employait son autorité qu'à édifier le socialisme.

Certains des expatriés pensaient être là pour servir cette cause. C'était l'un des éléments qui les avaient attirés dans ce pays. Ils aimaient la proximité du pouvoir, et la vie simple mais protégée dont ils jouissaient dans la cité ; quoique l'obligation d'employer un boy les tracassât — ils en discutaient entre eux. La pénurie et l'austérité qui régnaient au-dehors, ainsi que la mise au pas de la population, plaisaient même assez à quelques-uns. Ils estimaient qu'il fallait en passer par là avant que la situation ne s'améliore. A leurs yeux, c'était une bonne chose qu'on empêchât les gens des villages de migrer vers la capitale. Ainsi, la ville ne s'étendait pas, les campagnards étaient protégés contre les corruptions de la vie citadine, et il était plus facile de collectiviser les villages et de les restituer au socialisme des coutumes africaines. Je pense à présent que la vie de la cité devait procurer à ces expatriés-là un peu de ce que d'autres trouvaient dans la vie de l'ashram ou de la communauté religieuse : une libération, des rigidités de rechange, une nouvelle conscience de soi, une nouvelle façon de choyer leur personne.

Moses Lubero avait le contrôle des boys, et Richard surveillait les expatriés. Anglais, Richard était un homme svelte, âgé d'une bonne trentaine d'années ; il utilisait un fume-cigarette en ivoire. Il invitait les gens à dîner chez lui quand il les sentait en mauvaise voie. Il travaillait au service du Plan, mais il était plus connu, dans la cité, pour les courriers qu'il expédiait à des journaux et magazines étrangers dès qu'ils osaient critiquer dans leurs articles les pays et le président. Richard n'agissait pas ainsi à titre officiel mais en tant que personne privée. Il parlait du socialisme comme d'une foi austère qui apportait en soi sa récompense. « Pourquoi un pays pauvre d'Afrique, écrivait-il par exemple, n'aurait-il pas le droit d'élaborer sa propre version du socialisme ? » Ou encore, au sujet du président : « Peut-être ne laissera-t-il pas son pays plus riche qu'il ne l'a trouvé. Mais il n'y a pas un critère unique du succès, et cet homme nouveau de l'Afrique aura la satisfaction d'avoir gouverné en conformité avec l'élévation de ses propres principes. »

A voir sa façon d'être, aimable et pleine d'autodérision, vous aviez l'impression que Richard partageait à moitié votre avis et que vous pouviez plaisanter avec lui à propos de ses écrits. Mieux valait s'en abstenir. Il n'avait aucun humour ; il était parfaitement incapable de saisir un point de vue différent du sien.

Un après-midi — j'avais donné sa journée au boy — je sortis en voiture, pour m'exercer. J'allai sur la route de l'aéroport. C'était la moins encombrée aux alentours de la capitale. Elle ne traversait aucun village et comportait une bonne, longue section en ligne droite. Sur cette section, au bout de quelques kilomètres, je vis venir à ma rencontre un motocycliste en uniforme noir. Puis j'aperçus un deuxième motocycliste en uniforme noir. Les deux hommes gesticulaient. Ils semblaient même à moitié dressés sur leur moto. Quand ils s'approchèrent, je vis que leur gesticulation s'adressait à moi. Il apparut clairement qu'ils étaient furieux contre ma personne, et résolus à me pousser hors de la chaussée. Je me garai sur le bas-côté, sans accident. Derrière les motocyclistes venait une grosse automobile noire, et sur la banquette arrière se trouvaient deux passagers en costume africain drapé sur l'épaule. L'un des passagers était le président. Une voiture plus petite suivait, et une autre moto fermait la marche.

Quelques jours plus tard, je croisai Richard qui arpentait la cité de son pas vif habituel.

— L'autre jour, lui dis-je, le président m'a poussé hors de la route.

Le sourire fixe et de pure forme s'effaça de son visage. Il prit un air sévère.

— Vous l'inventez. Vous savez que vous l'inventez. Le président n'agit pas ainsi.

— Oui, c'est ce que je croyais. Mais il est vrai que je ne l'avais jamais encore rencontré sur la route.

— Vous pouvez écrire ce que vous voulez, bien entendu. Vous en avez la liberté et vous ne l'ignorez pas. Les Sud-Africains en exil ici ne manqueront pas de vous être reconnaissants de votre satire.

Il s'exprimait lui-même sur le ton satirique. Le pays offrait volontiers l'asile aux exilés politiques d'Afrique du Sud, et dans la cité nous en avions un certain nombre. Ils constituaient un élément distinct, dépressif. Quelques-uns étaient des Noirs ; beaucoup plus nombreux étaient les Blancs. Les Blancs étaient des gens malheureux, des gens abîmés. C'était peut-être la défaite qui en était cause, à moins que l'exil ne fît ressortir la mélancolie ou la frustration qui avaient toujours été dans leur nature, sous l'engagement politique. Jamais encore je n'avais connu de révolutionnaires, et je me fabriquais sans doute une idée théâtrale de leur personnage. Ces habitants de la cité — que je voyais de loin, et dont je trouvais difficile de faire la connaissance — ne paraissaient ni provocants, ni farouches, ni pétris de foi. Ils ressemblaient plutôt à des gens qui auraient tiré la mauvaise carte, se seraient trompés de route, et qui seraient en quelque sorte toujours hors d'atteinte, toujours aux prises avec leurs démons intérieurs.

Le pays était animé d'une haine particulière. Elle visait la petite communauté asiatique ou indienne qui, comme ailleurs en Afrique de l'Est, comptait essentiellement des négociants et des commerçants, et formait un groupe fermé.

Les contacts entre la côte africaine et l'Inde devaient remonter à un lointain passé. Ce fut un pilote est-africain qui indiqua le chemin de l'Inde à Vasco de Gama. Speke, l'explorateur victorien, publia même une carte, basée paraît-il sur de vieux textes hindous, qui donnait le nom sanskrit des cours d'eau, lacs et montagnes d'Ouganda. La culture swahili hybride de la côte devait comporter une part indienne. Mais les autochtones ignoraient ces données historiques ; et la communauté asiatique qu'ils haïssaient était venue s'installer plus récemment, durant le demi-siècle de règne britannique.

La haine s'exhalait dans les journaux, au parlement, dans la cité, à l'université. Elle s'exprimait ouvertement ; elle était autorisée ; elle ne s'attirait aucune représailles. Les expatriés s'y livraient aussi pour manifester leur propre dévouement au pays. Dans la classe politique, certains y voyaient une partie intégrante de la construction du socialisme, et lui donnaient un vernis doctrinal.

Les boutiques asiatiques de la capitale auraient déjà été assez miteuses à cause des restrictions à l'importation et au commerce extérieur. Il était aisé de voir qu'à l'arrière-plan s'exerçait un pillage constant des commerces par les fonctionnaires, les notables du parti du président, les maîtres-chanteurs et les sociétés financières d'Angleterre et d'ailleurs dont on se servait pour faire sortir l'argent du pays. Les commerçants, hindous ou musulmans, se montraient stoïques ; c'était un don de ces deux religions. Ils ne se plaignaient pas, et se seraient refusés à le faire devant des gens venus du dehors. Mais on avait l'impression que tout un monde, au plan spirituel, séparait l'affliction propre à ces boutiques, à ces obscures boîtes de bois ou de béton exposées à tant de haine, des terrains paysagés de la cité et du campus encore plus splendide de la nouvelle université, construite avec l'aide officielle de l'étranger et qui semblait proclamer une approbation internationale de l'action du président.

Il était de notoriété publique qu'au début de sa carrière politique, le président avait reçu l'appui financier de membres de la communauté asiatique. Il arrivait au président lui-même d'y faire allusion, lorsqu'il assistait à certaines cérémonies des Asiatiques. Je fis un jour la connaissance de l'un de ceux qui l'avaient aidé. Sexagénaire, corpulent, l'air malade, il avait sa vie active derrière lui. Il était issu d'une famille de négociants immigrés en Afrique de l'Est au tout début du siècle. Démarche originale, il n'était pas entré dans les affaires familiales. Il était devenu avocat. A cause peut-être de ce choix qui divergeait de la coutume, et de son isolement, il avait été marqué, davantage que la plupart des Indiens que je rencontrai en Inde ou en Afrique, par la cruauté raciste de l'Afrique de l'Est avant la guerre. (C'était l'écho déformé de cette cruauté qui, au début, m'avait troublé, même dans la cité résidentielle de l'État révolutionnaire, à travers les conventions incarnées par les boys, leur uniforme, leurs *quarters*.) Il avait connu des moments particulièrement durs dans les années d'avant-guerre, lorsqu'il s'était senti pris entre les humiliations de l'Afrique de l'Est coloniale et l'Inde coloniale. Après l'indépendance de l'Inde, il s'était voué à la cause est-africaine. Il avait connu le président lorsque celui-ci n'était qu'un collégien mais déjà célèbre, déjà doté d'une réputation de dirigeant. Il l'avait toujours admiré ; il l'admirait encore.

Après m'avoir entretenu des excès du pouvoir présidentiel — les cruautés exercées dans les villages, le harcèlement de la communauté asiatique, la censure de la presse, l'enrégimentement des étudiants à l'université — l'avocat se remit à me parler des qualités qu'il avait admirées chez le président. En dépit de tout ce qu'il venait d'évoquer, on aurait dit qu'il avait atteint un stade personnel de repos et de réconciliation, et qu'il avait une vision lumineuse de l'avenir. Dans la cité, il y avait comme cela trois ou quatre Anglais, qui n'étaient pas vieux ; un ou deux avaient des liens familiaux avec l'Afrique. Ils aimaient l'Afrique pour ses paysages, sa population, les mystères de la religion, les animaux, l'espace. Ils ne pouvaient vivre nulle part ailleurs, et ils avaient l'intention d'y rester, en dépit de la politique, aussi longtemps qu'on les y autoriserait.

C'était vers un semblable stade de repos que me guidait l'avocat indien, pensai-je, il comptait sur un avenir au-delà des abus actuels du pouvoir présidentiel.

— Mais, lui demandai-je, comment allez-vous passer les prochaines années ?

— Je mettrai tout en œuvre de jour en jour, me dit-il d'un ton résolu, pour faire sortir du pays le moindre shilling en ma possession.

L'avocat n'était pas exempt du sens de l'accumulation des richesses propre à sa famille et à sa caste. Mais il était devenu beaucoup plus qu'un membre de sa caste. Chez lui, les pulsions charitables de sa foi — liées à la notion du mérite et de la vie d'homme de bien — s'étaient converties en idéalisme politique de toute une vie. Il savait parfaitement que s'il se comportait comme il venait de le dire, il gâcherait la fin de ses jours qui étaient comptés. Mais il parlait sérieusement. La situation du pays était aussi désastreuse qu'elle le paraissait, et il parlait ainsi du fond du désespoir et de la conscience, dure à supporter à son âge, de sa propre futilité.

L'éducation était gratuite et, pour la plupart, les étudiants à l'université étaient les premiers de leur famille ou de leur village à poursuivre des études supérieures. Ils amenaient sur le campus certaines coutumes villageoises. Il leur arrivait de passer deux ou trois jours à boire, avec un sérieux morose ; nombre d'entre eux le faisaient dès qu'ils touchaient leur allocation mensuelle du gouvernement. Ils laissaient la lumière allumée quand ils se couchaient, parce qu'ils n'aimaient pas dormir dans le noir. Leurs bâtiments résidentiels restaient toute la nuit embrasés de lumière électrique, et un visiteur aurait pu croire que les étudiants de cette université africaine toute neuve travaillaient nuit et jour, pour rattraper le temps perdu.

En réalité, certains des étudiants amenaient un esprit frais et agile à l'université. C'était là qu'on leur apprenait à devenir obtus, par la formation politique qu'on leur imposait : on leur inculquait la pensée du président et les principes du socialisme. C'était comme si on les avait transférés de leur village à l'université pour acquérir une nouvelle initiation, un nouveau tribalisme, de nouveaux tabous et de nouveaux principes d'obéissance bornée. A la fin, ceux qui réussissaient étaient aptes et prêts à servir le président et l'État ; une chance pour eux, car ils n'avaient pas à leur disposition d'autre moyen de gagner leur vie.

Tel était l'avenir dont il leur fallait se montrer dignes. Ils apprenaient à quitter la salle d'un seul et même mouvement pendant les conférences données par des étrangers en visite.

Peu d'entre eux auraient pu dire pourquoi ; ils savaient simplement que le responsable de leur groupe avait donné le signal. Cette façon de sortir en cours de conférence était une forme d'agression qui suscitait les commentaires des expatriés, et paraissait corroborer une idée que le régime despotique propageait sur son propre compte : sous l'égide du président, le pays avançait à grands pas, mais pas assez vite au gré des étudiants, dont l'impatience et la colère montaient, et qui poussaient donc le président, presque contre son gré, à des options plus révolutionnaires.

Les étudiants manifestaient continuellement. Ils manifestaient contre l'Afrique du Sud et la Rhodésie. Ils manifestaient contre les pays africains dont les dirigeants avaient une position critique à l'égard du président. Et, à présent, ils manifestaient de plus en plus souvent contre la communauté asiatique locale, coupable d'envoyer de l'argent à l'étranger et de mettre le pays à sec. Le quotidien gouvernemental rendait compte de ces manifestations et, en même temps, publiait des éditoriaux demandant aux étudiants de garder la mesure ; j'avais pourtant l'impression, parfois, que le journal rendait compte de manifestations qui n'avaient pas eu lieu.

Deux ou trois ans auparavant, le président avait invité un célèbre économiste hongrois à venir de Londres donner ses conseils sur la restructuration et l'unification de l'économie moitié coloniale, moitié empirique à l'africaine. A présent, la rumeur se mit à circuler qu'un autre conseiller étranger allait venir pour envisager les moyens d'empêcher les capitaux de sortir du pays. Chaque fois qu'il prenait des mesures radicales ou difficiles, ou élargissait son propre pouvoir, le président évitait de paraître agir de son propre chef. Il aimait donner l'impression de suivre simplement un bon exemple socialiste, et de prendre l'avis d'honorables consultants, citoyens émérites d'honorables républiques.

Un jour, Richard m'arrêta sur une allée de la cité.

— Connaissez-vous un nommé Blair ? me demanda-t-il avec son apparence de sourire. Il vient ici, nous aider à préserver le bon ordre parmi nous.

Rien qu'au ton de sa voix et à la lueur qui brillait dans ses yeux, je devinai qu'il parlait du nouveau conseiller du président.

Il tenait entre ses dents le fume-cigarette en ivoire, sans cigarette, qui s'agitait de haut en bas, et de bas en haut.

— Il est originaire de votre région du monde. Il paraît qu'il est allé à l'école avec vous. Il a été ministre. Aujourd'hui, c'est une sorte d'ambassadeur itinérant. Vous n'aurez bientôt plus de secrets l'un pour l'autre.

Oui, bien sûr, le nom me parlait, à présent. Nous n'étions pas à l'école ensemble, Blair et moi — cette partie de l'histoire était une invention. Mais son nom s'inscrivait dans le début de ma vie adulte : en 1949, durant quelques mois, nous avions tous deux travaillé dans un service administratif de Port of Spain, à la Maison Rouge. Je jouais à être fonctionnaire ; lui, il y mettait tout son sérieux.

J'étais un petit employé suppléant, copiste, pour occuper mon temps et gagner un peu d'argent avant de partir pour l'Angleterre et Oxford grâce à la bourse que j'avais obtenue. Blair était un employé de première classe depuis peu, un Noir de haute taille et plein de gravité qui s'était hissé là où il était. Il venait parfois s'asseoir à côté de moi à mon pupitre, à la fin de la matinée ou de l'après-midi, pour vérifier et parapher les certificats que j'avais rédigés.

Il était mon aîné de plus de dix ans et, à Trinidad, cette différence d'âge comptait. Cela signifiait qu'il était né en des temps plus durs. Ses études n'avait pas eu l'évidence des miennes. Il était issu d'une famille pauvre, au fond d'une campagne éloignée, et il avait pris un départ tardif. Ce retard l'avait désavantagé dans le système scolaire. Il lui avait fallu fréquenter de frustes écoles primaires puis des collèges publics où les enseignants étaient à peine qualifiés. Sans doute s'était-il trouvé toujours trop vieux pour les meilleures écoles, et il n'avait jamais dû accéder à la vision limpide du chemin tout tracé qui m'avait été donnée de bonne heure : études primaires, bourse pour une école secondaire d'élite, puis pour une université à l'étranger. Il avait dû toujours tâtonner. Et après cela, quand il était entré dans l'administration, juste avant la guerre, ses perspectives demeuraient limitées ; les postes supérieurs étaient réservés aux Anglais.

Cela avait changé. Il n'avait pas trente ans, mais il était déjà employé de première classe, à un rang plus élevé dans l'administration qu'il n'aurait pu l'imaginer en y entrant. Il comptait aller plus haut : on savait qu'il préparait tout seul un diplôme britannique externe. Cependant, au bureau, j'étais celui qui paraissait doté d'un véritable avenir : Oxford, et une carrière dans le vaste monde. Blair lui-même en semblait convaincu. Peut-être pensait-il qu'en d'autres circonstances, ses chances auraient pu valoir les miennes, mais il ne m'en montrait aucun ressentiment. A Trinidad, dans les années 40 — avant que l'après-guerre n'amenât la grande ouverture au monde, quand la société demeurait coloniale — les boursiers étaient l'objet d'une admiration particulière ; on les admirait presque autant que les champions du cricket. Blair me témoignait cette admiration-là.

Puis, au fil des ans, un équilibre s'était rétabli entre nous. Ma vie à l'étranger, perspective si brillante vue de la Maison Rouge à Port of Spain, s'était révélée dure et mesquine. Ma carrière avait mis de longues années à démarrer. Il m'avait fallu apprendre de zéro à écrire, presque à la manière dont un homme doit réapprendre à marcher et à se servir de son corps après une grave opération. Et même au bout de dix ans, je ne pouvais pas me sentir à l'abri, toujours inquiet que j'étais de trouver la matière du prochain livre, et du suivant.

Tandis que pour Blair, le monde, si contraignant à ses débuts, allait bientôt se transformer de façon spectaculaire. Avant même que j'aie publié mon premier livre, la nouvelle politique de libération d'un Trinidad bientôt indépendant était apparue — avec de perpétuels meetings nocturnes, semblables à des rites religieux, sur la vieille place coloniale hispano-britannique, voisine de la Maison Rouge — et Blair s'était trouvé propulsé au sommet, enlevé à cette administration où je l'avais connu, enlevé une fois pour toutes à ce genre d'emploi — pour accéder à la fonction ministérielle : voyages, postes d'ambassadeur, délégation aux Nations-unies, et maintenant ce travail auprès du président, pour combattre l'exode des capitaux. Il était né au bon moment, en fin de compte.

« Vous n'aurez bientôt plus de secrets l'un pour l'autre », avait dit Richard. Dans son esprit, cela ne signifiait rien ; ce n'était que des mots qu'il employait pour avoir l'air d'en dire plus long. C'était l'équivalent de son sourire fixe, qui n'avait rien d'un vrai sourire. Mais, cette fois-ci, il avait fait mouche : l'embarras que me causait cette information n'avait pas dû lui échapper.

Je n'avais jamais revu Blair depuis 1950, et n'avais aucune envie de le revoir à présent. La politique à laquelle il s'était voué ne me plaisait pas. L'exaltation presque religieuse des premiers temps du mouvement noir avait vite cédé le pas à la plus simpliste des politiques raciales. A Trinidad, cela signifiait une politique et une agitation permanente anti-indiennes ; c'était le procédé adopté pour s'assurer les suffrages de la majorité noire. Même si je ne vivais plus à Trinidad, j'en étais affecté. Quand je rencontrais des gens que j'avais connus là-bas, parfois des camarades d'école, je constatais qu'on ne pouvait pas fermer les yeux sur la question raciale. Il y avait une gêne des deux côtés, un porte-à-faux nouveau. Et à chacun de mes séjours à Trinidad, je me trouvais de plus en plus coupé du passé.

Les options politiques qui sous-tendaient la carrière de Blair outrepassaient à mon gré la politique, et il ne me plaisait pas de le voir venir ici, dans ce pays africain qui se voulait révolutionnaire, pour déstabiliser davantage la situation. Je m'étais accoutumé au mode de vie artificiel de la cité, avec ses conventions semi-coloniales. La communauté asiatique locale, dotée d'un sens du clan et de la caste bien plus fort que tout ce que nous avions pu connaître à Trinidad, ne me considérait en aucun cas comme l'un des leurs, et j'avais trouvé moyen, dans mon isolement, de me détacher des courants raciaux sous-jacents. Je sentais qu'avec la présence de Blair, tout cela allait changer.

Je ne pouvais pas dire que j'avais vraiment connu Blair en 1949. J'étais très jeune, j'avais dix-sept ans. Je ne le voyais jamais en dehors du bureau, et au bureau il révélait très peu de sa personnalité. Malgré sa haute stature, il avait des mouvements mesurés, discrets, comme s'il ne voulait pas attirer l'attention sur lui. Son écriture était très petite et soignée ; elle exprimait la confiance en soi, la méthode, l'ambition. Il respectait les convenances et se contrôlait toujours. Ses pensées semblaient souvent ailleurs, et je supposais que c'était à cause des études qu'il poursuivait chez lui pour le diplôme britannique externe. Il ne buvait pas avec les autres le jour de la paie, après la fermeture des portes du bureau. Il ne s'attardait pas après le travail. Il sortait sa bicyclette du râtelier, la soulevait pour descendre les marches de la Maison Rouge, et s'éloignait.

Il passait pour un homme exemplaire et tout le monde au bureau le respectait. Sa correction semblait faire partie de son personnage, et il la tenait de son milieu d'origine, qui était très particulier. Il venait d'une petite communauté villageoise intégralement africaine, au nord-est de l'île. Pour diverses raisons — l'éloignement, de mauvaises routes, l'épidémie de « balai de sorcière » qui avait ravagé les cacaoyères, la grande crise — la communauté était restée à l'écart pendant des générations, et, face au naufrage des vieilles plantations, elle avait adopté une sorte de doux mode de vie pastoral. C'étaient des gens maîtres d'eux et paisibles, exempts de la susceptibilité des Noirs en d'autres lieux. Ils étaient connus pour leur honnêteté, leur porte ouverte, et ils avaient de bonnes manières. Ils disaient bonjour aux inconnus, et s'attendaient qu'on les saluât de même. Jamais ils n'évoquaient une date à venir sans ajouter « Plaise à Dieu » : « Le mois prochain, plaise à Dieu », « Vendredi prochain, plaise à Dieu ». Ils étaient lents, mais on les considérait comme de braves gens et donc, on les aimait.

Blair avait dû être l'un des premiers membres de sa communauté à faire des études et chose étrange, il paraissait d'emblée posséder toutes les qualités requises pour accomplir une carrière de fonctionnaire. Moi qui sortais à peine du collège, je songeais, en observant la correction dont Blair faisait preuve au bureau, que les mœurs, la lenteur de sa communauté pastorale d'origine lui avaient donné un comportement de chef de classe : un subordonné, mais dans le camp de l'autorité. Il était entré dans l'administration à l'époque coloniale ; sans doute était-il prêt alors (comme plusieurs des employés les plus âgés) à vivre jusqu'au bout en subalterne ; et dès ces premiers temps, il avait dû se montrer aussi correct qu'il l'était quand je le connus, depuis peu employé de première classe, à qui le monde s'ouvrait enfin. Enfoui sous l'aspect de celui que je côtoyai en 1949, et du politicien qui m'était inconnu, subsistait cet homme plus tranquille, d'un autre âge, qui voulait seulement se mettre en paix avec le monde et qui était prêt à s'accommoder de ce qu'il obtiendrait.

Je ne crois pas que Blair aurait aimé qu'on lui rappelât l'existence de cet homme antérieur. Même si c'étaient son sentiment instinctif de l'autorité, qu'il acceptait, et le sens qu'il avait de là où elle résidait — à quoi était venue s'ajouter sa découverte de la passion raciale — qui l'avaient poussé vers la politique et l'avaient toujours maintenu à proximité du pouvoir, tandis que les autres ne faisaient que passer. Sa nouvelle carrière ne lui fit rien perdre de sa correction ; il inspirait une totale confiance à ses supérieurs, une grande déférence aux autres. Les rumeurs au sujet de sa corruption (qui pouvaient avoir été exagérées) s'inscrivaient dans la continuité de son passé : il était celui qui se chargeait d'arranger les choses pour des gens plus importants, désireux de garder les mains propres.

Richard avait semblé dire qu'il allait m'inviter à un dîner qu'il voulait organiser pour Blair. Je ne vis venir aucune invitation, et ce fut par Moses Lubero, l'œil-à-tout de la cité, et par Andrew, mon propre boy, que je fus mis au courant de l'arrivée de Blair. Le boy que Lubero lui alloua venait de la tribu d'Andrew, dont il était peut-être un proche cousin. C'était la première fois qu'il était employé dans la cité, et Lubero fut obligé de lui obtenir l'autorisation de quitter son village pour venir travailler en ville. Ce genre de contraintes abondaient dans le pays, ce qui signifiait qu'à chaque étape, il y avait des gens à qui il fallait graisser la patte. Je trouvai que le nouveau boy ressemblait un peu à Andrew, mais en plus jeune et plus petit. Il n'arborait pas la tenue blanche comme Lubero ; à l'instar d'Andrew, il portait un blue-jean à pattes d'éléphant. Son jean était un peu trop long pour lui (peut-être appartenait-il à Andrew), ce qui l'obligeait à le retrousser en larges revers. Pendant une semaine environ, il passa beaucoup de temps avec Andrew dans la petite cuisine du bungalow (avec le chauffeur, il y avait foule), et je crois qu'Andrew lui enseignait à faire la cuisine et le reste. Un matin, je vis le nouveau boy, dehors, s'approcher d'un buisson d'hibiscus dont il coupa et dénuda très soigneusement un rameau. Andrew avait dû lui dire de le faire et, sûrement, le tenait à l'œil en ce moment même ; au déjeuner, je vis deux morceaux de ce rameau, taillés en pointe, plantés à chaque bout d'un tronçon d'épi de maïs bouilli. Je sus donc qu'un de ces jours, Blair allait rentrer à son bungalow ou appartement après une matinée d'entretiens au ministère des Finances ou ailleurs, et entamerait son déjeuner avec du maïs bouilli garni de piques en hibiscus.

A la fin du premier mois, Andrew revendit sa bicyclette au nouveau boy, et s'en acheta une autre (par l'entremise de Lubero, bien entendu), de meilleure qualité, ce qui l'obligea sans doute à emprunter de nouveau. Le nouveau boy venait donc à vélo retrouver Andrew dans mon bungalow. Il lui arrivait de surgir au milieu de la matinée et, dans ce cas, Andrew repartait avec lui à bicyclette, sans doute pour réparer quelque désastre dans la cuisine de Blair.

Les boys disposaient de leur après-midi, et durant deux ou trois semaines Andrew et son cousin passèrent une partie de ces loisirs à parcourir la cité ensemble, à bicyclette. C'était une forme de célébration. Ils affichaient leur nouvelle acquisition, leur bonheur et leur belle allure. Le nouveau boy se mit à porter les lunettes de soleil en plastique à monture blanche d'Andrew. Pour lui aussi, elle étaient un peu petites, et les branches partaient vers le haut bien au-dessus de l'oreille. Deux ou trois jours plus tard, Andrew arbora de nouvelles lunettes d'un seul tenant en bandeau ; puis, s'offrant un nouvel avantage sur le petit nouveau (dans l'incapacité de le rattraper tant qu'il n'aurait pas touché son salaire), il prit l'habitude de mettre une cravate pour ces promenades cyclistes de l'après-midi.

Ils ne se comportaient ainsi que pour se faire remarquer, mais quand je les vis passer un après-midi, Andrew eut un sourire, presque un rire, qui était à la fois l'expression de son plaisir et une façon de dire qu'il n'ignorait pas à quel point tout cela pouvait être ridicule. Mais tout de suite, à l'intention cette fois de son cousin, il pinça les lèvres, regarda droit devant lui, retrouvant toute sa gravité, et la paire, l'un reflétant l'autre, s'éloigna sans broncher sur l'asphalte noir de l'allée aux bordures blanchies à la chaux, sous les fleurs éclatantes, orange et jaune, des tulipiers plantés à l'époque coloniale ; tous deux pédalaient en mesure, le petit nouveau, perché sur une selle un peu trop haute, peinant pour garder le pied au contact de la pédale jusqu'en bas ; célébrant leur bonheur, leur sécurité et leur chance, le boy de Blair et le mien, à travers les terrains paysagés de cette cité qui était comme un écho de celles des champs pétrolifères à Trinidad, que nous n'avions connu, Blair et moi, que de l'autre côté de la palissade en 1949, tous deux en une phase d'espérance de notre vie, où nous sentions que le monde commençait à se transformer, quoiqu'il nous fût impossible alors de prévoir les changements qui nous amèneraient ici, dans un pays africain qui, en ce temps-là, était au plus pour nous un nom sur la carte.

Ce fut dans le bungalow de De Groot que je finis par rencontrer Blair. De Groot était maître de conférence en histoire africaine. Il avait accompli un travail original assez considérable sur la culture swahili de la côte, et occupait à l'université une place beaucoup trop modeste. On l'avait écarté, une ou deux fois, au profit d'Africains, mais il estimait que c'était normal dans un pays d'Afrique, et n'y voyait pas vraiment d'inconvénient. Né en Afrique de l'Est, il ne voulait vivre nulle part ailleurs. C'était en réalité sa principale ambition : toujours demeurer en Afrique, ne jamais émigrer autre part.

Son père était un Néo-Zélandais, venu en Afrique de l'Est avant la Grande Guerre. Il était ingénieur et entrepreneur et fut chargé de travaux à petite échelle pour les chemins de fer. Son affaire périclita durant la grande crise et il perdit le reste de son argent dans sa vieillesse, lorsqu'il se querella avec les colons qui étaient ses voisins et entama des procès contre eux. Lui-même n'avait jamais été « un colon "colon" », pour reprendre les termes de son fils.

On pouvait en dire autant au sujet du fils (même s'il savait imiter la voix des colons) ; et il n'était guère autre chose non plus. De Groot fils comprenait toutes les attitudes dans cette partie d'Afrique, et restait détaché à l'égard de toutes. Il classait les expatriés amoureux de l'Afrique, dans la cité, en diverses catégories : « les régulateurs de gibier », les chasseurs de cervidés, les gens en safari prolongé, et les *matoke-eaters*, les mangeurs de bananes-plantains, ceux qui voulaient faire semblant momentanément d'être des Africains. A ses propres yeux, il n'appartenait à aucune de ces catégories (même si d'aucuns pouvaient voir en lui, il ne l'ignorait pas, un *matoke-eater*). Jamais il ne se définissait, mais je crois que de son point de vue, il était simplement un homme dans son propre contexte, et fasciné par tout ce qui en faisait partie. Il n'adoptait aucune cause particulière en Afrique ; les gens en quête de militantisme trouvaient qu'il lui manquait quelque chose.

Il était célibataire. Il appréciait la compagnie des amis, la conversation, les bonnes histoires, les plaisanteries. Son bungalow était du modèle courant dans la cité, absolument identique au mien quant aux dimensions, au plan et à l'aménagement, mais il semblait bien plus agréable. A l'orée de la cité, sur un terrain un peu en pente, il avait vue par-derrière, au-delà d'une déclivité, sur une végétation incontrôlée d'arbustes qui s'étendait à l'extérieur de l'enceinte jusqu'au prochain versant. La plupart des habitants de la cité décoraient leur logement avec les produits habituels de l'artisanat africain — tambours, lances, boucliers, poufs revêtus d'une peau de zèbre, statuettes. (Les vendeurs passaient constamment ; moi-même, au début, je leur avais acheté quelque camelote.) De Groot avait l'œil africain, et l'on pouvait regarder avec attention et redécouvrir chaque fois des objets d'apparence toute simple dans sa salle de séjour — tel un peigne en bois d'une tribu particulière, orné de motifs bigarrés accrochant la lumière, gravés avec un visible goût de la chose qui vous donnait l'envie de vous mettre vous-même à sculpter le bois. Mais l'élément principal qui faisait l'attrait du bungalow de De Groot, c'était l'homme lui-même. Il était d'une intelligence rapide, et sans malice. Son ouverture était totale. Quand on était avec lui, on sentait qu'il se délectait de votre personnalité, de vos bizarreries, de votre présence.

(C'est l'un de ceux dont je m'étais dit que je devrais aller les revoir avant d'entreprendre ce livre. Il avait quitté depuis longtemps son poste à l'université ; il ne le précisa jamais, mais je crois qu'on avait fini par lui rendre la vie trop difficile, même pour lui. Il avait eu ensuite des demi-emplois demi universitaires ; quelques mots sur des cartes de Noël m'avaient donné une très vague idée de ces travaux. Il avait publié quelques textes, mais après cela il semblait s'être définitivement éloigné de ce champ d'activité. Je n'avais plus aucune idée de ce qu'il pouvait bien faire lorsque je lui écrivis.

Il se méprit sur les termes de ma lettre : il crut que je prévoyais de lui rendre visite quelques jours plus tard. Il ne pouvait pas venir me chercher, s'excusait-il ; il m'enverrait son chauffeur ; il me décrivait le chauffeur. Il avait épuisé sa provision de thé Earl Grey, me disait-il ; il me priait de lui en apporter. Il possédait à présent une petite ferme. La situation était encore chaotique, mais il y avait beaucoup de livres et il pensait que je serais à mon aise. Je connaissais la région où se trouvait la ferme. C'était la brousse, poussiéreuse, peu accueillante. Je soupçonnai que l'appellation de « ferme » — avec ses connotations de champs cultivés et de fertilité — était un trop grand mot pour ce dont il disposait. Je m'imaginai sa maison comme une version plus rudimentaire, en pleine nature, de son bungalow de la cité résidentielle.

Il m'envoya une deuxième missive. Elle émanait manifestement d'un cerveau échauffé : son auteur croyait que j'allais franchir le seuil de sa porte d'un instant à l'autre. La lettre était rédigée sur un formulaire de correspondance par avion ; vers le milieu, l'écriture, qui était pour moi si imprégnée de sa personnalité, se dérobait. L'adresse avait été inscrite et la lettre postée, mais elle n'était pas finie : une défaillance avait dû l'empêcher de le faire, et il avait gardé l'énergie qu'il lui restait pour mettre l'adresse.

En fait, De Groot m'avait envoyé ces deux lettres de l'hôpital. Je lui avais écrit au moment où il allait mourir. Il arrive que la préparation et la rédaction d'un livre rencontrent ce genre de coïncidences.

Pendant des années après mon départ d'Afrique de l'Est, j'envisageai d'y retourner un jour pour m'en refaire une idée, accomplir de longues expéditions en voiture. Ce projet présupposait toujours la présence de De Groot, afin qu'il me guide, me serve d'interprète, me mette au contact des gens et me donne les nouvelles. Ç'aurait été à lui que j'aurais ramené mes récits. Sans lui, cela n'avait plus de sens de retourner là-bas. Je n'aurais pas su que faire ; le pays aurait été un autre.

Il aurait été possible, je suppose, de prévoir vingt-cinq ans plus tôt la façon dont sa vie finirait par se réduire à la parodie du colon. Je sais que le souci de l'avenir vint plus tard le tracasser. Mais tant qu'il demeurait dans la cité — jeune encore, il se trouvait des amis, et faisait des gestes généreux comme d'organiser la rencontre entre Blair et moi —, il était serein. Le pays avait déjà commencé à se détériorer gravement, il le savait, mais il nageait dans la joie de sa vie africaine.

De par ses antécédents, De Groot avait dû comprendre quelles tensions pouvaient exister entre Blair et moi. Il n'avait pas besoin d'explications. Et lorsqu'il m'annonça un jour qu'il avait fait la connaissance de Blair et avait sympathisé avec lui, et qu'il fallait que moi aussi, je le rencontre, je compris tout de suite que De Groot n'était pas resté inactif et que l'entrevue se passerait bien. Blair avait dû éprouver le même sentiment. Ainsi, avant même de nous voir, une sorte de bonne volonté se trouvait établie.

Les retrouvailles eurent lieu par une fin d'après-midi, sous l'étroite galerie à l'arrière du bungalow de De Groot, au sol cimenté et tout ouverte, à peine surélevée par rapport au terrain, garnie de vieux fauteuils en osier et d'une table basse délavée, tachée de ronds, et chargée de tout un fourbi poussé dans le coin contre le mur de la cuisine. Par-delà le petit bout de pelouse en pente — que De Groot aimait arroser —, le terrain descendait, apparemment livré à la brousse ; et des groupes de cases situées plus bas et invisibles, dont la population vivait en marge de la cité résidentielle, on entendait monter des voix africaines.

En 1949, quand j'avais dix-sept ans, Blair m'était apparu comme un jeune homme. A présent, je le vis d'âge mûr : il approchait la cinquantaine, et j'allais avoir trente-quatre ans. Le physique superbe s'était épaissi ; ses mouvements paraissaient moins modérés, plus assurés, plus envahissants de l'espace. Avant que j'aie eu le loisir de trop y penser, il mit les choses au point : il fit le premier geste.

— Je raconte à tout le monde que je vous ai vu travailler à votre première œuvre, me dit-il, avant de s'adresser aussi à De Groot. C'était dans le service administratif où nous étions employés tous les deux. Il avait écrit un texte sur un concours de beauté réservé aux Noires. Il le montra à l'une des dactylos qui ne le trouva pas à son goût. Elle pensait qu'il se moquait excessivement du maître de cérémonie noir. (Il eut un rire de gorge.) Moi, dès les premiers mots que j'entendis, je sus de qui il s'agissait.

J'avais souvent repensé — en Angleterre, lorsque ma carrière littéraire ne semblait pas prendre le départ — à cette joyeuse période où je feignais d'écrire dans notre service. Il me fallut six ans pour discerner ce qui n'allait pas dans cet article sur le concours de beauté. L'écrivain de dix-sept ans jouait trop à l'homme d'expérience : ses jugements, l'angle de son approche, ses plaisanteries suggéraient qu'il connaissait un monde différent et supérieur. Il fut difficile de me débarrasser de ce monde fantôme, lié au premier désir innocent de devenir écrivain.

Et il me vint soudain à l'esprit, en observant les mouvements plus libres de Blair sous la galerie de De Groot et son rire plus sonore que je ne m'en souvenais, que vers la même époque Blair avait pu se rendre compte que le personnage qu'il présentait au monde — l'autodidacte, dont les efforts ne se relâchaient pas, respecté de tous, plein de correction, doté des bonnes manières de sa communauté particulière — que ce personnage était un faux-semblant, pour une part assez essentielle. Peut-être était-il parvenu à porter un autre regard sur sa communauté isolée, qui survivait dans les vestiges des anciennes plantations ; peut-être était-il remonté de plus en plus loin dans leur histoire, jusqu'à des temps informulables. Et peut-être avait-il alors décidé — tout comme moi en tant qu'écrivain — de prendre un nouveau départ.

Il était environ quatre heures et demie quand nous nous trouvâmes face à face. Blair nous quitta vers six heures ; la nuit tombait et la fumée des cuisines des cases bavardes d'en bas commençait à monter à travers la broussaille. Il fut question de nous revoir. Il parla d'un dîner dans son bungalow. (Je songeai à l'épreuve que cela représenterait pour son boy, le cousin d'Andrew.)

Nous ne nous sommes jamais revus. Il est mort. Il ne me resta de lui que ces quatre-vingt-dix minutes et, comme il arrive parfois après un événement inattendu ou brutal, une ironie se mit à se greffer sur chacun des gestes et chacune des déclarations de Blair qui me revenaient. Il est difficile, en de telles circonstances, de ne pas croire que tout au fond d'elle-même, en une zone cachée, une personne pressent que la boucle est bouclée et que la fin est proche, de ne pas croire que cette intuition filtre d'une manière codée à travers ses paroles et ses actes.

De fait, lors de cette dernière entrevue, Blair parla d'une manière biaisée, sinon codée, de choses qui comptaient pour lui. Assez tôt dans la conversation, il interrompit De Groot pour dire, en scandant les mots, et avec des gestes à l'appui qui le faisaient paraître gigantesque sous la petite galerie : « Je le *sais*, le monde que je vais quitter est un monde meilleur que celui où je suis venu. » C'était une proclamation du simple point de vue racial, facile à comprendre. Ainsi s'expliquait sa passion, ses options politiques ; et c'était vrai, la révolution à laquelle il s'était voué avait abouti.

Mais, un peu plus tard, il atténua l'agressivité de ces grands gestes. Nous parlions des compagnies d'assurances et des examens médicaux, et il nous raconta une histoire à lui d'examen dans une clinique new-yorkaise. Après qu'on eut pris toutes ses coordonnées, on lui donna une robe de chambre et on l'envoya se déshabiller dans une cabine. Les robes de chambre étaient de quatre couleurs. La couleur ne signifiait rien et les robes étaient attribuées au hasard, mais lorsque les hommes en robe de chambre se trouvèrent réunis dans la salle d'attente, des groupes tendirent à se former en fonction de cette couleur. Peut-être avait-il lancé cette histoire en la prenant au sérieux, mais quand l'image absurde qu'il évoquait nous fit éclater de rire, De Groot et moi, il se mit à rire, lui aussi.

Bien après, alors que De Groot commentait la politique tribale en Afrique de l'Est, Blair donna à la conversation un tour inattendu. Nous étions tous tribalistes et racistes, dit-il ; nous pouvions tous aisément nous laisser aller à ce genre de comportement, dès que nous pensions nous en tirer à bon compte. Il nous raconta une autre histoire. A New York, dans une station de métro, il faisait la queue pour acheter son billet. (Il avait occupé un poste à l'ONU et New York était le cadre de bon nombre de ses histoires.) Le couple au guichet faisait attendre tout le monde. C'était un couple d'Asiatiques : Blair n'aurait su dire s'il s'agissait de Philippins, de Malais, d'Indonésiens ou de Chinois. Ils ne parlaient pas l'anglais. Il fallut longtemps à l'employé pour démêler leur destination ; et ce fut seulement après qu'il leur eut donné leurs billets que l'homme entreprit de chercher son argent pour payer. Blair s'entendit s'exclamer : "Mais qu'est-ce qu'il a, ce foutu Jap ?" Et le Blanc qui le précédait s'était retourné pour lui jeter un regard de profond mépris.

L'affaire était simple ; Blair et moi, nous avions grandi environnés de rapports raciaux beaucoup plus rudes, et nous en avions entendu de bien pires au sujet de toutes les races. Mais Blair faisait là plus que nous raconter une histoire à son propre désavantage. A travers cette histoire, il nous racontait comment il avait évolué ; c'était une ouverture qu'il nous faisait à tous les deux, assis en sa compagnie dans la lumière qui déclinait. Si on la rapprochait de ce qu'il avait dit précédemment, c'était comme l'affirmation, posée sans chercher à s'excuser, qu'après s'être livré à la passion de son militantisme, il pouvait à présent se montrer un autre homme, prêt à nouer de nouvelles relations. De Groot, avec son intuition de ces choses, avait probablement perçu une indication de ce genre lorsqu'il avait rencontré Blair auparavant ; et moi-même, je me trouvai ému par ce que je pensais l'entendre dire. Il estimait qu'on devait comprendre sa passion raciale ; il n'avait donc pas à s'en expliquer. C'était impressionnant ; cela me rappela à nouveau sa communauté perdue dans les cacaoyères ravagées. J'appréciai aussi la générosité, et la gaucherie de sa dernière histoire. L'indication qu'il avait donnée ne pouvait s'exprimer que de manière biaisée ou codée, et avec ce genre de gaucherie ; cela en soi était émouvant. Nous aurions sans doute tous trois été embarrassés par un langage direct.

Le reste du temps, De Groot parla de la culture swahili de la côte. Cela devait plaire à Blair, la notion d'une Afrique antique, d'une histoire africaine, même s'il n'était pas en mesure de partager vraiment les enthousiasmes de De Groot. Il avait obtenu ses certificats et ses diplômes externes, mais ce n'était pas un homme érudit ou cultivé au sens plus large. Il devait tout ignorer des cultures auxquelles De Groot faisait allusion, les dates ou les périodes ne devaient rien lui inspirer.

Mais, là encore, il voulut se montrer sous un jour nouveau. Il minimisa le plaisir que cela pouvait lui procurer d'entendre ainsi évoquer l'histoire africaine, et dit à un moment donné : « Il arrive parfois ici, quand les gens se mettent à parler d'or et d'ivoire, qu'on puisse se croire au temps de la Bible. On s'attendrait presque à ce qu'il soit question de plumes de paon. »

C'était apparemment une référence au travail qu'il était venu faire pour le gouvernement, et cela semblait confirmer les rumeurs qui couraient dans la cité, selon lesquelles Blair avait rencontré des difficultés auprès de certains hommes politiques. On attendait de lui simplement qu'il serre la vis à la communauté asiatique. Il allait beaucoup plus loin : il s'était intéressé à l'exportation frauduleuse d'ivoire et d'or. Cela représentait une saignée des ressources du pays, tout autant que les manipulations financières des négociants harcelés de la capitale. Tout le monde savait que cette contrebande était pratiquée par des notables du parti, qui (à cause de la réglementation des déplacements et des innombrables nouvelles lois) régnaient à présent sur l'intérieur des terres avec tout le despotisme des anciens chefs, et qui (en dépit du discours sur la restructuration socialiste de la société) avaient souvent des liens avec les vieilles familles de la chefferie.

— Il devrait prendre garde, dit De Groot après le départ de Blair. Ils ne sont pas tous comme le président. Il y a là des gens redoutables, et qui peuvent se montrer très violents. Le pouvoir tout neuf leur est monté à la tête. Ils se croient tout permis.

Je reçus de la bouche de Richard une autre version du même message, quelques jours plus tard. Il m'arrêta au passage dans une allée de la cité pour me dire : « J'ai un peu fourré mon nez dans les antécédents de votre ami. Ce n'est pas vraiment un petit saint, n'est-ce pas ? » Je compris alors que Blair s'était mis à marcher sur les pieds de personnages importants, et que Richard, ciselant ses formules, tournait déjà dans sa tête sa défense du régime contre toutes les révélations que Blair pourrait rendre publiques.

Ce fut aussi brutal et sauvage que De Groot l'avait redouté. Et si choquant — même pour Richard — qu'il s'écoula quelques jours avant l'annonce de la mort de Blair ; personne ne savait sans doute comment présenter la chose. Des rumeurs couraient, inspirées dans certains cas par ceux-là même qui avaient souhaité se débarrasser de Blair. Selon la première de ces rumeurs, il avait été tué dans un bordel aux portes de la capitale. Selon une autre, il y avait eu je ne sais quelle conspiration des Asiatiques. Une autre encore prétendait que son bungalow dans la cité résidentielle avait été cambriolé, on avait volé ses papiers et tous les objets de valeur, et son boy avait disparu. La dernière partie de l'histoire était fondée. On ne revit pas son boy, le cousin d'Andrew.

Ce qui fut établi, au bout de quelques jours, c'était qu'on avait trouvé le corps de Blair dans une bananeraie modèle, à de nombreux kilomètres de la capitale. Cette bananeraie avait été créée avec les conseils et les fonds de l'étranger, et devait servir de pilote aux exploitations collectivisées de l'avenir. Il y régnait une atmosphère particulière. Les vieilles feuilles de bananiers, qui séchaient et s'émiettaient rapidement, sur une grande épaisseur, servaient de paillis. Quand on les foulait, on avait l'impression de marcher sur un tapis profond et doux. Cela étouffait le bruit des pas et semblait absorber tous les sons, et le pied ne tardait pas à hésiter en cherchant son assise. Les gens qui avaient amené là Blair ou son cadavre avaient apparemment l'intention de l'enterrer sous le paillis, mais soit ils avaient été dérangés, soit ils avaient changé d'avis. On mit un jour ou deux à découvrir le corps et à le ramener dans la capitale, et bien des jours encore s'écoulèrent après cela — et après la brève annonce officielle du décès — avant qu'on ne le mît à bord d'un avion pour le ramener à Trinidad.

Dans la version de sa mort que façonna mon imagination, je voyais Blair en vie dans cette bananeraie, l'homme de haute stature qui pataugeait en silence dans ses grandes chaussures de cuir aux semelles luisantes enfoncées à chaque pas dans le paillis mou, entre ses assaillants au pied ferme. Il avait dû y avoir un instant, dans le grand silence, où il avait su qu'on allait avoir sa peau, que ses assaillants étaient résolus à aller jusqu'au bout ; et sans doute aussi avait-il su pourquoi. Et si, comme dans un conte d'Edgar Allan Poe, au moment de la mort, quand le cerveau vibrait encore, une question avait pu se nicher dans la matière grise — « Cette trahison rend-elle ta vie dérisoire ? » —, je crois que la réponse, tout de suite après la mort, avait dû être « Non ! Non ! Non ! ».

Andrew pleura la disparition de son cousin mais il ne voulait pas en parler. Il continuait de passer ses week-ends à boire. Le lundi, il avait les yeux rouges et un gros mal de tête, comme avant. Mais à présent, en plus, le chagrin lui ternissait la peau ; sa figure ressemblait à une sculpture, privée de mobilité, la bouche comme soudée, la lèvre inférieure en avant. Des semaines durant, il sembla au bord des larmes.

Moses Lubero n'effectuait plus sa lente rotation de la tête et des yeux quand je passais. Il prenait soin, à présent, de détourner le regard, d'être tout à ce qu'il faisait. Quelque six semaines plus tard, la bicyclette qui avait appartenu au cousin d'Andrew (et, avant cela, à Andrew lui-même) recommença à circuler dans la cité, chevauchée par un nouveau boy.

Et Richard ? Voilà deux ans, j'étais à Paris pour la parution de l'un de mes livres. Un jour, dans un restaurant, vers la fin du déjeuner avec un journaliste français débordé qui bluffait pour se tirer de l'interview, quelqu'un, dans mon dos, me dit à l'oreille en anglais : « *A voice from the remote past* [1] ». C'était Richard, sans cigarette ni fume-cigarette en ivoire. En vingt-cinq ans, il lui avait poussé beaucoup de poils aux narines et aux oreilles. Il portait un costume gris et me dit qu'il travaillait à Paris pour une fondation, qui distribuait des bourses à des étudiants d'Europe de l'Est. Il avait quitté l'Afrique et s'était remarié.

— L'andropause, dit-il de son ton vif, apparemment enjoué. Le nom dont on baptise le changement d'épouse.

La formule toute prête : je reconnaissais bien là Richard.

— Ce doit être un peu triste pour vous, quand on pense à tout ce qui s'est passé dans tant de pays d'Afrique.

— Je ne vois pas de quoi vous parlez. Si j'ai quitté l'Afrique,

1 « Une voix sortie du lointain passé. » *(N.d.T.)*

c'est simplement pour la raison que je vous ai dite. J'éprouvais un besoin de changement, et ce dont je m'occupe à présent est beaucoup plus urgent. L'Europe de l'Est connaît une situation bien plus grave que tout ce qu'on peut voir en Afrique. Les Hongrois, par exemple, avaient un excellent gouvernement communiste. Ils s'en sont privés, et les voici au bord du conflit ethnique. Personne n'aurait l'idée de les traiter de barbares et de sauvages.

Cela aussi ressemblait à Richard, toujours exclusivement soucieux de l'orthodoxie de ses principes, et toujours à l'abri, d'une manière ou d'une autre.

Je m'étais fabriqué une image fantasque de la cérémonie du retour à Trinidad de la dépouille de Blair : l'avion était à l'aéroport, et des hommes graves, quatre ou peut-être six, en costume sombre, descendaient les marches de la passerelle en portant le cercueil. Je savais que mon image était fantasque, mais sa solennité semblait adéquate à la circonstance, tant que je ne la mis pas en question. Descendre à quatre ou six un cercueil de cette dimension par la passerelle aurait été impossible. En outre, où le cercueil aurait-il été entreposé dans l'avion ? Il aurait fallu l'amarrer au sol de quelque manière, et supprimer un certain nombre de sièges ; ce qui aurait supposé l'affrètement spécial d'un avion. Ce n'avait pas été le cas, et donc il fallait écarter cette image du cercueil, de la passerelle et des porteurs en costume sombre. La vérité devait être plus simple. Le corps avait dû être enfermé dans une caisse, placée dans une partie réfrigérée de la cale de l'avion. Il avait sans doute été embaumé en Afrique ; cela signifiait qu'on en aurait retiré les organes internes. A l'aéroport de Trinidad, les portes de la cale s'étaient ouvertes et, le moment venu, on avait dû transférer la caisse sur une remorque basse, et peut-être la dissimuler ou la recouvrir de quelque manière. Il avait sans doute fallu procéder à des formalités. Le corps embaumé aurait-il ensuite été déposé sur un corbillard ? L'idée du corbillard n'était pas convaincante. Je fis mon enquête. On me dit qu'on avait dû charger la caisse à bord d'une ambulance pour gagner Port of Spain, et déposer la dépouille dans la chapelle de repos chez Parry, entreprise de pompes funèbres.

Décembre 1991 — octobre 1993

TABLE

1. Prélude : Un héritage 11
2. Historique : Une odeur de colle de poisson 19
3. Un vêtement moderne : Histoire non écrite 46
4. Passager : Une silhouette des années 30 68
5. En fuite 99
6. Une liasse de papiers, un rouleau de tabac, une tortue : Histoire non écrite 147
7. Un homme nouveau 190
8. Dans le golfe de Désolation : Histoire non écrite 216
9. Retour 311

DANS LA MÊME COLLECTION

Svetlana Alexievitch, *Ensorcelés par la mort*. Traduit du russe par Sophie Benech.

Joan Brady, *L'Enfant loué*. Traduit de l'anglais par Pierre Alien. Prix du Meilleur Livre Étranger, 1995.

Peter Carey, *Oscar et Lucinda*. Traduit de l'anglais (Australie) par Michel Courtois-Fourcy.

Peter Carey, *L'Inspectrice*. Traduit de l'anglais (Australie) par Marc Cholodenko.

Peter Carey, *Un écornifleur* (Illywhacker). Traduit de l'anglais (Australie) par Jean Guiloineau.

Albert Drach, *Voyage non sentimental*. Traduit de l'allemand par Colette Kowalski.

Stanley Elkin, *Le Royaume enchanté*. Traduit de l'anglais (États-Unis) par Claire Maniez et Marc Chénetier.

Jeffrey Eugenides, *Les Vierges suicidées*. Traduit de l'anglais (États-Unis) par Marc Cholodenko.

William Gaddis, *JR*. Traduit de l'anglais (États-Unis) par Marc Cholodenko.

Eduardo Galeano, *Mémoire du feu, Tome I, Les Naissances*. Traduit de l'espagnol par Claude Couffon.

Eduardo Galeano, *Mémoire du feu, Tome II, Les Visages et les Masques*. Traduit de l'espagnol par Véra Binard.

Natalia Ginzburg, *Nos années d'hier*. Traduit de l'italien par Adrienne Verdière Le Peletier. Nouvelle édition établie par Nathalie Bauer.

Nadine Gordimer, *Le Safari de votre vie*. Nouvelles traduites de l'anglais par Pierre Boyer, Julie Damour, Gabrielle Rolin, Antoinette Roubichou-Stretz et Claude Wauthier.

Nadine Gordimer, *Feu le monde bourgeois*. Traduit de l'anglais par Pierre Boyer.

Allan Gurganus, *Bénie soit l'assurance*. Traduit de l'anglais (États-Unis) par Simone Manceau.

Oscar Hijuelos, *Les Mambo Kings*. Traduit de l'anglais (États-Unis) par Pierre Alien et Jean Clem.

Ryszard Kapuściński, *Imperium*. Traduit du polonais par Véronique Patte.

Jerzy Kosinski, *L'Ermite de la 69e Rue*. Traduit de l'anglais (États-Unis) par Fortunato Israël.

Salvatore Mannuzzu, *La Procédure*. Traduit de l'italien par André Maugé.

Salvatore Mannuzzu, *La Fille perdue*. Traduit de l'italien par Nathalie Bauer.

Valerie Martin, *Mary Reilly*. Traduit de l'anglais (États-Unis) par Annie Saumont.

Jess Mowry, *Hypercool*. Traduit de l'anglais (États-Unis) par Pierre Alien.

Péter Nádas, *La Fin d'un roman de famille*. Traduit du hongrois par Georges Kassai.

V.S. Naipaul, *La Traversée du milieu*. Traduit de l'anglais par Marc Cholodenko.

Tim O'Brien, *A la poursuite de Cacciato*. Traduit de l'anglais (États-Unis) par Yvon Bouin.

Tim O'Brien, *A propos de courage*. Traduit de l'anglais (États-Unis) par Jean-Yves Prate. Prix du Meilleur Livre Étranger 1993.

Paul Sayer, *Le Confort de la folie*. Traduit de l'anglais par Bernard Hoepffner.

Donna Tartt, *Le Maître des illusions*. Traduit de l'anglais (États-Unis) par Pierre Alien.

Pramoedya Ananta Toer, *Le Fugitif*. Traduit de l'indonésien par François-René Daillie.

Dubravka Ugresic, *L'Offensive du roman-fleuve*. Traduit du serbo-croate par Mireille Robin.

Edith Wharton, *Les Boucanières*. Traduit de l'anglais (États-Unis) par Gabrielle Rolin.

Jeanette Winterson, *Écrit sur le corps*. Traduit de l'anglais par Suzanne Mayoux.

Jeanette Winterson, *Le Sexe des cerises*. Traduit de l'anglais par Isabelle Delord-Philippe.

Tobias Wolff, *Un mauvais sujet*. Souvenirs d'une enfance. Traduit de l'anglais (États-Unis) par Anouk Neuhoff.

Cet ouvrage a été composé
par Nord Compo, Villeneuve-d'Ascq, Nord
et achevé d'imprimer
sur presse Cameron
par **Bussière Camedan Imprimeries**
à Saint-Amand-Montrond (Cher)
en octobre 2001

N° d'édition : 12528. N° d'impression : 014692/1.
Dépôt légal : avril 1995.

Imprimé en France